HEIDI HETZER

UNGEBREMST LEBEN

HEIDI HETZER

UNGEBREMST LEBEN

Wie ich mit 77 Jahren
die Freiheit suchte und
einfach losfuhr

Aufgeschrieben
von Marc Bielefeld

LUDWIG

Klimaneutral
Druckprodukt
ClimatePartner.com/12537-1707-1001

FSC
www.fsc.org
MIX
Papier aus verantwortungsvollen Quellen
FSC® C014889

Verlagsgruppe Random House FSC® N001967

2. Auflage

Redaktion: Anja Freckmann
Umschlaggestaltung: Nele Schütz Design, München,
unter Verwendung eines Fotos von picture alliance/
Schwörer Pressefoto/Kai Schwörer
Satz: Leingärtner, Nabburg
Druck und Bindung: Pustet, Regensburg
Printed in Germany
ISBN: 978-3-453-28113-4

www.ludwig-verlag.de

Für meine Kinder Marla und Dylan
und meine Enkelkinder
Ariane, Nestor, Roger, Coco und Mando

Inhalt

Ich kann nur Auto

Wenn Sie mich nach den tollsten Momenten meines Lebens fragen, sind drei Dinge garantiert mit im Spiel. Ein Gaspedal, ein Lenkrad und eine ordentliche Kühlerhaube vor der Nase. Und dazu: Frau am Steuer – nämlich ich!

Bei mir war das schon so, als ich noch ein Mädchen war. Ich hatte immer besondere Freude an Autos und auch Motorrädern. Sie haben mir so viele schöne Stunden beschert. Ja, es ist wirklich so: Die allermeisten schönen Zeiten in meinem Leben waren immer irgendwie auch mit einem Fahrzeug verbunden. Meine Güte, sich da reinzusetzen, Gas zu geben und frei zu sein. Sich zu bewegen und durch die Gegend zu preschen! Mal hierhin, mal dorthin, quer durch das wenn auch vom Krieg zertrümmerte Berlin. Einmal durch Deutschland von Norden nach Süden oder auch mal mitten durch die Mongolei bis nach China.

Die Welt mit dem Auto entdecken. Die kleine und die große. Und dabei auch noch um die Wette fahren. Gibt es etwas, das mein Herz noch höher hüpfen lässt? Nein. Das war damals so, als ich das Opel-Haus Hetzer von meinem Vater übernahm, das war in all den Jahren so, als ich das Unternehmen führte und nebenbei regelmäßig Rallyes fuhr. Und das ist heute so.

Und so bin ich dazu gekommen, mit meinem Hudo nun einmal um den gesamten Globus zu fahren. Mit meinem alten blau lackierten Hudson Great Eight Coach, Baujahr 1930. Einem Wagen, der noch deutlich älter ist als ich selbst. Hubraum 3197 Kubikzentimeter, Leistung 44 Kilowatt, 3600 Umdrehungen, dazu eine Trockenkupplung mit unsynchronisiertem Drei-Gang-Getriebe. Der Gute fährt auf einer Reifengröße von 5.5 auf 18 Zoll durch die Weltgeschichte und besitzt noch heute seine originalen abnehmbaren Holzspeichen auf dem festen Radstern.

Ich lasse Hudo freien Lauf und fahre, fahre, fahre. Ein Traum. Die Welt sehen, diesen tollen Film, der da nonstop auf der Windschutzscheibe läuft. Herrlich sitzt es sich am großen Steuer, in meinem eigens eingebauten Schalensitz, in dem mich ein Vierpunktgurt hält, auch wenn es über Buckelpisten geht. Oder über steile Kurvenstraßen, durch Dörfer, Täler und weites Land. Und Hudo fährt sich super und sehr bequem. Bodenwellen nimmt er weich und ohne Probleme. In den Kurven muss man ein wenig aufpassen, wegen der hohen Gepäckbrücke auf dem Dach. Da oben sind immerhin vier Ersatzreifen verzurrt, neben zwei weiteren an den Seiten vor den beiden Türen.

In Berlin bin ich im Juli 2014 vom Brandenburger Tor losgefahren – gen Osten. Durch Tschechien, Österreich und die Slowakei. Durch Serbien, Montenegro und die Türkei. Durch noch zig andere Länder. Wir fuhren gute Straßen, schlechte Straßen. Und dann hinein nach Asien. Der größte Kontinent der Erde öffnete sich vor Hudos langer blauer Kühlerhaube. Der gute Hudo. Mein Weggefährte. Nein, viel mehr. Mein Geliebter, mein Mann, könnte man fast sagen. Aber ich schweife ab. Dabei schweife ich beim Fahren so gut wie nie ab. Im Gegenteil, ich konzentriere mich. Fast ununterbrochen. Zweieinhalb Jahre werde ich ein komisches Gefühl im Bauch haben. Und das geht richtig an die Nerven. Es ist die ständige Angst, dass mit Hudo etwas nicht stimmt. Jedes kleine Hüsteln, das aus seiner Motorhaube kommt, verfolge ich voller Sorgen. Und nicht ein Mal werde ich das Radio beim Fahren anschalten, ich schwöre, nicht ein Mal. Ich muss doch immerzu auf den Motor hören. Muss lauschen und spüren, wie er klingt und ob er rund läuft. Oder ob wir womöglich bald mal wieder liegen bleiben.

Über zweieinhalb Jahre werde ich am Ende unterwegs sein und immer schön Tagebuch führen. Jeden Tag einen Kilometereintrag. Jeden Tag die wichtigsten Notizen. Sonst gehe ich mir noch selbst verloren.

Wo bin ich gerade? Ich weiß es nicht. Irgendwo in der Welt auf Achse. Manchmal weiß ich kurz wirklich nicht mehr, in welchem Land ich mich gerade befinde. Welche Währung ich in Händen halte, wann das nächste Visum ansteht oder auch schon wieder abläuft. Ich werde nachts wach und liege da, überlege: Wo ist Hudo? Ich habe schon in so vielen Betten geschlafen, so viele Nächte in meinem Hudo verbracht oder in Häusern von Menschen, die mich einluden, dass die einzelnen Tage und Etappen verschwimmen. Ich wohne gern privat, viel lieber als in einem Hotel. In ein Hotelzimmer trittst du ein, machst die Tür zu und bist allein. Bei anderen Leuten sitze ich mit am Tisch, kann erzählen, darf zuhören. Das gefällt mir. Das ist Leben.

Und überhaupt: Auf Luxus bin ich nicht aus. Ich schlafe auch mal in meinem orangefarbenen Zelt. Oder in kleinen Pensionen, in Backpacker-Hostels und hier und da auch mal in einer Absteige. Ich habe mir außerdem ein Limit gesetzt: Pro Tag will ich nicht mehr als fünfzig Euro ausgeben.

Nein, viel lieber will ich mich aufs Fahren konzentrieren. Denn nichts auf der Welt macht mir mehr Spaß. Ich werde mich und den armen Hudo über den 3 750 Meter hohen Torugart-Pass quälen, von Kirgisistan nach China. Die Strecke über die Tianshan-Berge ist im Winter wegen Schnee und Lawinengefahr oft nicht passierbar, Schmuggler fahren durch die karge und baumlose Steinwelt, und ja: ziemlich dünne Luft da oben. In Australien hingegen darf mein Hudo über die längste Piste brettern, die immerzu nur geradeaus führt: 144 Kilometer schnurstracks durch die Nullarbor-Wüste. In Nevada werde ich aus dem Wagen steigen und spüren, wie mir ein fünfundfünfzig Grad heißer Wind ins Gesicht bläst. Fürchterlich heiß! Also für mich ist das eine Spur zu heftig.

Was noch? Nun, wie soll ich es erklären? Die Welt ist groß – sie mit meinem Hudo zu bereisen aber scheint mir angemessen. Wir kommen mit maximal 95 km/h voran, oft aber auch nur mit vierzig Sachen. Und manchmal kriechen wir. Wenn ein Zylinderkopf reißt oder es hoch in die Berge geht. Es wird gute Zeiten geben und nicht ganz so schöne. Ich werde einen Finger verlieren und eine böse Diagnose bekommen. Aber auch damit muss man fertigwerden. Man hat ja keine Wahl.

Und was werde ich noch alles verlieren? Mir werden drei meiner schönen Autohandtaschen geklaut, ich verliere auf der Reise mehrmals meine Computer und in einer heißen Quelle Neuseelands meinen einzigen Ring. In Florida fällt mir eine Kamera ins Hafenbecken, genau zwischen Pier und Schiff. Da liegt sie heute noch, im Matsch des Meeresgrunds. Im südafrikanischen Santa Lucia, zwischen Durban und Swasiland, wird mir der gesamte Wagen ausgeräumt. Acht Taschen, alle weg. Bücher, Kreditkarten, Landkarten, Autogrammkarten, Pässe, Elektronik, Klamotten. Tja, Heidi muss einfach besser aufpassen, Hudo – wenn auch nur für kurz – allein zu lassen geht einfach nicht. Zwei Taschen aber standen plötzlich wieder auf der anderen Straßenseite. Weil die Diebe sie in der Hektik dort einfach zurückgelassen hatten? Zum Glück waren es die beiden wichtigsten: mit allen Papieren drin.

Ich freute mich wie ein Itsch. Denn ja, Glück brauchst du natürlich auch auf so einem Trip.

Vor allem aber werde ich unterwegs immer wieder reich beschenkt. Mit unglaublichen Eindrücken und unbezahlbaren Erlebnissen. Und die Reise wird lang und länger. Viel länger als geplant. Auch das habe ich schnell gelernt: Planen ist schön und gut – aber über nichts lachen Gott und die Welt am Ende doller als über meine Pläne. In allen fünf Kontinenten werden sie über den Haufen geworfen, von mindestens tausend Zufällen, zahllosen Problemen,

Umständen und Begebenheiten. Da gibt's nur eins: Man muss flexibel bleiben. Irgendwo kam mir mal ein Spruch unter: »Wenn einer eine große Reise tut, muss er mit allem rechnen. Vor allem, wenn er nicht damit rechnet.«

Trotzdem: Immer will ich weiter. Will sehen, wie es aussieht und was passiert, wenn ich über den nächsten Berg komme, ins nächste Land fahre, wieder neue Menschen treffe. Diesen Drang nach Bewegung und Fortbewegung habe ich schon jahrelang beim Rallyefahren ausgelebt. Und bei meiner Liebe zu Fahrzeugen. Es steckt ja im Wort: *Fahrzeuge* und nicht *Stehzeuge!*

Und dabei habe ich keinen blassen Schimmer von dem, was auf meiner großen Reise vor mir liegt. Noch habe ich keine Ahnung, dass ich 84 000 Kilometer zurücklegen, achtmal den Äquator (Hudo viermal) überqueren, durch über vierzig Länder fahren und am Ende genau 960 Tage unterwegs sein werde. Ich werde die Kondore über die Anden gleiten sehen, in Neuseeland wochenlang die langen weißen Wolken betrachten und in Namibia die wilden Tiere auf der roten Erde bestaunen.

Ich erinnere mich noch gut: Als ich losfahren wollte, bekam ich mehrmals zu hören, ich sei plemplem, das Ganze viel zu gefährlich und sowieso gar nicht machbar. Mit einem uralten Auto um die ganze Erde! Nun, ich war wohl schon immer ein bisschen verrückt. Aber ein bisschen verrückt, das kann nicht schaden. Viele Leute sagen immerzu: »Ich müsste mal, ich sollte mal, ich würde ja so gern mal.« Und? Warum denn nicht? Wann geht's los? Einfach endlich hoch mit dem Hintern! Sicher, das ist nicht ohne, denn wie soll das gehen? Mit Kindern, Familie, Haus, Miete, Beruf und Karriere? Geht kaum, konnte ich auch nicht. Aber die Jungen, die können das. Und die Alten, die können es auch. Die haben Zeit, die haben Muße. Und so teuer ist es am Ende nicht. Mein Gott, ich würde auch mit einem alten Opel losfahren. Man muss sich das Abenteuer nur nehmen. Und vielleicht ein ganz klein bisschen was wagen.

Sechzehn Beifahrerinnen und Beifahrer werden mich zwischendurch auf den verschiedensten Etappen begleiten. Mit manchen verstehe ich mich sehr gut, mit anderen nicht so gut. Manche steigen gleich wieder aus, andere bleiben über zwei Monate. Es macht Spaß, mit anderen zu fahren. Es hilft, man kann gemeinsam überlegen und beratschlagen, gemeinsam die Eindrücke genießen. Aber ich muss Ihnen sagen, es kann auch ziemlich eng werden in meinem Hudo. Am Ende war es so, dass nur an 166 Tagen Beifahrer mit an Bord waren, an fast 800 Tagen bin ich allein gefahren. Und nicht einmal habe ich mir das Lenkrad aus der Hand nehmen lassen. Okay, stimmt nicht ganz. Mein Sohn Dylan saß in Amerika mal für zehn Kilometer am Steuer, und in Laos übernahm es ein junger Mann, der Sohn eines Freundes. Er fuhr aber nur einen Kilometer, dann wollte er nicht mehr. Hudo zu steuern war ihm suspekt. Die Lenkung so indirekt, und beim Schalten krachte es. Da musste ich wieder ran. Aber meinen Ruf habe ich ja schon seit Langem weg: Ich will nämlich immer am Steuer sitzen. Ich kann eben nur Auto, aber das kann ich hoffentlich ziemlich gut.

Manchmal fragen mich die Leute sogar, ob ich glaube, dass Autos eine Seele haben. Das ist eine gute Frage, aber die Antwort ist noch viel besser: Natürlich haben Autos eine Seele! Lassen Sie mich auch das erklären.

Wir reden hier ja nicht nur über Blech, über eine Karosserie, über reine Mechanik mit Kabine drauf. Vor allem die alten Autos sind mit Liebe gebaut. Für mich ist ein Auto quasi ein Lebewesen. Man muss nett zu ihm sein, es zärtlich behandeln. Dann fährt es nämlich anders. Wenn man darauf herumhämmert, was soll denn dabei herauskommen? Ich fasse einen Kotflügel auch nicht irgendwie an oder lege einfach einen Hammer drauf. (Wenn schon, dann gehört da ein Lappen drunter.) Ich streiche über den Kotflügel. Fühle seine Kurven, seine Form, das Material. Und ich glaube, das Auto kriegt das mit. Über seine Linien und Funktionen haben sich Menschen, seine Designer und Konstrukteure, schließlich einmal viele Gedanken gemacht. Sie haben sich die Köpfe zerbrochen. Wochenlang, monatelang. Und dann haben die es gebaut. Wenn du das Auto entsprechend behandelst, dann spürt es das.

Ich kann das natürlich nicht belegen. Das will ich auch gar nicht, gut möglich, dass es bei anderen Leuten nicht so ist. Aber meine Autos sprechen mit mir. Ich kaufe nie ein Auto, das nicht mit mir spricht. Ich muss es starten, und wenn der Motor läuft, kann ich sagen: Ja! Der spricht jetzt mit mir! Das höre ich. Oder eben auch nicht. Der Motor muss geschmeidig laufen, nicht hart. Er darf nicht knallen. Jeder Motor hört sich anders an. Eine Corvette klingt anders als ein Porsche, ein BMW anders als ein Cadillac. Klar: Je mehr Zylinder, desto schöner. Dann läuft so ein Wagen ruhiger und satter. Mein Hudo zum Beispiel hat acht Zylinder, und das ist wunderschön. Jeder Motorlauf ist wie ein Konzert für mich.

Acht Zylinder besitzt nicht jedes Auto. Hudo schon, aber glauben Sie mir, dafür hat er tausend andere Macken – wenn wir damit überhaupt mal auskommen. Auch das ist wie bei uns Menschen. Wir können ja auch nicht in allem perfekt sein. Man muss eben mit den Schwächen entsprechend umgehen. Vorsichtig, behutsam. Ein bisschen Gefühl, das kann nicht schaden.

Was nicht heißt, dass ich mit meinen Autos immer besonders pfleglich umgehe und sie ständig schone. Ich fordere viel von ihnen, und wenn es heißt, schnell zu sein, Strecke zu machen und durchzukommen – dann prügele ich sie auch über die Piste. Da gibt es kein Pardon mehr. Da verlange ich dem Motor das Letzte ab, und die Kühlsysteme beginnen schon mal zu qualmen. Auch steuere ich nicht immer gleich die erste Werkstatt an und repariere einen Defekt beim ersten Anzeichen. Nein, der Wagen muss schon mal durchhalten. Was ich mir selbst abverlange, erwarte ich auch von ihm: dickköpfig sein und nicht gleich klein beigeben! Oft geht das gut, bringt mich voran und über Grenzen hinweg. Manchmal bekomme ich aber auch die Rechnung. Bumms, das war's dann. Wir bleiben liegen, und der Motor sagt keinen Ton mehr.

Aber eines gilt immer: Wenn ich das erste Mal in einem Auto sitze, dann spüre ich etwas. Wenn ich nichts spüre, dann gehört der Wagen nicht zu mir. Ich fühle das. Ein Auto ist eben nicht nur ein Ding, das mich von A nach B transportiert. Schon gar nicht mein alter Hudo. Na ja, Sie werden ihn ja noch näher kennenlernen.

Und eines steht fest: Wenn der keine Seele hat, dann hab ich auch keine.

Auf meiner Reise führe ich einen Blog und versuche, die Seiten im weltweiten Netz so gut wie möglich mit Fotos und Audioberichten zu füttern. Meine Tochter Marla hilft mir dabei, zu Hause in Deutschland. Das Wunder des Internets. Ich nutze es, finde es gut. Es ist die beste Erfindung nach dem Auto. Aber ganz verstehen tue ich es nicht. Und muss ich mit meinen achtzig Jahren auch gar nicht mehr.

Doch im Internet geschehen manchmal interessante Dinge. Ich erinnere mich an einen Kommentar, den ein Mann zu Beginn meiner Reise auf meiner Seite hinterließ: »Wen interessiert es schon, wenn eine alte Schachtel mit einem alten Auto langsam um die Welt fährt?«

Ich dachte ein wenig darüber nach. Der Mann hat mit seiner Frage den Nagel auf den Kopf getroffen: Am Ende haben die Menschen meine Internetseite weit über vier Millionen Mal aufgerufen. Weil sie teilhaben wollten an meiner Reise, weil sie mit mir mitgefahren sind. Weil sie wissen wollten, was nun schon wieder an Hudo kaputtgegangen war oder wie es in diesem und jenem Land aussieht. Um mir Tipps zu geben und mir mit guten Ratschlägen zu helfen, ein Visum zu organisieren, ein Ticket, ein Ersatzteil oder sonst etwas.

Ich kann es Ihnen nicht genau sagen. Aber vielleicht schauten die Menschen ja auch vier Millionen Mal auf meine Seite, gerade weil da eine alte Schachtel in einer alten Kiste aufbrach, um sich die Welt anzuschauen.

Ich finde, eine Frau darf das. Und ob sie das darf! Auch wenn sie dummerweise schon siebenundsiebzig Jahre alt ist, als sie in Berlin Gas gibt.

Kasachstan: Iris, Bulam und das große Herz der Welt

Über zwei Monate bin ich auf Achse, und Berlin liegt nun schon weit zurück. Halb Europa habe ich durchquert, bin am Bosporus über die Grenze in den nächsten Kontinent gefahren und danach mitten hinein in eine andere Welt. Hudo und ich dampfen jetzt gerade durch Zentralasien, immer weiter gen Osten. Ich will – von Norden kommend über Russland und die Mongolei – nach China. Den Iran, Aserbaidschan und Turkmenistan habe ich schon hinter mir. Wird es durch Russland noch klappen? Ich versuche, möglichst schnell durch diese Region zu kommen, denn ich möchte unbedingt zum Baikalsee.

Zurzeit bin ich allein unterwegs nach Almaty, von Usbekistan nach Kasachstan. Die Gegend ist nicht gerade reich an Touristen. Hudo hat Wehwehchen an allen Ecken und Enden. Ich weiß gar nicht, wo ich als Erstes schrauben soll. Und dann sind die Batterien mal wieder am Ende. Ich bin über Nacht gefahren, habe es so eben rechtzeitig zur Grenze geschafft und eine weitere Nacht im Wagen geschlafen. Hinten auf den Alukisten, gebettet auf meiner aufblasbaren Isomatte, wie immer mit dem Schniepel des großen Wagenhebers im Rücken. Am nächsten Morgen, nach zehn weiteren Kilometern, bleibt Hudo einfach stehen. Ende. Nur stotternd und zitternd kommt er noch ein paar Meter voran. Mein Verdacht: Es muss irgendwie mit der Lichtmaschine zusammenhängen.

Was tun? Nun, das wichtigste Gesetz so einer weiten und langen Fahrt um den Planeten kenne ich längst. Die Sache ist so: In Wahrheit fährst du nicht um die Welt – du reparierst und schraubst dich um die Welt. Land für Land, Ort für Ort, Kilometer um Kilometer.

Da stehe ich also auf der Straße, und alles ist wie ausgestorben. Kein Mensch, kein anderes Auto, nicht mal ein Hund schleicht des Weges. Als nach zwei Stunden die ersten Wagen an mir vorbeifahren, marschiere ich mitten auf die Straße und halte jemanden an. Am Steuer sitzt ein älterer Mann. Ich rede mit Händen und Füßen auf ihn ein und klinke mein Abschleppseil frech an seinen Haken. Klare Sprache, denke ich. Ohne die kommst du nicht weiter. Der Mann – ein wenig verdutzt und mürrisch ist er schon – schleppt mich zu einer Werkstatt und stellt mich dort ab. Es ist Sonntag, acht Uhr morgens. Und abermals stehe ich nun irgendwo in der kasachischen Walachei und warte. Warte, dass jemand kommt. Warte, dass etwas geschieht. Und das ist auch schon das zweite Gesetz, das in Kraft tritt, wenn du mit einem fünfundachtzig Jahre alten Automobil durch die Weltgeschichte fährst. Wenn du dich nicht gerade um die Welt schraubst, wartest du dich um die Welt.

Endlich taucht der Werkstattbesitzer auf, schaut sich den Wagen an und lädt die Batterien. An die Lichtmaschine traut er sich offensichtlich nicht heran, vielleicht, weil es Sonntag ist, vielleicht, weil es Hudo ist. Mit so einem betagten Auto fährt selbst hier keiner mehr durch die Gegend. Um fünf am Nachmittag, sagt der Mann, soll ich wiederkommen. Dann seien die Batterien voll. Einen weiteren Tag warten also. Einen weiteren Tag nicht weiterkommen. Unschön, aber wahr.

Und dann folgt wieder eine dieser vielen kleinen Odysseen, von denen es auf meiner Reise so viele gibt. Wie in einem Film, der läuft und läuft und einfach nicht aufhört. Das längste Roadmovie, das ich je gesehen habe. Und ich sitze mittendrin.

Ich nehme mir ein Taxi, fahre vierzig Kilometer weiter, um in einem nächsten Dorf einen Internetanschluss zu finden. Ich will skypen, will mit meiner Tochter sprechen. Das klappt dann auch, aber anschließend finde ich nicht mehr zurück. Ich spreche kein Russisch, die Kasachen kaum Englisch, kein Deutsch. Und die Straßenschilder und Ortsnamen sehen hier so aus: Шымкент. Алматы. Кызылорда. Nicht zu lesen. Zumindest nicht für die alte Heidi aus Berlin.

Kurzum: Ich weiß nicht mehr, wie ich aus diesem Nest namens Sylaska wieder zurückfinde zu meinem Auto. Aber – Gesetz Nummer drei! – es geht weiter. Irgendwie, irgendwo, irgendwann. Ich glaube, man muss nur einmal losfahren, muss es einfach machen. Dann ist man unterwegs, und es gibt kein Zurück mehr. Im Leben ist das ja nicht anders. Da kann auch keiner zurück. Es geht immer nur voran. Weiter und weiter, Stunde um Stunde, Tag um Tag. Gut so: vorwärts – nicht zurück.

Und plötzlich sitze ich im nächsten Auto, vier Kasachen nehmen mich mit. In ihrem Mercedes schaukeln wir über die Straßen, denn die vier bringen mich zu einer Russin, die Deutsch spricht. Ein einziges Wort hat genügt: *Germany*. Die Russin ist eine reizende Frau, sie quetscht sich zu uns ins Auto, und prompt fahren wir die vierzig Kilometer zurück. Bis ich wieder vor der Werkstatt stehe und vor meinem Hudo. Na bitte. Geht nicht gibt's nicht. Und gibt's nicht geht nicht. Wir liegen uns in den Armen. Manchmal bin ich in solchen Momenten den Tränen nahe. Und manchmal fließen sie auch wirklich.

Vor lauter Glück.

Es sind diese vielen kleinen großen Momente, die so eine Reise in Wahrheit ausmachen. Es sind keine teuren Hotels, keine Viersternemenüs. Es sind die Zufälle, die Umwege und die Unwägbarkeiten. Es sind die vielen kleinen Hürden, die immer wieder vor einem auftauchen. Und es sind die vielen großen Herzen, die mir immer wieder helfen, sie zu überwinden.

Ich habe, nachdem ich in Berlin gestartet war, ein paar Tausend Kilometer gebraucht, um das zu begreifen. Aber spätestens jetzt und hier ist es klar: Es geht weiter – und das Allerschönste liegt für mich darin, genau das mit Haut und Haaren zu genießen. Hier und jetzt. Auch wenn es manchmal nicht ganz so einfach ist. Aber leicht ist eben leicht. Leicht ist langweilig. Und riecht nicht nach Leben.

Dann ist es fünf am Nachmittag, und die Batterien sind noch immer nicht geladen. Es bleibt nur eins: Isomatte raus und eine weitere Nacht in Hudos Heck schlafen, mitten in der Werkstatt; nun, ich bin das ja längst gewöhnt. Aber dann taucht auf einmal wieder die Russin auf, dieser herrliche Engel, und was ist das für eine Frau! Sechzig weitere Kilometer ist sie in der Zwischenzeit gefahren, chauffiert von einem Nachbarn, begleitet von einer Freundin, nur um mich hier noch einmal zu finden, um mit mir und den anderen zu Abend zu essen – und mir zu sagen, wie es weitergeht. Für den nächsten Morgen sei ein Abschleppdienst organisiert, erklärt sie mir, der mich in die nächste größere Stadt, nach Schymkent, bringen wird, wo man mir, Hudo, den Batterien und wahrscheinlich auch der dummen Lichtmaschine besser wird helfen können.

Wir feiern zusammen. Ein Sonntagabend im hintersten Zentralasien, irgendwo zwischen der Mongolei und dem Kaspischen Meer. Die Männer und die Russin trinken Wodka, ich Cola. Der Tag ist gerettet.

Na ja, fast. Denn es kommt wieder einmal, wie es eben kommen muss. Auf einmal rauscht der bestellte Abschleppdienst draußen vor, also doch nicht am nächsten Morgen, sondern schon an diesem Abend! Das Kommando ist klar: Party zu Ende, Hudo auf den Hänger laden, und los geht's nach Schymkent – mitten durch die Nacht. Ich sitze in meinem Hudo oben auf dem Transporter, während wir nicht wie versprochen zwei, sondern am Ende fünf Stunden durch die kasachische Nacht prügeln. Die Straße ist eine Katastrophe, es beutelt mich hier oben von rechts nach links, von links nach rechts, und ab und zu rasiert ein Scheinwerfer nur Zentimeter an uns vorbei. Was für ein Geschuckel! Bis wir um vier Uhr morgens endlich in Schymkent ankommen – und die beiden Fahrer des Abschleppwagens Hudo und mich abladen, irgendwo auf einer Straße. Es gibt ein schnelles Adieu, dann sind die beiden auch schon wieder weg. Ich blicke mich um. Und denke: Na prima. Vom Regen in die Sonne, von der Sonne in den Regen und vom Regen in die Traufe.

Doch es gilt ein weiteres Gesetz: Nicht aufgeben! Niemals den Kopf in den Sand stecken! Hoffen, durchhalten. Und immer schön den Mut bewahren.

Ich blicke ins Dunkel des Viertels, wo ich gelandet bin. Keine Menschenseele ist zu sehen. Die Straßen und Häuserblocks sind verwaist. Dafür kann ich schemenhaft die Schilder verschiedener Autowerkstätten erkennen, was ja schon mal gut ist. Von einem Zimmer oder Gasthaus allerdings keine Spur. Aber die zuverlässigste Unterkunft heißt sowieso Hotel Hudo.

Nun denken Sie aber nicht, dass meine Odyssee gleich bei Tagesanbruch schlagartig zu Ende ist. Von wegen in der Großstadt mal eben in die nächste Werkstatt fahren und den Wagen abgeben. Nein, nein, so einfach ist das nicht. So schnell sind kleine Probleme wie eine defekte Lichtmaschine und zwei faule Batterien in dieser Ecke der Erde nicht behoben. Ebenso wenig wie an vielen anderen Ecken übrigens. Wo bliebe da auch die Dramatik? Das Chaos? Ich habe keine Wahl, als brav der geheimen Zauberformel meiner Etappe durch Zentralasien zu gehorchen: je verrückter, desto besser; je verworrener, desto wahrer!

Gegen sieben Uhr am Morgen, ich liege noch halb schlafend im verriegelten Hudo, schleicht ein Mann um mein Auto. Ich öffne die Tür und rede mit ihm. Nachdem er mir erklärt hat, hier würde so bald keine der Werkstätten öffnen, schleppt er mich ab. Die Verständigung ist schwierig. Eine Mischung aus Englisch, Zeichensprache und fürchterlichem Kauderwelsch. Wieder hänge ich am Seil, und wir fahren in seine Werkstatt. Dann beginnt der Mann zu schrauben und wechselt einen Regler. Ein netter Mann, aber lassen sich Hudos Innereien wirklich so schnell wieder zum Leben erwecken? Nachdem ich mich verabschiedet habe, fahre ich los, aber ich schaffe nur ein paar Kilometer, ehe mein alter Hudson prompt erneut liegen bleibt. Es ist wirklich zum Heulen, und zwischendrin, wie jetzt, kommen mir schon einmal ernste Zweifel.

Immerhin, bis hierher bin ich schon gekommen. Von Berlin weit über fünftausend Kilometer nach Osten. Aber was habe ich noch vor mir? Ich will bis Singapur, will durch Australien fahren, durch Neuseeland, durch Amerika, durch Afrika. Eben – um die ganze Welt. Und schon hier in diesem Landstrich aus altrussischer Dörflichkeit und schrill modernem Kasachstan macht mein Hudo alle paar Kilometer schlapp.

Heidi, du spinnst! Was hast du dir da vorgenommen?

Ich reiße mich zusammen. Überlege. Versuche, logisch zu denken. Und dann komme ich auf das wahre Problem: Es ist die Kommunikation. Die Sprache. Verstehen, sich nur endlich einmal richtig verständigen können! Dann könnte ich alles erklären, der andere würde richtig verstehen, und dann würde man das Problem auch an der richtigen Stelle beheben können. Es ist doch nur eine Lichtmaschine, Mann, und auch hier fahren Tausende Autos durch die Gegend. Herrje, noch mal!

Also: Ich muss eine Schule finden. Wo eine Schule ist, ist auch ein Englischlehrer. Und wo ein Englischlehrer ist, da kann ich mich verständigen. Und dann sehe ich wirklich bald, es ist ja morgens, ein paar Schulkinder über die Straße gehen. Na bitte. Die kommen wie gerufen. Außerdem sind sie hübsch gekleidet. Blaue Hosen, blaue Röcke, weiße Blusen, weiße Hemden. Toll sehen die aus. Prompt lasse ich Hudo allein und laufe ihnen hinterher.

Ich erreiche eine Schule. Eine schöne Schule. Da ertönt dann eine Trillerpfeife, und die Kinder müssen erst mal stramm stehen, artig in Reih und Glied. Ich frage nach dem »Direktor, Manager, Boss, Chef«, suche gestikulierend nach einem Deutschlehrer oder Englischlehrer. Man gibt mir zu verstehen: Ja, sie haben eine Englischlehrerin, die kommt in einer Stunde, und ich solle mich doch solange in die Kantine setzen und warten. Und dort sitze ich nun, bekomme sogar einen Muckefuck und ein Ei gekocht.

Wie unglaublich freundlich die Leute hier doch sind. Wie offen und hilfsbereit. Sie sind das wahre Benzin meiner großen Reise. Ja, die Menschen sind der Treibstoff, der mich vorankommen lässt. Ohne sie, ohne die tausend guten Geister, die unterwegs immer wieder mit anpacken, die Umwege in Kauf nehmen, die sich Zeit nehmen, zuhören, verstehen und versuchen – ohne sie ginge gar nichts.

Ist das immer so? Ich weiß nicht. Ich würde hoffen, schon. Aber ganz sicher bin ich mir nicht. Ich sitze in der Kantine und stelle mir vor, wie irgendwo im Berliner Umland eine siebenundsiebzigjährige Kasachin in eine Dorfschule hereinspaziert kommt und nach einem Englischlehrer fragt. Eine etwas müde aussehende alte Frau, die dem Englischlehrer erklärt, sie würde Heidi heißen, ihr Auto Hudo, und sie würde mit diesem fünfundachtzig Jahre alten Fahrzeug einmal um die ganze Welt fahren und suche nun, hier und jetzt, ganz dringend einen Mechaniker, der ihre alte Kiste wieder zum Laufen bringt.

Hm. Ich weiß nicht, ob da jemand helfen würde. Ich würde mal denken: fifty-fifty – wenn die Chancen gut stehen.

Doch dann kommt die erste Englischlehrerin, die aber nicht so gut Englisch kann. Und dann kommt die zweite Englischlehrerin, die ganz hervorragend Englisch kann. Hurra! Hoch lebe Kasachstan! Hoch lebe meine Reise! Hoch lebe das Leben!

Und wieder: was für eine nette Frau. Ich frage sie, ob sie irgendwie freibekommen kann, um mit mir in eine Werkstatt zu fahren und dem Schrauber vor Ort alles mal richtig zu erklären. Nämlich dass Hudo zuckelt und ruckelt, dass die Batterien nicht laden und dass es womöglich alles an der verfluchten Lichtmaschine liegt. Ja, das wäre die Lösung. Sonst komme ich hier am Ende gar nicht mehr vom Fleck.

Und siehe da, die Englischlehrerin nimmt sich tatsächlich frei, eine wundervolle und weltgewandte Frau, mit deren Wagen wir durch die halbe Stadt Schymkent fahren, bis auf den Hof einer Werkstatt, bis vor das Tor einer alten Schrauberhalle. Wir steigen aus, schauen uns um. Nachdem die Russin erklärt hat, was los ist, fahren wir abermals los und holen endlich meinen Hudo ab, der ja noch ganz woanders in der Stadt steht. Es dauert alles ein bisschen, aber am Ende erreichen wir mit Hudo im Schlepp tatsächlich den Schrauberhof. Und nun wird prompt ein Spezialist angekündigt, der alles richten soll. Herrlich, es riecht nach Öl hier. Es riecht nach Schmierfett und Erlösung, und dann treten meine beiden Retter Iris und Bulam auf, von denen ich zu diesem Zeitpunkt noch gar nicht weiß, dass sie meine Retter sein werden, denn Odyssee ist Odyssee, und darum muss ich jetzt erst noch einmal ziemlich starke Nerven beweisen.

Die Englischlehrerin ist ein Wunder. Sie dolmetscht lupenrein. Sie ist geduldig, freundlich, höflich. Erklärt, was los ist. Erklärt, wo es hakt. Aber das ist natürlich auch wieder nicht so einfach, denn es kommt, wie es immer kommt auf meiner Tour. Die Gute muss ja erst mal klarmachen, was die alte Tusnelda aus Berlin eigentlich in Schymkent macht. Dass sie um die Erde will mit einem alten Auto aus Amerika, dass sie fast schon achtzig ist und in Berlin ein Autohaus hatte und Rallyes gefahren ist und auch schon bei Monte Carlo dabei war und überhaupt.

Es dauert also immer erst ein wenig. Rund eine halbe Stunde – »akklimatisieren« nenne ich das inzwischen. So lange braucht es in der Regel, bis meine Geschichte auf dem Tisch ist. Bis die Leute sie auch wirklich glauben, bis sie meinen Hudo inspiziert haben und realisieren: Diese Frau Heidi aus Berlin, Germany, die macht das wirklich.

Iris, der Spezialist, hochgewachsen und gut aussehend, runzelt erst die Stirn, dann macht er große Augen, und jetzt lacht er und lacht und kringelt sich halb tot. Na klasse, denke ich. Mal wieder so ein Hallodri. Braucht ellenlang, bis wir zum Thema kommen: meinen kaputten Hudo!

Egal. Die Englischlehrerin hat nun alles erklärt, macht sich wieder auf den Weg zur Schule, und Iris und Bulam gehen ans Werk. Sie arbeiten im Freien, auf dem Hof. Eine richtige eigene Werkstatt haben die beiden nämlich gar nicht. Ich warte, schaue zu, krieche mit in den Motor. Die beiden wechseln ein paar Teile, wir fahren eine Proberunde – und wieder: aus die Maus. Hudo will nicht. Und das geht dann den ganzen Tag so. Schrauben, basteln, auswechseln. Motor anschmeißen, eine Runde drehen. Liegen bleiben.

Die beiden nehmen so ziemlich alles auseinander, was sie überhaupt nur auseinandernehmen können. Sie prüfen den Innenraum, schrauben an der Benzinpumpe, an den Dioden der Lichtmaschine. Mir wird schon fast übel. Ich kann gar nicht mehr hinsehen. Am Abend absolviere ich mit Iris dann eine weitere Probefahrt, und wir sind beide glücklich. Es hört sich gut an. Es läuft. Aber es läuft nicht lange. Nach fünf Kilometern macht es schon wieder: Peng! Peng! Peng! Hudo ruckt und zuckt. Dasselbe Theater, derselbe Schlamassel.

Doch Iris, offenbar mit einer unzerstörbaren kasachischen Sturheit ausgerüstet, gibt nicht klein bei. Jetzt will er es erst recht wissen.

Iris legt die flache Hand an seine Wange. Soll heißen: Heidi soll sich irgendwo ein Zimmer suchen und schlafen gehen, er schraubt inzwischen weiter und kümmert sich um Hudo. Und ich denke noch: »Die Lichtmaschine! Die Lichtmaschine!« Was sollen wir sonst auch tun? Aus Amerika eine neue bestellen und wochenlang in diesem Schymkent ausharren? Kommt nicht infrage. Also nicke ich. Glaube an Gott und Iris oder sonstwen. Und verdrücke mich in eine Jugendherberge um die Ecke. Eine Kleinigkeit essen, schlafen.

Seit Usbekistan, wo die Lichtmaschine das erste Mal Probleme machte, hat sich niemand so recht an sie herangewagt. Und na ja, Lichtmaschinen, zumal in so einem echten alten Oldtimer, können wirklich ziemlich vertrackte Dinger sein. Iris hat sie bereits zweimal auseinandergenommen und wieder eingesetzt. Ingesamt ist er, immer wieder assistiert von Bulam, schon zwei Tage und zwei Abende am Schrauben. Ich schaue regelmäßig vorbei, kann es auf meinem Zimmer nicht lange aushalten, versuche zu helfen, zu verstehen und nach Kräften mit anzupacken. Aber Lichtmaschinen sind nun mal nicht meine Stärke. Lichtmaschinen sind Elektrik.

Iris und ich waren am ersten Tag auf einem Basar gewesen, einem gigantischen Teilemarkt mitten in Schymkent. Was da alles herumlag, unglaublich – und dann fanden wir ausgerechnet ein altes Teil von Opel, das Hilfe versprach. Und weil Pech nun einmal klebrig ist und immer neues Pech anlockt, zog mir auf dem Basar doch glatt noch einer mein iPad aus der Handtasche. Ich bemerkte es nicht gleich, aber dann war es auf einmal weg. Auch das noch. Meine Verbindung zum Internet, zum Skypen mit Freunden, zum Posten von Fotos – futsch und fort.

Tja, so kann es kommen. Im Leben und erst recht auf so einer Fahrt durch alle möglichen Länder. Doch ich muss Ihnen all diese Kleinigkeiten an dieser Stelle einmal erzählen. Diese winzigen Zutaten meiner Reise, diese ständigen Wirrungen und Absurditäten, durch die sich – in der einen oder anderen Form – wohl jeder irgendwann einmal im Leben hindurchwühlen oder durchboxen muss. Um nicht liegen zu bleiben. Um nicht zu verrecken. Und um irgendwann irgendwo anzukommen.

Ich sinniere nicht gern und nicht so viel. Ich bin keine Träumerin, sondern eine Realistin. Und doch denke ich manchmal, dass diese Weltreise auch für die Reise meines Lebens steht. Die beiden ähneln sich. Ich erkenne Details, die sich entsprechen. Zufälle, die sich spiegeln. Und ja, auch Ähnlichkeiten, was das große Ganze angeht. Ich habe mich, so gut ich konnte, immer an eine Regel gehalten. Als Frau. Als Rallyefahrerin. Als Unternehmerin. Als Mutter. Als Mensch. Und jetzt eben auch als weltreisende alte Dame, die nicht mehr weiterweiß, aber weitermuss. Die Regel ist ganz einfach: »Siege, wenn du kannst. Verliere, wenn du musst. Kapituliere nie.«

Am Abend stehen wir also wieder in Iris' Werkstatt, und das Opel-Teil hat auch keine Wunder bewirkt. Doch im Kopf von

Elektriker Iris scheint derweil irgendein Licht aufzugehen. Er überlegt, marschiert dann los, steuert auf einen der großen Haufen zu, die sich auf seinem Hof türmen. Schrott, alles Schrott. Kabel, Pumpen, Starter, Stecker und dazu ein ganzer Berg alter rostiger Lichtmaschinen. Eine ganz spezielle sucht er nun. Und wühlt und wühlt.

Ich bin gerade auch wieder da. In der Jugendherberge fällt mir die Decke auf den Kopf. Noch mal bei den Jungs vorbeischauen, mich zeigen und am Ball bleiben; es ist schon wieder weit nach elf am Abend. In Wirklichkeit kann ich es schon nicht mehr ertragen und schimpfe im Stillen: Das wird doch nie was! Aber Iris gibt nicht auf. Wieder schickt er mich irgendwann weg. Ich soll schlafen, er will schrauben.

Der nächste Morgen. Um sieben Uhr in der Früh klopft jemand an meine Tür. Es ist Iris. Und er gibt mir zu verstehen: »Okay, Sachen packen und alles mitnehmen. Auto fertig, Auto okay, Auto fährt wieder.« Ich schmeiße meinen Kram in meine Tasche und renne vor die Tür. Und da steht der über beide Ohren strahlende Iris neben meinem Hudo. Ich will es nicht glauben. Und ich glaube es auch nicht. Zu viel ist in den letzten Tagen passiert oder besser: nicht passiert. Zu viel Auf und Ab. Zu viel wird schon und wird dann doch nicht.

Aber dann fahren wir los. Fahren und fahren. Horchen und lauschen. Nichts. Kein Zucken mehr, kein Stottern mehr. Hudo läuft rund, Hudo will wieder! Wie in Gottes Namen hat Iris das geschafft? Nun, tief in einem seiner Schrottstapel hatte er die Lichtmaschine eines lange verstorbenen Audis gefunden, eine Lichtmaschine, die für Hudos Zwecke wohl bestens geeignet ist. Die hat Iris in der Nacht eingebaut, verkabelt, verbunden und wieder zum Leben erweckt.

Alles läuft wieder. Schnurrt und ist in Ordnung. Und da kann ich noch nicht ahnen, dass diese alte schrottige Audi-Lichtmaschine auch die nächsten 75 000 Kilometer durchhalten würde, dass sie sogar noch heute funktioniert. Auf der gesamten weiteren Reise durfte sie niemand mehr anrühren!

Ein Wunder? Nein, kein Wunder. Nur der wunderbare Iris, der weiß, dass Autos eine Seele haben. Der nicht aufgibt und tut und macht und notfalls sogar die Nächte durchschraubt. Iris ist auf der Stelle mein neuer lieber Gott. Der Doktor. Der Papst aller Autoelektriker!

Nun bin ich nur noch auf eines gespannt: die Rechnung.

Wie soll ich das bezahlen? Iris' Mühen, seine uneingeschränkte Hilfe und Hartnäckigkeit? Ich kann es nicht bezahlen – denn Iris will nichts. Keinen Euro verlangt er, nicht eine kasachische Tenge. Es ist nichts zu machen, gar nichts! Er lässt partout nicht mit sich reden. Aber reden konnten wir ja eh nicht miteinander. Nur einen kleinen Buddy-Bär als Talisman darf ich ihm dalassen. Iris hingegen schenkt mir obendrein ein kleines Kettchen mit Anhänger und montiert mir eine kasachische Fahne ans Auto. Er hat auch den kaputten Halter für die deutsche Flagge wieder repariert, die ich immer am linken Kotflügel fahre. Und im Auto selbst baumelt ab jetzt eine Kasachstan-Klubfahne. Ich soll das Land in guter Erinnerung behalten, will Iris mir sagen. Die Jungs aus Kasachstan seien gar nicht so schlecht. Iris sagt nur »*Rachmet*« und legt seine rechte Hand auf die linke Brust.

Denn er schämte sich. Er schämte sich für den einen Landsmann, der mir auf dem Basar in Schymkent mein iPad aus der Tasche geklaut hatte. Er will das wiedergutmachen, will versöhnen. Sein Land und mich, seine Leute und die alte Dame aus Berlin.

Was für eine Währung! Iris besitzt sie. Ein ganz großes warmes kasachisches Herz. Kann man etwas Schöneres auf einer Reise erleben?

Benzinverrückt: eine Kindheit am Gaspedal

Um Ihnen zu erklären, wie es zu meiner Fahrt um die Welt kam, muss ich ein wenig ausholen. Muss mein ganzes Leben zurückspulen, bis zu jenen Jahren, als ich noch ein Mädchen war. Eine junge Berliner Göre mit kurzen braunen Haaren, die ihren Vater auf dem Motorrad um die Ecke biegen sah und schon damals Bilder im Kopf hatte von Kamelen und den Dünen des Sinai, von fernen Ländern und staubigen Sandpisten; hinzu kam der Geruch von Benzin. Es waren völlig andere Zeiten. Das Leben hatte noch keine Servolenkung – und die Autos natürlich auch nicht. Doch zunächst lagen sowieso ganz andere Dinge in der Luft. Es drohten die düsteren Jahre, es drohten die Bomben.

Am 20. Juni 1937 wurde ich in Berlin geboren, an der Kreuzung Augsburger und Joachimsthaler Straße, an jener »heißen Ecke«, wo früher die leichten Mädchen standen. Damals gab es dort ein Krankenhaus, heute steht an der Stelle ein Hotel. Meine Schwester Vicki war schon geboren. Sie war der Liebling der Familie. Bei Geburtstagen und Feiern tanzte sie in der ersten Reihe, und ich war die kleine schüchterne Heidi, die ihr hinterherdackelte.

Mein Vater, Sigfrid Hetzer, war als Meldefahrer und Fahrlehrer im Ersten Weltkrieg gewesen und hatte sich in Berlin-Charlottenburg niedergelassen. Dort eröffnete er 1919 im Alter von zweiundzwanzig Jahren eine Kfz-Werkstatt. Er reparierte anfangs Motor-

Die Firma Hetzer befand sich seit ihrer Gründung in der Charlottenburger Bismarckstraße. Hier glänzt Opels Spitzenmodell von 1978 im Schaufenster.

räder aus alten Heeresbeständen, verkaufte sie an Kunden und bekam später die Generalvertretung für die beliebten Victoria-Motorräder, die er in Berlin und der Region Brandenburg vertrieb. Seit 1933 war die Marke Opel hinzugekommen, und mein Vater machte neben den Motorrädern auch in Autos.

Es gab in unserer Familie diesen einen Umstand, der sich letztlich vielleicht als großes Glück herausstellte: Ich hatte keinen Bruder. Mein Vater hatte also keinen Sohn, mit dem er basteln konnte. Der mit in seine Werkstatt kam, der sich für seine Motorräder interessierte und das tat, was Jungs häufig – erst recht zu der damaligen Zeit – nun mal so tun und mögen. Meine Schwester interessierten Motorräder nicht. Sie tickte wie ein Mädchen, was ja verständlich war. Lieber Puppen als Schraubendreher, lieber ein neues Kleid, als eine Runde auf dem Motorroller zu drehen.

Das war bei mir ganz anders. Ich lief meinem Vater schon als Kind immer hinterher, ob er gerade in der Werkstatt arbeitete oder an irgendetwas herumschraubte. Es war ganz offensichtlich, dass ich schon sehr früh ein Interesse an Technik hatte. Das Geräusch eines Motors, der Starter einer Lambretta oder ein Teil wie ein Zylinder: Mich faszinierte das. Ich wollte es anfassen, wollte sehen und begreifen, was das ist, wie es funktioniert und was man damit alles anstellen konnte. Mich mit der Nase draufgestoßen oder gar an den Haaren in eine Werkstatt gezerrt – das hat nie jemand getan. Nein, der Hang zu technischen Dingen musste irgendwie in meinen Genen stecken.

Es kam schließlich der Krieg, und auf Berlin fielen die ersten Bomben. Ich war sechs, sieben Jahre alt und erinnere mich nur vage an diese Zeiten. An die Nächte, in denen es Luftalarm gab und wir mit der halben Nachbarschaft in die Bombenkeller mussten. Als wir eines Tages wieder herauskamen, standen auch wir vor einem zerbombten Haus. Unsere Wohnung lag in Schutt und Asche. Damals zogen wir schließlich in unser Sommerhaus nach Gatow, westlich von Berlin. Gatow hat noch heute einen fast dörflichen Charakter, verglichen mit dem Rest Berlins, aber damals kam es uns so vor, als zögen wir mitten hinaus aufs Land. Es gab dort viel Natur, jede Menge Bauern, Felder, Pferde. Eine wunderschöne Welt im Gegensatz zum zerschossenen Berlin, wo es nach Staub und Ruinen roch und die Menschen wie dunkle Geister durch die Straßen liefen.

Draußen auf dem Land half man sich gegenseitig, daran kann ich mich gut erinnern. Die Bauern hatten Kartoffeln, Vati hatte irgendwelche Autoteile oder half, einen alten Trecker wieder in Gang zu bringen. So rauften sich die Menschen in Gatow zusammen. Aber dann wurde mein Vater eingezogen. Er musste in den Krieg, und keiner von uns wusste, wo er seinen Dienst anzutreten hatte. Wie in jeder Werkstatt in Berlin musste auch dort natürlich weitergearbeitet werden, während des Krieges allerdings, um diverse Heeresfahrzeuge, Krads und Motorräder zu reparieren. Und es war schon bald Not am Mann. Der Schwiegervater schrieb darum ans Ministerium, dass mein Vater in der Werkstatt fehlen würde und sie ihn dort dringend bräuchten. Dem Gesuch wurde stattgegeben, und so kehrte mein Vater nach nicht allzu langer Zeit wieder zurück und schuftete weiter in der Werkstatt. Natürlich waren wir in der Familie alle froh darüber, doch der Nationalsozialismus steckte seine Finger überall hinein. Seinen Vornamen hatte mein Vater nie gemocht, zumindest nicht die Schreibweise. Für seine Firma hatte er ihn darum geändert und schrieb sich selbst und in der Werbung immer ohne e. *Sigfrid* Hetzer. Das kann man noch heute auf frühen Fotos und Zeitungsanzeigen sehen. Das Gewerbeamt aber zwang ihn zur alten Schreibweise zurück. *Siegfried*. Und so durfte mein Vater weitermachen – zum Glück in Berlin, wo er schon vor dem Krieg ein recht bekannter Mann war.

Seine Werkstatt war stets beliebt gewesen, und man traf sich gern dort. Die Kunden kamen selbst vorbei, und nicht selten blieben sie auf einen Kaffee oder besahen sich die Fahrzeuge, die überall herumstanden. Viele Leute kannten meinen Vater, weil er öffentlich von seinen Reisen berichtete. Er hielt regelmäßig Lichtbildvorträge und erzählte von seinen Touren durch Europa und bis nach Afrika. Und das war damals eine exotische Sache: sich mit seinem Motorrad aufzumachen und in Länder zu fahren, deren Namen die meisten höchstens aus dem Geografieunterricht kannten. Mein Vater aber hatte genau das getan. Er hatte sich ins Abenteuer gestürzt und früh darüber berichtet. Das machte natürlich die Runde, darüber quatschten die Leute.

An eine Sache erinnere ich mich besonders gut: an Vatis Fotoalben! Manchmal saßen wir zusammen in der Stube, abends nach dem Essen oder vor dem Schlafengehen, und ich blätterte mit ihm durch all die Bilder. Und machte große Augen. So etwas kannte ich ja gar nicht, wie auch? Und ausgerechnet mein Vati hatte all das gesehen und diese Fotos gemacht und selbst all diese fernen Länder besucht. Mein Staunen und meine Bewunderung kannten keine Grenzen. Das war, wie wenn heutzutage ein Papa zu seinen Kindern sagen würde: »Ich zeig euch mal ein paar Fotos von meiner letzten Mondreise.«

Auf den Bildern sah ich, wie er mit dem Motorrad 1929 durch die Wüste Sinai gefahren war. Halb Europa hatte er bereist und fuhr schließlich immer weiter in den Süden. Ich lauschte gebannt seinen Erzählungen, versank als kleines Mädchen regelrecht in diesen Bilderwelten, wollte diese Fotos noch mal sehen und noch mal. Immer wieder fragte ich ihn, was er erlebt und ob er wirklich vor den Pyramiden gestanden hatte.

Die Fotoalben meines Vaters hinterließen tiefe Spuren. Sie waren meine Märchenbücher.

Damals hörte ich auch das erste Mal den Namen: Clärenore Stinnes. Mein Vater erwähnte die Dame des Öfteren in seinen Erzählungen. Eine berühmte Frau musste das gewesen sein, eine Pionierin, die 1929 von einer abenteuerlichen Reise um die Erde zurückgekehrt war. Genau in dem Jahr, in dem mein Vater zu seiner Tour aufbrach. Tatsächlich war Stinnes mit ihrem Auto und einem Begleiter im Mai 1927 in Frankfurt am Main gestartet, anschließend durch dreiundzwanzig Länder gefahren, durch Sibirien und die Wüste Gobi, durch Asien und Amerika. Stinnes galt als eine moderne und unabhängige Frau und nach ihrer wagemutigen Reise als frühe Grande Dame des Automobilsports. Aber davon hatte ich damals noch gar keine Ahnung. Ich lauschte nur den Worten meines Vaters. Träumte mich auf einem fiktiven motorisierten Sattel in ferne Welten und hörte dabei immer wieder den Namen dieser Märchenfrau. Clärenore Stinnes. Eine verrückte Prinzessin aus Tausendundeine Nacht, die mit Stiefeln und Lederbrille hinter ihrem Lenkrad saß.

Vati selbst war mit einem Victoria-Motorrad losgefahren, das einen Beiwagen besaß. Darin saß seine erste Frau, die dann aber früh an einer Lungenkrankheit starb. Die beiden hatten keine Kinder gehabt, und so blieb aus dieser Ehe nach ihrem Tod nichts zurück als eine dunkle Leere. Mein Vater war am Boden zerstört und todunglücklich. Er stürzte sich in den Alkohol, um den Schock zu betäuben. Seine Freunde sahen, dass er allein über den Verlust nicht hinwegkam, und verkuppelten ihn darum eines Tages mit der Tochter eines Kollegen, der DKW-Autos verkaufte. Die Mutter dieser zweiundzwanzig Jahre jungen Frau war früh verstorben, und nun musste die Tochter, wie man damals so schön sagte, unter die Haube. Die Dame hieß Liselott, und sie wurde meine Mutter.

Dass mein Vater eines Tages zwei Kinder, genauer gesagt, zwei Töchter haben würde, hatte er schon geahnt. Na ja, zumindest war er nicht überrascht, dass es so kam. Eine Zigeunerin im Ersten Weltkrieg hatte ihm prophezeit, dass er zwei Mädchen bekommen würde.

Ich aber brauchte keine Wahrsagerin. Mein wunderbarer Vater war mein Märchenonkel. Und immer wenn er Zeit hatte, blätterten wir gemeinsam in seinen Fotoalben. Auch er träumte sich gern davon und erlebte seine Reisen noch einmal im Kopf. Ich sehe all die Schwarz-Weiß-Fotos noch vor mir. Mein Vater hatte die schwarzen Seiten mit weißer Tinte beschriftet, das sah hübsch und edel aus. Ich konnte sehen, wie er in Spanien auf dem Montserrat stand und auf das katalanische Hinterland blickte. Wie er durch Italien gefahren war und dann weiter nach Griechenland. Damals, ich weiß das noch genau, faszinierten mich besonders die griechischen Soldaten, die er fotografiert hatte. Sie trugen weiße Plissee-Röckchen, auf dem Kopf einen Hut, der aussah wie ein dunkelroter Topf mit einer Troddel dran. Das fand ich toll, so etwas hatte ich noch nie gesehen, schon gar nicht bei Männern.

Der Krieg ging schließlich vorüber, und ich wurde zehn, elf Jahre alt und ging natürlich zur Schule. Aber von einer richtigen Schule zu sprechen wäre übertrieben. Ich lief jeden Morgen zum Bauer Ernst, der die Kinder im Dorf unterrichtete. Dann war da noch ein Holländer, der uns privat unterrichtete. Eine weitere Schule war später in der Villa Lemm untergebracht, einem großen Privathaus, in dem noch später der englische Stadtkommandant mit Familie einzog. Als eines Tages endlich wieder eine große Schule erbaut war, hatte ich einen weiten Schulweg. Ich musste jeden Morgen eine halbe Stunde zu Fuß über die Rieselfelder laufen, um zum Unterricht zu gelangen.

Wir lebten in diesen Jahren weiter in dem Sommerhaus in Hohen-Gatow, denn Berlin war noch ein Trümmerfeld. Mein Vater wollte nach der Befreiung Berlins unbedingt einmal in die Stadt, um zu sehen, was aus seiner Firma und der Werkstatt geworden war. Ob die überhaupt noch stand? Aber die Stößensee-Brücke war bombardiert worden und existierte gar nicht mehr. Was machten wir? Wir nahmen ein kleines Ruderboot und stellten eines der verbliebenen Kinderfahrräder darauf. Dann ruderten wir Kinder ihn auf die andere Seite der Havel, damit er sich mit diesem Rad zu seiner Werkstatt aufmachen konnte. Wir ruderten allein zurück.

Nach dem Krieg hatten die Russen alle Autos und Motorräder meines Vaters beschlagnahmt. Selbst die vergrabenen Ersatzteile hatten sie gefunden und mitgenommen. Alles war weg. Glücklicherweise schickten die Victoria-Werke recht bald und auf Kredit die ersten Fahrräder, die in einem Waggon aus Nürnberg kamen. Mein Vater hatte auf diese Weise schnell wieder eine begehrte Ware, die er verkaufen konnte. Der ehemalige Besitzer der Victoria-Werke, Rudolf Ottenstein, war ein sehr guter Freund meines Vaters. Vor dem Krieg hatten die beiden gemeinsam auf Motorrädern Zielfahrten gemacht. Rudolf Ottenstein war Jude, und mein Vater hatte ihm während der Nazizeit geholfen, ins Fürstentum Liechtenstein zu flüchten.

Die Kontakte nach Nürnberg bestanden weiterhin, und bald trafen auch die ersten Fahrräder mit Anbaumotoren bei uns ein, dann die ersten Motorräder. So konnte mein Vater die Firma in Berlin relativ schnell wieder aufbauen, während wir weiter in Gatow lebten. Jeden Tag fuhr Vati siebzehn Kilometer in die Stadt hinein und abends wieder zurück.

Wenn er auf seinem Motorrad nach Hause kam, lief ich sofort zu ihm, durfte mich auf den Tank setzen und die letzten Meter mit zum Haus fahren. Wie ich das liebte! Diese große Maschine, die so satt klang und mit der Vati zur Arbeit oder zu den Kunden fuhr. Ich wollte selbst Gas geben und drehte an dem Griff. Brumm, brumm, brumm! Ich griff den Lenker mit meinen kleinen Armen, fragte, wie man schaltet, was Gänge sind und wie man bremst, und ja, am liebsten wäre ich sofort selbst losgeprescht. Ich schaute genau zu, wie mein Vater die Maschine antrat, wie er sich draufsetzte und an welchem Benzinhahn er jetzt schon wieder drehte. Kaum kam er um die Ecke geknattert, heftete ich mich an seinen Fersen.

Er konnte sehr schön erzählen. Manchmal sagen mir die Leute, auch ich könne gut erzählen. Lebendig und lustig. Nun, falls dem so ist, dann habe ich das von meinem Vater, denn der war ein toller Erzähler. Und zudem war er ein sehr liebenswürdiger und herzensguter Mensch – allerdings ein schlechter Geschäftsmann. Er war einfach zu lieb. Wenn er einen Kunden fragte, wie es ihm ginge, dann war das keine Floskel zur Begrüßung, kein Anlass für einen netten kurzen Wortwechsel, um ins Gespräch zu kommen. Mein Vater wollte wirklich wissen, wie es dem anderen ging. Und nicht selten fragte er weiter, hörte sich dessen halbe Lebensgeschichte an. Statt mit den Kunden über ein neues Auto zu sprechen, saß er oft mit ihnen am Kaffeetisch beim Plaudern. Und manchmal erzählte er dann auch ausgiebig von seinen Reisen. Ein schöner Wesenszug, der aber nicht besonders schnell zum Ziel führte.

Mein Vater liebte das Reisen und die weite Welt. Als ich 1937 geboren wurde, hatte er sogar ein Schiff bestiegen und war nach Amerika gefahren zur Automobilweltausstellung in Detroit. Denn auch das war mein Vater: modern und vorausschauend. Er wollte wissen, was in Amerika passierte, welche Erfindungen und Neuerungen es gab und wie Automobile sich auf der anderen Seite des großen Teichs entwickelten. Dort war die Automobilindustrie zu Hause. Und natürlich vertrieb er Opel-Autos – die ja schon damals praktisch amerikanisch waren. Denn was heute kaum noch jemand weiß: Bereits 1929 hatte die Firma General Motors Opel gekauft.

Auch uns Kinder nahm er später gern mit auf Reisen. Mit dem Auto fuhren wir nach Italien, über den Brenner zum Gardasee. In den ersten Jahren nach dem Krieg waren das dolle Touren. Längst nicht alle Menschen besaßen ein Auto, und nicht viele kamen aus Deutschland heraus.

Vaters erstes Auto nach dem Krieg war allerdings kein Opel, sondern ein DKW-Pritschenwagen. Ein Zweisitzer, der als Kleintransporter äußerst praktisch und begehrt war, weil beim Aufbau Berlins ständig Sachen von hier nach da transportiert werden mussten. Die Berliner sagten nur: »Der Hetzer wieder in seinem umjebauten Jartenstuhl.« Na ja, ein bisschen nach Gartenstuhl sah der Wagen schon aus. Urig, knuffig. Dazu die kleine offene Ladefläche hinten. Mein Vater war ständig damit unterwegs, half hier, half dort.

Ich sah mir den DKW genauer an, wenn der bei uns in Gatow stand. Die Schaltung funktionierte wie bei einem Trabi. Links, rechts, rausziehen, links, rechts. Unten am Bodenbrett war ein Knopf angebracht: der Fußstarter. Kinderleicht das Ganze: Gang einlegen und auf den Fußschalter treten. Eines Tages fackelte ich nicht mehr lange und stibitzte den Zündschlüssel, als mein Vater es nicht sah. Dann startete ich den Motor, und es machte bupp, bupp, bupp. So hoppelte ich die ersten Meter meines Lebens selbst am Steuer. Mein Vater saß mit Tante und Onkel im Haus beim Kaffeetrinken. Und Klein Heidi machte ihre ersten Fahrversuche. Ich war gerade mal dreizehn.

Das Auto rumpelte prompt gegen das hölzerne Gartentor. Und das sah anschließend kaputt aus. Meine ersten Meter endeten in einem kleinen Malheur, und ich hatte nur einen Gedanken im Kopf: Wie bringe ich das meinem Vater bei? Ich schob es auf die Jungs, die mit ihren Fahrrädern gegen das Gartentor gefahren seien, aber mein

Vati blickte mich stutzig an. Ach, wirklich? Von außen? Er wusste genau, was seine kleine Heidi angestellt hatte.

Der nächste Ausbüchser auf einem motorisierten Untersatz ließ nicht lange auf sich warten. Meine Freundin Bärbel und ich schnappten uns eines Tages ein nagelneues Victoria-Motorrad meines Vaters und fuhren damit um die Dörfer. Erst mal von Gatow nach Kladow. Das ging hervorragend, und das Motorrad war wunderschön. Zwei breite Sättel hintereinander, zwei dicke Auspuffrohre und ein großer Zylinder. Dazu die gewölbten Schutzbleche, die sich wie Helme um die Reifen legten. Ich erinnere mich noch heute an das Geräusch des Motors. Ein tiefes und ruhiges Blubbern, das fast an das Schnurren eines Lebewesens erinnerte. In Kladow hielten wir an und überlegten, wohin wir als Nächstes fahren sollten. Da kam plötzlich ein Mann in Zivil auf uns zu, stellte sich vor uns auf und sagte: »Das ist ja ein hübsches Motorrad, ganz neues Modell, was?« Ich pries es sofort in höchsten Tönen. Es würde sich hervorragend fahren, ganz leicht und sicher, und es sei gerade erst auf den Markt gekommen. Ich wollte Werbung machen für das Geschäft meines Vaters. Der handelte ja schließlich mit diesen Motorrädern.

Der Mann sagte dann: »Toll. Und darf ich jetzt mal bitte deinen Führerschein sehen?« Er war ein Polizist in Zivil. Uns stockte der Atem, aber damals war es nicht so, dass man gleich abgeführt wurde oder eine dicke Strafe kassierte. Es waren völlig andere Zeiten, so kurz nach dem Krieg. Die Menschen hatten andere Sorgen. Er notierte meinen Namen und sagte: »Dann schiebt mal schön. Ihr fahrt keinen Meter mehr, sondern rollt das Motorrad nach Hause. Verstanden?« – Wir parierten: »Verstanden«, und schoben artig davon. Allerdings nur um die nächste Ecke, bis er uns nicht mehr sehen konnte. Dann sprangen wir wieder auf die Victoria und gaben Gas.

Es blieb natürlich nicht bei dieser einen Fahrt. Ich fand immer mehr Gefallen daran, kleine Spritztouren zu machen, auch wenn ich noch lange keinen Führerschein besaß. Ich war ja gerade mal vierzehn Jahre alt. Oft ging das gut, oft bekam mein Vater nichts mit. Aber er wusste schon, dass ich mir ab und zu eines seiner Motorräder schnappte und damit herumfuhr. Hin und wieder wurde ich erwischt, und es kam auch mal vor, dass mein Vater anschließend zur Polizei auf die Wache zitiert wurde. Dort musste er dann einen Wisch unterschreiben und beteuern, dass er die Schlüssel fortan besser verstecken würde. Aber ich habe sie immer wieder gefunden. Er war darüber nicht glücklich, aber auch nie wirklich böse. Richtig bestraft hat er mich für meine Eskapaden auf seinen fahrbaren Untersätzen nie.

Woran mochte das liegen? Ich denke noch heute öfter an die Zeiten zurück und versuche, mir einen Reim darauf zu machen. Nun, vielleicht war ich wirklich der Sohn, den mein Vater nie hatte. Vielleicht war die junge Heidi der kleine Strolch, der sich für seine Benzinfilter interessierte und durch die Werkstatt schlich, der die Vorlieben des Vaters teilte und beim Geruch von Benzin genauso durchatmete wie er. Ja, vielleicht war ich für meinen Vater wie ein Bruder im Geiste. Eine Seelenverwandte, eine, die seine Liebe zu Autos und Motorrädern teilte. Eine, die ihn verstand. Und eine, die er verstand.

Einmal zeigte mich ein Nachbar an. Und wieder musste mein Vater auf die Wache, musste abermals versprechen, dass ich die Schlüssel nicht wieder in die Finger bekäme. Aber ich fand sie immer. Irgendwo lagen sie, und dann ging es wieder los. Doch nein, an eine echte Strafe kann ich mich wirklich nicht erinnern.

Meine Schwester Vicki machte meinen Eltern derweil auf andere Weise Kummer. Sie hatte Probleme mit der Schilddrüse, was damals noch nicht operabel und nur schwer zu behandeln war. Sie verhielt sich, wohl auch wegen der Schilddrüse, sehr launisch. Sie war giftig und vor allem zu mir oft hässlich. Wir sammelten damals Bilder und Fotos von Schauspielern, und einmal fragte ich sie: »Vicki, wenn du deine Bilder nicht mehr möchtest, kann ich sie haben?« Und sie antwortete: »Vergiss es. Ich gebe meine Sammlung allen, nur nicht dir!« Sie war eine schwierige Person, eifersüchtig auf so ziemlich jeden. Anderen Mädchen spannte sie die Jungs aus und trieb ihre Spielchen. Wenn ich in eine Eisdiele ging und später auch mal in eine Bar, dauerte es nie lange, bis Vicki auftauchte und keifte: »Heidi, was willst du denn hier? Raus mit dir!« Sie war nur drei Jahre älter als ich, aber ziemlich durchtrieben für ihr Alter. Eine hübsche junge Frau mit dunklen Haaren, dunklen Augen. Temperamentvoll und unberechenbar.

Sie hatte, vielleicht genau darum, einen starken Einfluss auf mich. Ich musste zwar nicht gegen einen Bruder kämpfen, wohl aber gegen Vicki. Sie stellte sich mir in den Weg, machte mir das Leben nicht leicht. Ich war die kleine Heidi, sie die große wichtige Vicki. Nicht einfach, sich da etwas zu trauen, sich zu entfalten. Der Grund lag auf der Hand: Sie war nun mal die Ältere, und es stand schon damals fest, dass sie eines Tages das Geschäft meines Vaters übernehmen sollte.

Die Zeiten mit meiner Schwester hinterließen Spuren in mir. Sie machten mich tough. Ich lernte früh, den Kopf nicht in den Sand zu stecken. Ganz auf meine Weise.

So verstrich die Zeit, und wir wuchsen auf. Erst nach fünf Jahren zogen wir von Gatow zurück nach Berlin, in das Nachbarhaus unserer alten Wohnung in Charlottenburg nahe der Deutschen Oper. Und das war auch gut so. Wir wollten uns ins Stadtleben stürzen, wollten als Teenagerinnen ins Kino gehen und auch mal zum Tanzen in die Eierschale oder in den Eden Salon.

Die Firma der Familie Hetzer lag wie früher in der Bismarckstraße fünf Minuten von unserer Wohnung entfernt. Erstmals fand in Berlin im Sommergarten am Funkturm nun wieder eine Auto- und Motorradausstellung statt. Auch wir fuhren beim Korso mit und machten Reklame für unsere Vicky 2 – ein Fahrrad mit Anbaumotor im Hinterrad. Am Ende der Show entdeckte ich den Polizeipräsidenten im Sommergarten, ging zu ihm rüber und fragte ohne Umschweife: »Herr Stumm, ich bin die Heidi Hetzer vom Autohaus meines Vaters, und ich möchte Sie fragen, ob ich den Führerschein nicht eher machen darf!« Er fragte, wie alt ich sei. Ich sagte: vierzehn, aber ganz bald schon fünfzehn. Der Präsident antwortete: »Tja, mein Mädchen, über die Gesetze kann ich mich auch nicht hinwegsetzen, da wirst du dich schon gedulden müssen, so wie jeder andere auch.«

So musste ich also warten und weiter meine kleinen unerlaubten Geheimfahrten antreten. Mich möglichst nicht erwischen lassen und ansonsten jenen Tag herbeisehnen, an dem ich sechzehn wurde. Endlich war es so weit. Ich machte auf der Stelle meinen Führerschein für die Klasse vier, für Motorräder bis 250 ccm.

Von meinem Vater bekam ich keineswegs ein eigenes neues Motorrad hingestellt, aber ich durfte zumeist gebrauchte Motorräder aus dem Geschäft benutzen. Besonders mochte ich die NSU Lambretta. Der Motorroller hatte eine schöne Form, die Reifen waren breit verkleidet, dazu hatte er zwei große Sättel und hinten einen Ersatzreifen. Außerdem konnte man sehr gut mit einem Kleid darauf sitzen und auch mal zu einem Ball fahren.

Mit dem Einjährigen-Abschluss, der Mittleren Reife, beendete ich die Schule. Ich feierte gerade meinen siebzehnten Geburtstag, und nach der zehnten Klasse war Ende. Ich wollte nicht lernen und studieren, ich wollte basteln und schrauben. Praxis statt Theorie. Ganz anders als meine Schwester Vicky, die auf eine Handelsschule ging. Ich trat eine Lehre als Kfz-Mechanikerin an. Meine Mutter war zwar von Anfang an dagegen, mein Vater aber hatte wieder einmal Verständnis. »Wenn Heidi das unbedingt will, dann soll sie das machen«, sagte er. Und war insgeheim vielleicht noch immer froh, dass ich so ein großes Interesse an seinem Hobby und seinem Beruf zeigte. Also arbeitete ich fortan in seiner Werkstatt und ging in der Pestalozzistraße auf die Berufsschule.

Früh übt sich: Mit vierzehn presche ich auf einem Victoria-Fahrrad mit Anbaumotor durch den Sommergarten am Funkturm. Zum Glück über eine Privatstraße – denn ich habe noch keinen Führerschein.

Ich erinnere mich an diese Jahre um 1954, 1955. Die Werkstatt sah eher primitiv aus, ein langer Schlauch, der eigentlich glasverkleidet war. Aber ein Großteil der Verkleidung war noch zerstört, fast sämtliche Fenster zerbrochen. Einst ein edler Hof, waren die Spuren des Kriegs überall noch deutlich zu sehen. Berlin wurde zwar an allen Ecken und Enden wieder aufgebaut, aber auf den freien Plätzen und zwischen den stehen gebliebenen Häusern türmten sich die zusammengetragenen Backsteine, die Reste zerstörter Betonmauern, Bunker und Brücken. Berge aus Staub, Halden aus Erde, Trümmern und Munitionsresten. Die Stadt war besetzt, und wir lasen an den Grenzen der Alliierten-Zonen die Schilder: Sie verlassen jetzt den amerikanischen Sektor, den französischen Sektor, den englischen Sektor. Mitten durch die zerbombten Häuserschluchten zogen sich Banner, auf denen stand: »Bis hierher: Demokratie und friedlicher Aufbau. Jenseits: Diktatur, Kriegshetze, Zusammenbruch.«

Der Krieg war noch immer präsent, seine Schatten reichten bis in unsere Werkstatt, durch die an kalten Tagen ein eisiger Wind pfiff. Es war ein langer Hof mit Garagen rechts und links, in denen geschraubt und repariert wurde. Vorne an der Bismarckstraße war der Ausstellungsraum, da standen nebeneinander aufgereiht die Victoria-Motorräder. Später kamen die Opel-Autos dazu. Im Hof gab es eine Tankstelle, da lief immer unser weißer Schäferhund herum. Er hieß Rolf. Und die Frau Hampel verkaufte dort frische Eier, weil es Hühner noch längst nicht überall gab. Mein Meister hieß Rudi Krüger, der war für mich zuständig. Und er pfiff mich zusammen, wenn ich mal zu lange mit jemandem quatschte: »Heidi, an die Arbeit!« Und wenn ich das nächste Mal eine längere Pause machte, bekam ich von ihm auch mal eine gescheuert. Der Herr Krüger traute sich das: der Tochter vom Chef eine Backpfeife verpassen, wenn die nicht spurte. Aber ich war ja nun mal sein Lehrling, Mädchen hin oder her. Herr Krüger nahm das ernst. Von den Jungs wurde ich auch gern mal auf den Arm genommen. Die klemmten unter den Motoren und riefen: »Heidi, hol mal zwanzig Gumminieten!« Gumminieten gab's natürlich nicht, und sie lachten sich kaputt.

Einmal hatte ich ein Motorrad repariert, und der Kunde gab mir fünfzig Pfennig Trinkgeld. Daraufhin blökte ein Geselle: »Sie können der doch kein Trinkgeld geben, das ist die Tochter vom Chef.« Ich war vielleicht sauer. Es war mein erstes selbst verdientes Geld! Und von wegen die Tochter des Chefs! Ich wollte eine von ihnen sein. Und auf den Toiletten musste ich sogar eine von ihnen sein. In den Werkstätten und Fachbetrieben gab es damals nämlich noch keine separaten Toiletten für die Frauen.

Auch in der Berufsschule war es anfangs nicht leicht. Ich stand allein auf dem Schulhof, und keiner sprach mit mir. Wer von den Jungs würde sich schon mit einem Mädchen abgeben? Das wäre ja wie Schleimen gewesen, und der Charmeur hätte sich lächerlich gemacht. Ich stand in der Ecke, allein mit meinem Schulbrot. Nur der Lehrer verlor mal ein nettes Wort und sagte zu den Jungs: »Könnt ihr nicht ein bisschen höflicher sein und der Heidi aus dem Mantel helfen?« Das taten die Jungs dann auch, aber dabei zerrissen sie ihn mir. Jungenstreichs eben. Doch die Botschaft war klar: Ein Mädchen hat hier nichts zu suchen. Hier ging es um Technik, und das war Männersache.

Das ärgerte mich schon sehr, aber ich machte mir auch nicht allzu viele Gedanken. Es war eben normal damals, und die meisten Leute parierten und lebten nun mal nach dem vorgegebenen Schema. Die Männer machen das eine, die Frauen das andere. So gehörte es sich, und das wurde nicht ständig hinterfragt. Die Abgrenzung zwischen den Geschlechtern zog sich ja durch die gesamte Gesellschaft. Auch ich hatte die bleiernen Geschlechterrollen zu einem gewissen Grad verinnerlicht, aber immerhin hatte mein Vater uns schon sehr früh modern und selbstbewusst erzogen. Zum Beispiel gab er uns immer Geld, damit wir selbst bezahlen konnten. Und damit unabhängig von den Jungs waren.

Dabei waren die Weichen für Frauen offiziell längst gestellt, obwohl wir Mädchen das damals natürlich gar nicht mitbekamen. Vieles las und lernte ich erst viel später. Doch schon 1949 hatte die sozialdemokratische Abgeordnete Elisabeth Selbert durchgesetzt, dass die Gleichberechtigung in das Grundgesetz der Bundesrepublik Deutschland aufgenommen wurde. In Artikel 3 heißt es seitdem: »Männer und Frauen sind gleichberechtigt.«

In der Realität sah das anders aus. Die Frauen waren noch lange nicht gleichberechtigt. Ein uneheliches Kind zu bekommen bedeutete für die Frau gesellschaftlich eine Katastrophe, die Mutter erhielt nicht einmal das Sorgerecht. Das Ehe- und Familienrecht bestimmte den Mann zum Alleinherrscher über Frau und Kinder.

Auch hatte eine Ehefrau ihrem Mann sexuell zur Verfügung zu stehen. Wenn er sie und die Kinder misshandelte, galt das als Privatsache. Und eine verheiratete Frau durfte nur arbeiten gehen, wenn der Mann es ihr erlaubte. Erst viel später erfuhr ich auch dies: Noch bis in die 1970er-Jahre gab es die sogenannten »Leichtlohngruppen«. Was für ein Wort. Gemeint waren damit Frauen, die zwar dieselbe Arbeit verrichteten wie die Männer, dafür jedoch viel weniger Geld bekamen.

An Aktivistinnen oder so etwas wie Emanzipation allerdings dachte ich nicht die Bohne. Herrje, es waren die Fünfzigerjahre, und der Krieg noch nicht lange her. Da machte man die Dinge eigentlich, wie man sie gewohnt war und wie es sich ziemte. Auch wenn Simone de Beauvoir in Frankreich schon 1949 »Das andere Geschlecht« verfasst hatte, ein Buch, das für unzählige Frauen in aller Welt bald zu ihrer Bibel wurde. Die Philosophin und Schriftstellerin hatte darin erklärt: »Man wird nicht als Frau geboren, man wird dazu gemacht.«

Ich lehnte mich derweil auf meine Weise auf. Ich wollte schrauben! Ich wollte Motorrad fahren! Ich wollte Auto fahren! Ich wollte reparieren können! Ich wollte Gas geben, und dies mindestens so gut wie die Jungs! Darin lag meine kleine Revolte – ich war nun mal eine benzinverrückte Berliner Göre, die sich nicht so leicht unterbuttern ließ.

In der Berufsschule aber konnte ich zum Glück bald Eindruck schinden: Ich kam mit einer gebrauchten NSU Lambretta vorgefahren. Einen fahrbaren Untersatz hatten die anderen nicht. Das sprach sich schnell herum, das fanden die Jungs prima – und alle wollten mal mitfahren. Ein Motorroller, das war ein Novum damals. Ich gab mich kameradschaftlich, wer mal hinten draufsitzen und eine Runde drehen wollte, bitte schön. Und da akzeptierten mich die Ersten. Außerdem gab ich mich nicht wie ein typisches Mädchen. Ich hatte immer dreckige Hände. In der Werkstatt trug ich einen Blaumann wie alle anderen. Für mich war das eben ganz normal. Ich war keine Püppi. Ich ging wie sie und quatschte Berlinerisch wie sie.

Bei uns in der Werkstatt gab es einen Jungen, der arbeitete im Ersatzteillager. Kalle war ein pfiffiger Kerl mit schönen Augen, und wenn Chefs Tochter in die Werkstatt kam, blickte er immer auf und kam zu mir herüber. Kalle fuhr ein großes Motorrad, und eines Tages sagte er zu mir: »Wir fahren am Wochenende wieder ins Gelände, willst du nicht mal mitkommen mit deinem Motorroller?« Rund um die Müggelberge fanden zu dieser Zeit erste Motorradtreffen, Veranstaltungen und kleine Rennen statt – und ich war bald regelmäßig dabei. Wir fachsimpelten über Motoren, neue Modelle, die auf den Markt kamen, und fuhren ziemlich wild durch die Gegend, auch mal querfeldein, durch den Wald oder über die Schotterpisten im Umland. Ich trug eine dicke Jacke, Helm und Schutzbrille, meine Hände steckten in Handschuhen. Ich konnte schon recht gut fahren und fühlte mich sicher, aber nun wagte ich immer mehr. Bald befestigte ich eine erste Startnummer an meiner Lambretta, es war die Nummer neun. Und gewann sogar einen Ehrenpreis. Die Jungs lernten mich immer besser kennen, wir hingen regelmäßig zusammen herum, und ich wurde ein Teil der Truppe.

Ich erinnere mich an einen Vorfall, der mich damals nicht nur beeindruckte, sondern auch rührte. Denn wenn die Jungs einen mal akzeptiert hatten, waren sie keineswegs nur harte Kerle, sondern konnten richtig nett sein. Einmal waren wir mit den Motorrädern unterwegs irgendwo um Berlin. Als wir einen Stopp machten, ging ich auf eine Fernfahrertoilette. Ich wusch mich und ließ dort die Uhr liegen, die ich von meinen Eltern zum Schulabschluss bekommen hatte. Eine schöne große Uhr, und das war damals etwas ganz Besonderes. Nun aber war sie weg – und ich war selbst schuld. Großes Drama! Es hing über mir wie ein Todesurteil. Wieder hatte ich meinen Eltern etwas zu beichten. Ich traute mich gar nicht mehr nach Hause, so sehr plagte mich das schlechte Gewissen. Ich setzte mich von der Truppe ab, fuhr allein durch die Gegend, fragte sogar an einer Tankstelle nach einem Job. Einfach weil ich irgendwie Geld verdienen wollte, um die Uhr möglichst schnell zu ersetzen. Was natürlich naiv war, denn ich war ja noch nicht einmal volljährig.

Mir blieb nichts anderes übrig, als schließlich nach Hause zu fahren, erst mal nichts zu erzählen und zu versuchen, den Verlust der Uhr zu kaschieren. Ein paar Tage später kamen die Jungs zu mir und nahmen mich beiseite. Und was hatten sie gemacht? Sie hatten sich zusammengetan, Geld gesammelt und eine neue Uhr für mich gekauft. Exakt die gleiche, die ich verloren hatte! Unglaublich, wie sie mir in der Situation aus der Patsche halfen. Denn ich hatte wirklich schlimme Angst, meinen Eltern zu erzählen, dass ich die Uhr verloren hatte. Nun konnte ich die Sache viel leichteren Herzens beichten. Was die Jungs für mich getan hatten, das war weit mehr als eine Geste. Das war echte Kameradschaft. Damals habe ich gelernt, was Nehmen und Geben bedeutet.

So fand ich auch endgültig in meine Rolle als Motorradsportlerin hinein. Und ich war vermutlich die erste und einzige, die es damals in ganz Berlin gab.

Mit meinem Freund Horst aus der Berufsschule wollte ich eines Tages auf einen Ball gehen. Ich fragte meine Schwester Vicki, ob sie uns ihren Opel Rekord leihen würde. Einen Autoführerschein hatte ich allerdings noch nicht. Meiner Schwester war das egal, und sie erlaubte es mir. Also nahmen wir den Wagen, der ziemlich abgelatschte Reifen hatte und insgesamt eher eine gebrauchte Schlurre war. Es regnete, und ich setzte mich ans Steuer, ohne große Erfahrung mit Autos zu haben. Wahrscheinlich fuhr ich viel zu schnell – denn auf einmal überschlugen wir uns, rumpelten quer über die Schienen einer Straßenbahn und landeten auf einer Hecke. Da oben hing der Wagen nun, mit aufgesprungenem Kofferraum. Es war schon dunkel, und während Horst und ich begannen, den Wagen von der Hecke zu wuchten, kam noch ein Passant hinzu, um zu helfen.

Der war ziemlich erschrocken über die Angelegenheit und meinte, als das Auto wieder auf der Straße stand: »Jetzt müssen wir aber warten, bis die Polizei kommt.« Klar, sagten wir. Sammelten die Sachen ein, die aus dem Kofferraum gefallen waren, stiegen ins Auto und fuhren los, so schnell wir konnten. Ich bog um die nächste Ecke und parkte Vickis Rekord neben einem zertrümmerten Haus. Da hatten wir den Wagen gut versteckt, in einem Rumpelfeld aus Kriegsschrott. Allerdings dauerte es nicht lange, da hörten wir den ersten Polizeiwagen mit lautem Tatütata.

Wir warteten zwei Stunden und fuhren dann auf Schleichwegen nach Hause. Diesmal blieb mir nur eins: die ganze Geschichte sofort meinen Eltern beichten. Die waren im Kino gewesen, hörten sich nun an, wie ich ihnen mit etwas zittriger Stimme erzählte, was wir – oder besser: ich – mal wieder angestellt hatten. Ich wusste nicht, was die Konsequenzen sein würden. Mit einem Auto ohne Führerschein zu fahren, das war für ein junges Mädchen schon ein dolles Ding. Vor allem aber hatte ich Angst, meinen Vater nun in ernsthafte Schwierigkeiten zu bringen. Und auch ich selbst befürchtete eine saftige Strafe.

Aber nichts dergleichen geschah. Denn mein Vater hatte eine Idee. Er gab uns Geld und sagte: »Ihr fahrt jetzt mit dem Taxi sofort zu dem Fest. Zeigt euch. Mischt euch unter die Leute, tanzt und freut euch des Lebens. Und seht zu, dass alle das mitbekommen.« Wir taten, wie uns befohlen. Mein Vater ging derweil zu Vickis Wagen, schloss ihn kurz und parkte ihn ein Stück weit entfernt. Dann kam irgendwann die Polizei, und nun ging die Fragerei los. Wer fährt das Auto? Wo ist Ihre Tochter Vicki? Und wo waren Sie?

Mein Vater erzählte, seine Tochter sei mit ihrem Verlobten Horst im Theater und danach wohl noch was trinken gewesen. Und das Auto? Das müsse ganz offensichtlich jemand geklaut haben! Der Passant, der uns an der Hecke geholfen hatte, hatte inzwischen als Zeuge aussagen müssen und berichtete, dass da eine junge Frau mit dem Wagen unterwegs gewesen war, die immerzu »Horst! Horst!« gerufen hatte. Die Polizei reagierte mächtig verwirrt, konnte aber nie nachweisen, dass Vicki den Wagen an jenem Abend gefahren hatte. Sie und ihr Verlobter hatten ja ein Alibi.

Und auf mich fiel nie ein Verdacht. Denn wie es der Zufall wollte: Der Verlobte meiner Schwester Vicki hieß genauso wie mein Mechaniker-Freund – Horst. Es gab ein fürchterliches Durcheinander mit tausend Fragen, und das Ganze ging aus wie das Hornberger Schießen. Mein Vater aber hatte sein Ziel erreicht: Auf mich – auf seine kleine Heidi ohne Führerschein – kam die Polizei erst gar nicht. Mit anderen Worten: Er war raus. Und somit auch ich. Die Sache war geritzt.

Mein wunderbarer Vater. Er nahm mich immer in Schutz. Aber so glimpflich meine Extratouren auch ausgingen, es konnte nicht immer so weitergehen. Meine Mutter Liselott redete immer öfter auf Vati ein: Unsere Heidi latscht wie ein Mann, die ist öfter mit den Mechanikern in der Werkstatt zusammen als mit ihren Freundinnen. Die kriegt nie einen ab, wenn die so weitermacht. Wie sie sich kleidet. Und wie sie berlinert!

Und oh ja – das tat ich wirklich. »Icke, dette, kieke mal, Ogen, Fleesch und Beene«, sagte ich. »Verstehste mir?« – »Nein«, sagte meine Mutter, »so heißt das nicht. Das heißt Augen, Fleisch und Beine, wenn schon.« Aber so redeten wir eben in der Werkstatt und unter uns Mechanikern. Doch wer in Berlin berlinerte, der zählte zur unteren Schicht. Feine Leute berlinerten nicht. Die drückten sich mit sauberen Worten aus und sprachen Hochdeutsch.

Ich aber sprach frei Schnauze drauflos. Und wurde sogar zur Anführerin der Totenkopfbande. Wir waren zu fünft, fünf Motorräder, fünf Fahrer, und wir stellten einiges an. Fuhren zum Beispiel auf der schmalen Kante des Bürgersteigs, so weit und so schnell es ging. Da musste man schon gut lenken und ein Gefühl für seine Maschine haben. Mit siebzig Sachen fuhren wir über diese Kanten in der Stadt. Das war die Geschwindigkeitsbegrenzung damals in Berlin. Wir besaßen alle unterschiedliche Motorräder. Victoria, Puch, Horex, verschiedene Roller. Und wir bauten uns gern schicke Teile an unsere Maschinen, ich zum Beispiel hatte mir mal eine Scheinwerferverkleidung aus Italien besorgt, andere bauten sich größere Auspuffrohre an oder lackierten die Tanks um.

Meiner Mutter gefiel mein Werdegang überhaupt nicht. Sie machte sich ernstlich Sorgen, wie es mit mir weitergehen würde, und wirkte auch immer dringlicher auf meinen Vater ein. Bis der mich eines Tages zur Seite nahm und ganz vernünftig mit mir sprach: »Heidi, so geht es nicht immer weiter, du musst noch etwas anderes lernen.« Schweren Herzens brach ich schließlich die Kfz-Lehre ab und besuchte die Rackow-Schule. Dort standen völlig andere Inhalte auf dem Stundenplan. Ich lernte Buchführung, Stenografie und das Tippen auf einer Schreibmaschine. Das war nicht meine Welt, aber ich hielt es ein Jahr durch und begriff am Ende auch, dass ich als Mädchen nicht mein Leben lang nur unter Motoren herumkriechen konnte. Dennoch nutzte ich jede freie Minute, um mich auf ein Motorrad zu setzen oder mich mit den Jungs aus der Werkstatt zu treffen.

Auf die Reifen, fertig, los: Ich fahre auf meiner Lambretta bei der Veranstaltung »Rund um die Müggelberge« mit. Rechts meine Eltern, links ein Mitarbeiter aus Vatis Firma.

Im Geschäft meines Vaters trafen bald die ersten Goggomobile ein, einfache Kleinwagen, in die sich mit Mühe vier Personen hineinquetschen konnten. Die kleinen runden Wagen, nach dem Krieg gebaut von Hans Glas, sahen keck aus, es gab sie in Rot, Türkis und Saharabeige. Zum Angebot im Laden gesellte sich bald ein weiterer Kleinwagen, der »Spatz« aus den Victoria-Werken in Traunreut, konstruiert aus Kunststoff und von vielen Flüchtlingsporsche genannt.

Es nahte Ostern, ich ging ins Geschäft und fragte: »Vati, darf ich mir den grünen Spatz leihen?« Inzwischen war ich achtzehn und hatte längst meinen Autoführerschein gemacht. Ich wollte nach München fahren, um Bert Huber zu besuchen, einen befreundeten Sandbahnfahrer. Und mein Vater sagte: »Ja, den Spatz kannst du haben, aber nur über Ostern, wenn das Geschäft geschlossen ist.« Das Auto hatte einen kleinen Motorradmotor und fuhr gerade mal 75 km/h. Ich zögerte nicht lange und brauste los gen Süden. Irgendwann muss ich eingeschlafen sein, denn ich fuhr gegen ein Autobahnschild, rutschte den Abhang hinunter und landete im Graben neben der Straße. Es war Ostersonntag. Wieder einmal hatte ich Mist gebaut und war mit einem Fahrzeug über die Stränge geschlagen. Ich habe noch heute ein Foto von dem armen Spatz. Er sah wie geschreddert aus, die Kühlerhaube aus Kunststoff aufgeschlitzt, die vordere Verkleidung hing über den Vorderreifen. Ein trauriger Anblick.

In meiner Not rief ich den Direktor der Victoria-Werke an, zu dem wir durch die Firma meines Vaters noch immer einen guten Draht hatten. Der Chef, Herr Klein, hörte sich die Story an und sagte: »Hochinteressant! Das müssen sich unsere Ingenieure sofort anschauen! Aber es ist Ostersonntag, wir gehen jetzt in die Kirche, danach komme ich vorbei.« Der Spatz war ganz frisch auf dem Markt und bislang gar nicht richtig getestet worden. Den Konstrukteuren kam meine Situation als Fallstudie also gerade recht, ich hatte – ganz unfreiwillig – einen ersten Crash-Test hingelegt.

Der Unfall hatte sich nicht weit von Nürnberg ereignet. Herr Klein kam also und gab mir Geld, damit ich mit dem nächsten Zug nach Hause fahren sollte. Ich aber hatte längst Bert Huber angerufen und anderes im Sinn. Bert kam mit einem Mercedes und einem Anhänger. Wir fuhren zurück zur Unfallstelle, luden den Spatz auf, schmissen die Einzelteile auf den Hänger und fuhren direkt zum Werk nach Traunreut. Dort mussten wir erst mal warten und die Situation erklären. Einfach war das natürlich nicht, aber weil wir ja nun mal mit den Autos handelten und der Spatz ein Renner war, hatten sie Verständnis. Ein Spatz-Händler ohne aktuellen Vorführwagen, das ging ja gar nicht. Nach einigem Betteln und Geheule jedenfalls bekam ich einen neuen – einen roten anstelle des hellgrünen meines Vaters. Ich war gerettet. Denn er brauchte den Spatz nach Ostern dringend zurück.

Mein Vater war extrem sauer. Aber letzten Endes lobte er mich doch für meine Hartnäckigkeit, weil ich alles getan hatte, um einen anderen Spatz zu besorgen, damit er nicht ohne Vorführwagen dastand.

Warum ich Ihnen das alles erzähle? Damit Sie wenigstens eine kleine Ahnung davon bekommen, was meine Eltern und gerade auch mein Vati mit der fahrverrückten Heidi alles durchmachen mussten. Es gab viele solcher Geschichten. Sie waren stellenweise zirkusreif, manches war dumm, verrückt, nicht immer ungefährlich und hier und da auch mal gegen die Gesetze – aber es musste nun mal sein. Denn ich war vom Gaspedal nicht wegzubekommen.

Dennoch hat sich meine Mutter am Ende durchgesetzt. Nach der Schule fing ich in unserer Firma als Mädchen für alles an. Ich half mit in der Buchhaltung, schrieb Rechnungen und stellte die Wechsel für die Ratenzahlungen aus. Über ein Jahr arbeitete ich mit, aber eines störte mich immer mehr: Egal, wo ich auch auftauchte und mitmachte – ich war und blieb die Tochter des Chefs.

Einen Tag vor dem Sommeranfang 1958 wurde ich einundzwanzig Jahre alt und endlich volljährig. Im Radio lief der »River Kwai March« von Mitch Miller, damals die Nummer eins in der Hitparade, Billy Vaughan spielte »La Paloma«. Ich überlegte, was ich mit meinem Leben anfangen sollte. Meine Schwester war bereits in die Firma eingestiegen und hatte ihren eigenen Laden. Sie führte das Geschäft namens Vicki Hetzer, verkaufte und kümmerte sich um den »Kleinkram«, wie Opel ihn nannte: die Goggomobile und Victoria-Motorräder.

Ich entschloss mich bald, einen ganz eigenen Weg einzuschlagen. Dass ich allein etwas auf die Beine stellen wollte, hatte aber noch einen weiteren Grund. Denn hinter meinem Rücken bekam ich öfter mit, dass es hieß, ich würde mich wie meine Schwester ins gemachte Nest setzen. Das störte mich. Ich wollte ich selbst sein und nicht Heidi, die Tochter von Opel Hetzer.

Ich dachte nach. Was konnte ich? Wovon verstand ich etwas? Schnell kam mir die Idee, eine Autovermietung aufzuziehen. Das lag doch auf der Hand. Die wenigsten besaßen damals ein eigenes Auto, aber alle wollten fahren. Es kamen immer mehr Modelle auf den Markt, und die Begehrlichkeit wuchs, sich wenigstens mal einen Tag oder länger in so einen Wagen zu setzen. Zudem brauchten einige Leute auch beruflich hin und wieder ein Auto, konnten sich aber keines leisten. Ich sagte mir: Heidi, du kannst sie reparieren und fahren – also bist du auch bestens geeignet, sie zu vermieten. Die Idee gefiel mir richtig gut.

Aber es gab ein Problem. Wer Autos vermieten will, braucht Autos. Und wer Autos haben will, braucht Geld. Ich hatte ein wenig Erspartes, aber das reichte nicht einmal für die Anzahlung eines VW Käfers. Egal, ich mietete mir am Wedding erst mal eine geeignete Räumlichkeit. Eine Tür zur Straße war der Eingang, direkt dahinter lag das Büro. Dazu gab es ein Wohnzimmer, und nach hinten raus befand sich die Küche und ein langer Gang zur Toilette. Die Gewerbegenehmigung hatte ich bereits, das war kein Problem. Auch brauchte man damals noch keine Zertifikate, keine Absicherungen oder besondere Liquiditäten. Man konnte recht schnell und einfach eine Autovermietung eröffnen.

Jetzt brauchte ich nur noch eins: Autos.

Ich ging zu allen erdenklichen Leuten, die ich kannte. Zu den Mechanikern in der Werkstatt, zu meinen Freunden vom Motorradfahren, zu Bekannten aus der Berufsschule. Und ich borgte mir überall Geld. Natürlich erfuhr das mein Vater und ließ daraufhin eine Mitteilung im Betrieb aufhängen: »Ich komme nicht für die Schulden meiner Tochter auf.« Dennoch hatte ich bald genug zusammen, um eine Anzahlung auf ein Auto zu leisten – aber das genügte nicht. Alle wollten eine Bürgschaft, sie wollten die Unterschrift meines Vaters. Und genau das wollte ich nicht! Denn dann hätte es wieder geheißen: Die Tochter vom Hetzer braucht ja nur ihren Papa zu fragen.

Zu diesem Zeitpunkt hatte ich keinen Kontakt zu meinen Eltern. Meine Sachen – einen Nierentisch, eine kleine Lampe, mein Bett, meine Klamotten – hatte ich klammheimlich aus der Wohnung getragen. Und weg war Heidi. Witzig fanden das meine Eltern nicht, und so herrschte erst mal Funkstille.

Ich ging derweil weiter, von Händler zu Händler, und stellte mich mit meinem Anliegen vor. Bis ich endlich einen fand, der mir einen ersten nagelneuen VW Käfer auf Raten verkaufte – und das nur gegen meine eigene Unterschrift. Damit ging es los. Ich schaltete eine Anzeige in der *Bild*-Zeitung, »Heidi Hetzer Autovermietung«, und bald tauchten die ersten Kunden auf. Es war nicht einfach, aber es funktionierte, und bald nahm ich mein erstes Geld ein. So viel, dass ich bald einen zweiten Käfer anzahlen konnte und sogar einen Opel bekam von einem Opel-Händler, einem Konkurrenten meines Vaters, der ein Geschäft witterte. Ich vermietete meine Autos für zwanzig Mark pro vollen Tag, inklusive hundert Freikilometer. Die meisten aber brauchten das Auto gar nicht für vierundzwanzig Stunden, sondern nutzten es für Besorgungen, um zu einem Friedhof zu fahren oder um sonstwelche Erledigungen zu machen. Nachmittags um sechs brachten die meisten die Autos wieder zurück. Und daraus ergab sich ein weiteres Geschäft. Denn viele wollten danach ins Kino oder in ein Theater, und das am liebsten mit dem Auto. Also vermietete ich die Wagen weiter, von sechs bis zehn oder sogar bis Mitternacht, und das eben für den halben Tarif.

Damit aber nicht genug. Denn nach einer gewissen Zeit, als der Verleih schon ein wenig etabliert war, klingelte es nachts an meiner Tür. Ich wohnte ja in meinem Büro. Und was wollten die jungen Männer? Sie wollten ein Auto für eine Stunde, um mit ihrer Herzensdame in einer dunklen Ecke irgendwo in der Stadt das zu machen, was vor der Ehe noch immer verpönt war: Liebe.

Also vermietete ich meine Autos auch noch spätabends und in der Nacht. Für 2,50 Mark die Stunde, und das noch für einen guten Zweck. Allerdings dauerte es ein bisschen, bis ich dahinterkam. Aber so war es dann, und das Geschäft lief. Am Tag, am Abend und in der Nacht. Ich machte das zwei Jahre lang. Ich war dreiundzwanzig Jahre alt und konnte ja eigentlich ziemlich stolz auf mich sein.

Aber noch immer gab es Grund, mich zu schämen. Als Mädchen, als Frau. Die Betreiberin einer Autovermietung kam als Sonderling rüber, noch dazu eine junge Frau, die da allein in ihrem Büro lebte und arbeitete. Dass ich die Autos auch noch für gewisse Stunden vermietete, wussten die meisten dabei noch nicht einmal – das hätte bestimmt für einen Skandal gesorgt. Aber es reichte schon, mit dem Eimer und dem Lappen vor die Tür zu gehen, um dort meine Autos zu waschen – es fühlte sich komisch an, es war mir peinlich. Und ich machte alles allein. Ich erinnere mich noch gut, wie so manche Frau am Fenster hing, die Ellenbogen auf einem Kissen auf dem Sims, und gaffte.

Der Laden lief, viel Geld allerdings ließ sich nicht verdienen. Die Wechsel für die Ratenzahlungen standen schneller an, als die Autos Geld einbrachten. Ich hatte gehört, dass Bekannte am Ende zu meinen Eltern gegangen waren und ihnen erzählten, ihre Heidi bräuchte mal was zu essen. Sonst verhungere die noch. Es war alles nicht einfach. Man musste durchhalten. Und man musste es aushalten. Und als Frau stellte sich die Frage: Fügst du dich? Oder traust du dich? Gibt's du klein bei? Oder hast du den Mut, weiterzumachen?

Es kam der zweite Winter. Ich heizte die kleine Wohnung und mein Büro mit einem großen Kaminofen, wo viel Kohle reinmusste. Aber ich hatte kein Geld für Kohle. Mit meinem Vater hatte ich inzwischen fast ein Jahr nicht mehr geredet. Ich wusste nicht, ob er es gut fand, was ich tat, oder ob er wegen meines Alleingangs sauer war. Denn natürlich waren ihm meine Geschäftsversuche und Bemühungen letztlich doch bekannt; es sprach sich ja alles schnell herum. Nun kam er eines Wintertags bei mir vorbei und brachte mir einen kleinen silbernen Vorsatzofen, mit dem ich endlich besser heizen konnte.

Ich war erleichtert. Aber auch stolz, ihm zu zeigen, dass ich allein halbwegs über die Runden kam. Dann borgte er mir sogar zweimal in der Woche einen Lehrling aus. Und eines Tages kam er vorbei und hatte noch etwas ganz anderes auf Lager. Etwas, das alle Verlockungen übertraf und das ich einfach nicht ausschlagen konnte. Das Angebot, mich in die große weite Welt zu schicken. Ins Land der Befreier und ins Land der unbegrenzten Möglichkeiten. Ins Land der Highways und von James Dean. Es winkte Amerika.

Aber das ist wieder eine ganz andere Geschichte.

Hudo: reisetauglicher Gentleman mit Schrullen

Im Juni 2012 wurde ich fünfundsiebzig Jahre alt, aber mir war nicht nach Feiern. Ich steckte in Vertragsverhandlungen, und die ganze Sache lag mir schwer im Magen. Es ging um mein Autohaus. Nach über dreiundneunzig Jahren sollte die Ära der Firma Hetzer zu Ende gehen, denn ich hatte mich dazu entschlossen, das Unternehmen aus den Händen zu geben.

Ich blickte auf das Autohaus in der Berliner Knobelsdorffstraße an der Stadtautobahn. Das weiße große Gebäude erhob sich vor mir, auf dem Dach prangten die gelben Buchstaben »Hetzer«, und daneben, über einer auf die Wand gemalten Rallyefahrerin, ragte das große Emblem von Opel in den Himmel. Ein schwarzer Kreis, durchbrochen von einem Blitz. Oben auf dem Dach standen immer die neuesten Modelle, deren Scheinwerfer Tag und Nacht blinkten. Das war schon Tradition, die Berliner kannten das seit Jahrzehnten. Viele orientierten sich daran.

An die Wand hatte ich regelmäßig auch besondere Sprüche anbringen lassen, gemalt auf bespannte Holzrahmen. Wir verkündeten darauf alle möglichen Dinge zu aktuellen Anlässen, die mir gerade einfielen. Einmal stand an der Wand, für alle zu lesen: »Heidi wird Oma, jetzt gibt's Kindergeld!« Das hieß, dass Kunden eines Neuwagens Rabatt bekamen. Und ja, ich war Großmutter geworden. Bei Wahlen schrieb ich schon mal auf die Werbebanner: »Egal wer gewinnt, 100 Prozent für Opel Hetzer.« Die Leute waren immer schon gespannt, was wir uns als Nächstes einfallen lassen würden. Das Letzte, was ich anschreiben ließ, ging so: »Danke für das Vertrauen. Opel hat Zukunft, und Hetzer hat Heidi.« Eigentlich hätte ich für all diese Aktionen eine Genehmigung gebraucht. Aber mit dem Wort »eigentlich« hatte es in der Familie Hetzer ja schon immer eine besondere Bewandtnis.

Wie viele Jahre war ich in diesem Autohaus nun ein- und ausgegangen? Über wie viele Jahrzehnte hatte ich in diesem Haus so ziemlich alle Höhen und Tiefen erlebt, die es im Dasein einer Automobilunternehmerin zu erleben gibt? Sogar meinen Polterabend hatte ich hier gefeiert. Ich blickte durch die großen Glasscheiben, hinter denen die Wagen standen und wo meine Mitarbeiter ihrer Arbeit nachgingen. Nein, jetzt meinen fünfundsiebzigsten Geburtstag zu feiern, das war nicht möglich. Es ging um Wichtigeres, darum, dass meine Mitarbeiter ihre Jobs behalten würden und die Kunden weiterhin ihren Service bekämen. Da schwenkst du keine Sektgläser. Auch wenn ich meinen Geburtstag sonst immer gern gefeiert habe.

Ich dachte in diesen Tagen an mein Leben zurück. Wie schnell war es vergangen? War es wirklich schon vergangen? Nein, natürlich nicht. Aber ein Großteil war weg. Einfach futsch. Verstrichen und gelebt.

Da war mein Jahr in Amerika. Der Tod meiner Schwester, der Tod meines Vaters. Ich sah die Firma, die ich danach doch übernommen hatte. Alles wischte vorüber. Ich sah all die Rallyes, die ich gefahren war. »Monte Carlo«, »Düsseldorf – Shanghai«. Sah meinen amerikanischen Mann Robert Mackay und unsere beiden Kinder- Marla und Dylan. Die Partys in Berlin. Und die ganzen schönen Autos. Opel und GM, Corvettes, Cadillacs, Chevrolets. Und ich sah die Mitarbeiter, die ich hatte, zum Schluss waren es über hundertachtzig gute Leute. Da vorn, gleich hinter der Tür und an meinen anderen sechs Standorten in Berlin. Opel Hetzer. Zwei Generationen für die heilige Kiste auf vier Rädern.

Ich würde jetzt bald raus sein. Wir würden Gebäude und Grundstück verpachten und die Firma übergeben. Ich würde Rentnerin sein. Mein Sohn wollte das Geschäft nicht übernehmen, meine Tochter wollte es auch nicht. Die wollten was ganz anderes, und das war gut so. Soll doch jede und jeder tun, was sie und ihn glücklich macht. Mein Sohn Dylan hatte zwar eine Zeit lang versucht, sich in die Firma einzuarbeiten, und er machte das auch gut, aber eines Tages sagte er, obwohl es ihm schwerfiel und er ein schlechtes Gewissen hatte: »Mama, das ist nicht meine Welt.« Ich verstand das, und es war genau die richtige Entscheidung. Denn natürlich wollte auch ich immer in erster Linie, dass meine Kinder glücklich sind.

Das Ende war also nicht schnell gekommen, es hatte sich über Jahre abgezeichnet. Und jetzt war der Zeitpunkt da. Heidi, hatte ich mir gesagt, es wird nicht besser und du nicht jünger. Ich glaube, jetzt machst du ein würdiges Ende draus, siehst zu, dass alles geregelt ist. Die Zeiten für Autohändler waren nicht besser geworden, sie waren schneller und härter als früher. Der globale Wettbewerb, die liebe Wirtschaft, die Krisen, der ganze Kram. Die großen Autohersteller hatten in den letzten Jahren immer mehr Druck ausgeübt, und man musste nach ihrer Pfeife tanzen. Der Ton war nett, die Regeln knallhart: Erst nimmst du uns so und so viele Autos von dem Modell ab, das keiner haben will; dann kriegst du so und so viele Stück von den Modellen, die alle haben wollen. So lief das. Im Geschäft als Autohändler gab es kein Pardon. Ich hatte das sogar mal vorgerechnet: Die Ladentür musste immer klipp, klapp machen, sonst wären wir nach drei Monaten den Bach runtergegangen. Also immer schön den Speed mitmachen, die Zahlen halten, die Verkäufe ankurbeln. Ein heiteres Spielchen, das ja kein Spielchen war. Aber ich mochte es. Wie ich es schon immer mochte, Gas zu geben und nicht auf der Strecke zu bleiben.

Außerdem hatte ich auch noch meinen berühmten Opel-Anhänger verloren. Siebzehn Jahre lang hatte ich ihn um den Hals getragen, ihn nicht einmal zum Waschen abgenommen. Eines Abends, die Kette lag mir noch um den Hals, war der Anhänger weg. Alles Suchen half nicht, das kleine Goldstück mit dem Opel-Blitz schien sich in Luft aufgelöst zu haben. Ich war am Boden zerstört, aber meine Kinder sagten: »Mama, das ist ein Zeichen. Es soll einfach so sein. Mit Opel ist jetzt Schluss.«

Am Mittwoch, den 1. August, nachdem alle Verträge unterschrieben waren, übergab ich die Schlüssel. Es würden zwar noch immer Dinge zu tun und Verpflichtungen abzuarbeiten sein, aber bald wurde ein Gefühl immer stärker: Ich war frei. Ich war jetzt fünfundsiebzig Jahre alt und das erste Mal in meinem Leben wirklich frei. Dennoch fiel mir dieser Abschied ungeheuer schwer. Ich musste einiges an Kraft aufbringen, um mich an die Situation zu gewöhnen. Ich musste mir die Dinge schönreden, denen ich mich jetzt mit Zeit und Muße widmen konnte. Ich konnte ausschlafen, ich hatte jetzt diese Freiheit. Ich genoss das Gefühl, über diesen neuen Luxus zu verfügen. Aber ich schlief dennoch nicht aus. Ich ging noch immer ins Büro, denn ich hatte ja noch die zweite Etage, wo die Akten lagen und noch immer Papierkrieg wartete. Aber die Lust schwand dahin. Ich hatte keine Ziele mehr.

Und dann kam wie aus heiterem Himmel von den Kindern der entscheidende Satz. »Mama, du stirbst, wenn du nicht mehr arbeitest«, sagten sie. »Du bist jahrelang jeden Tag ins Geschäft gegangen. Was willst du jetzt tun?« Ich musste eine Antwort geben. Nuschelte vor mich hin, dass ich mehr Oldtimer-Rallyes fahren würde. Aber würde mich das ausfüllen? Und dann schoss *sie* mir durch den Kopf. Clärenore. Ja, Clärenore Stinnes, natürlich. Die war um die Welt gefahren, zwei Jahre lang. Als Nächstes sagte ich, und meine Stimme war laut und deutlich: »Ich fahre um die Welt wie Clärenore Stinnes!« Schon der Gedanke gefiel mir auf Anhieb. Und so eine Fahrt würde mich mindestens zwei Jahre lang beschäftigen. Das wäre eine richtige Aufgabe.

Aber würde ich das überhaupt schaffen? Überhaupt noch können? Und was würde ich alles dafür brauchen? In meinem Kopf begann es zu rattern. Ich schlief mit der Idee ein und wachte mit der Idee auf. Ich hatte in den letzten Jahren viel über Clärenore Stinnes gelesen. Mehrere Bücher waren über sie erschienen, über jene Frau, die ich als Kind schon durch die Erzählungen meines Vater kennengelernt hatte. Jene Pionierin, die er bewundert und die ihn 1929 dazu bewogen hatte, sich mit dem Motorrad auf Reisen zu begeben. Sie war schon lange meine Heldin.

Als drittes von sieben Kindern wurde sie 1901 in Mülheim an der Ruhr geboren. Die Familie war vermögend, der Vater ein reicher Industriemagnat. Als Mädchen musste die junge Clärenore auch schon ihre Ellbogen einsetzen, um sich gegen ihre Brüder zu behaupten – doch bereits damals strebte sie nach Gleichberechtigung von Mann und Frau. Mit achtzehn machte sie ihre Führerscheinprüfung, sechsunddreißig Jahre früher als ich, in einer Zeit, als das Auto gerade erst aufkam, die meisten Wagen noch offen waren und fast noch Kutschen glichen.

Der Vater erzog seine Tochter zu einer selbstbewussten und kritischen Frau, starb allerdings 1924 im Alter von vierundfünfzig Jahren. Seine Tochter war zuvor sechs Monate in Südamerika gewesen, hatte Spanisch gelernt und für ihn als eine Art Sekretärin gearbeitet. Nach dem Tod des Vaters drängten die Brüder sie aus dem Familienimperium, das bald hochverschuldet zerfiel. Was der Vater in dreißig Jahren aufgebaut hatte, zerfiel unter den Händen seiner Söhne in kürzester Zeit.

Mir fielen einige Parallelen auf, die es in Stinnes' und meinem Leben zu geben schien: der weltoffene und ihr zugeneigte Vater, der Aufenthalt in einem anderen fernen Land. Aber auch der Kampf gegen Geschwister und die Problematik einer Familienfirma, all das schien im Leben von Clärenore Stinnes ebenfalls eine Rolle gespielt zu haben. Doch würde ich mich nie mit dieser Frau vergleichen. Was hatte sie nicht alles vollbracht – und das in ganz anderen Zeiten!

Nach dem Tod ihres Vaters war sie nach Berlin gezogen, wo sie die Gesellschaft mit ihrem rauen Charme und eisernen Willen beeindruckte. Es müssen rauschende Partys gefeiert worden sein. Meine Güte, wir reden über das Berlin der 1920er-Jahre. Da mitten hinein platzte Stinnes als junge, kecke, gut aussehende und wohlhabende Frau. 1924 fuhr sie ihr erstes Autorennen, mit einer Sondergenehmigung, weil Frauen bei solchen Veranstaltungen eigentlich gar nicht zugelassen waren. Von 1925 bis 1927 gewann sie schließlich siebzehn Autorennen, darunter eine internationale Rallye auf der Strecke Leningrad-Moskau-Tiflis-Moskau, bei der sie als einzige Frau unter dreiundfünfzig Teilnehmern an den Start ging. Das nenne ich Mumm. So etwas musste man seinerzeit erst mal wagen und dann auch schaffen. Der Stummfilmregisseur Friedrich Wilhelm Murnau sagte damals zu Stinnes: »Sie wären die ideale Besetzung der Jungfrau von Orléans.« Und ein befreundeter Journalist beschrieb Clärenore Stinnes 1927 so: »Sie trägt Hosen, ist klein und niedlich, wirkt wie eine Studentin, raucht in einem fort Zigaretten, und sie lacht gern und viel.«

Bald aber machte sie noch ein anderes, größeres und abenteuerlicheres Projekt wahr: eine Weltreise im Auto. Sie sammelte dafür 100 000 Reichsmark von der Industrie als Unterstützung ein und nutzte nicht einen Cent von der Familie. Im Mai 1927 startete sie in Frankfurt am Main zu ihrer Expedition, die sie durch dreiundzwanzig Länder führte und die am 24. Juni 1929 mit der Ankunft in Berlin endete. Die gute Clärenore ging in die Geschichte des Automobilsports ein – denn so eine Fahrt, eine Weltrumrundung im Auto, hatte noch nie jemand zuvor gewagt. Sie aber fuhr 48 000 Kilometer weit, durch den Balkan, durch Sibirien, durch die Wüste Gobi, durch Asien und Amerika. Ihr Beifahrer und späterer Ehemann, der Fotograf Carl-Axel Söderström, sagte unterwegs über sie: »Sie muss aus Stahl gemacht sein, so, wie sie alles aushält, ohne zu klagen.«

Doch Stinnes war in vielerlei Hinsicht eine großartige Frau. Den Männern bot sie die Stirn, schon damals, vor fast hundert

Jahren. Man muss sich das einmal vorstellen. Eine ungewöhnlich mutige Dame, die sich da ans Steuer ihres Adler Standard 6 setzte und in den 1920er-Jahren als Erste eine Weltumrundung in einem Automobil wagte. Sie tat das als Frau, als das Wort Emanzipation noch gar nicht bekannt war. Herrgott, Frauen tauchten damals auf den Werbeplakaten für Autos höchstens als adrette Beifahrerinnen auf. Als Anhängsel. Und Clärenore? Was ihr könnt, meine Herren, das kann ich schon lange, wird sie sich gesagt haben und fuhr selbst los – zu einer der spektakulärsten Abenteuerreisen des zwanzigsten Jahrhunderts.

Einfach war das bestimmt nicht. Nicht, weil sie kein Geld hatte. Sondern weil damals ja die Männer überall und immerfort am Steuer saßen. Also keineswegs nur im Auto, sondern auch in den Chefsesseln. In den Fabriken und Werften, in der Politik und überall dort, wo es etwas Wichtiges zu sagen und zu tun gab, wo man Einfluss und Macht ausüben konnte. Im Auto fand dann die exemplarische Selbstdarstellung des Mannes par excellence statt. Gas geben! Mut zeigen und schnelle, gefährliche Rennen fahren. Das Automobil war damals unantastbare Männersache, und mit Pferdestärken und Benzin im Blut durften nur die Herren der Schöpfung prahlen. Für Frauen kam das gar nicht erst infrage. Wir wissen, wie lange sich diese Denke am Ende gehalten hat. Wir alle kennen die Sprüche. Frau am Steuer, Ungeheuer. Frau am Steuer, das wird teuer. Eingebaute Vorfahrt. All so was. Das klingt jetzt vielleicht nach Stammtisch und Klischee – aber wenn wir ehrlich sind, steckt die PS-Protz-Denke noch heute in vielen Köpfen.

Auch darum schaue ich zu Clärenore Stinnes auf. Weil sie schon vor neunzig Jahren kaltschnäuzig dagegen anfuhr.

Der Plan zu meiner Fahrt reifte inzwischen weiter in meinem Kopf. Ja, ich könnte das wirklich machen. Ich hatte keine anderen Verpflichtungen mehr. Dennoch bekam ich kalte Füße – denn so eine Reise war schon eine große Nummer. Clärenore Stinnes hatte damals einen Beifahrer, sie hatte Sponsoren und sogar einen Begleitlastwagen mit drei Mechanikern. Sie war eine der reichsten Frauen Deutschlands mit Beziehungen in alle Welt und dem Adler-Werk im Rücken. Hatte ich den Mund zu voll genommen? Und dann ja auch noch dies getan: Ich hatte – reichlich voreilig, wie ich inzwischen fand – meine Idee längst rausposaunt. Heidi Hetzer fährt um die Welt! Freunde, Bekannte, Kunden, halb Berlin: Alle wussten Bescheid.

Nun würde ich aus der Nummer also gar nicht mehr herauskommen. Und es blieb nur eins: es tun.

Eines war mir gleich klar: Ich wollte kein modernes Auto für die Reise nutzen, sondern einen waschechten Oldtimer. Mit modernen Geländewagen fahren heute Hunderte durch die Weltgeschichte. Ich aber hatte Clärenore Stinnes im Kopf. Und wenn ich schon nicht die Straßen von damals wiederherstellen konnte, nicht die gleichen harten Bedingungen auf so einer Reise vorfinden würde wie sie – keine Tankstellen, kaum Werkstätten, keine Motels am Straßenrand, keine modernen Karten, kein Internet, kein Navigator, kein sauberes Benzin und so weiter und so fort – ja, was dann? Nun, dann wollte ich doch wenigstens das Gefühl haben, in so einer alten Schleuder zu sitzen wie sie seinerzeit. Auch würde ich so ein altes Auto notfalls allein reparieren und es die ganze Zeit selbst steuern müssen. Ohne Servolenkung. Ohne Aircondition und Differenzialsperre, ohne Turbolader, Schiebedach, Einspritzdüsen und Scheibenbremsen. Das gefiel mir.

Es musste unbedingt ein altes Auto sein. Damit allerdings auch ein Fahrzeug, das Ärger machen würde. Denn natürlich wäre ich naiv gewesen, zu glauben, mit so einem Oldtimer ohne Murren, Pannen und Probleme um die Welt zu kommen. Ich wusste von vornherein, dass ich alle möglichen Ersatzteile und Werkzeuge mit auf die Reise nehmen müsste. Denn einen Begleitwagen mit Mechanikern mitzunehmen wäre viel zu teuer. In gewisser Hinsicht würde es also auch für mich schwierig werden. Aber genau das wollte ich.

Ich dachte an den Oldtimer, den ich besaß. Einen wunderschönen spanischen Hispano Suiza, Baujahr 1921. Ein Auto wie ein Rolls-Royce. Groß, stabil und schwer. Aber einige Freunde, die ich inzwischen in meinen Plan eingeweiht hatte, sagten zu mir: Nein, Heidi, nimm ihn nicht. Der edle Hispano ist zu wertvoll, außerdem hat er einen Aluminium-Motor, den unterwegs kein Mensch reparieren kann. Der Hispano kam also tatsächlich nicht infrage. Es wäre ein bisschen so gewesen, als hätte ich mich in einem Zwanzigerjahre-Ballkleid auf eine Langstreckenwanderung begeben. Unpassend. Ich musste ein anderes Fahrzeug für die Tour finden.

Und es sollte sich nicht nur so anfühlen, es sollte am besten auch so aussehen wir jenes von Clärenore Stinnes. Sechs große Reifen, eine große Kabine, ein bisschen eckig und schön robust. Es würde das erste Mal sein, dass ich ein Auto nach seiner Form suchte und kaufen würde. Sonst hatte ich immer mehr auf den Motor geachtet. Nicht so dieses Mal. Ich wollte ein Auto, das so ähnlich war wie Clärenores Adler.

Ich suchte zunächst bei Opel, klar. Meine Marke, mein halbes Leben lang. Doch Opel hatte in den 1920er-, 1930er-Jahren fast nur Cabrios konstruiert, und mit einem offenen Wagen wollte ich nicht los. Man würde ihn nicht schließen können, zudem würde es reinregnen. Idiotisch. Diese Option fiel aus. Okay, ein alter Opel Regent wäre infrage gekommen, ein Luxuswagen aus den späten 1920er-Jahren. Aber nachdem General Motors Opel übernommen hatte, kauften sie alle fünfundzwanzig verbliebenen Exemplare auf und stampften sie ein. Der Grund: Sie wollten keine Konkurrenz für ihren Cadillac. Das muss man sich mal vorstellen: Sämtliche schönen alten Opel vom Typ Regent – alle mutwillig verschrottet! Eine traurige Geschichte.

Nun gut. Als ich auf der Essener Motorshow einige Freunde und Leute aus der Rallyeszene traf und befragte, sagten diese: »Such dir einen Amerikaner. Die alten amerikanischen Autos sind unverwüstlich, die kannst du in jeder Dorfschmiede Chinas reparieren lassen.«

Bald darauf nahm ich an der »Kitzbüheler Alpenrallye« teil und fuhr sie mit meinem Invicta, einem alten englischen Auto jener Marke, die nur bis 1945 existierte. Sehr schöne Autos. Henry Meadow hatte die ersten Invictas gebaut, in verschiedenen Chassis-Längen und bald mit immer größeren und stärkeren Motoren. Schon 1930 schaffte ein Invicta S-Type mit 4,5-Liter-Motor hundert Meilen pro Stunde, 1931 gewann Donald Healey mit einem Wagen dieses Typs die Rallye »Monte Carlo«. Tolle Autos. In Kitzbühel fuhr ich nun mit so einem ähnlichen, gebaut 1936. Aber dann ging der Motor kaputt. Ölleitung gebrochen. Und ich dachte: So ein Mist, jetzt ist der Wagen auch noch hin. Dabei wäre auch er für die Reise nicht infrage gekommen. Zu wertvoll, zu edel, zudem ebenfalls offen.

Ich stand so neben dem Wagen und schimpfte über die verfluchte Ölleitung, als sich plötzlich jemand neben mich stellte und fragte: »Wollen Sie Ihren Invicta eventuell verkaufen?« Ich überlegte nicht lange. Hier fügte sich, was sich fügen sollte – und so verkaufte ich das Fahrzeug an Ort und Stelle. So schnell kann es gehen. Aber manchmal sind solche schnellen Entscheidungen ganz nach meinem Geschmack. Da stand ich also, ohne Auto. Ich wusste nicht einmal, wie ich wieder nach München zurückkommen sollte, von wo ich gestartet war. Eva Herlitz aus Berlin, auch bekannt als Mutter Buddy-Bär, nahm mich schließlich mit, und das Einzige, das ich dabeihatte, waren mein kleiner Koffer, das abmontierte rote Nummernschild und meine schwere Werkzeugtasche. Sie setzte mich in München an einer Tankstelle ab.

Hier war ich genau richtig. Denn ich hatte gehört, dass in der Stadt ein altes Auto zu verkaufen sei, auf das Freunde mich schon vor einiger Zeit aufmerksam gemacht hatten. Ein alter Hudson, den keiner wollte. Der stand angeblich schon seit sechs Jahren im

Internet zum Verkauf. Also rief ich bei der Frau an, die ihn loswerden wollte.

Ich fuhr zu ihr, wir trafen uns in einer großen Parkgarage, um das Automobil zu begutachten. Und dann sah ich ihn das erste Mal. Den langen Kühler, den alten blauen Lack, die dicken Stoßstangen. Nun ja, ein altes Auto eben. Besonders begeistert war ich nicht. Der Motor sprang nämlich nicht an. Das Auto hatte sechs Jahre lang gestanden. Da spurtet keiner auf Anhieb los. Ich rief einen Mechaniker aus München an, den Freund eines Freundes, und fragte, ob er nicht vorbeikommen könne. Wir müssten hier ein altes Auto zum Laufen bringen. Und bitte: eine volle Batterie mitbringen, frisches Öl, zusätzlich nötiges Werkzeug. Der Mechaniker kam dann auch, Sonntagfrüh zogen wir den Hudson aus der Garage und schleppten ihn in seine Werkstatt. Ob wir das durften oder nicht, weiß ich nicht. In der Werkstatt war das Notwendige schnell getan. Ölwechsel, frisches Benzin. Eine geknickte Leitung repariert und eine volle Batterie angeschlossen.

Und dann sprang der alte Hudson an.

Es nieselte, ich stand in meinem roten Hosenanzug neben dem Wagen. Im Hinterhof stapelten sich Holzstämme auf einem alten Hänger, dahinter stand ein Container mit Gerüstbaustangen. Nicht die nobelste Umgebung für Hudos und meine erste wirkliche Zusammenkunft. Aber wir hatten uns jetzt das erste Mal beschnüffelt, ich war zusammen mit dem Mechaniker am Motor zugange gewesen: Und der lief nun wieder. Ich lauschte, hörte ihm eine Weile zu.

Und er sprach mit mir.

Großartig. Ein Achtzylinder mit einem wunderschönen Geräusch. Ich war begeistert, Musik in meinen Ohren! Als Nächstes musste ich prüfen, ob ich in dem alten Hudson überhaupt sitzen konnte. Reichte mein linkes Bein an die Kupplung heran? Gerade bei den Oldtimern war das für mich schon immer die wichtigste Frage. Denn mit 1,66 Meter bin ich nicht die Längste. Und größer wird man in meinem Alter auch nicht mehr. Nein, man wird kleiner. Man schrumpft. Dazu kam, dass die alten Autos ohnehin nur für Männer gebaut waren. Also groß und mit ordentlich Abstand zu den Pedalen. Ich fuhr um den Block und stellte fest, ich konnte ihn lenken. Keine Selbstverständlichkeit ohne Servolenkung. Und prompt hatte ich mich in das Auto verliebt.

Da stand mein Hudson vor mir. Ein Auto, wie es Kinder zeichnen würden. Ein Auto, das durchaus an Clärenores Adler erinnerte. Ein gutmütiger alter Kasten auf vier großen Rädern. Ich sah die schönen Holzspeichen, handgefertigt aus Hickory-Wood. Amerikanische Weiß-Eiche, winterhart und früher im Kutschen- und später im Fahrzeugbau gern benutzt. Ich sah die breiten Trittbretter, die mächtigen Scheinwerfer. Ich versuchte noch kurz, den Preis herunterzuhandeln. Doch es war zwecklos. Ich fragte nur noch, wo ich unterschreiben soll. Der Wagen kostete 29 000 Euro. Eine Stunde später hatte ich die roten Nummernschilder montiert und fuhr mit meinem frisch erworbenen, über achtzig Jahre alten Hudson auf den Autoreisezug von München nach Berlin.

Im Zug kam ich auf den Namen für mein neues Auto. Das ergab sich so. Im Fahrzeugbrief stand der Name des Vorbesitzers: Udo Schulz. Da lag es ja fast schon auf der Hand. Ich hatte einen Hudson von einem Udo gekauft, auch wenn der schon längst verstorben war. Die beiden Namen fügte ich einfach zusammen, so, wie aus Breakfast und Lunch das Brunch entstanden ist. Hudson und Udo? Gestatten: Hudo! Und warum dem toten Vorbesitzer nicht noch eine Ehre erweisen? Immerhin hatte er den Wagen über dreißig Jahre lang besessen, gepflegt und gefahren. Hudo war im März 1930 in den Hudson-Werken in Detroit vom Band gelaufen und hatte danach viel erlebt. Zunächst wurde er nach Norwegen an Ballentine's Whisky ausgeliefert, später landete er in einem schwedischen Museum. Ein Deutscher kaufte das Auto und brachte es im Jahr 1969 zu seinem Vater nach Bad Homburg zum Wiederverkauf. Der nächste Käufer besaß den Hudson nur für ein Jahr, weil der Wagen so viel Benzin verbrauchte. Also gab auch er ihn wieder ab, und der Wagen ging nach Siegen zu Udo Schulz. Der fuhr ihn drei Jahrzehnte, hegte ihn und nahm an kleinen Rallyes teil. Bis seine Tochter den Wagen schließlich erbte. Sie konnte nichts damit anfangen und stellte ihn ins Internet. Aber sechs Jahre lang wollte ihn keiner.

Nun kam ich. Als fünfte Besitzerin. Ich übernahm Hudo bei einem Kilometerstand von 66 200 Kilometern.

Berlin erreichte ich mit meinem neuen Wagen am nächsten Morgen, es war ein milder Tag im Juni 2013. Ich fuhr Hudo zu meinem besten Freund Paolo ins Hotel Moa in Moabit, wo er gleich das erste Mal schlapp machte. Und nicht mehr ansprang. Na ja, das war ja zu erwarten. Aber Hudo versagte seinen Dienst nie einfach irgendwo, sondern wählte seine Pannenstandorte immer gut aus. Beim ersten Mal hatte er mich nun in der edlen Parkgarage des Hotels Moa im Stich gelassen.

Und dann ging alles Schlag auf Schlag.

Bald stand für Hudo und mich die erste Rallye auf dem Plan. Die Strecke: vom Berliner Olympiastadion nach Hamburg. Aber daraus wurde nichts. Die Hinterachse hatte Karies bekommen, Hudo ging auf dem Zahnfleisch. Schnell war klar: Er musste in die Klinik – für eine Rundumkur. Er brauchte einen Total-Check-up in einer Spezialwerkstatt. Zu dem Zeitpunkt hatte ich auch bereits meinen Traumbeifahrer im Sinn: Reinhard Hainbach. Aber ihm sagte ich noch nichts. Reinhard, selbst ein geübter Rallyefahrer, gab mir viele Tipps. Außerdem hatte er schon an vielen meiner Oldtimer geschraubt. Nachdem wir die Rallye also gemeinsam angetreten hatten, aber nach fünfzig Kilometern abbrechen mussten, war endgültig klar, dass kleinere Reparaturen nicht reichen würden. Hudo musste zu einem Spezialdoktor, der sich mit Liebe und Zeit um ihn kümmern würde. Denn ohne eine totale Rundumerneuerung und einen Umbau würde ich meine große Reise mit ihm nicht antreten können.

Ich fand dafür einen Freund und bekannten Rallyefahrer, der auch schon die Rallye »Dakar« gewonnen hatte. Dieser erfahrene Mann sagte zu mir: »Den alten Hudson für die Reise vorzubereiten, daran hätte ich wohl meinen Spaß. Also her damit!«

Sein Name ist Timo Gottschalk aus Rheinsberg. Timo ist Ingenieur für Fahrzeugtechnik und fing mit dem Rallyefahren an, indem er mit umgebauten Autos über Äcker und Truppenübungsplätze bretterte. Dann wurde er ein begnadeter Navigator und machte sein Hobby zum Beruf. Zuerst fuhr er noch in einem Trabant, dann ging es zur Deutschen Rallye-Meisterschaft und von da an immer weiter die Leiter hoch. Rallye »Korsika«, Testfahrten für große Autokonzerne, die »Asien-Pazifik«-Rallye-Meisterschaft. Regelmäßig Weltmeisterschaften, dann eben »Dakar«. Timo kennt sich aus mit Autos. Und jetzt nahm er sich meinen Hudo zur Brust.

Timo Gottschalk und seine Jungs schraubten mehrere Monate an Hudo. Sie bauten den Motor aus, der ging in eine spezielle Motorschmiede, wo man ihn komplett überholte. Das ganze Innenleben kam ebenfalls raus, die Sitze vorn und hinten. Sie legten den Wagen höher, verstärkten das Chassis, die Achsen und bauten einen Überrollbügel ein. Und dann kam eine elektrische Benzinpumpe hinein, um den Autovac, die vakuumbetätigte Benzinpumpe, zu unterstützen. Obendrein ein Zusatztank mit sechzig Litern. Dazu zwei Kanister rechts und links, befestigt mit Draht, damit sie niemand so schnell klauen könnte. Auf dem Dach montierten sie eine Gepäckbrücke, in der Kabine einen neuen Fahrzeughimmel. Die schönen, großen alten Scheinwerfer blieben erhalten, nur wurden LEDs eingebaut, weil die viel heller sind. Auch das Getriebe blieb nach einer Reparatur original erhalten, obwohl es nur drei Gänge hat. Das ist eigentlich einer zu wenig, und wie oft habe ich mir unterwegs einen vierten gewünscht? Aber man kann nun mal nicht alles haben.

Auf einer Versteigerung in Salzburg erwarb ich schließlich noch einen zweiten Hudson, sozusagen als Ersatzteilspender. Es war ein

Riesenzufall, überhaupt noch so einen Wagen zu finden, der obendrein wesentlich günstiger war. Ein Freund hatte mir davon erzählt – einen Tag vor der Versteigerung. Ich schaffte es gar nicht mehr, selbst hinzufahren, sondern steigerte am Ende am Telefon mit. Den ganzen Sonntag hing ich in der Leitung und wartete auf meine Gelegenheit. Dann ging es recht schnell und einfach, und so besaß ich nun einen zweiten alten Hudson Great Eight, ebenfalls Baujahr 1930. Allerdings war dies ein Viertürer, nicht wie Hudo ein Zweitürer. Zudem fiel er ein bisschen länger und schwerer aus.

Nach diesem Kauf konnte erst recht losgeschraubt werden. Doch der Winter von 2013 auf 2014 zog sich. Es war kalt, und die Arbeiten an Hudo dauerten lange. Auch die Überholung des Motors ging schleppend voran. Dabei hatte ich den Tag meiner Abfahrt bereits festgelegt. Gleich nach meinem Geburtstag, dem 20. Juni 2014, wollte ich aufs Gaspedal treten und Berlin verlassen. Kurs nach Osten, Kurs in die weite Welt.

Doch bis dahin gab es noch allerhand zu tun.

In manchen Momenten nagte die Frage an mir, was für ein Projekt ich mir da eigentlich vorgenommen hatte: eine so lange, weite Reise in einem alten, stotternden Auto. Bist du noch ganz bei Trost, Heidi? Aber ich verzagte nicht. Nicht jetzt schon! Wir waren ja noch nicht einmal losgefahren. Und so machte ich es, wie man es in manchen Momenten im Leben eben machen muss, um von der Stelle zu kommen.

Ich nahm meine Zweifel und schmiss sie über Bord.

Als Nächstes wollte ich Hudo auf den Namen »Hetzer« anmelden. Ich war zwar bereits geschieden, trug aber immer noch den Nachnamen meines amerikanischen Mannes, mit dem ich vierundzwanzig Jahre verheiratet gewesen war: Mackay. Wegen Hudo allerdings wollte ich meinen behördlichen Namen jetzt ändern. Von Mackay zurück in Hetzer. Heidi Hetzer. Diesen Namen sollte mein Hudo auch tragen. Denn es war so: Ich wollte ihn vor der Reise heiraten. Zu meinem Mann machen. Hudo Hetzer. So nenne ich das wirklich. Aber es hatte am Ende natürlich auch ganz pragmatische Gründe.

Alle Papiere sollten schließlich auf einen Namen laufen. Und für die Reise um die Welt würde eine ganze Lawine an Papierkrieg auf mich zukommen: Einreiseformulare, Visa, mehrere Pässe, Kaufbestätigungen, internationaler Fahrzeugschein und Fahrzeugbrief und vor allem das sogenannte *Carnet de Passage*. Beim ADAC hatte ich gelesen, dass dieses Zoll- und Grenzdokument dringend nötig ist. Verlangt wird es in vielen Ländern Afrikas, Asiens, Südamerikas sowie in Australien und Neuseeland für die vorübergehende zollfreie Einfuhr eines Fahrzeuges. Quasi ein eigener Reisepass für das Auto, um zu beweisen, dass man den Wagen im jeweiligen Land nicht verkaufen will, sondern nur auf der Durchreise ist. Auch bei Unfällen ist das Dokument wichtig, falls das Fahrzeug das Land nicht mehr verlassen kann. Denn die Sache ist so: Man muss dem ADAC je nach Wert des Fahrzeugs und je nach Land, das man bereisen will, eine Kaution von bis zu 30 000 Euro zahlen – die man erst zurückbekommt, wenn man das Auto nach Deutschland bringt und die Wiedereinfuhr beim Zoll abgestempelt ist.

Darum erschien es mir überaus sinnvoll, den Wagen auf meinen aus der Autobranche, in der Öffentlichkeit und von den Rallyes bekannten Namen anzumelden. Und der war und ist nun mal Hetzer. Opel Hetzer. Heidi Hetzer. Und jetzt eben auch Hudo Hetzer. Dass ich lange noch Mackay hieß, wussten die wenigsten. Stand ja nur im Ausweis.

Aus diesem Grund änderte ich meinen Namen und ließ diesen auch offiziell in die Wagenpapiere eintragen. Es war ein Freitag. Freitag, der 13. September 2013 – da bekam Hudo auch sein neues Nummernschild: B-HH 30 H. Wobei das dritte H für »historisch« steht. Das Formelle war damit erledigt, und ich nenne das eben Heiraten. Und ein bisschen war es ja auch so. Inklusive zwei Jahre Flitterwochen: eine Hochzeitsreise um die Erde. Und ab jetzt, nach der offiziellen Ummeldung, war ich für Hudo verantwortlich. Fast wie bei einem echten Mann. Musste mich um ihn kümmern, ihm Essen und Trinken geben. Und glauben Sie mir, er säuft mächtig. Hudo verbraucht um die siebzehn Liter auf hundert Kilometer, wenn er richtig Durst hat und ich ihm die Sporen gebe.

Das Wichtigste aber war: Ich hatte einen wunderbaren Weggefährten gefunden. Und er schien keineswegs nur mir zu gefallen. Denn wo auch immer wir die ersten Male gemeinsam auftauchten, kamen die Leute zum Wagen und fragten nach dem Baujahr. Fragten, wie schnell er fährt, wie viel er verbraucht, was er kostet und was denn das eigentlich für eine komische Marke sei. Ein Hudo?

Nebenbei musste die Route ausgearbeitet werden. Heiko Glander, ein sehr erfahrener Weltreisender, kam wie gerufen. Durch welche Länder würde ich fahren? Wann würde der Winter kommen, wann die Regenzeit? Auch musste ich planen, wie und von wo ich Hudo per Schiff von Kontinent zu Kontinent bringen konnte. Was für eine Expedition.

Längst hatte ich Reinhard Hainbach gefragt, ob er mein Beifahrer sein wollte. Reinhard ist ein bekannter Rallyefahrer und sehr guter Mechaniker. Ein ruhiger, netter und zurückhaltender Mann, der früher obendrein eine Opel-Werkstatt hatte. Wir kannten uns seit fünfzig Jahren, und Reinhard hatte Zeit und Lust auf die Tour. Wir beide würden uns bestens verstehen. Zwei Autoverrückte. Besser ging es nicht.

Denn wer auch immer als Beifahrer einsteigen würde, eines musste klar sein: Der Trip würde hier und da ziemlich unbequem werden. Darum sagte ich von vornherein: »Mein Beifahrer muss mit dem Leben abgeschlossen haben, wenn er mit mir und Hudo mitkommt.« Zwei weitere Dinge musste ich schon vor meiner Abreise klarstellen. Erstens: Ich würde den Beifahrer – anders als Clärenore Stinnes – am Ende mit Sicherheit nicht heiraten! Aus dem Alter bin ich nämlich raus. Zweitens: Ich würde auf der Tour der Boss sein und schließlich ja auch sämtliche Kosten tragen.

Wenn ich Freunden oder Bekannten erzählte, dass man vor dieser Reise mit gewissen Dingen abgeschlossen haben sollte, mussten die immer lachen. Aber ich meinte das ernst. Was würde unterwegs alles passieren können? Bei all den unvorhersehbaren Strecken, Problemen und Gefahren? Wir mussten davon ausgehen, dass auf so einer Reise alles möglich ist – und man gar nicht mehr zurückkäme. Ich jedenfalls *bin* davon ausgegangen. Mein Gott, anders als die gute Clärenore war ich ja keine sechsundzwanzig mehr.

Ich ging stramm auf die achtzig zu.

In Berlin wollte ich vor meiner Abreise darum alles geregelt wissen. Ich plante sogar meine Beerdigung. Ich unterschrieb Vollmachten und bezahlte das Familiengrab für die nächsten zwanzig Jahre. Auch legte ich fest, wie man meinen Tod bekanntgeben und begehen sollte. Die Kinder sollten sich um solche Dinge nicht kümmern müssen, sie würden dann ganz andere Sorgen haben. Außerdem bestimmte ich, dass meine hundertfünfzig Rallyepokale für einen Grabstein eingeschmolzen werden sollten. Am besten mit Anhängern dran, die schön attraktiv an dem Stein hängen. Plaketten von der Rallye »Monte Carlo« oder »Düsseldorf-Shanghai«. Mein Geburtsdatum konnten sie ja jetzt schon in die Skulptur meißeln, offen war nur noch der Todestag.

Ja, ich ging wirklich davon aus, dass ich nicht mehr zurückkehren würde. Das war ein mulmiges Gefühl. Mit siebenundsiebzig bleiben dir nicht mehr ganz so viele Jahre, und das weißt du natürlich. Seit Langem habe ich ein Zentimetermaß an der Wand hinter meinem Schreibtisch angebracht und darauf die Jahre, die ich gelebt habe, zentimeterweise geschwärzt. Vor langer Zeit schon hatte ich bei der 82 eine Marke gesetzt, weil dann das hundertjährige Jubiläum der Firma Hetzer anstehen würde. Das wollte ich unbedingt noch erleben. Und jetzt sah ich auf einmal, dass bis dahin nur noch fünf Zentimeter übrig blieben. Das machte mich schon nachdenklich.

Aber an meinen Plänen änderte das nichts – ich musste diese Reise einfach machen, vielleicht ja gerade, weil die Zentimeter dahingingen. Außerdem fühlte ich mich noch jung genug. Und warum bloß immer nur die Probleme und Gefahren sehen? Warum sie so heiß kochen, nur weil man keine sechzig, keine siebzig mehr ist? Ich fühlte mich fit genug, um noch viele Nächte durchzufahren. Im Kopf und in den Knochen. Und ich wusste: Wenn dich etwas in Form hält und am Leben, dann ein machbares Abenteuer. Die Welt sehen, die Menschen! All die tollen Orte und Landschaften, die ich mir schon im Kopf ausmalte. Wie würde es in den verschiedenen Ländern und Gegenden aussehen? Wie riechen? Wie das Essen schmecken? Und vor allem: Auf was für herrlichen Straßen würde ich entlangfahren können? Wochenlang, monatelang? Eben: am Steuer sitzen und das tun, was ich am liebsten mag. Fahren.

In Berlin wurde es langsam Sommer, und die Vorbereitungen schritten voran. Das meiste hatte ich nun geregelt. Ich finde, das gehört in meinem Alter dazu, wenn man sich auf so eine Reise begibt. Diese Verantwortung musst du dann schon tragen. Auch Hudo wurde langsam startklar, auch wenn die Schrauberei kein Ende fand – und ja auch unterwegs nie ein Ende nehmen sollte. Aber das Schrauben ist beim Oldtimer-Fahren nun mal Dauerzustand, vielleicht sogar Lebensinhalt. Und meiner würde sich nun bald auf folgende Formel reduzieren lassen: Ich fahre, also bin ich. Ich reise, also fahre ich. Ich schraube, also komme ich weiter.

Hudo sollte noch einen Safe bekommen. Einen kleinen Panzerschrank, möglichst gut versteckt in seinem Inneren, dass ihn niemand finden konnte. Darin würde ich die wichtigsten Papiere, Geld, Pässe und Kreditkarten verstecken. Was ich noch nicht wusste: Am Ende würde ich diesen Safe nicht ein einziges Mal benutzt haben – weil er so versteckt im Auto platziert war, dass ich selbst kaum mehr herankam. Es war zu umständlich. Ich hätte jedes Mal viel zu viel ausräumen müssen, um ihn überhaupt zu erreichen. Und bis heute weiß kaum einer, wo sich das Geheimversteck in meinem Hudo befindet. So soll es sein, und so wird es bleiben.

Fast in letzter Minute wurden für Hudo noch Teile aus den USA geschickt, Hinterachse und Getriebe waren immer noch nicht fit, und Kühlung und Elektrik machten immer noch Ärger. Die Vorbereitungen liefen bis zum Schluss auf Hochtouren.

Aber nicht nur auf und unter der Hebebühne ging es hoch her, denn inzwischen wusste wirklich halb Berlin, dass die alte Schachtel Heidi Hetzer bald mit ihrer alten Kiste namens Hudo vom Brandenburger Tor aufbrechen würde, um einmal um die Welt zu fahren. Und was gab das für einen Wirbel! Immer wieder bekam ich in diesen letzten Wochen und Tagen vor der Abfahrt Anfragen von Presse, Radio und Fernsehen, um über mein Unterfangen zu berichten. Ich glaube, ich saß am Ende in über dreizehn Talkshows und gab über drei Dutzend Interviews, denn offenbar schienen sich eine ganze Menge Leute dafür zu interessieren, dass die Alte nun wirklich loswollte. Oder war vielleicht nur Sommerloch?

Egal, jedenfalls fragten die Leute mir regelrecht Löcher in den Bauch. Ob ich denn gar keine Angst hätte? Ja, das war wohl die Frage und das Thema Nummer eins: Angst, Angst, Angst. Haben denn hier eigentlich immer alle nur Angst? Nein, sagte ich, ich habe keine Angst. Wovor denn? Und überhaupt, mit Angst kommst du nicht weit. Und es fallen auch keine Bomben vom Himmel, wo ich entlangfahre. Überall geht das Handy, überall funktioniert die Kreditkarte, überall gibt es heute Hotels. Und wenn nicht, na, dann packe ich eben mein Zelt aus. Und Angst vor den Menschen in all den fremden Ländern habe ich auch nicht. Ich war ja noch gar nicht da!

Klar, vieles würde schiefgehen können unterwegs. Hudo könnte einen Abhang hinunterstürzen, ich könnte ausgeraubt werden oder im hintersten Asien unter die Räder kommen. Doch mit Angst würde das alles nicht besser werden. Also nein, keine Angst. Vielmehr und vor allem verspürte ich die große Lust, jetzt endlich mal loszufahren.

Was wollten die Leute noch wissen? Sie wollten fast alles wissen. Warum heißt Hudo Hudo? Und warum muss es so ein altes Auto sein? Wo haben Sie den her? Und: Wo wollen Sie denn schlafen, Frau Hetzer? Buchen Sie immer schon vor? Wie viele Kilometer pro Tag wollen Sie fahren? Wann wollen Sie zurückkommen? Wollen Sie überhaupt zurückkommen? Was machen Sie, wenn Sie eine Panne haben? Was tun Sie, wenn der Motor streikt, wenn der Wagen explodiert, wenn Sie in China festgenommen werden, wenn Ihnen keiner glaubt, wenn Sie Hunger haben, wenn Sie jeden Tag zehn Stunden sitzen müssen, wenn Sie müde werden, wenn Sie die Sprache nicht sprechen, wenn Sie entführt oder womöglich plötzlich krank werden?

Wenn, wenn, wenn. Muss man wirklich so genau in die Zukunft schauen können, um sich mal auf ein kleines Abenteuer einzulassen?

Doch vor allem fand ich es schön, dass sich so viele Menschen für meine Fahrt interessierten. Ich fühlte mich geschmeichelt und auch ein bisschen geehrt. Fragte mich allerdings auch: Woher die Neugier? Warum so viel Aufsehen und Tamtam? Ist es denn so außerordentlich, wenn eine Frau mit gut siebzig Jahren in einem alten Auto auf große Fahrt geht? Vielleicht war so eine Tour in den Köpfen noch immer eher Männersache, nur etwas für Draufgänger und ölverschmierte Schrauber.

Aber für eine deutsche Rentnerin?

Ich glaube, meine Unternehmung passte nicht so ganz ins Bild, und vielleicht zeigten die Menschen genau darum so viel Interesse. Weil da jemand etwas machte, was in irgendeiner Form womöglich viele Menschen gern mal machen würden – aber was ja nun mal aus tausend Gründen oft nicht geht. Zu verrückt, zu weit, zu lange. Zu alt und zu Frau.

Hm. Ich weiß es auch nicht. Womöglich waren die Menschen auch nur interessiert, weil sie dachten: Die spinnt, die Hetzer, und sowieso, das schafft sie nie.

Ich klebte derweil den ersten Aufkleber auf Hudos Blech. Einen weißen Adler auf grünem Grund: das Markenzeichen der Eberswalder Wurst. Ich kenne die Familie des Betriebs, und Eberswalder war ganz früh dabei, um die Reise zu unterstützen. Das fand ich klasse, außerdem mag ich Wurst. Aber es ging nicht wirklich darum, die Reise zu finanzieren. Da ich jedoch in Berlin sehr viele Freunde habe, erzählte ich überall, was ich noch alles brauchte für die Tour. Meine Liste war lang. Ich brauchte Schlafsäcke, Matratzen, ein Zelt. Ich brauchte Öl, Reifen, Sonnenbrillen, Becher, Thermoskannen, Landkarten und noch vieles mehr. Zu meinem weiteren Freundeskreis zählen auch viele Unternehmer, bei denen fragte ich an. Außerdem bei diversen Leuten, die Werkstätten und Geschäfte betreiben oder Produkte selbst herstellen – ob sie nicht das eine oder andere Teil für meine Reise kredenzen würden. Wer mir etwas mitgab, der bekam auf Hudo einen Platz für einen Sticker. Und es fanden sich viele, die meine Reise auf diese Weise unterstützten. Aber natürlich hatte dies nichts mit echtem Sponsoring zu tun. Ich war nie auf der Suche nach einem großen Konzern, der die Reise finanzieren würde. Das hätte nur zu Zwängen und Verpflichtungen geführt. Außerdem sagte ich mir: Heidi, das schaffst du schon allein. Die Sticker auf Hudo, das war eher eine nette kleine Idee. Die Aufkleber stammten letztlich alle von Freunden, die auf diese Weise gewissermaßen mit auf die Reise kamen. Ich fand das schön und würde unterwegs an alle denken.

Plötzlich gab es einen Tiefschlag aus heiterem Himmel – obwohl ich noch nicht einmal aufgebrochen war. Es sollte nicht mehr lange dauern bis zum Start, als mein Beifahrer Reinhard Hainbach mich anrief und mit leiser Stimme durchs Handy sprach. Der zweifache deutsche Rallyemeister sagte ab. Rücken, sagte er. Er habe Rücken. Er könne nicht mitkommen, es gehe einfach nicht. Am Telefon herrschte Stille. Ich wusste nicht, was ich sagen sollte. Ich war total geplättet. Mit seinem Nein stand die ganze Reise auf dem Spiel. Aber er sagte es noch mal: »Heidi, ich kann einfach nicht mitkommen.« Ich begriff, auch wenn ich es erst kaum wahrhaben wollte. Doch es gab offenbar einen Grund, der schwer wog.

Ich stellte keine weiteren Fragen mehr.

Eine Woche lang musste ich heulen. Mein favorisierter Beifahrer war aus dem Rennen! Was jetzt? Die Abfahrt verschieben? Aufgeben? Einen anderen Beifahrer suchen? Allein losfahren? Ich wusste sowieso schon nicht mehr, wo mir der Kopf stand, denn an allen Fronten waren noch immer tausend Dinge zu tun und zu erledigen. Die Zeit der geplanten Abreise rückte näher, und viele Etappen mussten von vornherein genau getaktet werden: wegen des Wetters, wegen der Befahrbarkeit einiger Routen und vor allem wegen der Visa, die für viele Länder bestimmte Ein- und Ausreisedaten vorschreiben. Ein verzögerter Start würde bedeuten, dass die Visa bereits ihre Gültigkeit verloren hätten, bevor ich überhaupt die jeweilige Grenze erreichte. Das wiederum würde einen Berg von neuem Behördenwahnsinn, zig Anträge, Diskussionen und Gebühren und Warten, Warten, Warten nach sich ziehen.

Man glaubt nicht, was für so eine Reise alles zu organisieren ist. Ich hatte inzwischen fünfzehn Impfungen bekommen, verschiedenste Anträge für die Reise durch vierzig Länder gestellt, Hunderte Formulare ausgefüllt und mich nächtelang durchs Internet geklickt. Ich hatte viele Botschaften besucht und zum Glück endlich auch eine Reederei gefunden, die Hudo auf den Seestrecken befördern würde. Hamburg Süd hatte den Transport zugesagt und mir versprochen, dass ich auf den Schiffen an Hudos Seite mitfahren dürfte. Das ist eine große Ausnahme, und mir fiel ein Stein vom Herzen.

Aber nun die Absage meines Beifahrers. Ich war am Boden, und dachte wirklich einige Momente daran, die ganze Sache abzublasen. Außerdem machten auch gleich Gerüchte die Runde: Siehste, in Wirklichkeit wollte die Hetzer nie losfahren. Das war alles nur Show. Das traf mich noch mehr, ich war entsetzt. Aber dann riss ich mich zusammen und dachte: Nun erst recht! Ich fahre um jeden Preis los. Notfalls auch allein!

Und plötzlich trudelten immer mehr Mails in meinem Postfach ein, das Telefon klingelte unentwegt, und mein Briefkasten füllte sich. Ich bekam in kürzester Zeit über hundert Nachrichten und Zusendungen: von Leuten, die für Reinhard Hainbach einspringen und mitfahren wollten! Die Presse hatte irgendwo geschrieben, dass Heidi Hetzers Beifahrer ausgefallen sei, und nun bewarben sich Dutzende Leute für seinen Sitz. Für viele schien meine Tour verlockend zu sein. Mit einer alten Dame und ihrem Auto durch die Weltgeschichte zu gondeln. Wussten die, worauf sie sich einlassen würden? Hatten die eine Ahnung, was auf sie zukam? Ich wusste es nicht. Und vor allem: Ich kannte diese Menschen alle nicht!

Ich begann, die Bewerbungen zu lesen. Manche wollten nur einige Etappen mitfahren, andere erklärten sich bereit, die gesamte Reise über mit an Bord zu sein. Es waren Mechaniker darunter, junge Leute, alte Leute, solche, die drei Sprachen sprachen, andere, die nicht mal Englisch konnten. Ein Drittel der Bewerbungen hatten Frauen geschrieben, zwei Drittel Männer. Toll, dass auch so viele Frauen schrieben. Überhaupt, die Leute trauten sich was! Erstens so eine Reise mitzumachen – und auch die Heidi Hetzer einfach anzuhauen. Richtig, und warum auch nicht?

Eine Studentin war sogar bereit, ihr Studium für die Reise abzubrechen. Aber da sagte ich gleich Nee. Ich wollte auf keinen Fall dafür verantwortlich sein, dass jemand seine Ausbildung abbricht. Ein junger Vater wollte ebenfalls mit. Ein Vater, der bereit war, seinen zweijährigen Sohn zwei Jahre lang allein zu lassen? Um mit mir um die Erde zu brettern? Nein, auch das kam für mich nicht infrage. Dennoch freute ich mich riesig über all die Zuschriften. Über so viel Interesse und das Vertrauen, bei mir mitzufahren. Da draußen existierten offenbar doch eine ganze Menge Menschen, die tickten wie ich. Die die Welt sehen wollten, und das gemeinsam mit einer alten Tante in einem alten Auto.

Mir fiel auf, dass die meisten schrieben, sie seien gute Autofahrer. Da horchte ich sofort auf. Ich suchte ja gar keinen, der am Steuer sitzt! Ich wollte kein betreutes Fahren – sondern, bitte schön, selbst lenken.

Die Entscheidung war schwierig. Ich überlegte tagelang, ob ich jemanden kontaktieren und wirklich eine fremde Person mit auf diese Reise mitnehmen sollte. Als Beifahrer taugt nicht jeder. Man muss miteinander klarkommen. Auf kleinem Raum, und das über Monate. Man muss Kompromisse machen. Muss durchhalten, mitdenken, anpacken. Und auch mal die Nächte auf dem Beifahrersitz durchwachen. Zudem: Ein gewisses Risiko würde auf der Tour immer mitfahren. Sollte ich da jemanden mit hineinziehen, der womöglich keine Ahnung hatte?

Ich war ziemlich unsicher, dachte aber letzten Endes: Gesellschaft kann nicht schaden. Vier Augen sehen mehr als zwei, und vier Hände können auch mehr tragen als zwei. Ein Sozius würde eine große Hilfe sein können. Aber wen nehmen? Nach längerem Abwägen traf ich tatsächlich eine Wahl – und nun waren wieder zwei mit von der Partie.

Ich konnte die Abfahrt kaum mehr erwarten. Ein Jahr war für die Vorbereitungen draufgegangen. Eine Menge Nerven und ein Haufen Geld. Es war an der Zeit, einzusteigen und aufs Gaspedal zu treten. Ich wollte nichts anderes mehr. Ich fühlte mich wie eine Pressluftflasche kurz vor der Explosion.

Nur noch zwei Dinge gab es am Ende zu tun. Meine Wohnung leer räumen und Hudo vollpacken. Eine Wohnung würde ich für mindestens zwei Jahre nicht mehr brauchen. Es war klar, ich konnte eine Menge Geld sparen, würde ich sie vermieten. Ich rechnete. Und kam zu dem Ergebnis, dass ich auf der Reise um die 50 Euro pro Tag zur Verfügung hätte, wenn ich meine Wohnung vergeben würde. Also musste das meiste raus. Ich räumte meine Kleider und die meisten meiner Klamotten weg, packte sie in über zwanzig Kleiderboxen. Auch meine Bilder, die antiken Möbel, Bücher, Fotoalben, Akten, Vasen, Bettwäsche, Handtücher und der Schreibtisch – all das ließ ich heraustragen und verstauen. Ich hatte zum Glück Platz in der zweiten Etage meiner alten Firma. Die stand mir ja noch zur Verfügung.

Es war, als würde ich Abschied nehmen. Für immer. Ein quälender und beklemmender Schritt. Als meine Sachen aus der Wohnung getragen wurden, stand ich da und dachte: So wird es also aussehen, wenn du tot bist und alles geräumt ist. Aufgelöst und weg. Ein ganzer Haushalt und damit auch ein Mensch, der einfach verschwindet. Ja, so war das. Die Wohnung leer zu räumen und auch alle anderen Angelegenheiten vor der Abfahrt zu regeln fühlte sich an wie meine eigene Beerdigung.

Nun hatte ich nur noch das Nötige für die Fahrt. Ich stand vor Hudo, der in der Garage parkte und vor dem sich mein Reisegepäck stapelte, und begann, ihn zu beladen. Was nahm ich mit? Drei Paar Jeans, fünfzehn T-Shirts, dicke Jacken, Regenjacken, dazu jede Menge Mützen und Käppis, von denen ich unterwegs viele verschenken wollte. Ich hatte drei BHs und sechs Unterhosen eingepackt. Drei Paar Schuhe, darunter ein weißes Paar für mein einziges Kleid, das mit auf die Reise kam. Außerdem nahm ich noch einen Rock und einen Hosenanzug mit. Man wusste ja nie, wann man vielleicht ein repräsentatives Kleidungsstück brauchen würde. Ansonsten wichtig: Duschflaschen, Wasserentkeimer, Campingkocher, Petroleumlampe, Kompass, Powerriegel, ein paar Pappteller und Plastikgeschirr, dazu ein Taschenmesser und ein solides Stullenbrett, das ich für mehrere Zwecke nutzen könnte. Um mir unterwegs schnell ein Brot zu schmieren oder um beim Radwechsel den Wagenheber draufzustellen. Außerdem würde ich es mir auf den Sitz legen, mal links, mal rechts unter den Hintern, um auf den langen Strecken das Rückgrat zu entlasten.

Dann musste noch das Zelt ins Auto passen, mehrere Isomatten und sechs Schlafsäcke. Einen dünnen für warme Regionen, einen mittleren für gemäßigte Zonen und einen dicken, falls es in den Anden, in Kanada oder in der Wüste mal richtig kalt werden würde.

Und jeden Schlafsack gleich zweimal. Einen für mich, einen für den Beifahrer.

Dazu kam noch ein Berg von Werkzeugen und Ersatzteilen für Hudo. Aber das war's im Groben und Ganzen. Viel mehr kam nicht mit. Natürlich noch Fotos. Ich heftete allesamt vorn ans Armaturenbrett. So fuhren Kinder und Enkel immer mit und waren bei mir. Hudo war bis zum Himmel bepackt.

Es gab eine große Abschiedsparty. Eine Überraschung, die mein enger Freund Paolo organisiert hatte. Sechshundert Leute kamen zu dieser Party, Familie und Freunde, Freunde von Freunden, Bekannte, alte Kunden, dieser und jener, die Presse. Ich war gerührt. Da traten Promis auf die Bühne und sangen mir ein Abschiedsständchen. Jan Josef Liefers und Uwe Kröger hatten Videobotschaften geschickt, der Saal war gerappelt voll mit allerlei Leuten, von denen ich viele gar nicht kannte. Und ich dachte immer nur: Jetzt musst du aus Höflichkeit da vorn an der Bühne herumturnen – anstatt dich von deinen Freunden zu verabschieden, die alle so weit entfernt von dir sitzen. Da sind jetzt viele sauer! Einige hatten Geschenke dabei, andere sagten noch immer, ich sei verrückt. Die Party nahm ihren Lauf, es ging bis zum frühen Morgen.

Dann kam die letzte Nacht. Die letzte in meiner Wohnung, die letzte in meinem Bett. Dort lag ich, und es war ganz still. Ich freute mich über das, was war. Und auf das, was kommen würde. Ich hatte mit allem abgeschlossen. Hatte so ziemlich alles Schöne im Leben erlebt, was man erleben darf – und wofür man äußerst dankbar sein muss. Ich hatte auf der anderen Seite aber auch immer getan, was andere und die halbe Welt von mir verlangten und brauchten. Die Familie, die Kinder, die Freunde, die Mitarbeiter, die Kunden. Das Geschäft, die Verträge, die Banken, die Zahlen. Immer hatte ich für andere da zu sein, hatte dieses und jenes zu erfüllen und auf irgendeiner Party zu tanzen.

All das war jetzt vorbei. Ich hatte alles gelebt und gemacht, alles getan und geregelt. Alles war wunderbar. Und nun würde ich das erste Mal etwas für mich machen – nur für mich ganz allein. Ich sagte mir: Meine Zeit ist sozusagen abgelaufen. Ich brauche nichts mehr. Das Leben schuldet mir nichts mehr. So lag ich kurz da. Und wusste: Alles, was jetzt noch kommt, ist das Sahnehäubchen obendrauf.

Aufbruch mit Hindernissen

Seit zwei Jahren habe ich den Moment meiner Abfahrt im Kopf. Und nun sehne ich die letzte Stunde regelrecht herbei, denn in den letzten Wochen haben sich die Ereignisse überschlagen. Es war so viel zu tun, zu erledigen. Ich habe keinen einzigen Reiseführer gelesen. Von manchen Ländern, durch die ich fahren werde, weiß ich nicht einmal, welche Währung es dort gibt und welche Sprache die Menschen dort sprechen. Hotels? Zimmer? Nicht eine Unterkunft habe ich mir vorher herausgesucht oder gar gebucht. Ich weiß doch überhaupt nicht, wann ich wo ankommen und sein werde. Und wie lange ich womöglich irgendwo bleiben muss. So stürze ich mich letzten Endes in mancher Hinsicht ziemlich unvorbereitet in das Abenteuer – aber das ist vielleicht auch gut so. Denn wenn man schon vorher alles weiß, was auf einen zukommt, dann macht man gewisse Dinge vielleicht gar nicht erst. Dann bleibt man vor lauter Panik auf seinem Hintern hocken.

Alles, nur das nicht! Lieber mit Vorfreude ins Blaue aufbrechen, als ängstlich zu Hause bleiben.

Ich muss an das Gedicht von Joachim Ringelnatz mit den Ameisen denken. Der hatte mal geschrieben: »In Hamburg lebten zwei Ameisen, die wollten nach Australien reisen. Bei Altona, auf der Chaussee, da taten ihnen die Beine weh. Und so verzichteten sie weise auf den letzten Teil der Reise.«

Wollen diese Zeilen einen womöglich warnen? Vielleicht auch

mich warnen? Ach was. Und überhaupt und sowieso: Weise werd' ich anderswo.

Bis zum Schluss geben mir die Leute tausend Tipps. Nimm einen Kompass mit, Heidi! Versteck dein Geld immer am Körper! Hast du Verbandszeug dabei? Vergiss das Brot in Büchsen nicht und die Powerriegel und die Versicherungskarten und den Wasserentkeimer und, und, und. Powerriegel für zwei Jahre? Na, die haben vielleicht Vorstellungen. Als wollte ich zum Mond. Eines ist eh klar: Für so eine Reise kann man gar nicht an alles denken. Und das muss man auch gar nicht. Denn fast alles gibt es unterwegs zu kaufen, fast alles lässt sich irgendwie besorgen, organisieren. Oder man hilft sich eben sonstwie. Und so halte ich mich ab sofort an eine einfache Devise: Alles, was ich jetzt noch vergessen oder nicht mitgenommen habe – das brauche ich auch nicht.

Vor zwei Tagen habe ich mich mit meinem neuen Kopiloten getroffen. Er heißt Jordane. Ein angehender Fotograf und Filmemacher, der kürzlich erst aus Indien zurückgekommen ist. Er war der jüngste von allen, die sich als Beifahrer gemeldet hatten, nachdem mein lieber Reinhard Hainbach ausgeschieden war. Das Beste: Der stets gut gekämmte Jordane hat keinen Führerschein. Das gefällt mir. Da kommt er gar nicht erst auf die Idee, mir das Lenkrad aus der Hand zu nehmen. Und er soll sich ja auch um ganz andere Dinge kümmern: Fotos machen, kleine Filme drehen und Beiträge schreiben, die wir auf meiner Webseite posten wollen, um die Fahrt zu dokumentieren.

Vor zwei Tagen haben wir uns in der Garage getroffen, um Hudo schon mal zu beladen. Außerdem wollte ich sehen, was Jordane alles mitzunehmen gedachte. Um halb zwölf am Abend, als wir so weit waren, wollte ich noch mal tanken fahren. Jordane meinte, es sei schon ziemlich spät. Er sei müde und müsse ins Bett. Oh, oh, dachte ich. Das fängt ja gut an. Ich kannte ihn kaum. Am nächsten Tag wollte er sich noch von seinen Freunden und Eltern verabschieden. Deshalb kam ein Freund von mir vorbei und half mir in der Garage beim Sortieren und Verstauen des Werkzeugs. Der Moment der Abfahrt rückte sehr nahe. Und der gute Jordane kommt an diesem letzten Morgen erst eine Stunde vor unserer Abreise. Wieder denke ich: Na, dit kann ja heiter werden. Die letzten Sachen aus meiner Wohnung schmeiße ich einfach in den Müll, weil keine Zeit mehr bleibt, sie zu verstauen. Bloß weg damit. Als Nächstes setzen wir uns in den bis oben bepackten Hudo und fahren los.

Ich bin hundemüde, die ganze Nacht habe ich am Ende kein Auge zugetan. Aber nun gilt es.

Es ist der 27. Juli 2014. Auf dem Weg zum Olympischen Platz gesellen sich erste Oldtimer zu uns und fahren an der Seite von Hudo mit. Es sind Freunde und verschiedene Oldtimer-Klubs, sie hupen und winken, als wir durch Berlin gondeln. Und dann hupen auch noch andere Autos im Verkehr. Wildfremde, die womöglich denken, in der alten Kutsche sitzt irgendein Hochzeitspärchen. Am Olympischen Platz herrscht Jubel, Trubel, Heiterkeit. Bestimmt sechzig alte Automobile und gut zweihundert Menschen haben sich eingefunden, um Adieu zu sagen. Dazu gesellen sich noch Dutzende Schaulustige, die irgendwie Wind von der Abfahrt bekommen haben. Ich höre von allen Seiten Jubelrufe und gute Wünsche für die Reise. »Heidi, gute Fahrt!« – »Komm heile zurück!« Ich steige aus, stehe neben Hudo und winke den Leuten zu. Mittendrin erhasche ich die Worte einer Frau, die ihren Mann fragt: »Wer ist die denn?« Und er sagt: »Dit is die schnellste Frau von Berlin, die will jetzt um die Welt fahren.« Mitten im Gewühl kommt plötzlich mein guter alter Rallyefreund Kutte Klein auf mich zu und will noch mal Tschüss sagen. Wir liegen uns in den Armen. Kutte sagt: »Heidi, schön, dass wir uns schnell noch treffen. Ick dachte ja, wir sehen uns allein, aber nun sind so viele liebe Berliner hier, die sich verabschieden wollen. Es geht los auf die Weltreise, und nun sag mal in zwei Worten: Wat haste vor?« Ich denke nicht lange nach, kann ja gar nicht mehr denken. Und sage nur: »Zwei Jahre, für jedes Jahr ein Wort: viel Glück. Und ja, zum Glück bin ich noch gesund, und zum Glück hab ich noch ein bisschen Kohle. Und darum mach ich das jetzt.«

Kutte guckt mich an. »Dann haste jetzt wohl den Zettel von deinem Erziehungsberechtigten, wa? Diesen Wisch, dass du endlich die Stadt verlassen kannst. Also dann viel Glück und viel Spaß und alles Gute. Du weißt, dass wir dich hier lieben und alle warten, dass du zurückkommst. Und nun: gute Reise!«

Es ist zehn Uhr am Morgen. Jordane und ich setzen uns wieder auf unsere Sitze und fahren mit Hudo weiter zum Kempinski Hotel. Ich bin fix und fertig und so was von müde. Alles läuft wie ein Film vor mir ab, ich reagiere wie ein Roboter. Hier winken, da winken. Gegen elf kommen wir am Kempinski Ecke Ku'damm an, und da tummeln sich noch mehr Menschen. Hilfe!, denke ich. Will doch einfach nur los. Aber es nützt nichts, auch da muss ich jetzt durch.

Am Hotel findet der offizielle Abschied statt, und neben Freunden und Hunderten Schaulustigen ist auch die Presse vor Ort. Radiosender, Fernsehen, Reporter. Ich kriege Mikrofone unter die Nase gehalten, und – wie ich später höre – sogar englische, russische und polnische Sender werden Berichte über meine Fahrt bringen. Ich klettere auf Hudos Dach, winke, steige wieder hinunter in die Menge. Nein, dass ich alte Berlinerin so verabschiedet werden würde, hätte ich nie gedacht. Alle wünschen mir Glück, rufen mir zu, dass ich heile zurückkommen soll. Der alte Playboy Rolf Eden ist da und wünscht mir »viele Männer« unterwegs. Neben mir richten Jungs und Mädchen, alte und junge Menschen ihre Handys auf mich und machen Fotos und Selfies. Auch Jordane, adrett im weißen Rallyeanzug, muss Autogramme geben.

Im Kempinski gibt es noch Häppchen und Drinks, 187 Eier haben sie gekocht und mit Filzern beschriftet. »Heidi um die Welt« steht drauf und immer wieder »Gute Fahrt«. Eine Hommage an Clärenore Stinnes. Die hatte angeblich genau so viele hart gekochte

Eier dabei, damit ihre Mechaniker nicht schon auf den ersten Meilen verhungern würden.

Ich sehe, dass sie sogar die Straße gesperrt haben, so viele Menschen sind jetzt da. Ich muss immer wieder eine gute Figur machen, grinsen und winken, dabei will ich jetzt wirklich nur noch los. Richtung Kreuzberg, gen Osten. Raus aus der Stadt. Doch nebenbei habe ich noch eines im Hinterkopf: Hudo hatte nämlich gequietscht, als wir herfuhren. Noch immer macht er seltsame Geräusche, noch immer scheint etwas nicht zu stimmen. Ich verdränge den Gedanken. Und dann, gegen zwölf Uhr mittags, ist es so weit. Genug des Trubels. Jordane und ich steigen ein. Ich schließe die Tür, setze meine weiße Lederkappe auf und gebe Gas.

Die Menge verschwindet schnell im Rückspiegel, ich schaue nach vorn und steuere Hudo aus Berlin heraus. In mir gibt es keine großen Emotionen, keine Träne des Glücks rinnt. Es war einfach zu viel Hektik in der letzten Zeit, zu viele Punkte, die abgearbeitet werden mussten. Daneben das Trara des Abschieds, die Interviews, die unendlich vielen Handgriffe an Hudo und die letzten Formalitäten für Iran, Russland und China. Ich erlebe es am eigenen Leib, danach drückt man nicht einfach mal eben auf den Knopf und schreit: Hurra, jetzt bin ich unterwegs! Aller Anfang ist zäh. Wie zäh, das weiß ich in diesem Moment noch nicht einmal. Aber ich spüre es schon: Bei einer solchen Reise geht es auch darum, Widrigkeiten zu besiegen. Die Hochgefühle werde ich mir erarbeiten müssen. Das Glück kommt eben nicht einfach an die Tür und sagt: Hier bin ich.

An einer stillen Ecke Berlins, wo mein Sohn und ich früher mal einen Baum gepflanzt haben, halten wir noch einmal an. Hier bin ich mit Dylan, meiner Schwiegertochter Judith und ihrer Tochter Coco verabredet. Wir wollten uns nicht in der Menschenmenge verabschieden, sondern uns noch einmal kurz, aber in Ruhe sehen. Dylan hat eine Picknickdecke mitgebracht. Wir sitzen eine Weile zusammen, reden, trinken einen Tee. Zum Schluss flüstert mir

Judith noch zu, sie sei schwanger. Wieder keine Zeit für Emotionen. Wir müssen auf die Autobahn, Richtung Dresden – und verlassen endlich Berlin.

Und wieder ist da dieses Geräusch, das Hudo von sich gibt. Er quietscht, ich kann es schon auf diesen ersten Kilometern nicht mehr hören. Ich gucke Jordane an, Jordane guckt mich an. Er kann nicht helfen, er ist ja kein Mechaniker. Ich weiß auch nicht weiter, selbst in den Werkstätten, wo ich mit Hudo in den letzten Tagen noch war, hatte niemand die Ursache für das Geräusch finden können. Und irgendwann musste ich ja mal los!

Fiep, fiep, fiep, fiep, fiep, fiep, fiep, fiep macht der Motor – oder welches Teil auch immer in Hudos Innereien. Es wird schon Nachmittag, Jordane will andauernd eine rauchen, zuckt bei jedem Überholmanöver und macht mich auf entgegenkommende Autos aufmerksam. Er ist ein feiner Kerl, aber ich ahne schon auf diesen ersten paar Millimetern des Trips, dass er vielleicht nicht der geborene Beifahrer ist. Ich hätte es wissen müssen. Hätte mehr Zeit in Treffen und gemeinsame Probefahrten investieren sollen, so, wie es jedes vernünftige Rallyeteam macht. Aber es blieb am Ende einfach keine Zeit. Sie ist mit tausend Dingen davongerast. Und schon jetzt, kurz hinter Berlin, droht der erste Schlamassel. Hudo quietscht, Jordane und ich überlegen und entscheiden, dass wir unbemerkt nach Rheinsberg zurückfahren, um den Motor zu reklamieren.

Ich muss an die Ameisen von Ringelnatz denken. Bei denen war auch früh Schluss. Bis Hamburg-Altona sind sie gekommen statt bis Australien. In meinem Kopf schießen die Gedanken quer. Was tun? Ich weiß es nicht, aber ich bin sicher, dass es sein muss: So kann ich nicht hinaus in die Welt fahren! Ich gehe in die Eisen – und drehe um. Das Kommando lautet: »Zurück in die Werkstatt!« Es ist eine entmutigende Entscheidung – nach diesen paar läppischen Kilometern. Ein Startabbruch, bevor die Rakete richtig gezündet hat. Aber manchmal muss man eben, um etwas zu erreichen, unpopuläre Entscheidungen treffen. Gegen sich selbst, gegen andere.

Wir fahren auf Schleichwegen nach Rheinsberg, zurück in die Werkstatt von Timo Gottschalk. Da steht ja noch der zweite Hudson, den ich als immobiles Ersatzteillager nutze. Und jetzt bestehe ich drauf: Hudos Motor kommt raus – der des zweiten Hudson rein. Den Originalmotor reklamieren wir, denn obwohl er über Monate von einer anderen Spezialfirma überholt wurde, macht er merkwürdige Geräusche, die vorher nicht waren.

Fast vier Tage dauert die Operation. Die Mechaniker sind fantastisch. Sie schrauben Tag und Nacht, derweil ich mich in Rheinsberg verstecke. Welche Schmach: Nach dem Losfahren gar nicht wirklich losgefahren zu sein. Das setzt mir zu, und am besten bekommt es niemand mit außer den Mechanikern, die Verständnis haben und alles geben. Wenn einer von den Zeitungen anruft wegen eines Interviews, gehe ich nicht ans Telefon. Auch auf meinem Blog herrscht Schweigen – denn ich poste da erst mal gar nichts. Setze mich stattdessen mit Jordane auseinander, und uns wird beiden bewusst: Wir kommen nicht miteinander klar, er ist nicht für so eine Tour gemacht. Jordane steigt aus. Mit einem VW-Mietwagen, Sonnenbrille und Hut bringe ich Jordane zum Hauptbahnhof nach Berlin. Die Nacht verbringe ich heimlich in der zweiten Etage meiner alten Firma auf einer alten Couch. Kein Mensch weiß, wo ich wirklich bin. So allein war ich noch nie.

Mich schreckt das schon gar nicht mehr. Was kann einen schon noch schrecken nach so viel Hin und Her gleich zu Beginn? Ich bin also wieder solo, und vielleicht soll es so sein. Heidi allein um die Welt. Und von jetzt an schminke ich es mir ab, einen Beifahrer für die gesamte Tour zu suchen, zu wollen. Wenn jemand sich meldet und ein, zwei Etappen mitfahren will, dann bitte sehr. Solange es gut geht, solange die Person durchhält, will ich mich darauf einlassen – aber meinen ursprünglichen Plan, einen Kopiloten mit um die Welt zu nehmen, hänge ich endgültig an den Nagel.

Dann ist es endlich so weit. Obwohl ich mich schon kaum mehr traue, solche Sätze zu sagen. Der neue Motor ist eingebaut. Wir machen zwei, drei Testfahrten, nichts quietscht und fiept mehr. Timo Gottschalk und seine Jungs stehen neben dem Wagen und grinsen: »Heidi, damit kannst du jetzt los. Er läuft.« Glaubt man's? Ja, ich glaube es. Ich will es glauben. Denn der Glaube gehört auch ein bisschen dazu, um so einen Trip zu machen. Der Glaube an Hudo und ans Glück. Das Vertrauen in mich selbst und ins Schicksal. Die Zuversicht in Gott und die Welt da draußen.

Um vier Uhr nachmittags fahre ich endgültig los. Heimlich, still und leise. Kein Brimborium. Es ist der 31. Juli 2014. Noch einmal volltanken und weg. Was für eine Befreiung! Nicht mehr denken, grübeln, hadern. Nur noch fahren, fahren, fahren. Und ab sofort gilt nur die eine Devise. Sie wird auf der Reise die wichtigste von allen sein, und ich schreibe sie mir – vor allen anderen Ratschlägen und Weisheiten – in Großbuchstaben ins Hirn: »Solange ich noch Auto fahren kann, habe ich keine Zeit, alt zu werden.«

Also fahre ich Richtung Zittau. Im Osten wird Deutschland schnell leerer, bald fahre ich durch eine schöne Walachei. Einsam und verlassen ist es hier, kaum eine Tankstelle. Abseits der Autobahn brettere ich über kleine Straßen. Sofort werden meine Rallye-Erinnerungen wach, und das Fahren macht jetzt einen Heidenspaß. Hudo läuft wie 'ne Eins. Ich rede mit ihm. Ja, klar rede ich mit ihm! Er ist doch mein Weggefährte, mein Mann. Und jetzt, ohne Beifahrer, erst recht. Das tut gut. Allein sein mit Hudo und – endlich, endlich! – Strecke machen. Ich bin gerade der glücklichste Mensch der Welt. Die Reise hat begonnen, und am Ende stimmt es eben doch: Man muss nur wirklich los. Man muss es einfach machen – trotz aller Probleme und Hindernisse. Ab jetzt bin ich auf mich selbst gestellt. Keine bekannte Werkstatt, die ich mal eben ansteuern kann. Kein befreundeter Mechaniker, der sich mal schnell über den Motor beugt. Das ist ein neues Gefühl. Wie abgenabelt. Frei.

Ich denke an das Werkzeug, das ich dabeihabe. Der halbe Kofferraum ist damit vollgestopft, denn ich habe viel mehr Gepäck für

Hudo mitgenommen als für mich selbst. Wagenheber, Maulschlüssel, alle Öle für Motor, Getriebe, Hinterachse, Schraubendreher, Knarre, Glühbirnen, Bremsbeläge, Achsschenkel. Alles lagert in den sieben Alukisten, die ich hinten verstaut habe. Panzertape, Reservespiegel, Verteiler, Filter, dazu alle möglichen alten Lappen und viele Fahnen. Für jedes Land eine. Ich will sie an den Standarten hissen, sobald ich in ein neues Land fahre: als Gastlandsflaggen. Die Seefahrt pflegt diese alte Tradition noch und erweist dem jeweiligen Gastland damit die Ehre. Eine schöne Geste. Warum machen wir Autofahrer das eigentlich nicht alle?

Der erste Tag. Ich schaffe 350 Kilometer und komme um Mitternacht in Zittau an. Meine erste Nacht unterwegs verbringe ich in einem kleinen Hotel. Selig und todmüde liege ich im Bett. Hudo parkt neben meinem Zimmer, direkt vor einem riesigen Berg. Berlin ist geschafft. Ich bin weg. Vor meinem geistigen Auge öffnet sich die Route. Eine flach geschwungene Linie, die sich immer weiter nach Osten zieht. Morgen geht es Richtung Asien.

Über den Bosporus und ab nach Osten

Fünf Tage bin ich nun gefahren, und sie fühlen sich an wie drei Wochen. Gibt es etwas Schöneres, als mit dem Auto zu reisen? Nein, gibt es nicht. Und ich weiß schon jetzt: Alle Mühen und Strapazen haben sich gelohnt! Das Schöne wird jetzt wahr, und genau so habe ich mir die Reise vorgestellt. Ich bin durch Tschechien gefahren, durch Österreich und die Slowakei, durch Ungarn und Serbien. Und wie schön war Budapest! Diese herrliche alte Stadt mit den prächtigen Gebäuden. Ich sah die Kettenbrücke, das weiß-rote Parlamentsgebäude und den mächtigen Burgpalast. Hudo wühlte sich durch die Altstadt, aber lange konnten wir nicht bleiben. Hudo und ich müssen ja weiter, Strecke machen.

Die Menschen sind bisher überall unglaublich freundlich. Ich werde andauernd zum Essen eingeladen oder sitze mit Wildfremden bei einem Kaffee. Erzähle, was ich vorhabe. Woher ich komme, wohin ich will. Und die Leute erzählen mir von sich. Aus ihrem Leben, von ihren Autos. Viele geben mir Tipps. Ich soll mir das anschauen und dort übernachten. Ich brauche gar keinen Reiseführer, und gut, dass ich keinen mitgenommen habe. Menschen sind immer noch die besten Reiseführer.

Nun bin ich Richtung Montenegro unterwegs, und die Leute in dieser Gegend scheinen noch nie einen Oldtimer gesehen zu haben. Sie stehen vor Hudo und gucken ihn an wie ein Ufo. Viele hier sprechen Deutsch. Sie arbeiten bei uns in Deutschland und sind gerade im Urlaub bei ihren Eltern. Es ist warm, es ist Sommer. Zum Glück besitzt Hudo die beste Klimaanlage, die es gibt: die Windschutzscheibe. Ich klappe sie einfach auf, und der Fahrtwind bläst mir entgegen. Dafür beginnt Hudo nun gelegentlich zu kochen, vor allem wenn ich ihn die Berge hochscheuche.

Seit Wien habe ich auch Begleitung. Die Journalistin Sabine Klier hat sich spontan gemeldet und ist kurzerhand für zwei Wochen zugestiegen. Sie berichtet – wie schon vor meiner Abfahrt – für die *B.Z.* über meine Reise. Wir verstehen uns bestens, und Hudo scheint sie auch zu mögen. Er läuft nämlich prima, nur wenn der Motor zu heiß wird und zu qualmen beginnt, lassen wir ihn abkühlen und schütten Kühlwasser nach. Manchmal horche ich, ob nicht irgendwo ein Bach rauscht. Da bekommen wir Nachschub und müssen nicht immer gleich eine Tankstelle ansteuern. Manchmal halte ich auch neben einem Wasserfall an und fülle die Wasserkanister. Herrlich kaltes Wasser rauscht hier überall die Berge hinab. Man könnte glatt darunter duschen!

Inzwischen ist es auf der Strecke in den Balkan so heiß, dass wir uns auch regelmäßig um die alten Eichenspeichen kümmern müssen. Die Sache ist nämlich so: Da sie aus Holz sind, arbeiten sie. Je heißer es wird auf dem Asphalt, desto mehr trocknet das Holz aus und zieht sich zusammen. Dadurch bekommen die Aufnahmen in den Felgen Spiel, und das Holz könnte brechen. Tja, so war das eben in den alten Tagen. Und wir müssen es heute genauso machen: die Speichen regelmäßig befeuchten, damit das Holz wieder quillt. Ich habe mir eigens eine Sprayflasche besorgt, die immer mit Wasser gefüllt ist. Also gilt es, immer wieder auszusteigen und die Felgen zu bespritzen. Sabine hilft mir dabei. Schön. Reisen auf die alte Tour.

Schon jetzt weiß ich manchmal nicht mehr, wo wir vor zwei Tagen noch waren. Die Welt zieht ganz schön schnell vorbei, und schon jetzt verdichten sich die Eindrücke und vermengen sich. Sieben Mal schon habe ich die Flaggen gewechselt.

Tags darauf erreichen wir die Grenze zu Montenegro. Auf Hudos Tacho stehen jetzt 70 000 Kilometer, die er in seinem Leben gefahren ist. Die Grenzer schauen sich den Wagen an, und statt grimmig dumme Fragen zu stellen, geben sie uns freundlich einen Tipp zum Übernachten. Hudo scheint sogar die Staatsdiener zu betören; mal sehen, wie lange das noch gut geht – denn es stehen ja noch ein paar ganz andere Grenzüberfahrten auf dem Programm.

Wir rollen in das Städtchen Bijelo Polje. Gerade mal sechzehntausend Menschen leben hier. Die Lim fließt knallgrün durch den Ort mit den hellen Häusern und den roten Dächern. Wir essen am Abend Palatschinken mit Schmand, trinken ein Glas Chardonnay und kippen müde ins Bett. Am nächsten Morgen wollen wir zur Landstraße, um weiter in den Kosovo zu kommen, aber schon wieder halten uns Einwohner an. Sie winken so vehement und treten an den Ampeln frontal auf Hudo zu, dass man gar nicht anders kann, als kurz ins Gespräch zu kommen. Kurz ist gut. Die Leute machen Fotos, wollen Autogramme, wollen alles wissen und am liebsten ein Stück mitfahren. Also Rallyefahren geht anders. Da muss man Speed machen – und so dränge ich immer wieder zum Weiterfahren.

Dann kommen wir in die Stadt Prizren. Diesen Namen kannte ich bisher nur aus den Abendnachrichten. Da ging es meist um Krieg und Krisen und um die im Kosovo stationierten Soldaten. Und die treffen wir nun wirklich. Es ist neun Uhr abends und schon am Dunkeln, als wir ankommen: am Stützpunkt des 38. Einsatzkontingents der KFOR-Truppen. An der Grenze zum Kosovo hatten plötzlich Bundespolizisten gestanden, die mich aus dem Fernsehen erkannten und sich mit Hudo fotografieren lassen wollten. Da erfuhren wir, dass die Truppen in der Nähe stationiert sind, und sagten uns: Warum ihnen nicht einen Besuch abstatten? Was eher im Scherz dahingesagt worden war, wurde überraschend Wirklichkeit. Ein Freund von Sabine hatte eine Kontaktadresse – und tatsächlich wurden wir empfangen.

Die Bundeswehrleute nehmen Hudo höchstpersönlich für die Nacht auf. Er darf zwischen siebenhundert Soldaten nächtigen, direkt neben den Kasernen – mitten auf dem großen Lager der Kosovo Force. Einen besser bewachten Parkplatz habe ich für Hudo noch nie gefunden! Sabine und ich werden herzlich willkommen geheißen und dürfen uns kurz auf dem Gelände umschauen. Und weil Hudo so sicher untergekommen ist, machen wir noch einen Gang in den Ort. Prizren brummt vor Leben. Die Menschen sitzen in den Cafés und Bars, und aus jeder zweiten Pinte tönt Musik. Wir trinken ein Bier und einen Mojito und suchen uns ein kleines Hotel für die Nacht.

Am nächsten Morgen kommen wir so schnell nicht los. Die Soldaten wollen Hudo partout noch mal durchsehen. Die Mechaniker der Truppe schmieren die Lager, prüfen den Ölstand und sehen sich den Filter der Benzinpumpe an, den ein Mechaniker vor einigen Tagen eingebaut hatte. Alles scheint in Ordnung zu sein, sagen sie – und stellen prompt auch noch uns selbst auf den Prüfstand. Sabine verpassen sie einen Tapeverband am Kopf, wo sie sich gestoßen hat. Und bei mir checken sie den Blutdruck. Na ja, warum nicht? Kann ja nicht schaden. Der Truppen-Doktor misst 117:117 und sagt: »Gute Werte, besser geht's nicht, Frau Hetzer. Damit können Sie getrost weiterreisen.« Wir sprechen noch mit Oberst Hans-Jürgen Freiherr von Keyserlingk, natürlich über Autos. Er trägt einen grünbraun gefleckten Tarnanzug, unter seinem Barett schauen seine kurzen grauen Haare hervor. Und wie er so neben Hudo steht, könnte man sich glatt in einem alten Hollywood-Schinken aus den 1930er-Jahren wähnen. Ich soll mich dann noch ins Gästebuch eintragen, aber am frühen Nachmittag ist es höchste Zeit weiterzufahren.

Wir wollen nach Skopje, weiter durch Mazedonien und Bulgarien, möglichst schnell in die Türkei. Der Tacho vermeldet: 2 344 Kilometer seit Berlin. Das ist nicht schlecht, aber auch nicht besonders gut. Für meinen Geschmack könnte es schneller vorangehen. Denn eins ist klar: Wenn man auf so einer Weltfahrt schon zu Beginn trödelt und sich zu lange in den netten Ortschaften herumdrückt, dann kommt man nie um den Planeten.

Also ab ans Lenkrad und weiter. Wir preschen nach Südosten, spuren über herrliche Landstraßen und bald hinein nach Mazedonien. Das Land wird zunehmend karger, vor der Windschutzscheibe ziehen imposante Berge vorbei, die sich in grünbraunen Faltenwürfen gen Himmel erheben. Nach Bulgarien werden wir Edirne anpeilen, die westlichste Großstadt der Türkei, gelegen im Dreiländereck von Bulgarien, Griechenland und der Türkei. Und von dort geht es schnurstracks nach Istanbul.

Draußen wird es immer heißer. Im Schatten dürften es weit über dreißig Grad sein, und die Sonne sengt mit gut vierzig Grad auf die Welt hinab. Und damit auch auf die Straße und auf Hudos Kühler. Ich schenke dem Motor stets ein Ohr, spüre mit allen Sinnen jedem Anzeichen nach, ob irgendwas nicht stimmt oder alles rundläuft. Der arme Kerl. Wird in seinem Alter noch so durch die Gegend gescheucht. Aber vielleicht macht ihm das ja gerade Spaß. So wie mir. Doch ich muss mich zügeln, denn vor achtzig Jahren wurden die Autos nicht gebaut, um schnell zu fahren.

Wir sind nun kurz vor der Grenze nach Bulgarien und haben noch 6 100 Mazedonische Denare in der Bordkasse. Das sind ungefähr hundert Euro, und die wollen wir gerne ausgeben, weil ein Geldwechsel nur Verluste mit sich bringen würde. Aber das ist gar nicht so einfach, wenn ein Laib Brot gerade mal 30 Cent kostet. Ich probiere ein Paar Schuhe an, aber auch die kosten hier nur eine Handvoll Euro – und sie passen eh nicht. Also weiter, direkt nach Sofia. Wir kommen am frühen Abend in die schöne Stadt, vor deren Toren sich das Witoschagebirge erhebt wie ein hellbraunes Alpenpanorama. Ich habe gehört, dass man da oben bis zweitausend Meter hoch hinaufkann und im Winter sogar Skifahren möglich ist. Von dort einmal runterzuschauen, das würde mich schon reizen. Wir könnten wahrscheinlich über halb Bulgarien blicken. Aber die Zeit wetzt.

Sofia ist allemal hübsch genug. Viele alte Häuser und kleine Plätze, wo die Leute in Cafés sitzen. Und mitten aus der Stadt ragen einige Hochhäuser, die fast wie Wolkenkratzer aussehen. Aber ich erhasche das alles nur aus dem Augenwinkel, denn ich muss mich wie immer auf den Verkehr konzentrieren und Hudo schön gerade neben Straßenbahnschienen und Bürgersteig über das Kopfsteinpflaster balancieren. Sabine hält indes Ausschau nach der berühmten Alexander-Newski-Kirche. Sie soll sehr sehenswert sein. Wir haben schnell gegoogelt und sehen die Kirche auf dem Schirm. Goldene Kuppeln, goldene Kreuze, weiße Steinmauern, das alles garniert mit den hübsch grün oxidierten Kupferdächern.

»Wär schon schön«, sagt Sabine.

»Weißt du, wie voll es da ist?«, sage ich. »Jetzt im Sommer? Da rennen die Touristen uns den armen Hudo ein, und wir kommen nie wieder weg. Bitte nicht! Außerdem wartet die deutsche Runde auf uns. Und wir haben zwei Nächte gratis im Hilton.« Die deutsche Runde ist ein regelmäßiger Stammtisch deutscher Unternehmer in Sofia, der unseren Stopp in der Stadt für Publicity-Zwecke nutzt und uns empfängt.

Ich lenke derweil in einen Kreisel und dränge dabei fast einen wild hupenden Skoda von der Straße. Sorry! Tut mir leid! Der Mann hupt und hupt – aber er meint es offenbar freundlich. Ich blicke in den Rückspiegel und sehe ihn winken. Und rein in die nächste Straße. Eine gelb und pinkfarben gestrichene Häuserfront tut sich auf – überragt nicht von irgendeinem Denkmal im neobyzantinischen Stil oder so, wie Sabine mir erklärt hat, sondern von einem himmelhohen McDonald's-Schild. Das gelbe M wird mich noch verfolgen, bis ins hinterste Laos. McDoof und Co. sind einfach überall – also nichts wie ins Hotel für diese Nacht.

An diesem Abend klingelt mein Handy. Am Apparat ist doch tatsächlich Wowi, der Regierende Bürgermeister von Berlin. Wir sitzen gerade in Sofia im Restaurant mit der deutschen Runde. Ich bin baff. »Herr Wowereit?«, antworte ich. »Wie, wirklich?« Er ruft von der Geburtstagsfeier von Jan Josef Liefers an, den ich gut kenne. Offenbar sind die Berliner Partygäste spontan auf die Idee gekommen, mal eben die Heidi Hetzer anzurufen, um zu fragen, wo sie ist und wie es um sie steht. »Na, jut geht's mir!«, antworte ich. »Wir sind hier bester Dinge und kommen gut voran gen Osten.« Der Anruf ist eine echte Überraschung und beeindruckt nicht nur den Stammtisch.

Nach dem Telefonat denke ich kurz an Berlin. Da feiern jetzt viele meiner Freunde, stehen auf einem Balkon in der Berliner Sommerluft. Ich überlege. Durchschleicht mich jetzt schon eine Spur Heimweh? Nein, nicht die Bohne! Nichts Aufregenderes gibt es gerade auf der Welt, als in die Ferne zu fahren.

Und das ist schon jetzt das Schöne. Die Reise öffnet Türen. Hudo öffnet Türen. Immerzu bekommt man neue Kontakte und lernt tausend Leute kennen. Man quatscht über Autos und dann über alles Mögliche. Eine schöne Form des Networking. Nicht Facebook, sondern echt.

Für den nächsten Morgen hat der deutsche Stammtisch eine Pressekonferenz direkt vor dem Hilton organisiert. Hudo steht da, es wird gefilmt, und wir verbringen den Tag noch in Sofia. Erst am Tag drauf fahren wir weiter durch Bulgarien nach Osten, Richtung Pasardschik, Plowdiw, Chaskowo. Eine fast gerade Straße, auf der man ordentlich Gas geben kann. Nur die Kreisel nerven. Und das tun sie immer öfter, vor allem in Europa. In den Verkehrsministerien muss das gerade so ein Hype sein. Überall lassen sie Kreisel bauen. Damit wir artig abbremsen – und sie die Subventionen kassieren?

Ich schaue beim Fahren immer wieder nach unten und kann durch Hudos Boden den Asphalt unter meinen Füßen wegziehen sehen. Da ist nämlich eine offene Stelle, weil Hudo ja keine Bodenwanne hat. Und während wir oben die Fenster heruntergekurbelt haben und der kühlende Fahrtwind durchs Auto weht, zieht es von unten kochend heiß hoch. Über die Asphaltpisten heißer Länder zu fahren fühlt sich mit Hudo so an, als würde man über eine Herdplatte donnern. Da kriecht einem die Hitze die Beine hoch – und das meine ich wörtlich. Ich habe es sogar mal gemessen, damit die Leute nicht denken, ich fabuliere. Von der Straße und aus Hudos Bodenraum pfeift mir nämlich eine bis zu sechzig Grad heiße Luft um die Füße und um die Knöchel.

Was dabei passiert, weiß ich inzwischen: Je heißer es draußen wird, desto öfter verbrennen mir Beine und Füße – manches Mal konnte ich mir abends schon die Haut vom Fleisch ziehen. Also trage ich, wenn es heiß wird, ab sofort dicke Socken, feste Schuhe und lange Hosen. Und wenn auch das nichts mehr nützt, schnappe ich mir die Sprayflasche, die eigentlich für die Felgen gedacht ist, und spritze zwischendrin Wasser auf Knöchel, Waden und Schienbeine. Manchmal dampft es richtig von unten hoch beim Fahren. Im Stillen denke ich dann an einige Ziele, die noch weit vor mir liegen. Wie heiß wird es erst in Australien werden? Auf den Salzseen Südamerikas oder in der Wüste Nevadas? Dagegen ist es hier ja noch angenehm kühl. Aber wir werden schon irgendwie durchkommen. Es gibt immer eine Lösung, und notfalls lasse ich Hudo alle paar Kilometer Zeit zum Abkühlen.

Eine moderne Kiste mit Klimaanlage und allem Pipapo wollte ich ja nun mal nicht haben. Und will das noch immer nicht. Hudo ist super! Und ja, ein bisschen Clärenore-Stimmung kommt auf, wenn wir uns so durch die Lande bewegen. Eine kleine Idee bekomme ich, wie es damals gewesen sein muss, als die Welt noch keine Aircondition hatte und die Komfortzone noch nicht erfunden war. Komfortzone. Ja, ja, die ist schön und gut. Aber ich habe keine Lust, in ihr zu vergammeln. Statt Servolenkung und ABS packe ich lieber fest zu und trete ordentlich auf die Bremse.

Und nun kommen wir in die Türkei. Die Länder des Balkans sind ja nicht besonders groß, da ist man schnell durch und steuert schon bald auf eine andere Welt zu. Orient, Morgenland. Wie das klingt.

Aber wo beginnt der Orient eigentlich, und wo hört er auf? Ich habe keine Ahnung. Weiß nur, dass wir bald den Muezzin in Istanbul werden rufen hören, dass der Tee nun immer süßer wird – und wir nicht mehr allzu weit von der Grenze nach Asien entfernt sind. Mit Hudo nach Asien. Ich lasse mir diesen Satz auf der Zunge zergehen. Denn genau das ist das Verblüffende und Schöne: Selbst mit einem langsamen alten Auto kommst du erstaunlich gut voran und verdammt weit durch die Welt. Und wie viel schöner ist das, als im Flugzeug zu hocken! Da reist man ja gar nicht richtig. Da sieht man nicht viel, erlebt nicht viel. Ich finde, das ist ein wunderschöner Gedanke: Du kannst dich wirklich zu Hause in dein Auto setzen und einfach in die weite Welt fahren. Ein herrliches Freiheitsgefühl.

Die Pferde satteln und los.

Dann beginnt Hudo zu stottern. Ich höre genau hin und bin mir gleich sicher: Das ist nichts Ernstes, aber der Sprit geht gerade aus. Die Tankanzeige ist unzuverlässig, und der zweite Zusatztank mit sechzig Litern hat Ladehemmung. Auf der Landstraße bei Silivri halten wir an und schütten aus den zwei Zehn-Liter-Reservekanistern Benzin nach. Das reicht allemal, um zur nächsten Tankstelle zu kommen. Wir preschen weiter. Und schaffen einen neuen Rekord. Hudo schießt richtig über die Straße, und seine bisherige Höchstgeschwindigkeit ist ab sofort Geschichte. Ich dresche ihn hoch auf 101 km/h. Der Achtzylinder ballert auf vollen Touren. Musik! Sabine jubelt. An der nächsten Tankstelle kommt die Quittung. Hudo säuft wie ein Loch.

Wir rechnen mal aus: Siebzehn Liter verbraucht er auf hundert Kilometer, achtzig Liter fasst der normale Tank, sechzig Liter der zweite Zusatztank, und je zehn Liter sind in den zwei Kanistern auf den Trittbrettern. Das heißt, ich kann maximal hundertsechzig Liter tanken. Ab jetzt schreibe ich mir beim Tanken immer den Kilometerstand auf und kann mir so halbwegs ausrechnen, wie weit ich komme. Na ja, wenigstens theoretisch. Denn erst viel später, in

Amerika, wird mein Sohn auf einer Etappe akribisch rechnen und feststellen, dass Hudos Tacho falsch anzeigt – und zwar zwanzig Prozent mehr Geschwindigkeit und zwanzig Prozent weniger Strecke. Ich musste fortan umdenken. Wenn der Tacho 100 km/h zeigte, fuhr ich in Wirklichkeit nur achtzig Kilometer. Und wenn hundert Kilometer Strecke voll waren, war ich in echt schon 120 km/h gefahren. Aber wen wundert's, dass Hudo es mit Zahlen nicht so genau nimmt?

Sabine und ich stehen neben dem Wagen, unsere Füße qualmen. Das Bodenblech ist auf der letzten Etappe so heiß geworden, dass sich die Sohlen an Sabines Turnschuhen lösen. Und auch tatsächlich abfallen. Plastik eben. Hudo mag wohl lieber Leder, vor allem wenn man Gas gibt.

Immer wieder greifen wir zur Wasserflasche, um selbst zu trinken. Es wird noch heißer und stickiger. Das Wasser ist längst brühwarm. »Lass uns doch Teebeutel reinschmeißen«, frotzele ich. Sabine guckt mich an. Sie kennt mich inzwischen. Und sieht fast ein wenig traurig aus. Denn für sie ist bald Endstation, von Istanbul fliegt sie wieder nach Berlin in die Redaktion. Und dann fahren wir in die Stadt hinein, nach rund 3 120 Kilometern und knapp zwei Wochen seit Berlin. Der Verkehr wird dichter, die Autos fräsen sich an Hudo vorbei und kommen an den Kreiseln aus allen Himmelsrichtungen hautnah an uns vorbei. Ein Mann fährt neben mir, wir haben beide die Fenster runter. Er lacht zu uns herüber und nickt mit dem Kopf. Ich drücke auf die krächzende Hupe. So feuern wir uns beide an. Sagen auf unsere Weise: toll, tolles Auto, tolles Leben! Immer weiter so. Ganz ohne Worte.

Wir winken uns noch zu. Und mir wird erst jetzt klar, was für eine wunderbare Geste das ist: Winken. Versteht jeder, auf der ganzen Welt. Hat da eigentlich schon mal ein Sprachforscher drüber geschrieben? Übers Winken und dessen Bedeutung für die internationale Völkerverständigung? Ein Winken sagt alles. Winken ist ab sofort mein Lieblingsverb.

Ich trage mein blau-weiß gestreiftes Berlin-T-Shirt, als ich mir Istanbul anschaue. Und gehe als Erstes zum Bosporus, der Meerenge zwischen Europa und Asien, die das Schwarze Meer mit dem Marmarameer verbindet. Fähren und Barkassen tuckern auf dem Wasser hin und her, im Hintergrund ragen die Minarette der Moscheen in den heißen Himmel. Auf den Straßen stehen Konfettibläser, und Dönermänner schneiden frisches Fleisch. Ich nehme ein Boot, denn ich will unbedingt schon jetzt einmal über die magische Schwelle: von Europa nach Asien. Und am anderen Ufer gehe ich auch gleich ins Wasser. Es ist lauwarm und sieht gar nicht dreckig aus. Mein erstes Bad in Asien. Aber ich sollte vorsichtiger sein. In Edirne hatte ich einfach aus einem Brunnen getrunken – und sofort suchte mich Montezumas Rache heim.

Abends sitzen wir in einem Restaurant hoch über der Stadt. Es ist fast schon kitschig schön hier oben. Istanbul leuchtet und schwirrt in der noch immer heißen Luft, und mitten über der Kulisse hängt der fette weiße Mond.

Mich durchströmt in diesem Moment das erste Mal ein Gefühl, das ich so noch nicht kannte. Frei, ja, so lässt es sich wohl beschreiben. Das erste Mal spüre ich, was es heißt, keine Verantwortung mehr zu tragen. Keine Mitarbeiter, keine Firma, keine Familie, keine Freunde. Alle sind daheim, alle sind versorgt und hoffentlich wohlauf. Und jetzt kann ich eh nichts mehr für irgendwen machen. Und muss ich auch nicht mehr. Die erste Etappe ist geschafft, und ich bin nun ganz im Modus meiner großen Reise angekommen. Wie fühlt sich das an? Völlig losgelöst fühlt es sich an. Wie ein Fisch, der in den großen Ozean hinausschwimmt. Ich gehe am späten Abend noch durch die Straßen. Die Gassen flirren vor Leben, und jemand schenkt mir einen gelben Rosenkranz. Ich lege ihn mir auf meine kurzen blonden Haare. Denn genau so fühle ich mich gerade: dufte und glücklich.

Am nächsten Tag besuchen wir die Blaue Moschee. Ein Muss, wenn man schon mal hier ist. Die Sultan-Achmed-Moschee ist das prunkvollste Bauwerk Istanbuls und, wie man mir sagte, eines der Hauptwerke der osmanischen Architektur. Und ja, schön ist die wirklich. Wie sechs Raketen ragen die schmalen Minarette empor, und abends, wenn die Sonne sinkt, nehmen die Kuppeln und die Dächer der Moschee wirklich so eine blaue Farbe an. Ich staune nach oben, muss aber plötzlich weniger an die Architektur denken als an den früheren türkischen Botschafter in Berlin. Den kannte ich nämlich gut, und er war es, der mir letztlich einen entscheidenden Wink gab für meine Fahrt um die Welt. Denn es kam nicht einfach so zu der Route, die ich nunmehr fahren will: durch alle fünf Kontinente.

Ursprünglich hatte ich mir in den Kopf gesetzt, die Clärenore-Stinnes-Tour zu fahren. Also von Deutschland nach Deutschland, und zwar wie sie über Istanbul, durch den Iran, weiter durch Russland und die Wüste Gobi, dann durch China bis nach Tokio. Von dort mit dem Schiff nach Nordamerika und Südamerika und dann zurück nach Europa. Ich schnappte mir eine Karte, wo ihre Tour eingezeichnet war. Und dachte bald: Wie schade! Die gute Clärenore war zwar um die Welt gefahren, aber sie wählte – bis auf den Abstecher durch Südamerika – ganz bewusst den kürzesten Weg von West nach Ost einmal rum. Sie war also nicht in Australien, nicht in Neuseeland, und sie hatte auch nicht einmal afrikanischen Boden betreten. Ich aber fand, dass ich schon alle fünf Kontinente befahren müsste, wenn ich von mir sagen wollte, ich würde um die Welt fahren. Denn so hatte ich es im Schulunterricht gelernt: Die Erde hat nun mal fünf Kontinente!

Außerdem interessierten mich doch auch Australien, Neuseeland und viele Länder in Afrika. Ich begann ein wenig zu überlegen. Und haderte. Ich wollte die Clärenore-Stinnes-Tour machen, das schon – aber ich wollte noch mehr Länder sehen als sie. Mir war klar: Stinnes war siebenundzwanzig Jahre jung, als sie ihre Reise antrat, sie hatte also noch genügend Zeit vor sich, um den Rest der Welt später zu sehen oder gar ein weiteres Mal zu befahren. Ich dagegen zählte siebenundsiebzig Jahre – und dieses wäre mit Sicherheit meine letzte große Reise. Und da sollte ich so interessante und schöne Ecken der Erde einfach auslassen? Der Gedanke gefiel mir nicht. Andererseits hatte ich mich in die Idee verbissen, auf Stinnes' Spuren zu wandeln. Ich blickte stundenlang auf die Weltkarte und überlegte, wie ich die Routen verbinden könnte, welche Strecken ich wählen müsste, um alles halbwegs unter einen Hut zu kriegen.

Und nun kommt der türkische Botschafter ins Spiel. Hüseyin Avni Karslıoğlu ist nämlich auch ein Oldtimer-Fan und mochte meinen alten Hispano Suiza. Er hatte lange graue Haare, einen Knopf im Ohr und auf dem Schreibtisch ein Isetta-Modell stehen. In seinem Garten parkte noch ein alter Ford A, in Istanbul besaß er einen 190er SL. Ein absoluter Autofan also, und als wir in Berlin eines Tages über meine Reise sprachen und ich ihm sagte, dass ich nicht wüsste, wie ich die Clärenore-Stinnes-Reise angehen sollte, sagte er zu mir. »Wieso wollen Sie unbedingt die Stinnes-Route fahren? Sie fahren so, wie Sie wollen – Sie fahren die Heidi-Hetzer-Tour!«

Mir fiel es wie Schuppen von den Augen. Der Mann hatte ja so recht. Warum sich von einem großen Vorbild einengen lassen, von einer Frau, mit der ich mich sowieso niemals vergleichen könnte. Stinnes war damals ein echtes Abenteuer eingegangen. So eines würde man heute sowieso nicht nachmachen können – in Zeiten des Handys, des Internets und all der modernen Möglichkeiten. Es war wie ein Befreiungsschlag, endlich konnte ich mich auf meine ganz eigene Reiseplanung besinnen: Ich würde eben nur einige Teilstrecken fahren und ein paar Orte besuchen, die auch Clärenore gesehen hatte – ansonsten aber würde ich mein eigenes Ding machen. Die Heidi-Route eben, wie sie mir gefällt!

Ich stehe noch immer an der Blauen Moschee und denke an den türkischen Botschafter. Ein toller Mann, alte Diplomatenschule. Im Stillen schicke ich ihm einen Gruß. Er half mir damals auf die Sprünge.

In Istanbul warte ich nun auf meinen neuen Mitfahrer, Patrik Heinrichs, einen selbstständigen IT-Unternehmer, der zwar kein Mechaniker ist, aber so gut wie alles reparieren kann. Er fliegt aus Berlin ein und will unbedingt mit über die Europabrücke fahren. Ich hatte ihn einmal beim Segeln mit meiner Tochter kennengelernt, kannte ihn oberflächlich, und Patrik hatte sich angeboten, als Beifahrer einzuspringen – für den gesamten Rest der Reise. Dass es allerdings recht bald Probleme mit den Visa für die anstehenden Länder geben wird, wissen wir noch nicht. Und so breche ich guter Hoffnung auf, endlich einen Beifahrer gefunden zu haben, der mich sehr lange begleiten wird.

Bis Patrik ankommt, prüfe ich den Ölstand, fülle Kühlwasser nach und befeuchte die Felgen. Für mich ist das längst zur täglichen Routine geworden wie Waschen und Zähneputzen. Ich starte den Motor und lasse Hudo warm laufen. Wie bei einem alten Mann. Der dreht sich auch nur langsam aus dem Bett, stellt erst mal die Beine ab und kommt dann ganz langsam hoch.

Sabine Klier ist abgeflogen, und ich habe Hummeln im Hintern: will raus aus Istanbul. Meine Visa für die nächsten Staaten drohen sonst abzulaufen. Außerdem kommen jetzt Gebiete auf mich zu, die nicht so lustig sind. Bisher war es eher das Kinderprogramm, aber als Nächstes will ich quer durch die Türkei: Ankara, Sivas, Erzurum. Dann weiter nach Georgien, Aserbaidschan, Iran und Turkmenistan. Ich fahre meinem ursprünglichen Visa-Zeitplan ohnehin schon hinterher – wegen der verspäteten Abreise. Das ist gar nicht mehr aufzuholen. Aber vielleicht kann ich wenigstens ein paar Tage gutmachen. Endlich geben wir beide, Patrik und ich, Gas.

Ab jetzt in eine andere Welt.

In Ankara bleibe ich nur ungern, aber um eine Nacht komme ich nicht herum. Am nächsten Tag also weiter nach Sivas und durch Anatolien bis zur Grenze nach Georgien. Durch die Dörfer auf dem türkischen Land zu fahren mutet an wie eine Zeitreise. Da treiben Nomaden ihre Ziegen von den Bergen, tragen Kinder Wasser in

Kanistern von den Brunnen, und alte Frauen arbeiten mit ihren Mistgabeln auf den Feldern. Ich blicke in lederne, von der Sonne zerfurchte Gesichter. Die Menschen sind sehr freundlich hier. Ich verstehe kein Wort, sie verstehen mich nicht. Aber wieder funktioniert die Kommunikation auf ganz anderen Kanälen. Ich erkläre mein Vorhaben mit Händen und Füßen, zeige auf die Weltkarte an der Tür und male mit Arm und Zeigefinger einen großen Kreis in die Luft: einmal um die Erde. Die Menschen bringen mir dann oft Früchte, reichen mir ein paar Äpfel oder Pfirsiche in den Wagen. Sie lachen mich an, und ihre Goldzähne blitzen. Ich könnte die Leute umarmen. Und das tue ich auch. An einer Kreuzung im hintersten Anatolien liege ich einer alten Dame im Arm. Sie hatte mich einfach angelächelt und ihre Hand aufs Herz gelegt.

Eine gut fünfunddreißig Grad heiße Luft lastet auf der anatolischen Hochebene, und Hudos Tempo hat sich bei 75 km/h eingependelt. Patrik und ich haben inzwischen einen Defekt behoben und können wieder zwischen meinen zwei Tanks hin und her schalten. Dafür ist der Tacho kaputtgegangen, und auch der Kühler macht uns Sorgen. Ich sprühe ihn mit Wasser ein und fahre schon mit offener Klappe.

Inzwischen bricht die dritte Woche im August an. Die Luft wird hier im Osten der Türkei immer trockener. Als würde sie gleich zerbröseln. Die Berge wachsen stetig höher in den Himmel, und manchmal türmen sie sich so hoch vor Hudo auf, dass ich denke: Wie sollen wir denn da rüberkommen? Aber es geht immer weiter, denn die Straßen schlängeln sich dann wieder durch die Täler und an weiten Hängen vorbei, als würden sie jede Abkürzung kennen. Eine Zeit lang fahren wir am Flüsschen Tortum Gölü entlang, und dann taucht auf einmal vor unseren Augen auf, was wir kurz für eine Fata Morgana halten: Das Flüsschen wächst sich zu einem Fluss aus, der Fluss zu einem See. Und was für ein See! In knalligem Türkis liegt das Wasser spiegelglatt unter der Sonne, eingerahmt von den Flanken der Berge. Kaum ein Mensch ist zu sehen. Eine

Kulisse wie in einem Winnetou-Film. Im Norden liegt das Kaçkar-Gebirge, im Osten Georgien. Wir halten an, machen ein paar Fotos, schweigen.

Am nächsten Tag bekommt Hudo eine dringend nötige Wäsche, ein verdreckter Spritfilter muss gewechselt werden. Aber dann geht es zur georgischen Grenze. Hinter einem Kontrollpunkt werden wir in eine zwei Kilometer lange Schlange geschickt, und dort sagt man uns, dass das Warten gut und gerne sechs Stunden dauern wird. Ich schlucke. Und fluche! Ich will nicht noch mehr Zeit verlieren und biete einem Busfahrer weiter vorn unverhohlen ein paar Dollars an, damit er mich vorlässt. Nicht gerade die galante Tour, aber um weiterzukommen im Leben, muss man hier und da auch mal ins Portemonnaie greifen. Und siehe da: Eine Stunde später sind wir in Georgien.

Im nahen Batumi besorge ich als Erstes eine neue SIM-Karte fürs Handy und überlege, die Nacht durchzufahren. In den alten Rallyezeiten war das völlig normal, damals sind wir jede zweite Nacht durch völlig unbekannte Regionen gebrettert. Warum nicht jetzt? Also weiter – zumindest bis um halb zwei in der Nacht. Dann bestimmt Patrik zu pausieren. Hudo parkt neben der Toilette einer Tankstelle irgendwo in der ostgeorgischen Provinz, und wir hocken auf unseren Sitzen. Im prasselnden Regen dösen wir ein.

Um fünf am Morgen geht es weiter. Ich bin schließlich nicht auf Kur, sondern will mich unbedingt weiter nach Osten durchbeißen. Will wissen, wann ich mit meinen siebenundsiebzig Jahren schwächele – besser gesagt, wie gut ich durchhalte. Die nächsten Wochen werden nicht nur Hudo, sondern vor allem auch mich auf die Probe stellen.

In Georgien fahren wir zunächst an schlammigen Industriebrachen vorbei, an Ruinen und Bauten, die an die Zeiten nach der Wende in Berlin erinnern. Eine triste Ostwelt, kaum Spuren von Leichtigkeit. Aber bald wird das Land grüner und saftiger, und auf dem Weg nach Tiflis rollt Hudo an Fleckchen wie Achalziche und

Bordschomi vorbei, wo steinalte Burgen aus den Fichtenwäldern ragen und die Bauern mit meterhoch beladenen Heuwagen um die Ecke biegen. Eine morbid-verschlafene Traumwelt, eine Kulisse wie für einen Dracula-Film.

Aber ich treffe auf keinen schnurrbärtigen Schlossherrn, sondern, wie aus heiterem Himmel, auf ein Wunder namens Bernd Friese. Der Gute ist auf seinem Fahrrad unterwegs, beladen mit schweren Packtaschen. Er strampelt unverdrossen auf der Standspur, und ich kann nicht anders, als ihn in einer Parkbucht zu stoppen, um seine Geschichte zu hören. Bernd kommt aus dem Rheinland und macht, wie er erzählt, »jedes Jahr eine kleine Radtour durch fremde Länder«. Gut fünfhundert Kilometer über die hohen Passstraßen hat er schon hinter sich, über tausend liegen noch vor ihm. »In meiner Familie sind alle fahrradverrückt«, sagt er noch lapidar, dieser Rentner aus Deutschland, der da ganz unspektakulär durch Georgien radelt – und nur ein Jahr jünger ist als ich: sechsundsiebzig. Ich bin völlig von den Socken, kann nur gratulieren und ihm eine gute Fahrt wünschen. Es gibt eben noch viele andere Menschen da draußen, die sich ihr Abenteuer ebenfalls nehmen. In einem Alter weit jenseits der siebzig. Auf einem Drahtesel, ganz allein durch Kleinasien. Mir jedenfalls bestätigt dieses Treffen, dass meine Fahrt gar kein so irres und unmögliches Unterfangen ist, wie viele immer tun.

Im Vergleich zu Radler Frieses Törn erscheint meine Reise eher gemütlich. Ich sitze in einem überdachten Auto, muss lediglich Gas geben und weiß: Heidi ist nur eine kleine Maus.

Tags darauf fahren wir die ganze Nacht durch bis Tiflis. Und jetzt muss Patrik aussteigen – denn sein Visum für Iran liegt nicht wie geplant in der Botschaft parat. Das Papier kann nicht gefunden werden, zudem stehen nun auch noch drei Feiertage an. Ich aber muss unbedingt weiter und möglichst schnell durch Aserbaidschan, um im Iran meinen offiziellen Begleiter zum vereinbarten Termin zu treffen. Ein solcher Guide ist dort nämlich Pflicht, sonst darf man gar nicht erst durchs Land. Patrik und ich trennen uns. Er muss auf sein Visum warten, will mit dem Flieger nachkommen, um in Teheran oder Usbekistan wieder zu mir zu stoßen.

Also düse ich allein weiter, Richtung Aserbaidschan. Und von wegen gemütlich: Hier zeigt der wilde Osten das erste Mal sein zerknirschtes Gesicht. Weil in Russland eine Straße kaputt ist, dauert es vierzehn Stunden, um über die Grenze zu kommen, über die sogenannte Rote Brücke. Ein einziges Gedrängel und Gehupe, und von Freundlichkeit ist hier nicht viel zu spüren. Es ist zermürbend. Ich mache es mir auf meinem Sitz bequem, döse ein, werde von hinten wachgehupt. So schubsen wir uns voran, Stunde um Stunde. Kurz vor dem Einfahren nach Aserbaidschan, nach endlosem Warten, folgt dann auch noch eine Zollkontrolle, schlimmer als zu DDR-Zeiten. Ich muss Hudo komplett ausräumen, alles wird fotografiert, dann soll ich zwanzig Dollar für die Autobahngebühren zahlen und noch einmal vierzig Dollar Versicherung. Und ein Blick auf den Zöllner verrät mir: Ich habe keine Wahl.

An der nächsten Tankstelle werde ich das erste Mal betrogen. Meine Kreditkarten funktionieren nicht. Ach ja? Gleich alle drei? Mir scheint eher, dass die Drähte nicht laufen – und vielleicht auch gar nicht sollen, damit ich bar bezahle, denn man ist hier auf Cash aus. Also zahle ich in Dollar und bekomme prompt mein Wechselgeld nicht korrekt ausbezahlt. Der Boss der Tankstelle, ein verschwitzter runder Typ mit Stoppeln im Gesicht, prellt mich um fünf Dollar. Und brüllt mich auch noch an! Zum Glück sind Mitarbeiter zur Stelle, und die gehen jetzt ihren eigenen Chef an. Sie scheißen ihn richtig zusammen, weil der eine alte Frau übers Ohr hauen will – und ich finde das einfach nur herrlich. Und absolut gerecht: Geht man so mit Fremden um? Mit Kunden? Unfassbar! Am Ende rückt der Chef mürrisch die fünf Dollar raus. Zum Dank schmeiße ich im Café um die Ecke eine Runde für die tollen Mitarbeiter. Gemeinsam ziehen wir über den Big Boss her, der am Ende klein beigeben musste. Auch das wird ein Teil meiner Reise sein. Kleine Gaunereien am Rande, Schlitzohren und Halunken, die einen über den Tisch ziehen wollen. So läuft's nun mal, und als Weltreisende muss ich damit klarkommen.

Nun fahre ich durch Aserbaidschan weiter gen Osten und muss an Clärenore Stinnes denken. Was hat sie damals wohl alles erlebt? Wie war es, vor neunzig Jahren durch diese Weltregion zu reisen? Auch sie fuhr damals durch Istanbul, quartierte sich allerdings im mondänen Pera Palas ein, einem Nobelhotel im europäischen Teil der Stadt. Kurz nachdem Clärenore in dem Haus übernachtet hatte, nahm sich Agatha Christie in dem Hotel ein Zimmer und logierte eine ganze Weile dort. Sie begann damals an ihrem Roman »Mord im Orient-Express« zu schreiben.

Auch Stinnes mühte sich anschließend durch Anatolien, aber bald nach ihrer Abfahrt aus Ankara klaffte ein großes Loch im Kühler des Begleitlastwagens. Eine ganze Zeit musste der Tross in den kargen Hochebenen bleiben, um den Schaden zu reparieren. Stinnes nutzte die Zeit und erkundete die Siedlungen der Nomaden und Hirten, die bis heute da oben auf den Bergen leben. Auf den Schwarz-Weiß-Bildern ihres Begleiters und Fotografen Carl-Axel Söderström ist sie zu sehen: eine hübsche und entschlossene junge Frau mit eher kurzen hellbraunen Haaren, die sie manchmal streng nach hinten kämmte. Gerne lief sie in Rennfahrerkluft oder weiten Kakihosen durch die Gegend und verteilte in einem langen Mantel ihre hart gekochten Eier an die Mannschaft der Expedition. Und immer trieb sie alle Mann an. Auch sie wollte damals weiter. Doch ihre Tour muss deutlich härter gewesen sein als alles, was ich erlebe. Clärenore Stinnes schrieb in ihr Tagebuch: »Wäre ich damals vom ersten Tag an nicht blind gewesen für alle Tücken des Materials in der Zerreißprobe, die uns bevorstand, dann hätte ich aufgegeben. Aber diese Vokabel fehlte in meinem Wortschatz.«

Und wo ich nun gerade entlangfahre, muss auch Stinnes gewesen sein. Zumindest in der Nähe. Allerdings kam sie von Süden her nach Tiflis, nicht wie ich aus dem Westen. Sie hatte damals einen großen Bogen viel weiter südlich genommen, war von Ankara über Beirut und Damaskus gefahren, weiter über Bagdad, Teheran, Täbris und Jerewan nach Tiflis. Diese Regionen lasse ich aus. Heute durch Syrien und den Irak? Nee, ohne mich. So verrückt ist Heidi nun auch wieder nicht.

Dennoch muss ich mich mit einigem Ärger herumschlagen auf dem Weg nach Osten. Ich erlebe meine erste Reifenpanne, und immer wieder wollen mich korrupte Polizisten abkassieren. Einmal werde ich angehalten, weil ich angeblich zu schnell gefahren bin. Ich diskutiere lautstark mit dem Mann. »So schnell, wie Sie behaupten, kann mein Hudo gar nicht fahren!«, schimpfe ich. »Der schafft gerade maximal 93 Sachen.« Und was will der Polizist haben? Satte tausend Dollar! Ick denke, ick spinne! Und quassele wie verrückt auf den Mann ein. Bis er und sein Kollege nach einer halben Stunde entnervt davonzuckeln – am Ende ohne einen Cent von mir kassiert zu haben.

Schon bald werde ich abermals gestoppt. Ich hätte einen unerlaubten Schlenker gemacht, behauptet nun dieser Polizist und will zweihundert Dollar haben. Wieder gibt es eine heftige Diskussion, denn so langsam kommt mir das spanisch vor hier. Und ich frage mich, ob das überhaupt echte Polizisten sind. Kann ja jeder behaupten. Ich zahle wieder nichts und fahre nach elendem Gezeter einfach weiter. Und schon bald taucht der nächste Kassierer auf. Ich war an einem Stoppschild vorbeigerollt, ohne zu stoppen. Der Typ verlangt zwanzig Euro, und die gebe ich ihm, mürrisch. Ich habe keine Lust mehr zu diskutieren. Ich will weiter!

Zum Glück habe ich mehrere Pakete mit Autogrammkarten dabei. Darauf ist ein Foto von Hudo und mir abgedruckt, auf der Rückseite die Weltkarte mit meiner Route. Dazu meine Internetseite und die Logos einiger meiner privaten »Sponsoren«. Die Autogrammkarten sind Gold wert – weil ich mein Projekt sofort ohne große Worte erklären kann. Auch so lassen sich einige der rabiaten Polizisten am Ende beruhigen. Ich halte ihnen die Karte unter die Nase. Das riecht dann nach etwas Offiziellem, nach etwas, das in der Welt und im Internet bekannt ist; und sie lassen mich fahren. Vor allem am Monatsende kommt dieses willkürliche Abkassieren wohl häufig vor. Viele Polizisten haben ihren Sold noch nicht, die Kasse ist leer, und dann halten sie fast jeden an – völlig egal, ob der Fahrer einen Fehler gemacht hat oder nicht.

Abends steige ich in einem abgewrackten Motel ab, eher nur eine Kneipe mit jeweils drei Feldbetten in den beiden Zimmern. Und dann das: Plötzlich tauchen zwei Russen auf ihren Harley Davidsons auf, stehen vor dem Wirt, palavern, schimpfen und beschweren sich über den zu hohen Preis – und kommen am Ende doch glatt auf die Idee, sich das Zimmer mit mir teilen zu wollen. Das ist mir natürlich gar nicht geheuer. Die beiden sind seltsame Vögel, und ich schiebe nachts mein Warngerät unter meine Tür. Einen elektrischen Keil, der Geräusche macht, wenn einer die Tür öffnet. Ziemlich praktisch – und offenbar auch ziemlich nötig. Denn tatsächlich schlägt das Gerät später in der Nacht Alarm! Ich steige aus dem Bett und mache mich lautstark bemerkbar. Sollen bloß alle mitbekommen, wenn hier etwas droht. Aber dann herrscht wieder Ruhe. Und ich schlafe weiter.

Inzwischen fahre ich an die zehn Stunden am Tag und mehr. Oft geht es auch in die Nacht hinein, denn für die nächsten Länder schreiben mir meine Visa enge Zeitfenster vor. Iran, Turkmenistan, Usbekistan lauten die kommenden Stationen, und ich will sie in einem engen Bogen am südlichen Kaspischen Meer durchfahren.

Für den Iran treffe ich nun meinen offiziellen Begleiter, Hamid Baghbani. Er wird vorfahren, ich muss ihm folgen. Auch wenn diese Begleitung Pflicht ist, ich finde es durchaus vorteilhaft, einen ortskundigen Einheimischen an der Seite zu haben. So weiß ich, was ich darf und was nicht. Und so kommen wir flott durchs Land. Unterwegs blicken immer wieder iranische Frauen zu Hudo und mir herüber. In den passierenden Autos lupfen sie die Vorhänge, machen Fotos mit dem Handy, lachen und freuen sich. Ich winke freudig zurück, und es fühlt sich an, als würden wir durch die Scheiben miteinander in Kontakt treten. Ich finde es toll, dass sie das sehen: Ja, da fährt eine Frau – und sie fährt ganz allein. Durch den Iran und um die ganze Welt!

Mitten im Iran blicke ich auf eine ausgetrocknete Welt, die sich wie ein steiniges Gerippe in alle Himmelsrichtungen ausdehnt. Die Sonne brennt, obwohl schon der September naht. Draußen herrschen vierzig Grad im Schatten, seit Monaten ist hier kein Tropfen Regen vom Himmel gefallen. Ich schwitze ohne Ende, denn ich habe mich in dem islamischen Land entsprechend gekleidet. In langen Ärmeln, mit Kopftuch und Hut obendrauf sitze ich am Steuer. Wir fahren durch eine Wüstenwelt, wo kaum ein Strauch wächst. Dafür rasen die Lastwagen und schnaufen in beiden Richtungen an Hudo vorbei. Sie kommen aus dem Irak im Westen und fahren nach Afghanistan im Osten. Und das mit einem affenartigen Tempo. Immer wieder bekomme ich von der Seite eine heiße Dieselwolke in mein altes Cockpit gerotzt.

Am linken Straßenrand, mitten in dieser einfachen kargen Welt, sehe ich plötzlich einen hochmodernen Kinderspielplatz mit silbernen Rutschen, Trampolinen und bunten Klettergerüsten. Und überall verschleierte Frauen mit ihren Kindern. Ich will aussteigen, die zwei Welten fotografieren. Aber ich darf nicht. Hamid hat mir ausdrücklich verboten, irgendwo anzuhalten.

Außerdem, mal eben aus dem Auto springen und schnell ein Foto machen, das funktioniert eh schon länger nicht mehr. Hudos Fahrertür ist nämlich nicht mehr zu gebrauchen. In Aserbaidschan war ich durch die Nacht gefahren bis Baku. Morgens erreichte ich den östlichen Zipfel der Abşeron-Halbinsel, und es öffnete sich ein wunderschöner Blick über die Stadt und das Kaspische Meer. Ich stieg aus und vertrat mir die Beine nach der langen Fahrerei.

Und wie es meistens geschieht, kamen gleich wieder ein paar Leute herbei, um sich Hudo anzuschauen. Ein Mann setzte sich einfach in den Wagen hinein. Wie dem auch sei, jedenfalls hatte er die Tür beim Einsteigen heftig zugeknallt und dabei den Haltegurt eingeklemmt. Und nun ging die Tür nicht mehr auf. Der Mann, der es gut meinte, kletterte aus der Beifahrertür und riss dann so heftig an der Klinke der Fahrertür – dass er prompt den Griff in der Hand hielt. Und da hatten wir – oder besser hatte *ich* – den Schlamassel: Hudos Türklinke war ab! Was ich zu dem Zeitpunkt noch nicht wusste: Dies würde auf der gesamten Reise so bleiben – denn auf der ganzen Tour schaffte es absolut niemand, das Schloss zu reparieren!

Ich fuhr erst mal weiter, aber nach ein paar Kilometern begann die Tür zu vibrieren und ging plötzlich von allein auf. Ich musste sie festbinden. Und nun kann ich durch meine Fahrertür nicht mehr einsteigen und auch nicht mehr aussteigen. Sie ist außer Gefecht gesetzt. Man kann sich über so etwas schwarzärgern – oder es sportlich nehmen: mit Humor und Improvisation.

Inzwischen habe ich mir eine Art Spezialprozedur ausgedacht, um ein- und auszusteigen und den Wagen dennoch abschließen zu können. Ich verriegele die Fahrertür von innen, klettere auf die andere Seite und steige durch die Beifahrertür aus. Diese verriegele ich wie vorgesehen, und so ist das Auto auf beiden Seiten verschlossen. Allerdings kann ich die Beifahrerseite nun nicht mehr normal von außen öffnen, weil sie – wie bei alten Autos üblich – kein Schloss hat. Darum ein kleiner Trick: Ich klemme meinen Kalender zwischen die aufklappbare Windschutzscheibe und den Rahmen, sodass die Scheibe immer einen winzigen Spalt offen steht, wenn ich den Wagen verlasse. Ich muss sie dann nur kurz anlupfen, in den Wagen greifen, die Beifahrertür von innen entriegeln, wieder einsteigen und auf die Fahrerseite klettern. Das darf natürlich niemand sehen. Und darum passe ich immer auf, ob jemand guckt, wenn ich den Wagen allein lasse.

Kurzum: Hudo ist seit Aserbaidschan nicht mehr zu verschließen. Er steht quasi jedem offen.

Warum ich das erzähle? Weil auf so einer Reise wenig bis gar nichts nach Schema F abläuft. Und dies ist ein weiteres Gesetz, das du befolgen musst, ob du willst oder nicht: Die Gegebenheiten passen sich nicht dir an, du musst dich ihnen anpassen. Sonst kommst du nicht weit.

Auf zu Mister Wang: von Turkmenistan nach China

Meine Tochter Marla ist ein bisschen wie ich. Sie macht gern Druck. Ich soll mich öfter melden, sagt sie mir immer bei den Gesprächen über Skype. Ich soll mehr Fotos machen, öfter einen Audiobericht schicken oder ein paar Zeilen schreiben – fürs Internet. Zu Hause verfolgen offensichtlich immer mehr Leser meinen Blog auf meiner Homepage, und es häufen sich die Kommentare. Mein Tracker verrät meine Position, und die Leute können meine Route verfolgen. Wo bin ich gerade? Wo ist Heidi in den letzten Tagen und Wochen entlanggefahren? Manchmal lese ich die Kommentare, meistens habe ich keine Zeit dafür. Und dann wieder ist die Verbindung so schlecht, dass das Netz zusammenbricht. Vor allem aber habe ich andere Sorgen: Denn nachdem ich längst weiter durch den Iran und durch Turkmenistan gefahren und nun im usbekischen Buchara gelandet bin, haben sich die Probleme bei Hudo gehäuft. Der Auftakt zu einem komplizierten Teil der Reise durch Kleinasien, der sich ziehen wird so zäh wie ein alter Keilriemen.

Und schon der weitere Weg nach Usbekistan hatte sich abenteuerlich gestaltet.

In Turkmenistan hatten mich als Erstes meine nächsten offiziellen Begleiter in Empfang genommen, denn auch in diesem Land geht nichts ohne staatliche Eskorte. Wir fuhren stramm weiter nach

Osten, als am Wegesrand plötzlich ein paar Kamele standen. Die wollte ich natürlich fotografieren und fuhr dafür ein ganzes Stück in den Sand. Die Fotos der Kamele sind dann auch sehr schön geworden – aber Hudo war mit seinen zwei Tonnen zu schwer: Aus dem Sand war kein Rauskommen mehr. Und bei den Versuchen, ihn wieder freizubekommen, verbrannte ich die Kupplung.

Meine staatlichen Begleiter mussten mich abschleppen, bis zum Derweze-Gaskrater, der auch das Tor zur Hölle genannt wird. Ein gewaltiges Gasloch in der Wüste Karakum, das seit Jahren vor sich hin glimmt. Wir grillten, übernachteten in einem Zelt, ganz oben am Krater. Kurz vor dem Einschlafen blickte ich noch nach oben. Der Himmel war übersät mit Sternen.

Am nächsten Morgen kam Hudo wieder an die Abschleppstange, meine Begleiter mussten mich auf dem kürzesten Weg zur Grenze nach Usbekistan ziehen, weil bei der Durchreise durch Turkmenistan alles auf den Tag genau getaktet ist. Hudo hielt bald vor einem kleinen verschlafenen Grenzübergang, der den Namen Chawatt trägt. Meine Begleiter durften ab hier nicht mehr weiter, denn zwischen den beiden Ländern liegt ein Streifen Niemandsland von einem Kilometer Breite. Meine Guides winkten noch mal – und da stand ich nun. Kein Fahrzeug, kein Mensch weit und breit.

Ich versuchte, Hudo zu schieben. Legte dazu den ersten Gang ein, startete den Motor. Und siehe da: Hudo half mir! Ganz langsam kamen wir voran, bis zu einem geschlossenen Tor. Der Zöllner stand schon die ganze Zeit da, schaute mir gemütlich beim Schieben zu und machte nicht einmal Anstalten, das Tor zu öffnen. Unverschämtheit! Darum stoppte ich auch nicht artig, sondern ließ Hudo schön gegen das Tor knallen. Vielleicht keine gute Idee, denn eigentlich sollte ich inzwischen gelernt haben, an Grenzen die Ruhe zu bewahren, egal, was passiert. Grenzer sind wie Spielkasinos, sie gewinnen immer. Also machte ich mich schnell wieder beliebt. Der Chef lag in seiner Hängematte, musterte meine Autogrammkarte, und erst nach langen zwei Stunden – obwohl ich das einzige Auto war – ließen sie mich durch und halfen mir schließlich, Hudo auf die andere Seite zu schieben.

Plötzlich hörte ich, wie jemand meinen Namen rief. Ich drehte mich um – und sah Patrik hinter dem Gitter zum Grenzübergang nach Usbekistan stehen. Ich war erleichtert. Freudig gingen wir aufeinander zu. Auch Patrik hatte seit Tiflis eine Odyssee hinter sich und war – nach diversen Problemen und Verzögerungen mit den Visa – nun endlich nach Usbekistan nachgekommen. Da er wusste, dass ich zu dieser Zeit an der Grenze sein musste, hatte er sich ein Taxi genommen. Mit diesem Taxi ließen wir uns als Nächstes nach Urgentsch ziehen, schnurstracks in die nächste Werkstatt. Und wieder mal waren die nächsten drei Tage Feiertage – alles hatte geschlossen. Doch in der Werkstatt waren noch Vater und Sohn zugange und ließen sich überreden, uns zu helfen.

Patrik und die beiden Mechaniker machten sich daran, die Kupplung rauszurupfen. Und ich staunte nicht schlecht, als ich sah, dass Hudos Kupplungsscheibe achtundachtzig Löcher hat, die mit Korken bestückt sind. Patrik konnte sich im Internet schlaumachen, wie man die Korken erneuert und vorher einlegt. Und ich dachte, na, da müssen wir ja eine Menge Wein saufen, bis wir die achtundachtzig Korken zusammenhaben.

Als alles wieder eingebaut war, stellten wir als Nächstes fest, dass man das Kupplungspedal nicht treten konnte. Die Korken waren zu dick. Also alles noch einmal! Neues Spiel, neues Glück. Patrik war derweil schon stinksauer. Er hatte Hunger.

Ich werde nie vergessen, wie wir am nächsten Morgen zur Werkstatt kamen, Vater und Sohn auf einer Bank vor Hudo in der Sonne saßen und lächelten. Sie hatten die Nacht durchgearbeitet, die Kupplung war einwandfrei zu treten. Erleichtert machten wir uns wieder auf den Weg, fuhren in die Altstadt von Chiwa und dann weiter nach Buchara. Erneut durch die Wüste, wieder mehrere Hundert Kilometer, und es tauchte nicht eine Tankstelle auf. Auf dem letzten

Tropfen tuckerten wir nach Buchara – wo ich seither gestrandet bin. Und dort steht Hudo nun in einer Chevrolet/GM-Garage, umringt von Patrik und einem usbekischen Schrauberteam.

Die Diagnose: Der Motor ist im Eimer, wir hören das genau. Patrik stellt einen kaputten Kolben fest – und das ist es dann erst einmal. Im Internet findet er eines der raren und alten Ersatzteile in Ohio, USA. Der Versand aber geht leider schief, nach vier Tagen landet das gute Stück wieder beim Absender. Zweiter Versuch. Nun soll der Kolben erst nach Rheinsberg geschickt werden, von dort weiter nach Mannheim zu einer Dame, die im Blog Kontakt zu Patrik aufgenommen hat: Gudrun – eine Deutsche aus Mannheim, die in Buchara lebt, wo sie das Wishbone Café betreibt, und die bald aus dem deutschen Heimaturlaub hierher zurückkommen will. Und tatsächlich will die gute Gudrun uns das sieben Kilo schwere Paket mit dem Kolben und noch einigen anderen Ersatzteilen mitbringen. So kommen wir um eine heillose Logistikaktion herum.

Inzwischen geht die Schrauberei an Hudo weiter. Denn auch der Tacho läuft nicht mehr, das Türschloss ist hinüber, obendrein haben die beiden neuen Batterien ihren Geist aufgegeben, weil die Mechaniker beim Schweißen des Kotflügels vergessen haben, sie abzuklemmen. Das überlebt keine Batterie, und nun stellt sich die Frage: Wer zahlt für den Fehler? Der Manager jedenfalls versteht auf einmal kein Englisch mehr, will nichts bezahlen, und ich habe es wieder mal mit einem kleinen Ganoven zu tun.

Wie lange hängen wir nun schon in diesem Buchara fest? Eine Woche? Länger? Die Tage ziehen sich, wir warten auf den Kolben, derweil ist Hudo arg am Kränkeln. Es wird zäh, die Stimmung langsam gereizt. Obendrein ist mein Visum abgelaufen, und ich muss mit dem Zug in die Hauptstadt Taschkent, danach mit dem Flugzeug zurück. Ich muss meinen Pass abgeben, tagelang auf ein neues Visum warten – ob es am Ende per Post oder mit dem Taxi nach Buchara kommen wird, bleibt vorerst ein Rätsel.

Ich schaue mir derweil die prächtigen Moscheen der Stadt an und die Medresen, jene Schulen, wo seit Jahrhunderten islamische Wissenschaften unterrichtet werden. Ich sehe die schönen Minarette und Mausoleen. Früher lag Buchara an der Seidenstraße, einst war dies eine vor Händlern und Kamelen wimmelnde Oasenstadt. Die schönen Mosaike an den Gebäuden, der Basar der Juweliere, all das gibt es heute noch. Ich wünschte, ich hätte mehr Muße, mir diesen orientalischen Ort weiter anzuschauen. Zeit zum Genießen bleibt aber nicht wirklich. Ich laufe meistens über die staubige Straße, vom Hotel zur Werkstatt, von der Werkstatt zum Café Wishbone. Zwischendrin versuche ich zurückzudenken, bekomme aber allein die letzten Wochen kaum noch zusammen. Liegt das am Alter? Oder am Speed der Reise?

Trotzdem will ich eigentlich nur weiter – nach Kasachstan! Es wartet die Fahrt durch Russland und zum Baikalsee. Aber mir schwant schon, dass sich mein Zeitplan nicht halten lässt. Es ist Mitte September, und die Nächte werden kälter. An den Abenden ziehe ich mir das erste Mal wieder eine Jacke an. Auch kann ich mir vorstellen, wie schnell der Winter weiter im Norden einbrechen wird. Hinzu kommt das Rennen um die Visumsfenster. In meinen Dokumenten kann ich es schwarz auf weiß lesen: Am 9. Oktober soll, nein, muss ich in China einreisen.

Die Daten, Zahlen und Fakten: Auch hierfür muss ich längst in mein Tagebuch schauen, um den Überblick zu behalten. Durch sechzehn Länder bin ich mit Hudo nun schon gefahren, habe 9 000 Kilometer hinter mich gebracht. Auf meinen Internetseiten trudeln täglich neue Mails und Kommentare ein. Die Leute posten tausend Tipps und Meinungen zu den Problemen mit Hudo. Den Pleuel soll ich so montieren, die Tachowelle so. Das ist nett gemeint und hilft – aber irgendwann erschlagen einen die Antworten, und man ist so schlau wie am Anfang. Mir schwirrt der Kopf. Die wichtigsten Tipps nehme ich mit, den Rest blende ich aus. Und sowieso: In allen Einzelheiten wird Hudos technisches Innenleben am Ende immer sein Geheimnis bleiben.

Als Patrik hört, dass ich aus Berlin keinen Drehmomentschlüssel mitgenommen habe, rastet er aus. Er fährt nicht mehr mit, sagt er, wenn ich nicht sofort einen kaufe. Nach zwölf Tagen trifft dann endlich der Kolben ein, Gudrun hat ihn tatsächlich aus Deutschland mitgebracht und problemlos durch den Zoll bekommen. Und Patrik baut den Kolben in einer Glanzleistung ein. Wir denken, wir können los – aber jetzt ist auf einmal auch noch der Regler oder die Lichtmaschine defekt.

Die Nerven liegen blank.

Es ist die achtundvierzigste Nacht, seit ich glücklich in Rheinsberg losgefahren bin. Und nun sitzen Patrik und ich schon fast zwei geschlagene Wochen in Buchara fest. Ich bin am Boden zerstört. Bleibe über Nacht allein bei Hudo in der GM-Garage, schraube an ihm herum und denke über alles nach. Ich bin siebenundsiebzig Jahre alt, und dies sollte die Traumreise meines Lebens sein. Doch so unglücklich und unsicher war ich noch nie. Wieder ein neuer Beifahrer? Liegt das an mir? Im Blog schreiben die Leute schon, dass ich alle Beifahrer verschleiße. Man wird mir das nachsagen. Oh Gott, wie peinlich. Lässt sich diese zerrüttete Freundschaft noch kitten? Freundschaft? Ich kenne Patrik doch eigentlich gar nicht.

Am nächsten Morgen erzähle ich ihm, dass ich den Regler in der Nacht noch einmal gewechselt habe. Ich verstehe es selbst nicht so ganz, aber Hudo läuft! Patrik scheint das nicht mehr zu interessieren. Er teilt mir mit, dass er nach Frankfurt fliegt. Reise beendet. Er will nicht mehr.

Ich bin entsetzt und bekomme Angst.

Gudrun sitzt derweil in ihrem Wishbone Café, wo wir uns öfter treffen. Sie hat die letzten Tage mitbekommen, das Chaos, die Reparatur, Patrik und mich. Zum Schluss sagt sie leise über den Tisch zu mir: »Heidi, ohne ihn bist du besser dran.«

Nach zwei Wochen in Buchara und zehn Liter frischem Öl gibt Hudo dann endlich wieder ein Lebenszeichen von sich. Nun kann es wieder losgehen, und eines habe ich spätestens jetzt verinnerlicht: Nach dem Schrauben ist vor dem Schrauben. Und falls neue Probleme auftauchen – sollen sie nur kommen! Ich halte es wie Liza Minnelli. Die hat angeblich mal gesagt, und den Spruch habe ich mir gemerkt: »Man muss durch schlechte Erfahrungen hindurchgehen und nicht drum herum.«

In Buchara treffe ich dann zum Glück auf die Teilnehmer der »Silk Way Rally Berlin-Peking«. Zwölf Fahrzeuge, die gerade jetzt durch Buchara kommen und nach Samarkand wollen. Da ich nun allein bin, bieten sie mir an, die nächsten Etappen mitzufahren. Das Angebot kommt mir natürlich sehr gelegen. Ich muss allerdings noch tanken und hinke von Anfang an hinterher. Das Problem: Das Benzin mit 91 Oktan ist alle, also tanke ich 81 Oktan, und es dauert nicht lange, da macht es vorn im Motor Peng! Liegt sicher am Sprit, rede ich mir zu, womöglich sind die 81 Oktan hier noch mit Wasser gepanscht. Hudo läuft also schon wieder miserabel, er quält sich voran. Endlich in Samarkand, der schönsten Stadt Usbekistans, bleibt mir keine Wahl: Ich muss mich abermals abschleppen lassen, bis nach Taschkent.

Jan Waller und Svend-Jörk Sobolewski nehmen Hudo an den Haken. Die beiden sind aus Drochtersen an der Elbe, sie schrauben gern an Autos und fahren gern mal durch die Weltgeschichte. So selten sind wir also gar nicht, wir Autobekloppten. Jan schleppt Hudo zum Glück mit viel Gefühl ab, denn wir haben ein Seil, das ständig nachgibt wie ein ausgeleiertes Gummiband. Muss man erst mal hinkriegen. Aber der Mann zieht mich geschmeidig dreihundert Kilometer weit durch plattes Land, vorbei an braunen Feldern und vertrockneten Wasserreservoirs – bis nach Taschkent.

Dort muss ich mich an einem Sonntagmorgen von den Teilnehmern der Seidenstraßenrallye verabschieden. Sie müssen weiter, ich muss mich um Hudo kümmern. Plötzlich ist alles ganz still, und ich denke das erste Mal ans Aufgeben. Aber wenn man denkt, es geht nicht mehr, kommt irgendwo ein Lichtlein her. In diesem Fall ist es eine Mail von Sabine von der Forst. Sie ist die Ehefrau von Erik von der Forst, einem Mitarbeiter der Deutschen Botschaft in Taschkent. Sabine hat im Internet von meinen Problemen gelesen und fragt, ob sie irgendwie helfen kann. Ganz privat. Sie holt mich ab zu sich nach Hause, und es gibt einen schönen deutschen Kaffee und eine Wurststulle.

Die von der Forsts vermitteln mir eine Werkstatt. Ich brauche eine neue Zylinderkopfdichtung. Nach sechs Tagen haben wir sie endlich, aber nun müssen wir wirklich um die Wette schrauben – denn mein Visum läuft genau heute um Mitternacht ab. Damit ich mich auf dem Weg zur Grenze später nicht verfahre, eskortiert mich Vassilly, ein Chauffeur des vor Ort ansässigen Bundeskriminalamts. Punkt Mitternacht bin ich an der Grenze Yamalla. Aber dort behauptet der Zöllner prompt, dass es zu spät sei – nämlich bereits ein Uhr. Ein Uhr? Wie kann denn das angehen? Zeitumstellung. Verdammt noch mal, wer denkt denn hier an Zeitumstellung! Die Grenzer lassen Gnade vor Recht ergehen. Hurra. Ich bin in Kasachstan.

Es könnte weitergehen, aber Hudo springt nicht an. Er ist erschöpft und ich auch. Feierabend. Direkt hinter dem Schlagbaum klemme ich die Batterie noch an ein Ladegerät und lege mich hinten auf die Alukisten zum Schlafen. Gut bewacht von den Beamten.

Auch in Kasachstan nehmen Hudos Wehwehchen kein Ende. Der Motor knallt und stottert. Und nun folgt jene Episode, die mich in weitere Wirren stürzen wird. Die Lichtmaschine! Jenes vertrackte Teil, das mich nach diversen Reparaturversuchen und Umwegen in Schymkent stranden lässt, wo ich am Ende auf meinen Papst treffen werde: den Mechaniker namens Iris, der mit dem guten Bulam die Nächte durchschraubt, sich aus dem Schrottberg von lauter Lichtmaschinen die eine richtige herausangelt – und mir Hudo an einem

Morgen um sieben vor der Jugendherberge überbringt. Fidel und heil und ganz umsonst.

Ich werde diese Episode nie vergessen. Ganz nah trage ich sie an meinem Herzen.

Ich bin nun schon weit gen Osten gekommen, und es sind nur noch gut zweihundert Kilometer bis Almaty. Das heißt »Apfel«, ist die ehemalige Hauptstadt Kasachstans und für mich das Sprungbrett nach Russland und zum Baikalsee. Ich brauche für die Nacht eine Unterkunft, frage herum, und die Leute zeigen auf ein Haus hinter einem Gitterzaun. »Da kannst du übernachten«, deutet einer an. Ich fahre auf das Gelände, gehe hinein ins Haus – und bin in einem Altersheim gelandet. Alles sehr nett und freundlich hier. Die Leute heißen mich willkommen, die Zimmer sind ordentlich. Und ich bekomme tatsächlich eines, auch Hudo darf auf dem Gelände innerhalb des Gitterzauns stehen. Also mal eine Nacht in einem kasachischen Altersheim verbringen. Warum denn nicht?

Ich schlafe gut, stehe am nächsten Morgen auf und fahre gleich weiter. Für hundert Kilometer brauche ich wie meistens um die zwei Stunden, je nach Verkehr, je nach Schlaglöchern. Bei einem kurzen Stopp am späten Mittag merke ich plötzlich, dass ich meinen Computer nicht mehr habe. Nirgends ist er zu finden, nicht zwischen den Kisten, Taschen und Werkzeugen, die sich hinten in Hudo stapeln. Bis mir siedend heiß einfällt, dass ich ihn wahrscheinlich in der Bank liegen gelassen habe, in der ich am Morgen noch Geld gewechselt habe.

Nicht gut. Mein Computer ist so was wie mein Gedächtnis unterwegs, voller Fotos, Adressen, Routen, Mails. Und mit ihm komme ich am besten ins Internet.

Was bleibt übrig? Zurückfahren, einhundertfünfzig Kilometer gen Westen bis zu der Bank, bei der ich am Morgen war. Dazu: beten, dass der Computer noch da ist. Die Chancen? Hm. Höchstens dreißig zu siebzig, würde ich mal denken – wenn es hochkommt.

Als ich nach drei Stunden Fahrt wieder vor der Bank parke, hat die natürlich längst geschlossen. Doch nun vollzieht sich wieder einmal eine jener Szenen, die eigentlich nicht möglich sind. Die in unseren durchregulierten, von Vorschriften und Skepsis normierten Zeiten im Grunde keinen Platz mehr haben.

Als ich am Morgen im Ort war und vor der Bank hielt, hatte es natürlich den üblichen Menschenauflauf um Hudo gegeben. Die Leute stellten sich um ihn auf, lachten, grüßten, fragten, setzten sich zu mir ins Auto und machten wie immer Fotos und Selfies. Das ist total verrückt und auf der ganzen Welt das Gleiche. Es gibt heute keinen Gegenstand mehr, kein Gerät, das die Leute so vehement besitzen, nutzen und vergöttern wie ihr Smartphone. Nun gut. Ich erzählte meine Geschichte. Ja, aus Berlin. Ja, ich allein. Ja, mit meinem Hudo. Ja, um die ganze Welt. Und dann war ich in die Bank gegangen.

Nun erkennen mich die Leute natürlich wieder, als ich am Abend mit Hudo erneut durch den Ort kreuze und vor der Bank halte. Sofort gibt es wieder ein großes Hallo und die Frage, was denn los sei? Ich gebe daraufhin irgendwie zu verstehen: »Mein Computer ist in der Bank!« Und nun das Unglaubliche. Es ist inzwischen fast sechs Uhr am Abend. Die Leute strömen aus, rennen durch den kleinen Ort, bis dann tatsächlich – anderthalb Stunden später – ein Mann mit einem Schlüssel für die Bank auftaucht.

Der geht dann rein – und kommt mit meinem Rechner wieder raus. Wie schön. Wie wundervoll! Ich freue mich riesig, strahle übers ganze Gesicht. Aber eben nicht nur ich. Alle freuen sich. Alle lachen und jubeln, dass der Computer an diesem Abend aus dieser Bank getragen wird – und nicht geklaut ist!

Es sind genau diese Szenen und Momente, die unbezahlbar sind. Die wärmen und berühren. Keine hundert Millionen Dollar können sie ersetzen, keine Kiste voller Rubel kann sie erkaufen und wahrmachen. Puh! Welche Erleichterung und schöne Belohnung – nach all diesen Wochen des Chaos. Mit dem Computer auf dem

Beifahrersitz fahre ich winkend durch den Ort und brauche nun schnell ein Zimmer für die Nacht, denn es ist zu spät, um ganz bis nach Almaty zu fahren. Also wieder ab ins Altersheim, Heidi. Und auch dort stehen die Türen erneut offen.

Mein Herz hüpft beim Gang aufs Zimmer, und ich denke mal wieder, egal, wie alt man ist, das Wichtigste sind doch eine gehörige Portion Glück und der Glaube an die Menschheit. Aber nun muss sich die alte Schachtel erst mal hinlegen. Schlafen.

Endlich in Almaty, gibt es viel zu tun, weil ich die Weiterreise nach Russland und China vorbereiten und darum auch hier eine ganze Zeit bleiben muss. Das erste Problem: Weil das kasachische Visum mir immer nur einige Tage im Land erlaubt, muss ich mit dem Taxi sechsmal rüber nach Kirgisistan – um dann gleich wieder nach Kasachstan einreisen zu dürfen. Warum einfach, wenn es auch total kompliziert geht? Aber so ticken hier eben die Behörden. Und da kannste nix machen, auch wenn du noch so oft bettelst. Aber die Fahrt an die Grenze ist jedes Mal schön. In der Ferne sind dann schon die ersten schneebedeckten Dreitausender zu sehen.

Und, ich spüre es förmlich, hier müssen ganz neue Pläne geschmiedet werden! Das russische Visum läuft ab, und ein neues zu beantragen dauert vier bis fünf Wochen. Ich überlege, wie es weitergehen soll. Wohin? So bitter es ist, für die Tour durch Russland, den Baikalsee und die Mongolei wird es einfach zu knapp. Zum Baikalsee würde ich vielleicht noch kommen, aber dort dann festsitzen. Genau wie Clärenore. Der Winter naht, und ich würde mich in Eis und Schnee hineinmanövrieren. Und die Mongolen mit ihren Jurten sind dann längst weggezogen, und es gibt nicht eine Tankstelle. Ich sterbe ja gerne in der Mongolei. Aber nicht allein.

Es gibt nur eine Möglichkeit: direkt nach China.

Die Entscheidung fällt mir sehr schwer. Wie gern wollte ich die Mongolei durchfahren! Wie gern am Baikalsee stehen! Nun, zum

Glück war ich mit der Rallye »Düsseldorf-Shanghai« früher schon mal dort. Ich ging damals in dem eisigen Baikalsee schwimmen. Der Sage nach lebst du danach fünf Jahre länger.

Ich sehe die Bilder dieser großartigen Landschaft vor mir: endlose Weiten, durch die sich eine einsame Piste zieht wie eine dünne Linie. Tagelanges Fahren durch grandioses Niemandsland – ja, das würde mir gefallen. Und Clärenore Stinnes fuhr auch dort entlang. Durch Altan Bulag gelangte sie damals in die Mongolei hinein. Zottelige Yaks, Lamas und Esel trampelten über die Lehmwege, und nachts konnten sie in die »leuchtenden Augen der Wölfe schauen«, wie Stinnes in ihren Aufzeichnungen schreibt.

Oft hatte ich in ihren Büchern über diese wilden Etappen gelesen und mir die alten Fotos dazu besonders gut eingeprägt. Die asiatischen Bergwelten und Steppen, die Kamele und die in Pelze und Fellmäntel eingepackten Mongolen. Es waren herbe Zeiten, als Stinnes sich durch diese Region wagte. Seit 1927 herrschte ein Bürgerkrieg zwischen Chiang Kai-sheks Kuomintang und der Kommunistischen Partei von Mao Zedong. Doch sie, Söderström und die Mannschaft schlugen sich mitten hindurch: von der Hauptstadt Urga, dem heutigen Ulan-Bator, über die schier endlosen Hügel und verschneiten Steppen durch den tobenden Wind – 1 200 Kilometer bis nach Peking. Und eine Zahl hatte sich mir beim Lesen der Seiten besonders tief eingeprägt: Noch im März hatte es Stinnes mit Temperaturen von minus fünfundzwanzig Grad zu tun.

Nein, das will ich nicht erleben. Ich wette, Hudo hasst solche Kälte. Und ich mag ihn auch nicht besonders, den Winter.

So entscheide ich schweren Herzens: schnurstracks nach China – und bloß weg aus diesem zentralasiatischen Labyrinth, wo mir das Pech an den Hacken zu kleben scheint. Doch schon kommt das nächste Durcheinander, wegen meiner neuen Einreiseroute nach China: Denn die chinesischen Behörden wollen vorab nicht nur genau wissen, wann man ins Land kommt – sondern auch, über welchen Grenzübergang. Ich muss also alles neu beantragen. Auch weil der vorgeschriebene Begleiter an der Grenze parat stehen muss. Und das Prozedere dauert: weitere vier bis fünf Wochen.

In Almaty lasse ich Hudo in dieser Zeit fit machen für die gefürchtete Fahrt über den Torugart-Pass, der in fast 3800 Meter Höhe vom kirgisischen Naryn-Gebiet nach Xinjiang führt. Das einzige Nadelöhr, um von hier aus nach China zu gelangen. Und auch das wird eine lange und kalte Tour werden. Zunächst nach Korgas, dann achthundert Kilometer durch das Land der Uiguren. Draußen regnet es. Noch in Almaty packe ich die Winterklamotten aus, erkälte mich aber dennoch, denn die einsetzende Kälte und Nässe bin ich nicht mehr gewöhnt.

Bei Hudo werden alle Schrauben nachgezogen und sämtliche Schotten dichtgemacht. Die Frontscheibe, die als Klimaanlage dient, bleibt ab jetzt fest verschlossen. Beim Starten morgens muss ich auch die Kühlerjalousie völlig schließen, sonst springt der Arme gar nicht erst an. Almaty gefällt mir. Schöne Stadt. Ich trinke viel Tee, esse mit Lauch gefüllte Teigtaschen und bekomme kostenlos eine kleine Wohnung gestellt – von einem Einheimischen, den ich beim Eishockey kennengelernt habe. Zwar passt mir das Däumchendrehen gar nicht, aber ich habe keine Wahl. Meinen Guide für China muss ich über ein Berliner Reisebüro beantragen. Ich habe da keine andere Wahl.

Beim Warten in Almaty schalte ich abends den Fernseher ein. In den Nachrichten sitzt ein Herr mit schwarzen Haaren, blauem Anzug und adretter Fliege. Neben ihm stehen, ganz ordentlich, Blumen. Und dann kündigt er einen Bericht an über eine alte Frau, die mit ihrem noch älteren Auto um die Welt fährt – und gerade länger im Land weilt. Das kasachische Staatsfernsehen bringt doch glatt einen Bericht über mich, nachdem sie mich vor einigen Tagen mit einem Filmteam besuchten. Ich sehe mich im Fernsehen neben Hudo stehen, verstehe aber kein Wort von dem, was berichtet wird.

Nur meinen Namen kann ich heraushören. Und der hört sich hier ziemlich lustig an, weil sie das H wie ein kratziges CH mit arabischem Beiklang aussprechen: »Chreidi Chretzer.« Ick freu mir mächtig und lache mich halb tot!

Als Nächstes müssen noch die Reifen für die Fahrt über den Pass winterfest gemacht werden, aber Schneeketten und Winterreifen sind nirgends aufzutreiben. Ich greife zu einer alten, aber bewährten Methode, die sicher auch Clärenore gefallen hätte und die sie hier in einer Werkstatt in Almaty auch beherrschen. In jeden Reifen schießen die Mechaniker hundertfünfzig Nägel, die Hudo im Schnee als Spikes dienen werden. Die Alternative wäre eine Abschleppstange gewesen, mit der ich mich über den Pass hätte ziehen lassen können. Kostenpunkt: 250 Dollar. Nee, dann lieber die Nägel! Die allerdings brauche ich dringend, sonst habe ich bei Eis und Schnee keine Chance, über die Berge rüberzukommen.

Am 8. November ist es so weit: Ich habe alle Papiere beisammen und mir außerdem in einem Trödelgeschäft einen gebrauchten Lammfellmantel zu einem Spottpreis gekauft. Endlich starte ich nach China. Schon bald wird es kalt und steil, so steil, dass Hudo da nicht mehr hochkommt. Vor uns türmen sich weiße Berge und Grate auf, und es sieht ganz so aus, als führen wir mitten hinein in eine frostige Winterwelt. Ich fahre, so weit ich kann, lasse mich dann zum Pass und zur ersten Grenze weiter schleppen oder, besser: Huckepack nehmen. Ein Kleinlastwagen schultert Hudo auf seiner Ladefläche und wuchtet meinen alten Hudson geduldig die Berge hoch, immer höher in eine neblige Suppe aus Kälte und Grau. Dann sagt der Fahrer: »Weiter darf ich nicht.« Offenbar gibt es hier mehrere Grenzen. Es ist achtzehn Uhr, und ich muss bis morgen früh warten. Der Lastwagenfahrer sagt mir, ich soll am besten sitzen bleiben und den Motor laufen lassen. Er kassiert sein Geld und verschwindet. Als ich Hudo starten will, stelle ich fest, dass er nach der Zeit auf dem Hänger komplett eingefroren ist. Der Choke lässt sich nicht mehr ziehen. Und das Motoröl wird auch schon ein einziger

Eisklotz sein. Ich könnte unter dem Wagen ein Feuer machen – aber wie soll ich das hier anstellen?

Mit dem Zöllner schiebe ich Hudo in eine Sicherheitszone, da ist erst mal Endstation für heute. Und wo jetzt schlafen? Eine gute Frage. Der Zöllner zeigt zurück und meint, dass in einem Kilometer Entfernung eine Hütte läge, dort solle ich anklopfen. Also schnappe ich mir meinen Mantel, eine Jacke und meine vollgeladene Zusatzbatterie. Schließlich muss ich zusehen, dass ich am nächsten Morgen wenigstens noch eine intakte Batterie habe, sonst kann ich Hudo gar nicht mehr starten. Dann marschiere ich los. Es sind einundzwanzig Grad minus, alle zehn Meter muss ich die schwere Batterie in die andere Hand wechseln. Dies wird ein verdammt langer Kilometer.

Schließlich erreiche ich meine Unterkunft für die Nacht: eine einfache Bauarbeiterhütte, in die nur hineingelangt, wer über drei Reifen steigt und an die alte Tür klopft. Eine Frau und ein Mädchen öffnen mir. Drinnen ist es warm und gemütlich. Die Frau empfängt mich mit offenen Armen und bittet mich gleich an den Tisch. Sie ist gerade am Kochen für die Bauarbeiter, es gibt Reis und Brot. In der Hütte hängt ein verschnörkelter Teppich an der Wand, über unseren Köpfen brennt eine nackte Glühbirne. Ich spiele noch ein bisschen mit der Tochter, einer süßen kleinen Prinzessin mit knallbunter Bommelmütze auf dem Kopf. Die Batterie stelle ich an den Ofen.

Aber bald will ich nur noch schlafen. Die Frau zeigt auf die Nachbarhütte, wo sechs Decken auf dem Boden liegen und fünf Bauarbeiter schnarchen. Ich bekomme keine Luft, mir ist kalt, und die Kopfschmerzen von der Höhe sind unerträglich. Immerhin sind wir fast auf 3 750 Meter Höhe.

Ich verbringe eine miserable Nacht. Schlafe fast gar nicht. Ich denke an Hudo und grübele stundenlang darüber nach, wie er nach dieser eisigen Nacht im Freien jemals wieder anspringen soll. Aber dann dämmere ich doch schließlich ein, irgendwo in diesem Zwischenreich, im Nirgendwo zwischen China und Kirgisistan.

Am nächsten Morgen schnappe ich mir die Batterie und stiefele zurück zu Hudo. Wieder ein Kilometer, es ist erbärmlich kalt. Die Batterie wird immer schwerer, und ich bin in einem ziemlich klapprigen Zustand. Inzwischen stehen gut und gerne fünfzig Lastwagen mit laufenden Motoren Schlange, die sich über Nacht angesammelt haben. Aber ob da mal jemand aussteigt und tragen hilft? Fehlanzeige. Ich stapfe meines Weges und sehe von Weitem schon meinen frierenden Hudo.

Ich darf in den Container für die Mitarbeiter, wo es heißen Tee gibt. Den vier anwesenden Männern versuche ich klarzumachen, dass ich Starthilfe brauche. Niemand versteht mich. Aber einer von ihnen – der den kleinen Bus fährt, mit dem der Pass geräumt wird – hilft mir. Eine Stunde lang wird Hudo im Kreis gezogen. Dann schaffe ich es: Gang rein, Kupplung kommen lassen, und Hudo, der Unverfrorene, springt an!

Der Zöllner scheint ein Herz für mich zu haben nach der Nacht- und Nebelaktion gestern Abend. Er lässt mich vor und erledigt erstaunlich schnell die Abfertigung. Ein Wunder! Jetzt nur schnell zur Passhöhe zum vereinbarten Treffen mit Mister Wang.

Oben auf dem Pass ist das Wetter nun herrlich, es scheint auf einmal die Sonne! Und fast mühelos erreichen wir – dank der Nägel – die berüchtigte Passhöhe. Glaubt man das? Bei all den Sorgen, die ich mir vorab gemacht habe?

Nun bin ich aber wirklich glücklich und stolz. Ziehe mir meine Pelzmütze auf die Stirn und posiere ganz oben neben Hudo in meiner roten Skijacke. Rot, dachte ich, passt zu China. Und wird hoffentlich auch meinem Aufpasser gefallen, der an dieser letzten Grenze zusteigen und mich die ganzen 7000 Kilometer durch China begleiten wird.

Oben auf dem Pass weht mir ein minus sechsundzwanzig Grad eisiger Wind entgegen, ich bin pünktlich am 12. November um neun Uhr dreißig an Ort und Stelle. Und wer ist nicht da? Mein chinesischer Adjutant Mister Wang.

Hier hat Hudo herrliche Aussichten, muss aber mächtig frieren. Auf dem Torugart-Pass nach China herrschen weit unter zwanzig Grad minus.

Ich will mir die Beine vertreten und die Zeit totschlagen, indem ich ein paar Fotos mache, um bald endlich mal wieder ein paar Eindrücke auf meiner Internetseite zu posten. Geht aber nicht. Der Kamera ist der Saft ausgegangen, das Handy eingefroren. Also genieße ich einfach die Sonne, den Ausblick und winke den Lastern zu, die an mir vorbeischleichen. Jetzt lächeln sie freundlich in die Gegend, aber heute Morgen war ich noch Luft für sie.

Chinesische Soldaten mit ihren Schnüffelhunden laufen um Hudo herum, mir wird befohlen, mich ins Auto zu setzen und dort zu bleiben. Die Soldaten verschwinden, allein die Hunde bleiben zurück. Drei geschlagene Stunden muss ich am Ende warten, bis er endlich auftaucht, mein staatlich verordneter Kopilot und Begleiter, mein Attaché und Aufpasser. Aber dann steht er neben mir am Fenster: Mister Lu Wang. Er trägt einen grünen Parka, hat dicke graue Haare und schmale Augen. Er lacht mich an und sagt in einem leicht nasalen Singsang: »*Welcome to China.*«

Sein Computer sei ausgefallen, erklärt er in recht gutem Englisch. Dann brettert Mister Wang mit Chauffeur und Sekretärin in deren Auto in einem Affentempo los – ich kann kaum folgen. Hudo knallt über die Schlaglöcher, und ich höre förmlich, wie Schrauben sich lösen. Aber wir müssen heute noch nach Kaschgar, und das sind 160 Kilometer. Dort verabschiedet sich seine Crew.

In Kaschgar steht dann die richtige Einreise nach China an. Und die geht – dank Mister Wang und meiner korrekten Papiere – schnell vonstatten. Hudos Bremsen und die Beleuchtung werden noch überprüft, aber »prüfen« ist gut. Die Beamten schauen sich alles ziemlich flüchtig an und staunen mehr über den alten Hudson, als dass sie ihn wirklich unter die Lupe nehmen. Und genauso »hochoffiziell« geht es auch mit meinem Führerschein zur Sache. Denn in China ist es so: Eigentlich dürfte ich hier gar nicht Auto fahren – Ausländer nämlich müssen im Reich der Mitte einen chinesischen Führerschein beantragen, und den bekommt nur, wer nicht farbenblind, mindestens achtzehn und höchstens neunundsechzig Jahre alt ist. Tja, Heidi, und da biste mal eben acht Jahre drüber.

Doch den Spruch »Geht nicht gibt's nicht« scheinen auch die Chinesen zu kennen. Mister Wang hat dank seiner guten Beziehungen bereits einen Führerschein für einhundertachtzig Euro organisiert. Am nächsten Morgen können Mister Wang und ich endlich richtig losfahren. Er macht es sich bequem, hat nur eine kleine Tasche dabei, aber einen genauen Fahrplan. Alle vier bis fünf Tage haben wir zwei Übernachtungen. Ein Monat und 7 000 Kilometer liegen vor uns.

Weit, weit, weit nach Osten, genauer gesagt, nach Südosten – einmal quer durch das bevölkerungsreichste Land der Erde. Ich bin gespannt, was auf Hudo zukommt, denn ich hatte mich zum Fahren in China vorab einmal kurz schlaugemacht. Hatte auf der Seite eines Reisebüros gelesen, dass der chinesische Straßenverkehr in ausländischen Augen ziemlich abenteuerlich aussehen soll. Vielerorts in China, stand da geschrieben, habe sich ein ganz eigener Fahrstil entwickelt, und vor allem in Großstädten erfordere das Fahren großes Geschick. Einige ausländische Firmen würden es ihren nichtchinesischen Mitarbeitern aus Sicherheitsgründen schlichtweg verbieten, ein eigenes Auto zu fahren. Zu konfus die Regeln, zu gefährlich das Chaos auf den Straßen.

Mich schreckt das wenig. Was habe ich auf meinen Rallyes nicht schon alles erlebt! Bin schließlich schon mal durch China gebrettert. Über die Staubpisten Mexikos, haarscharf an den Klippen des Mittelmeers entlang. Und im Zickzack durch den Berliner Feierabendverkehr zu knallen ist schließlich auch nicht von schlechten Eltern. Also, besten Mutes lege ich den Gang ein, grinse Mister Wang an: Jetzt jeben wir Stoff!

Die nächste Stadt liegt 470, die nächste noch mal 370 Kilometer entfernt. Wir fahren hauptsächlich Autobahn, Autobahn, Autobahn.

Und tatsächlich, wehe, man biegt mal davon ab: Schon fahren die Leute kreuz und quer, vor allem auf ihren Rollern und Motorrädern.

Manchmal schreckt Mister Wang auf, aber er scheint das Chaos gewohnt zu sein und verschont mich zum Glück mit Ratschlägen und ständigen Fahranweisungen. Wir verstehen uns inzwischen bestens. Er erzählt viel, obwohl ich sein Singsang-Englisch nicht immer ganz verstehe. Er ist aus Urumtschi, wo nur dreißig Prozent Uiguren leben, ansonsten Chinesen. Er selbst ist Chinese und kann die Uiguren kaum verstehen. Die sprechen nämlich eine ganz andere Sprache. Ist ja auch kein Wunder bei 1,3 Milliarden Einwohnern. In China soll es neun verschiedene Sprachen geben, dazu Tausende Dialekte. Ich will mir wenigstens ein Wort merken, das wichtigste in wohl jedem Land: danke. Hier wird es so geschrieben: Xièxiè. Und so ausgesprochen: Tschitschiäh. Na ja, so ungefähr.

Mein Mister Wang ist zweiundsechzig Jahre alt, also noch ein Jungspund. Ein reizender und netter Mann. Er weiß sehr viel und zeigt mir bei Turpan den dritttiefsten Punkt der Erde: 154 Meter unter null. Aus dem Fenster sehen wir die Turpan-Senke hinter den Tianshan-Bergen, gelegen an den Ufern des Aydingkol-Sees. Nur das Tote Meer und der See Genezareth liegen angeblich noch tiefer unter dem Meeresspiegel. Vom Aydingkol-See aber pesen wir bald schon wieder los, denn wir müssen den exakten Tagesplan einhalten. Vielleicht mag ich Mister Wang darum so gern. Er quengelt nicht, muss nicht ständig futtern wie die meisten Männer und will pünktlich ans Ziel.

Als Nächstes: Berge, Berge, Berge. Links und rechts der Autobahn erheben sie sich wie rostbraune Buckel. So stelle ich mir den Mars vor: eine ockerfarbene, fast rote Welt aus dahingerolltem Gestein und weit und breit keine Spur von Leben. Wo sind die Menschen, die 1,3 Milliarden? Wie groß ist dieses China? In den kleineren Orten kommen wir an staubigen Sportplätzen vorbei, denn wirklich überall treiben die Chinesen Sport, machen Gymnastik und Qigong. Vor der Schule, vor der Arbeit, in den Pausen.

Neben mir zuckelt eine Chinesin auf einem dreirädrigen Lastenmoped vorbei, hinten auf der Ladefläche sitzt ihre kleine Tochter. Vor uns treibt ein Bauer seine Schafe die Straße runter, und ein paar Ortschaften später biegen wir ab, fahren über einen Feldweg, gelangen auf einen Parkplatz und stehen das erste Mal vor der Chinesischen Mauer. Und da lasse ich es mir nicht nehmen, dort einmal raufzugehen und ein paar Meter auf diesem unglaublichen Bauwerk entlangzulaufen.

Soweit ich Herrn Wang verstanden habe, ist das Ding weit über 20 000 Kilometer lang und zieht sich kreuz und quer durchs Land. Die meisten und größten Abschnitte wurden in der Ming-Dynastie gebaut. Mister Wang wiederholt immer wieder: *»Biggest monument in the world! Biggest monument in the world!«* Dass diese Mauer tatsächlich gigantisch ist, sehe ich nun mit eigenen Augen. Auf unserer Fahrt durch China werden wir immer wieder auf Abschnitte dieses Bauwerks stoßen, das sich durch insgesamt fünfzehn Provinzen schlängelt, über Berge und durch Täler windet. Von Xinjiang bis Peking, Teile verlaufen sogar durch die Mongolei.

Tagelang fahren wir weiter durch karge Bergwelten, dann verdichtet sich der Verkehr plötzlich, und wir kommen in die Ausläufer riesiger Städte, deren Namen ich noch nie gehört habe. Und immer sind es Millionenstädte. Wohnblocks und Hochhäuser, so weit der Blick reicht. Anfangs finde ich das noch beeindruckend, aber nach vier, fünf, sechs dieser Millionenstädte wirkt es beklemmend. Hier leben sie also, die über tausend Millionen Seelen Chinas, denke ich, während ich an grauen, beigen himmelhohen Bauten hochblicke, die oft erst halbfertig sind. Trotzdem wohnen dort schon Menschen.

In den Dörfern, durch die wir fahren, oft weit abseits der großen Städte, fühlt es sich dagegen an wie in der Steinzeit. Die Menschen hier sind sehr freundlich, sie laden uns ein, winken, lachen. Ich mag es in diesen kleinen Dörfern viel lieber als in den chinesischen Monsterstädten, und darum fahre ich auch immer wieder ab von der Autobahn, wenn Mister Wang es nicht merkt. Bei den Hunderten von Kilometern am Tag schläft er nämlich ab und zu ein, döst auf dem Beifahrersitz vor sich hin. Ich habe derweil schon einen Autobahnkoller.

Auf dem Land haben die meisten Häuser Vorgärten, in denen die Menschen ihr eigenes Gemüse anbauen. Salat, Mais, Kürbisse. Hudo kreuzt dann irgendwo durch die chinesische Walachei – und die Leute gucken ziemlich verdutzt, wenn wir um die Ecke biegen. Und Mister Wang? Wenn er aufwacht, schaut er sich um, wo wir denn nun auf einmal sind, und brabbelt irgendwas auf Englisch-Chinesisch vor sich hin. Manchmal steigen wir kurz aus, reden mit den Leuten. Aber reden ist gut. Selbst das Wort »Toilet« versteht hier keiner, obwohl es an den Türen teilweise auf Englisch und in unserer Schrift steht. Die Aussprache ist das Problem. Ein nasales Geflöte, das mit unseren westlichen Klängen nichts zu tun hat.

Am Anfang haben wir fünfhundert Kilometer am Tag geschafft, und ich gab bis zu zwölf Stunden am Stück ordentlich Gas. Inzwischen können wir das Tempo ein wenig drosseln und an unseren Stationen ein kleines Kulturprogramm einlegen. Immer essen wir zusammen, Mister Wang und ich. Und fast immer gibt es Nudeln. Sogar zum Frühstück. Ich muss noch lernen, mit den Stäbchen zu essen, auch für die nächsten Länder, die kommen. Aber wie sie die dünnen Nudeln mit den Stäben essen, ist mir ein Rätsel. Mister Wang zeigt mir jedes Mal, wie er es macht. Aber so langsam gibt er es auf. Ich bin nur am Schlürfen und stecke fast meinen Kopf in den Teller.

Nun sind wir auf der Autobahn nach Lanzhou unterwegs, einer weiteren Großstadt im mittleren Nordwesten Chinas. Wir haben in etwa die Hälfte der Strecke bis nach Laos hinter uns, und ich bin an die 110 Euro Mautgebühren ärmer. Wir fahren nach Lanzhou rein – und das ist toll! In der Stadt stehen gläserne Hochhäuser neben alten Märkten, wo die Garküchen dampfen. Es wimmelt vor Menschen. Über die Märkte gehe ich besonders gern und hole mir an den Ständen etwas zu essen. Maisfladen liegen auf den Grillrosten, es gibt Würstchen, gebratene Tangblätter, Hühner, Frösche, bunte

Salate, getrocknete Früchte, irre große Pilze und lange behaarte Knollen. Mister Wang sieht es nicht so gerne, wenn ich über die Märkte stöbere und hier und da etwas bestelle. Er macht sich Sorgen, dass die Hygiene uns auf den Magen schlagen könnte, und bestellt selbst meistens nichts. Ich schaue mir den Yellow River an, mache eine Stadtrundfahrt und filme die Menschen eine Stunde lang bei der Gymnastik. Inzwischen ist es wieder kalt geworden, nachts bis minus sieben Grad.

Je länger ich in diesem Land bin, desto mehr fasziniert mich China. Auch wenn ich mich in diesen Wochen nur mit Mister Wang austauschen kann, weil von den Menschen, die ich sonst noch treffe, wirklich niemand Englisch spricht. Ich erinnere mich an die bunten Berge und vor allem an die Terrakotta-Armee in Xingjiang, die hat mich am meisten beeindruckt. Die Größe dieser Figuren unter der Erde! Dabei ist ja nur ein Drittel der Ausgrabungen für Touristen zugänglich. Zwei Drittel bleiben unter der Erde, damit es nicht zu Farbveränderungen kommt. Ich sah das dreihundert Jahre alte Naxi-Dorf und den größten Buddha der Welt: eine in Leshan in die orangefarbenen Felsen geschlagene, einundsiebzig Meter hohe Gottesfigur, vor über zweitausend Jahren in der Tang-Dynastie erschaffen und heute überwuchert von den grünen Pflanzen des Waldes. Einige Menschen standen andächtig davor, die meisten hatten nur eins im Sinn: ein Selfie mit Buddha.

In den Dörfern, durch die wir später kurven, stehen die Familien vor Feuerstellen, auf denen abgeknabberte Maiskolben verbrannt werden, und reden unentwegt miteinander. Frauen, Kinder, Männer laufen umher oder holen Holz, andere sitzen vor den Häusern, häkeln, stricken und flechten sich die Zöpfe. Sie laden mich ein ans Feuer, damit auch ich mir die Hände wärmen kann. Wir ziehen Grimassen, lachen, gestikulieren. Mir fällt auf, dass alle Frauen Ohrringe tragen. Und ebenso die kleinen Mädchen.

Auf dem Parkplatz eines alten Dorfs kommen ein Vater und sein Sohn und schauen sich Hudo an. Der Junge nimmt nach einer Weile seine Kette ab und will sie mir schenken. Aber ich kann doch nicht einfach so eine Kette von dem Jungen annehmen. Wer hat sie ihm geschenkt? Seine Mutter, seine Oma? Ich lehne ab – und werde nie vergessen, wie traurig mich der Junge anschaut. Ich bedaure es, dass ich mich nicht vorher mit der chinesischen Kultur auseinandergesetzt habe. Überall gibt es Malereien von Tieren und Blumen, die alle etwas bedeuten. Aber ich verstehe nichts.

Mister Wang führt immer genau Protokoll. An jeder Tankstelle tippt er den Kilometerstand in seinen Computer, hält fest, wie viel Liter in welchen Tank kommen, und notiert den Preis.

Und was für ein Gewusel immer wieder auf den Straßen! Die Frauen fahren meist auf Motorrollern, beladen mit Kind und Kegel. An ihren Lenkern hängen die Tüten und zusammengebundene Flaschen, auf der Sitzbank sind Reissäcke verknotet, und obendrauf hockt der Nachwuchs. So was hätten wir uns selbst in den 1950er-Jahren rund um die Müggelberge nicht getraut, und jeder deutsche Polizist würde heute in Ohnmacht fallen, wenn jemand so durch unsere deutschen Innenstädte brettern würde.

In China alles kein Problem. Und je mehr Eindrücke auf mich einwirken, desto mehr will ich sehen. Man kann in diesem Land zehn Leben verbringen und hat doch nur einen Bruchteil seiner Kultur erlebt. Es ist seltsam, aber mich überkommt bisweilen so eine Art Reisefieber. Ich will mehr und mehr sehen, will gar nicht mehr aufhören, all die Bilder und Szenen aufzusaugen. Wie groß und bunt und verrückt ist doch unsere Erde – und wie wenig habe ich in meinem Leben bisher von ihr mitbekommen. Ja, so ist es wirklich, denn ich spüre: Je mehr ich von der Welt sehe, desto mehr weiß ich, dass ich nichts weiß.

Wir fahren längst weiter gen Süden, und es ist, als flöge ich durch einen Film. Wie alt und modern und arm und reich China doch ist. Da laufen Männer in Latschen und mit Reissäcken auf dem Kopf durchs Gewühl, daneben fahren Jaguars und Ferraris, und viele Autos werden längst von Erdgas oder Strom angetrieben. Ich erinnere mich an meine erste Reise durch China und stelle fest: Heute scheinen viel weniger Fahrräder unterwegs zu sein, und durch die vielen Elektroantriebe ist der Verkehr viel ruhiger geworden. Ich stelle mir Berlin vor. Kommt das bei uns auch? Du steckst im Feierabendstau fest – und hörst kaum noch Motorenlärm?

Hudo muss unterwegs ein paarmal in die Werkstatt. Bei Jinghong gibt es einen lauten Knall. Wir finden eine schwarze Kappe, die vorn am Motor abgeflogen sein muss, auf der Straße, und ich habe keine Ahnung, was zu reparieren ist. Wir werden fünfzig Kilometer abgeschleppt. In den nächsten Stunden muss ich immer wieder an den Ausspruch von meinem Freund Peter Schack denken, der mir von meinem Hispano Suiza abriet und stattdessen den alten Hudson empfahl. »Den kannst du in jeder Dorfschmiede in China reparieren lassen.« Genau das passiert jetzt. Der Kühler wird abgebaut, wir finden ein Bronzegussteil, besser gesagt: nur die Hälfte davon. Als Nächstes sucht Mister Wang nach Bronzematerial, um das Teil neu anfertigen zu lassen. Glücklicherweise treibt er etwas auf. Und während ich für zwei, drei Stunden ins Hotel gehe, geschieht bereits alles: Das Teil wird angefertigt und von den Jungs in Windeseile wieder zusammengeschraubt. Ich kann es nicht einmal fotografieren. Irres China. Die kriegen alles hin.

Als wir starten, explodiert der Auspuff, keiner hat vorher an die Zündeinstellungen gedacht. Nun schweißen sie ganz flott wieder den Topf zusammen, und die Chefin kassiert noch mal extra dafür. Selbst Mister Wang wird während dieser Prozedur nervös, weil ich übermorgen China verlassen muss – und er dafür geradesteht.

Auf Landstraßen röhren wir vorbei an Reisfeldern und Obstplantagen, und bei jedem Schlagloch wackelt Mister Wang im Beifahrersitz hin und her. Hudo spurt wieder bestens, ich klemme hinterm Lenkrad und genieße die Fahrt in vollen Zügen.

Mister Wang lacht mich an, er ist guter Dinge, weil wir es rechtzeitig an die Grenze nach Laos schaffen. Wir sind in der Provinz Sichuan, fahren hinter Chengdu Richtung Kunming. Nun habe ich die Lamellen am Kühler wieder geöffnet, damit der Fahrtwind den Motor zusätzlich kühlt. Es wird wärmer und wärmer, und bald kommen wir in subtropische Gefilde.

Der liebe Mister Wang ist mir richtig ans Herz gewachsen. Ein toller Mann, freundlich und gebildet, immer zurückhaltend. Dabei kümmert er sich um alles, geduldig und ohne je zu meckern. Er setzt sich immer für mich ein und flunkert sogar für mich. Bei einem kleinen Unfall muss ich meinen chinesischen Führerschein zeigen, und da werden die Polizisten stutzig. Aber Mister Wang bestätigt immer wieder, dass das Alter in der Pappe auch wirklich stimmt: neunundsechzig Jahre, keinen Deut älter und gerade noch am Limit. Ich hätte ihn knutschen können!

Von einem weiteren kleinen Schönheitsfehler an meinem Gefährt habe ich ihm aber trotzdem nichts erzählt. Denn seit zigtausend Kilometern und zehn Ländern fährt Hudo mit einem gefälschten Nummernschild durch die Welt – und keiner merkt es. Ich sah eines Tages, dass eine Ecke des Nummernschilds abgebrochen war. Da hatte sich offenbar jemand dran zu schaffen gemacht und wollte das deutsche Kennzeichen klauen. Zum Glück ohne Erfolg. Ich bekam einen ziemlichen Schrecken, denn was würde ich tun, wenn mein Nummernschild auf einmal futsch wäre? Nun, reichlich dumm dastehen – denn mal eben ins Berliner Zulassungsamt fahren und ein neues beantragen ginge ja wohl nicht. Daran hatte ich wirklich noch nicht gedacht, dass man mir unterwegs das Kennzeichen klauen könnte. Also bat ich Freunde, mir zwei Nummernschilder anfertigen zu lassen und mir diese zuzuschicken, natürlich ohne den Stempel. Die Originale habe ich seither an Bord versteckt, die neuen montiert.

Über zehntausend Kilometer bin ich jetzt gefahren und in China an einer Reihe riesiger Metropolen vorbeigekommen, deren Namen ich noch nie gehört hatte. Chengdu: über fünfzehn Millionen Einwohner. Xi'an: acht Millionen. Lanzhou: drei Millionen. Und dann waren wir noch in etlichen »Kleinstädten« mit fünfhunderttausend Einwohnern. Gigantisches China. Einen ganz kleinen Eindruck habe ich von diesem Land nun gewonnen. Ich kann nur sagen, dass die Menschen hier, vor allem in den Dörfern, sehr nett sind. Ich werde das Land mit einem lachenden und einem weinenden Auge verlassen. Hudo hat jetzt 80 000 Kilometer auf der Uhr und wird auch hier immer wieder bestaunt. Mit einer alten Dame sitze ich für ein Foto auf dem Trittbrett, und sie ist so gerührt von unserer Zusammenkunft, dass auch mir fast die Tränen kommen. Auf dem Parkplatz neben Herrn Wangs Hotel kommt plötzlich eine ganze Schulklasse auf uns zu. Und alle zücken die Handys, machen Fotos und gackern wild durch die Gegend.

Es kommt vor, dass mich Leute hysterisch an den Straßenrand winken, Linienbusse mich abdrängen, damit ich auf dem Seitenstreifen stehen bleibe, alle Mann aussteigen und sich Hudo anschauen können. Hier und da gibt es unglaubliche Szenen. Junge Frauen rufen ihre Freundinnen an, damit die für ein gemeinsames Foto vorbeikommen – während ich solange warten darf. Manchmal ist Hudo regelrecht umzingelt von spontanen Schaulustigen. Es bilden sich Trauben um ihn. Und die ziehen nur noch mehr Leute an – als würde Freibier aus Hudos Tank fließen.

Woran mag das liegen? Genau weiß ich es natürlich nicht, aber ich glaube, dass wir es nun einmal alle toll finden, wenn alte Dinge den Geist nicht aufgeben und immer weiter funktionieren. Ein altes Auto, das nicht einfach nur im Museum steht, wo man das schöne Design und das dicke unkaputtbare Material bewundert, sondern das auch noch richtig durch die Gegend fährt, ja sogar um die Welt. Das begeistert die Leute. Und wenn sie dann noch sehen, dass da eine alte Frau am Steuer sitzt, flippen einige richtig aus. Super, sagen sie. Das macht uns Mut, davon schneiden wir uns eine Scheibe ab! Für mich ist das Schönste, dass Hudo immer gleich so viele Sympathien weckt. Egal, wo wir auftauchen, ist das Eis schon gebrochen, bevor ich überhaupt aussteige.

Am 11. Dezember ist es so weit. Wir sind im tiefen Süden der Provinz Hunan angekommen, und Mister Wang und ich müssen Tschüs sagen. Vor der Windschutzscheibe taucht eine goldene Pagode auf, und die Autos reihen sich ein für den Grenzübertritt. Auf der anderen Seite erwartet uns die Ortschaft Mohan. Mister Wang steigt aus. Ich nehme ihn in den Arm – ich werde ihn nicht vergessen. Nach vier Wochen Seite an Seite haben wir uns – trotz aller sprachlichen Schwierigkeiten – ziemlich gut kennengelernt. Mister Wang steht für das Bild, das ich aus China mitnehme. Er lächelt und winkt.

Dann muss er schon wieder los. Kurz nach Hause, die nächsten Rallyefahrer aus England warten schon auf ihn.

Hudo fährt aus China hinaus und nach Laos hinein. Es ist nicht mehr lange bis Weihnachten und Neujahr, und ich denke zurück und voraus. Nach diesen letzten viereinhalb Monaten, nach dieser harten, langen und wunderschönen Reise durch halb Europa und quer durch fast ganz Asien kenne ich meinen Vorsatz für die Zukunft schon. Ich habe mir fest vorgenommen, jetzt alles auszuprobieren, was das Leben zu bieten hat.

Bis zum dicken Ende.

Und kaum hieß es *bye-bye* Mister Wang, heißt es nun: Hallo, Christian.

Steil nach Süden: durchs heiße Laos nach Singapur

Im Vergleich zu der letzten großen Etappe wird die nächste ein Katzensprung sein, wenigstens was die Strecke betrifft. Ich will von Laos über Thailand, Malaysia nach Singapur, denn dort legt Ende Januar das Containerschiff ab, das Hudo und mich nach Australien bringen soll. Um die dreitausend Kilometer sind es, bis Hudo auf See eine Verschnaufpause bekommt, aber er wird sich ab jetzt durch immer schwülere Luft und heiße Temperaturen ackern müssen. Und die Straßen? Ich habe keine Ahnung, was uns erwartet. Saubere Highways im modernen Malaysia und matschige Dschungelpisten im Hinterland?

In Laos bin ich mit einem Bekannten unterwegs, Christian Keilbach, der beruflich in diesem Land zu tun hat und sich gut hier auskennt. Christian ist aus Berlin, sein Vater war Niederlassungsleiter bei Mercedes. Über den Blog hatten wir uns kontaktiert.

Auf schmalen Straßen fahren wir in den Norden von Laos hinein, und als Erstes fallen mir die mächtigen Bäume auf. Solche Stämme habe ich noch nie gesehen. Ihre Wurzeln wachsen wie verknotet durcheinander, und sie besitzen viele Strukturen und Zeichnungen wie ein schönes altes Gesicht. Im Gegensatz zu den vielen festen Gebäuden Chinas gibt es hier jetzt immer mehr kleine Hütten und Häuschen. Die Wände sind aus Bast geflochten, die Dächer aus Stroh oder Palmblättern gebunden. Auf Stelzen stehen sie bis in die Hänge des Dschungels hinein, und vor den Türen laufen die Kinder barfuß über den rostroten Erdboden.

Am Straßenrand sehe ich bald eine tote Ratte, die aufgeknüpft an einem Stock hängt. Ich steige aus und besehe mir das arme Vieh, das da tot in der Hitze baumelt. Ist das ein Ritual? Eine Opfergabe? Ich weiß es nicht, und niemand kann es mir hier erklären. Die Laoten sind viel scheuer als die Menschen in den meisten anderen Ländern, und wenn ich aussteige und auf die Leute zugehe, lächeln sie zurückhaltend oder schütteln schüchtern den Kopf. So eine alte Deutsche, die mit ihrer klappernden Kiste durch ihre Dörfer fährt, haben sie garantiert noch nicht gesehen – aber es interessiert sie auch nicht sonderlich. Hudo bekommt wenig Beachtung, für Autos oder gar Oldtimer scheint sich hier kaum jemand zu interessieren. Auch mir stellen sie nicht die aufgeregten Fragen wie sonst. Und das tut, ehrlich gesagt, auch mal ganz gut.

Was die Ratte bedeutet, würde ich dennoch gern wissen. Vielleicht trocknet sie als Sonntagsbraten vor sich hin. In Laos essen sie nämlich fast alles. Schweine- und Hühnerfleisch, Meeresfrüchte und Fisch, dazu Schlangen, Fledermäuse, Eidechsen, Frösche und Insekten. Da machen Ratten den Kohl auch nicht fett. Ich halte in einem Dorf weiter südlich und gehe zu der Familie, die vor ihrem Haus sitzt. Die drei Kinder wuseln um die Mutter, ihr viertes Baby liegt auf ihrem Schoß. Alle lächeln mich an, aber mit Englisch wird es nichts. Kein Wort. Ich gebe den Kleinen zwei, drei Kugelschreiber, von denen ich viele dabeihabe, um sie als Geschenke zu verteilen. Die Kleene läuft barfuß, sie trägt ein gelbes Röckchen, eine türkise Bluse und eine bunte Kette um den Hals. Was sie mit dem Kugelschreiber soll, weiß sie auch nicht. Sie besitzt offenbar nicht mal ein Schulheft zum Malen. Leider habe ich im Moment keine Berliner Buddy-Bären mehr. Die Bären hatte ich als besondere Geschenke und als Dankeschön dabei – und als Berliner Wahrzeichen. Wenn ich mal eine feste Adresse habe, schickt die Buddy-Bär-Company mir immer Nachschub.

Weiter gen Süden wird das Land immer grüner, immer dschungeliger. Und das Fahren macht gerade viel Spaß. Hudo brummt stabil vor sich hin, so kann ich meinen Blick auf die Welt richten. Im Grunde sitze ich ja die ganze Zeit im Kino, wenn Sie so wollen. Und was da alles an einem vorbeizieht, ist unglaublich. Bilder über Bilder, wie in einem endlosen Dokumentarfilm ohne Sprecher. Dafür fliegen immer wieder neue Gerüche ins Auto. Der süßliche Rauch, wenn sie irgendwo Palmen verbrennen. Der Anflug von Kokosöl, wenn am Straßenrand eine Garküche dampft.

Um die nächste Kurve sehen wir vor Hudos Windschutzscheibe zwei Männer, die neben einem Fluss meterlange Bambusstangen schleppen und diese am Ufer auftürmen. Es sind Bauarbeiter, und die Bambusstangen dienen als Baumaterial, vor allem als Gerüststangen. Wie praktisch für den Bau von Häusern. Wände, Dächer, Türen – alles liefert der Urwald, und der ist hier wirklich fast überall. Laos ist ein ruhiges Land, wie mir scheint. Kein Industriemonster, das durch die Moderne hetzt. In einer Hütte sehe ich, wie die Frauen um eine Feuerstelle hocken und Palmschnaps brennen. Am Straßenrand steht eine weitere Frau im Wickeltuch und schenkt mir ein Bündel Kohlrabi. Ich probiere den später – und er schmeckt köstlich! Hudo steht mit weit geöffnetem Kühler am Straßenrand und muss nun doch erst mal eine Runde abkühlen. Als ich mich über den Kühler beuge, lachen die Hühner. Gackernd laufen sie auf der Straße um uns herum. Ich fülle noch Wasser nach und befeuchte die Speichen. Wie heiß mag es hier sein? Dreißig Grad im Schatten? Mindestens!

Bald fahren wir nach Luang Prabang, einem schönen Städtchen, und hier lernen wir ein besonderes Ritual kennen. Jeden Morgen um sechs laufen die in orange Tücher gehüllten Mönche wie an einer Perlenkette aufgereiht durch die Stadt. Am Straßenrand geht die Bevölkerung auf die Knie und gibt ihnen kleine Gaben. Meistens ist es Essen.

Zwei Tage später erreichen wir Vientiane, die Hauptstadt von Laos. Ich sehe goldene Paläste, riesige goldene Götterfiguren, die ganz gemütlich auf einem Podest liegen. Die eine in einem kleinen Park ist bestimmt zwanzig Meter lang. Als ich näher komme, sehe ich es, und das gefällt mit jetzt mal richtig gut: Diese gigantische Gottesfigur, die da im Park ruht, ist endlich mal eine – Frau! Na bitte, geht doch. Ich frage mich das schon seit Langem: Warum sind die allermeisten großen Götter der Weltgeschichte eigentlich Typen?

Überall rasen jetzt die Tuk-Tuks, also Autorikschas, über die Straßen. Wie hupende Hornissen schwirren sie um Hudo herum, als wir ins Zentrum fahren – mal wieder für einen längeren Zwangsstopp in der Werkstatt. Hudo braucht neue Kolbenringe und Pleuellager, dazu eine neue Zylinderkopfdichtung. Der wackere Hudo. Ohne seine regelmäßige Ration an Zuneigung und Pflege geht es eben nicht. Er ist ja auch nur ein Mensch.

Allerdings heißt dieser Stopp auch: Ich werde Weihnachten und Silvester in Vientiane verbringen, obwohl Weihnachtsstimmung bei den Temperaturen gar nicht erst aufkommt und unser Silvester hier auch nicht begangen wird. Ihren Jahreswechsel feiern die Laoten nämlich erst Anfang April. Wie schön, dass nicht alle ticken wie wir und sich nicht irgendwelche fremden Feste vom westlichen Kalender aufschwatzen lassen.

In Vientiane schütteln wir viele Hände. Der deutsche Botschafter, Michael Grau, begrüßt mich offiziell mit einem tollen Empfang. Sechzig Jugendliche stehen stramm vor mir, gekleidet in Rot, Blau und Weiß. Spontan muss ich vor den Jugendlichen eine Rede halten, die übersetzt wird. Es sind viele Mädchen dabei, die ich nun als Vorbild anspreche. Als Frau. Die Mädchen lernen an der laotisch-deutschen Technikerschule – und als ich meine Worte besonders an sie richte, bekomme ich strahlende Blicke zurück. Die Deutsch-Laotische Gesellschaft fördert den Austausch zwischen Laos und Deutschland und pflegt die Beziehungen zwischen beiden

Ländern, nicht nur auf kultureller und wirtschaftlicher, sondern auch auf wissenschaftlicher und technischer Ebene. Im Nu lerne ich auf diese Weise viele in Laos lebende Deutsche und andere Ausländer kennen. Und deren technisches Interesse richtet sich nun auch wieder auf Hudo.

Weihnachten im fernen Laos wird fast zu einem Heimspiel. Christian und ich feiern Weihnachten in einem deutschen Restaurant in Vientiane, es gibt Würstchen, Bouletten, Kartoffelsalat, und wir prosten uns mit Paulaner Bier zu. In der Kirche geht es danach aber wieder ganz laotisch zu. Da herrscht zum heiligen Fest weniger katholische Besinnlichkeit als vielmehr fernöstliche Volksfeststimmung. In der Sacred Heart Church wird gesungen und getanzt.

Inzwischen haben hier alle mitbekommen, dass ich nicht aus beruflichen Gründen durch Laos reise und auch nicht von der Kirche bin, sondern mit meinem blauen Oldtimer hier lediglich einen Zwischenstopp auf meiner Weltreise einlege. Prompt werde ich in der Expatriatenrunde herumgereicht wie ein Wanderpokal.

Während Hudo in der Werkstatt weilt, besteht Marie Grau, die Frau des Botschafters, darauf, dass ich bei ihnen in der deutschen Residenz wohne. Christian ist derweil bei sich zu Hause, denn er lebt in Vientiane. Als er am Abend eine Runde auf dem Motorrad mit mir hintendrauf dreht, kommt plötzlich ein weiterer Motorradfahrer angeprescht und will mir meine rote Autohandtasche entreißen. Ich lande auf der Straße, halte aber fest. Der Räuber entkommt mit einem Henkel, die Tasche halte ich in den Händen. Glück gehabt.

Ich mache mir nicht viel aus dem Vorfall. Schaue lieber nach vorn ins neue Jahr: 2015 bricht in wenigen Stunden an. Um Mitternacht heben wir die Sektgläser im heißen Laos, sechs Zeitzonen und 11 000 Kilometer von Deutschland entfernt, so weit, dass Google Maps die Autoroute schon nicht mehr berechnen will. Am 3. Januar gibt Marie Grau eine Abschiedsparty für uns. Christian fährt noch bis Bangkok mit, um von dort nach Berlin zu fliegen. Wie schön!

Wie weit habe ich mich eigentlich inzwischen von Clärenore Stinnes' Route entfernt? Ich schaue auf die Karte und überlege, welche Etappen ihr auf diesen Längengraden bevorstanden. Sie war mehrere Tausend Kilometer nördlich durch die Wüste Gobi gefahren, dann südöstlich durch China. Über Dsamyn-Ude und Zhangjiakou kam sie nach Peking und machte sich dann auf nach Osten Richtung Tokio. Auch sie wird das asiatische Leben an vielen Orten hautnah erlebt haben. In Peking sah sie Volksfeste, Hochzeiten und Begräbniszeremonien. Statt Tuk-Tuks liefen damals noch überall Kulis auf den Straßen, deren Dienste und Karren man mieten konnte, wie man heute ein Taxi nimmt. Auf den Fotos ihrer Expedition sind blinde Straßenmusikanten und vagabundierende Straßenkünstler zu sehen, deren Darbietungen sie begeistert lauschte. Und schon damals hatten sich europäische Enklaven im Fernen Osten gebildet. In Peking trifft sie auf einen Robert Müller, seinerzeit Antiquitätenhändler und Korrespondent für das *Berliner Tageblatt.*

In einem Flanellanzug, mit Oberhemd und Krawatte, sitzt Clärenore wie ein europäischer Gentleman beim Essen und muss die Nudeln ebenfalls mit Stäbchen essen. Ich würde wetten, sie konnte es besser als ich. Sie besuchte die Ming-Gräber, sah die Kamelkarawanen auf der Seidenstraße und machte sich bald mit ihrem Tross nach Japan auf. Von einem Kran und völlig ohne Schutzhülle wurde ihr schöner Adler an Deck eines Schiffs gehoben, denn schon damals ließen wohlhabende Menschen ihre Limousinen über die Weltmeere transportieren. Und dann, unterwegs auf See nach Honolulu und San Francisco, erwischte ein Taifun ihren Frachter. Die ganze Nacht wütete der Sturm, und Stinnes – wie ich wahrscheinlich tausendmal lieber am Lenkrad als auf dem Ozean unterwegs – muss schwer mit der Seekrankheit gekämpft haben.

Ich bin inzwischen heilfroh, mich früh genug von der Idee verabschiedet zu haben, ihre Route nachzufahren. Wie kalt ist es jetzt im Norden Chinas, in Japan und dann erst dort oben auf See? Nein, ich mag viel lieber die Wärme, die Sonne. Und die kann ich hier im Süden Asiens in vollen Zügen genießen. Draußen herrschen schon am Morgen weit über zwanzig Grad, und durch die Palmen weht ein milder Wind. Vor allem aber hätte ich auf der Stinnes-Tour gar nicht die Ziele vor mir gehabt, die als Nächstes auf mich zukommen. Ich will jetzt möglichst schnell nach Singapur und dann steil nach Süden über den Äquator: Es wartet der große Sprung ins Land der Aborigines.

Nach Singapur werde ich nicht den schönsten, sondern den schnellsten Weg fahren. Tempo machen auf den Highways Südostasiens. Denn wir müssen eine ganze Woche vor der Abfahrt am Containerterminal sein, um Hudo auf das Schiff nach Australien zu bekommen. Es wartet haufenweise Papierkram. Die Australier mögen es bei der Einreise mit einem Automobil kompliziert. Das Motto also lautet: »Lieber zu früh als auch nur eine Sekunde zu spät kommen«. So entscheide ich mich, auf den Autobahnen schnurstracks nach Bangkok zu brettern, anschließend weiter nach Malaysia. Denn die Reparaturen an Hudo haben sich in Vientiane mal wieder gezogen, und inzwischen höre ich schon die Flöhe husten.

Zum ersten Mal fällt mir ein Abschied richtig schwer. Ich finde mich in der Stadt Vientiane ganz gut zurecht, weiß, wo ich mich bewege, und ich habe in diesen Wochen hier viele liebe Menschen kennengelernt. Da ist ein Gefühl von Ankommen, obwohl es auf meiner Reise ja eigentlich immer nur heißt: los, weg und weiter. Aber das ist nun mal die Geschichte meines Lebens. Immer weiter. Und so will ich es haben. Also tschüs, du schönes Vientiane. Es geht nicht anders, die Piste ruft.

Von Vientiane nach Bangkok sind es gerade mal sechshundert Kilometer, und die Etappe ist schnell geschafft, denn ich drücke ordentlich auf die Tube. Hudo verliert etwas Öl, und manchmal sehen Christian und ich eine kleine Spur im Rückspiegel oder wenn ich aussteige. Erst mache ich mir Sorgen, aber dann sage ich mir schnell: wird schon. Hudo ist eben wie ein alter Mann, und bei denen ist ja auch nicht immer alles dicht.

Hände hoch, Finger dreckig! Was ist hier in Bangkok schon wieder los mit meinem Hudo?

Rechts ist der Mekong zu sehen, an dessen Ufer Christian und ich schon in Vientiane die Silvesternacht verbracht haben. Der mächtige Fluss fließt in einem grünen Braun immer breiter nach Süden, an seinen Ufern stehen auf Stelzen gebaute Siedlungen. Dschunken und kleine Boote der Händler fahren stromauf- und stromabwärts. Gut, dass Christian bei mir ist. Zu zweit macht es doch mehr Spaß, man kann die Eindrücke teilen. Und er erklärt mir viel. Wir sehen die Zwillingswasserfälle und viele Kaffeeplantagen. Doch schon bald naht das Monster Bangkok.

Ein Glück, dass ich nicht selbst fahren muss. Denn Hudo hat entschieden, dass er hier nicht fahren will. Ganz spontan streikt er mal wieder. Christian besorgt einen Abschleppwagen, der uns ins Jesada Technik Museum bringt, und das aus einem guten Grund: Denn hier stehen buchstäblich Hunderte von Oldtimern – und ich traue meinen Augen kaum, als ich die Hallen betrete. Ich glaube, eine solche Ansammlung von schönen alten Autos habe ich noch nie gesehen! Mercedes, Jaguars, Citroëns, alte Porsches und Bugattis, dazu Isettas, Goggomobile, Kabinenroller von Messerschmidt – alles Erdenkliche an noblem altem Blech steht hier herum! Ich kann es gar nicht fassen. Ein Füllhorn an Raritäten, von denen ich viele noch gar nicht kannte. Und das in Thailand. Ich würde am liebsten gleich einen Monat bleiben!

Prompt komme ich in Versuchung, mir einen Oldtimer zu kaufen, der in Berlin gebaut wurde. Sumeth, der Werkstattleiter, bringt uns zu Herrn Jesada zu einem Mittagessen, bei dem auch der thailändische Agrarminister anwesend ist. Wir sitzen in seinem Bürohaus, Blick über ganz Bangkok. Hudo hat mal wieder an der richtigen Stelle schlappgemacht.

Herr Jesada, dem das Museum gehört, ist ein unheimlich reicher und in Thailand bekannter Mann. Aber auch nur einen einzigen seiner unzähligen Oldtimer zu verkaufen – das kommt für ihn nicht infrage. Und dann gibt es mal wieder so einen schönen Zufall. Herr Jesada, heute neunundsechzig Jahre alt, erzählt mir, dass sein erstes Auto ein Opel war: ein Opel Olympia Kombi. Ick glob, ick spinne, als ich das höre! Klar, ich kenne das Auto noch aus den Fünfzigerjahren von zu Hause. Vati hatte solche bei sich im Laden. Und so einen besaß Herr Jesada also – in Thailand! Sachen gibt's, die gibt's gar nicht. Und so haben wir beide natürlich noch ein Thema obendrauf. Wir prosten uns zu. Mit Tee.

Das erste Mal im Leben beneide ich wirklich jemanden: Sumeth. Er nämlich ist nicht nur der Werkstattleiter, sondern auch der Herrscher über die gesamte Jesada-Sammlung, die nichts Geringeres als fantastisch ist. Es zählen Flugzeuge dazu, Hubschrauber, Motorräder, Schiffe, Busse, Taxis, aber auch Musikboxen, Fahrräder, seltene Blechschilder historischer Motorsportveranstaltungen – eine gigantische Sammlung aus alten Epochen und aller Herren Länder. Um alles darf sich Sumeth persönlich kümmern. Wenn ich jemals noch mal einen Job annehmen sollte, dann genau so einen.

Muss sich anfühlen wie Dagobert, wenn er in diesen Schätzen badet.

In Bangkok selbst sehe ich später die französische Brücke, eine vierhundertvierzig Meter lange Fachwerkbrücke von 1927, erbaut in genau dem Jahr, als Clärenore losfuhr. Wie ein altes Eisengerüst quert sie den in der Hitze vor sich hin schwappenden Fluss Chao Phraya. Mit Wäsche behangene Tuckerboote dümpeln unten in den Mangroven, schieben sich an den Ufern durch dahintreibende Teppiche aus Wasserpflanzen, Müll und Dreck. Wie es aussieht, leben ganze Familien auf diesen dampfenden Kähnen. Im Zentrum Bangkoks sehe ich später die großen Tempel, den schönen Königspalast, abends stehe ich auf dem himmelhohen Fernsehturm, von dem aus der Blick über die ganze Stadt fällt. Von ganz oben schaue ich über das irrwitzige Häusermeer und seinen Lichterreigen: Da unten wuseln acht Millionen Menschen durch Gassen und über Märkte, und dazwischen schießen gewaltige Wolkenkratzer in die Höhe. Berlin, denke ich. Niedliches kleines gemütliches Berlin. Dorthin fliegt Christian heute zurück. Schade, ich hätte mich gefreut, wenn er noch lange mitgefahren wäre.

Tags darauf geht es weiter gen Süden, ich fahre durch den schmalen Arm Thailands nach Malaysia. Kambodscha habe ich ausgelassen, zu nah rückt jetzt der Termin für die Verschiffung. Links und rechts liegen – gar nicht weit weg – die Inseln der Andamanensee und des Golfs von Thailand. Palmenbestandene Paradiese, wo in den Strandbars die Drinks fließen. Heidi stiert stattdessen auf den glühend heißen Asphalt vor der Windschutzscheibe. Sechs- bis achtspurig bahnen sich die Highways und Expressways in Thailand durchs Land, und an den Ausfahrten und Knotenpunkten führen sie in mehreren Etagen und verschlungen zu großen Kurven übereinander hinweg und untereinander hindurch. Das reinste Karussellfahren in einem Meer von Beton und Abgasen.

Malaysia gefällt mir von der Natur her noch besser als Laos und Thailand. Es ist noch grüner und saftiger. Gleich neben den Highways beginnen die Palmenwälder und Gummibaumplantagen, und an fast jedem Baum hängt ein Topf, in den ein weißer Saft fließt: Kautschuk, aus dem besonders auch Autoreifen hergestellt werden. Gleich hinter der Grenze fällt auf, dass man jetzt in einem muslimischen Land ist. Fast alle Frauen tragen nun Kopftuch und lange Kleider.

Die Sehenswürdigkeiten lasse ich fast alle links liegen. Heidis Leben ist der Highway. Die Straßen hier sind wunderbar zu fahren, und Malaysia macht den Eindruck, ein noch viel reicheres Land als Thailand zu sein. Außerdem sind die Malaysier offenbar völlig autoverrückt. Überall sausen aufgemotzte Wagen und auch blitzblanke Oldtimer an mir vorbei. Deshalb plane ich einen Halt ein beim MSVCR. Der Malaysia and Singapore Vintage Car Register Club ist total begeistert von meiner Tour – und bringt sich fast um für mich. Alle geben mir Tipps, Adressen, Telefonnummern. Ich solle hier übernachten oder könne bei dem und dem wohnen. Toll. Eine unglaubliche Hilfsbereitschaft, und mal wieder zählt die gemeinsame Passion für die alten Autos.

Ich bleibe in George Town, der Hauptstadt der Insel Penang, gelegen an der Straße vom Malakka. Die Stadt ist so bunt wie ein Bonbonladen. Quietschgelbe Kolonialhäuser, knallbunte, wild verschnörkelte Tempel und mit Bommeln und Bällchen geschmückte Pagoden. Dazwischen quetschen sich Bürotürme, Moscheen, Shopping Malls.

Seit George Town werde ich von Mitgliedern des Oldtimer-Klubs empfangen und fast überallhin begleitet. Und zum Glück schleppen sie mich auch ab, als Hudo das nächste Mal liegen bleibt. Ein VW-Kübelwagen zieht uns siebzig Kilometer bis nach Johor, dem südlichsten Bundesstaat des Landes. Dort wird mir in der Classic & Sports Garage geholfen. Ein hübscher und äußerst talentierter Mechaniker macht sich über Hudo her, professionell und in aller Ruhe. Und hier lasse ich Hudo auch gleich säubern, denn für die Einreise nach Australien soll er aussehen wie frisch aus dem Museum und quasi keimfrei. Panische Angst haben die Aussies, dass irgendwelche fremden Samen, Kerne, Insekten, Larven, Keime oder sonst ein mikrobenartiger Eindringling in ihr Land gelangen könnten. Aber das soll erst mal einer machen: den alten Hudo nach über 12 000 Kilometern porentief rein kriegen – nach all den Werkstätten, Schotterpisten und Hühnerposten zwischen Bangkok und Bulgarien. Ich lasse die Teppichböden herausnehmen, und auch das gesamte Gepäck muss raus. So gut ich kann, packe ich mit an, und bald stehen wir vor dem leeren Wagen. Mit dem Dampfstrahler säubern wir Hudos Unterboden und schrubben und bürsten an allen Ecken und Kanten wie die Weltmeister. Einen ganzen Tag dauert die Aktion. Nun, das ist allemal besser, als mit Hudo in Australien nachher auf der Quarantänestation zu landen. Und ich bin froh, das alles hier in Johor erledigen zu können. In Singapur nämlich ist das Wasser rar und teuer. Singapur muss das Wasser teuer in Malaysia einkaufen.

Als Nächstes besorge ich mir beim Automobilklub das sogenannte ICP. Ein Papier, ohne das man mit dem Auto nicht über die Grenze nach Singapur darf. Hinzu kommen noch eine Versicherung, spezielle Zollformulare und eine elektronische Kreditkarte. Aber dann, längst Ende Januar, ist es so weit. Ich fahre endlich nach

Singapur – dem letzten Zipfel Land vor der bevorstehenden Passage über den Indischen Ozean. Ob ich mich auf diese freuen soll, weiß ich noch nicht so genau. Meine einzige und letzte Seereise ist fast fünfundfünfzig Jahre her. Schiffe sind nicht wirklich meine Welt. Egal, es kommt, was kommt, denn ich will unbedingt an Hudos Seite sein, wenn er über das große Meer schippert. Ich genieße jetzt erst mal das Wetter. Tiefer Winter in Berlin, hier herrscht der reinste Sommer. Dreißig Grad noch am Abend und zum Glück keine Spur von Regen. Vor zwei Wochen noch soll das in Kuala Lumpur anders gewesen sein. Gewaltige Regengüsse gingen dort nieder, was zu heftigen Überschwemmungen führte. Gut, dass Hudo da nicht durchmusste. U-Boot-Fahren ist garantiert nicht sein Ding.

Und ja, das hätte passieren können. Denn wenn es hier unten gießt, dann richtig. Später lese ich in einer englischen Zeitung, dass vor zwei Wochen bei dem heftigen Regen und im Monsun zwei Menschen starben und zwölftausend aus ihren Häusern evakuiert werden mussten. Die Leute tuckerten mit Booten durch die Straßen, Hunderte Autos soffen ab und wurden davongespült.

Nicht so in Singapur. Alles trocken und heiß hier, einmal klettert das Thermometer sogar auf vierzig Grad. In der weiten Bucht vor dem Hafen sind auch schon die Schiffe zu sehen. Flotten von Tankern und Containerriesen, die auf Reede liegen und die nächste Fahrt erwarten. Ich sehe mir aber noch die Stadt an, denn ich habe – indem ich förmlich durch Thailand und Malaysia gerast bin – ein wenig Zeit gutgemacht. Singapur ist am Ende gar nicht so groß, dafür umso moderner, sauberer, organisierter. In den weißen Häuserschluchten gleiten moderne Doppeldeckerbusse, klimatisierte Limousinen, schicke Sportwagen neben mir entlang.

Am Nachmittag fahre ich auf einen der Wolkenkratzer und blicke auf die anderen Wolkenkratzer. Die Aussicht ist der Hammer. Als blicke man aus dem Flugzeug. Ganz oben gehen die Leute über einen Verbindungssteg spazieren, flanieren durch eine eigene Welt auf den Dächern. Rolltreppen surren, Springbrunnen plätschern.

Wehe, da lässt einer auch nur ein Kaugummi fallen! Der landet sofort im Knast.

Und dann sitze ich noch im Fernsehen. Ein Kamerateam vom Singapur TV Channel 5 filmt mich mit Hudo, in einer Garage muss ich ein Tänzchen aufführen, und dann geht es ins Studio von »The Five Show«. Ich soll auf einem grauen Sofa Platz nehmen, vor mir ein großer Glastisch, auf dem ich meine orangefarbene Autohandtasche abstelle. Die verrückte Deutsche wird interviewt, im Hintergrund laufen ein paar Szenen von Hudo, wie er irgendwo in Laos über eine uralte und wacklige Holzbrücke balanciert. Und immer wieder die gleichen Fragen. Die beiden Moderatoren wollen in bestem amerikanischem Englisch wissen, was ich anderen rate, die so eine Tour machen wollen. Und mir fällt nichts Besseres ein, als zu sagen: »*Just do it. Get up your popo!*«

Am nächsten Tag lasse ich Hudo ein weiteres Mal waschen und säubern, damit sich auch wirklich keinerlei Ungeziefer in den Ritzen mehr versteckt. Ich muss mit anpacken, weil sie nach dem Motto »Oben hui, unten pfui« an die Sache herangehen. Sie wischen nur drüber, aber das werden die Australier nicht durchgehen lassen. Also schnappe ich mir Bürsten und Putzlappen und mache selbst mit. Und bitte schön: Einmal noch mit Luftdruck in die Ecken pusten!

Hudo blitzt. Am nächsten Tag fahre ich ihn zum Hafen. Einige Kontrollen sind zu passieren, dann gelangen wir aufs Gelände der Terminals. Im Hintergrund sehe ich schon die Kräne und Pötte. Im Rückwärtsgang fahre ich Hudo über eine grüne Rampe in seinen roten Container. Ein Mitarbeiter schnallt ihn in dem engen Kasten noch an, verzurrt die Achsen mit dicken Gurten. Und da steht er nun, mein Hudo, in seinem Stahlkarton, gut verpackt für seine Reise zur See. Ich kann es nicht fassen, dass ich hier bin. Dass ich es wirklich geschafft habe – und das auch noch rechtzeitig. Genau ein halbes Jahr bin ich auf Achse, und bisher ging es durch die wohl schwierigsten und ungemütlichsten Länder meines Trips. Iran, Turkmenistan, die Odyssee in Kasachstan. Nach China und Südostasien steht nun ein ganz neues Kapitel an. Eine andere Welt. Ein anderer Kontinent. Als Übergang winken nun erst mal neun Tage auf hoher See. Auch ich sollte versuchen, diese Zeit zum Ausruhen zu nutzen. Endlich mal ein paar Tage »ohne Schmiere anne Finga«, wie wir früher sagten. Ich atme durch und schreibe noch einige letzte Zeilen von Land in meinem Blog.

Der Gruß in die Heimat endet diesmal mit einem Wort, das eigentlich gar nicht zu meinem Vokabular gehört: *Ahoi.*

Heute, an diesem 31. Januar 2015, fahre nicht ich, sondern ich werde gefahren. Und das auf eine mir noch unbekannte und eher unangenehme Art, nämlich auf den schwankenden Decks des Containerschiffs ANL *Waratah*. Es ist groß und schwarz, 295 Meter lang und fährt unter liberianischer Flagge. An Bord sind Kapitän Tutka aus Polen, zweiundzwanzig weitere Mann Besatzung und ich. Die einzige Frau an Bord. Als ich den Kapitän auf der Brücke treffe, haben wir gleich zwei Dinge gemeinsam. Er sagt: »Ich fahre seit sechzehn Jahren zur See und hatte noch nie einen Passagier an Bord.« Ich sage: »Und ich bin noch nie auf einem Containerschiff gefahren und noch nie so lange auf See gewesen.« Na bitte, passt doch. Öfter mal was Neues.

Eigentlich dürfte ich gar nicht hier sein. Auf den meisten Frachtschiffen werden Privatpersonen nämlich nicht mitgenommen, und dass ich neben Hudo mitreisen darf, ist eine absolute Ausnahme. Wieder einmal hat mein Hobby geholfen: die Autos. Durch einen Kontakt zu Dr. Gast, dem Geschäftsführer von Hamburg Süd, dessen Chef Dr. Oetker ist, wurde es überhaupt erst wahr, dass ich mit Hudo auf einem Containerschiff reisen durfte. Beide sind totale Oldtimer-Freaks. Da gerade kein Schiff von Hamburg Süd fuhr, vermittelte man mich an den Reederei-Freund Claus-Peter Offen aus Hamburg. Ich bin wirklich dankbar dafür, denn auf See sind die Regeln streng und Ausnahmen selten. Zudem ist auch hier vorab jede Menge Papierkram zu erledigen. Die Mitarbeiter von Hamburg Süd haben mir hier zum Glück geholfen. Sie machten es am Ende möglich, dass ich Hudo nicht allein auf See lassen muss. Das hätte mir, besonders auf dieser ersten Seestrecke, nämlich ganz und gar nicht gefallen. Aber ohne den Transport über See wäre meine Reise auch gar nicht erst wahr geworden.

Was anfangs ziemlich schwierig schien, ist am Ende doch möglich geworden. Auch das scheint wieder einmal so eine Regel in meinem Leben zu sein: Es ist immer kompliziert, und es geht immer alles gut.

Als ich am Nachmittag an Bord der *Waratah* gehe, schleiche ich sofort über das gigantische Hauptdeck und suche unter den fünftausendfünfhundert Containern an Bord den einen von Hamburg Süd, in dem Hudo verzurrt ist. Ich will sichergehen, dass er auch wirklich an Bord ist. Aber ich kann Hudo nicht finden. Um achtzehn Uhr bittet mich der Kapitän zu Tisch, aber ich muss ihm gleich einen Korb geben. Hudo ist ja noch nicht da, und ich will sehen, dass er auch wirklich verladen wird. Man weiß ja nie. Doch dann taucht sein Container unten an der Pier auf und wird auch sofort aufs Schiff gehievt. Er landet in Reihe 33 an Deck. Und das merke ich mir. Und ich kenne natürlich auch die Hausnummer des Containers: HASU 123323 5.

Mann, bin ich glücklich! Von mir aus kann es jetzt auch losgehen.

Obendrein kann ich auch noch in der Owner's Suite wohnen, die eigentlich dem Reeder vorbehalten ist. Von hier aus sind es nur wenige Schritte zur Brücke. Unglaublich viele Instrumente gibt es da, noch mehr als in einem Flugzeug. Ich schaue mir alles an und erkunde weiter das Schiff. Wie bunte Bauklötzchen stehen die Container an Deck, und im Hafen herrscht in der anbrechenden Nacht noch immer reger Betrieb. Überall surren Kräne, verladen die Hafenarbeiter Fracht für die Welt.

Auf dem Schiff habe ich längst die Sicherheitseinweisung bekommen und einige der Matrosen getroffen. Als die hören, dass ich mit meinem Auto an Bord bin, sind sie gleich interessiert und stellen viele Fragen. Man kann Hudo ja in dem Container nicht sehen, aber wenn wir in Perth angekommen sind, wollen sie unbedingt ein Foto machen von dem amerikanischen Oldtimer, der da um die Welt schippert. An Bord entdecke ich bald auch eine Bibliothek, blättere dort in einer Familienchronik der Reederfamilie. Und was finde ich da? Ich lese tatsächlich folgenden Eintrag: »Die Geschichte der Firma beginnt am 9. Juni 1971, als Claus-Peter Offen sein erstes Schiff kaufte. Dies war das Frachtschiff *Annie Hugo Stinnes*, gebaut 1959.« Ich schaue noch mal genau hin. Hugo Stinnes? Ich glaube, mich tritt ein Pferd. Der Namensgeber für das Gründungsschiff meiner Schifffahrtsgesellschaft war doch tatsächlich Hugo Stinnes, jener Großindustrieller und Politiker, der sein Imperium um 1900 in Deutschland aufbaute, Vater von drei Söhnen und einer Tochter – Clärenore Stinnes! Was für ein unglaublicher Zufall! Aber nein, das ist kein Zufall, denke ich. Das ist Schicksal. Das soll so sein. Und wie oft erlebe ich das auf meiner Reise noch? Diese irren Zufälle, die gar keine Zufälle sein können. Die Dinge, die sich am Ende fügen und einen Sinn ergeben. Keine Sorge, ich glaube nicht an Hokuspokus. Aber irgendeiner ist da oben, der die ganze Chose in die Hand nimmt. Irgend so eine Art Chefmonteur oder so was.

Ich gehe weiter über das Schiff. Die haben hier sogar einen Pool, aber ich traue mich nicht gleich zu fragen, ob ich reinspringen darf. Und dafür ist gerade auch keine Zeit, denn um Mitternacht werden endlich die Leinen gelöst. Ich stehe auf der Brücke, gehe immer wieder hinaus in die schwülwarme Luft. Ganz langsam gleitet das Schiff nun von der Pier, aus dem Hafen und steckt bald seine Nase in die schwarze See. Vor uns funkeln Lotsenschiffe, Frachter, Barkassen und Tanker. Hinter uns flirrt das grell erleuchtete Singapur. Eine Wand aus Licht. Doch dann werden die Diesel lauter, und es geht hinaus auf See.

Elf Tage sind wir auf dem Meer, steuern in Malaysia zunächst aber noch weitere Häfen an, wo Fracht gelöscht und neue geladen wird. Draußen um die *Waratah* ist danach aber bald nur noch Wasser zu sehen: nichts als blauer Ozean. Ich habe viel Ruhe, verbringe Zeit auf der Brücke, bummele übers Schiff und unterhalte mich mit dem Ersten Ingenieur und den zwei Offizieren. Wir essen in der Offiziersmesse, aber ich gehe auch gern zur restlichen Crew. Die sitzen in den Freiwachen draußen an einem Tisch, alle sind Philippinos. Sie sind sehr freundliche Leute, und wir machen viele Witze zusammen. Bei einem Grillfest verkleidet sich Wilfredo als Mädchen, tritt als Tänzerin auf, und wir legen zusammen eine Nummer aufs Stahldeck.

Alle vier Stunden wechselt die Wache. Bald kenne ich alle an Bord. Ich darf alleine an den Kühlschrank und mir Getränke nehmen. Nur abräumen und abwaschen ist nicht drin. Sonst ist Backschafter Cookie nämlich beleidigt und denkt, er habe etwas verkehrt gemacht. Oft gehe ich auch mit dem Zweiten Offizier runter in den Maschinenraum. Alles blitzblank da unten, und die Diesel sind gewaltig. Der Kapitän sagt mir, dass wir damit in neun Tagen über fünftausend Kilometer fahren werden. Ich rechne. Das Schiff ist schneller als Hudo! Und das auf dem Wasser, mit zigtausend Tonnen Fracht und Eigengewicht! Kein Wunder, dass ich so lange brauche um die Welt. Aber dieses Schiff gibt eben auch nicht alle vier Seemeilen den Geist auf.

Oft blicke ich auf Himmel und Meer. Abends und morgens ist das am schönsten, wenn die Sonne sinkt und zwölf Stunden später wieder aufgeht. Der Himmel ist dann bemalt in allen erdenklichen Farben, lila, rosa, gelb, orange, hinzu kommen tausend Blaus. Und flach über diese Meereswelt ziehen die Wolken wie große Geisterschiffe.

Längst sind wir über den Äquator gefahren und befinden uns auf der südlichen Halbkugel. Sumatra, Java und die Weihnachtsinsel liegen schon nördlich, und direkt im Süden kommt erst mal nichts bis zur Antarktis. Und von wegen Taufe oder Zeremonie bei der Äquatorquerung! Wir sind da einfach drübergefahren. Vielleicht gibt es diese verrückten Taufen ja nur im Film. Oder die moderne Frachtschifffahrt schert sich nicht mehr um solche Rituale. Es bleibt der Blick aufs weite Meer. Bis irgendwann am Horizont das erste Mal ein Streifen Land zu sehen ist. Bis dieser dünne Rand immer breiter wird und die Küste Westaustraliens langsam an Backbord aus dem Horizont klettert. Dann kommt der Hafen von Fremantle bei Perth in Sicht. Kräne, Schiffe und große Pieranlagen. Nun ist auch der Hafenlotse an Bord gekommen, mit dem ich sogleich ins Gespräch komme. Er war nämlich mal länger in Berlin und hatte sogar eine Freundin dort. Schön, denke ich. Der Mann kennt meine Heimatstadt und schippert hier im tiefen Indischen Ozean durch die Gegend. Ich sehe es als gutes Omen für die nächste Etappe.

Einmal quer durch Down Under. Mit Hudo durchs Outback, über heiße Pisten und am blauen Meer entlang.

Rallyes im Kopf: meine Zeiten auf der Piste

Auf Australien freue ich mich aus einem besonderen Grund. Fast überall auf der Welt bin ich schon Rallyes gefahren, nur hier noch nie, ganz unten auf der südlichen Halbkugel – und noch nie im Linksverkehr. Ich stelle mir vor, was alles auf mich zukommt. Wüste, endlose Küstenstraßen, Kängurus, Schlangen und weiß der Teufel, was noch. Aber wie es auf Reisen so ist, vermischt sich alles. Ist man erst mal eine Zeit unterwegs, erinnert man sich intensiver auch an frühere Reisen und Erlebnisse, und dann verbinden sich Vergangenheit, Gegenwart und Zukunft zu einer großen und langen Geschichte.

Und meine hieß ja fast schon immer: aufs Gaspedal drücken.

Mit dem Motorsport ging es früh los bei mir, mit vierzehn, fünfzehn, und die ersten Jahre fuhr ich nur Motorrad. Autofahren mochte ich damals noch nicht. Autofahrer, das waren feine Pinkel. Auf einem Motorrad durch die Gegend zu düsen fühlte sich viel sportlicher an und brachte mehr Spaß. Die ersten Ausfahrten machten wir vor der Haustür in Berlin, ich saß mit den Reitstiefeln meines Opas auf der Lambretta. Wir fuhren damals schon durchs Gelände, rund um die Müggelberge, und an manchen Stellen musste ich absteigen und meine Maschine durchs Wasser schieben. Bei den ersten Rennen gab es bald auch schon Regeln, an die sich die Fahrer zu halten hatten. Wir mussten damals eigenes Werkzeug dabei-

Kurve kratzen am Teufelsberg: 1953 fahre ich meine erste Veranstaltung – auf einem Motorroller – und gewinne einen Ehrenpreis.

haben, um die Motorräder bei Pannen mit Bordmitteln und eigenen Händen reparieren zu können. Ich hatte aber kein Werkzeug dabei, nicht mal Isolierband, was eigentlich zur Grundausstattung gehörte.

Gleich bei meiner ersten Veranstaltung blieb ich liegen, weil die Benzinleitung an meiner Lambretta porös war. Tja, was nun? Ich schaute mich um und sah einen Zuschauer, der Turnschuhe trug mit Schnürsenkeln. Ich bat ihn um einen Schnürsenkel, und er opferte ihn sofort. Ich umwickelte damit die Benzinleitung, fuhr weiter – und wurde prompt disqualifiziert. Ein VoPo, der auf einem Berg mit einem Fernglas stand, hatte das Manöver beobachtet und meldete »Fremde Hilfe«. Und da war ich raus. Schade, dabei lag ich gut im Rennen gegen die neun anderen, die auf ihren Vespas fuhren. Aber ich hatte dennoch Blut geleckt. Sportliches Fahren und sich mit anderen messen, die Motorräder an die Grenzen treiben und unter bestimmten Bedingungen eine Strecke so schnell wie möglich bewältigen – das war ganz nach meinem Geschmack.

Dass ich zunächst bei Motorrädern blieb, hatte aber noch einen anderen Grund. Opel hatte einfach keinen sportlichen Wagen im Programm. Da war der Opel Rekord, aber damit wolltest du keine Rallyes fahren. Ich setzte mich also weiter auf motorisierte Zweiräder und fuhr bei kleinen Rennen, Ausfahrten und Veranstaltungen mit. Das ging bis in die 1960er-Jahre so, und meine Mutter, Onkel und Tanten sahen das gar nicht gern. Viel zu gefährlich für ein Mädchen! Außerdem macht sie sich ständig dreckig!, hieß es. Hier und da stürzte ich natürlich auch, stauchte mir einen Knöchel oder brach mir das Handgelenk. Auf der Trabrennbahn in Mariendorf bin ich dann mit Gipsverband angetreten und fuhr damit über eine Wippe. Und wieder bekam ich zu hören: Heidi – das geht nicht, lass das sein! Aber ich hörte nicht auf.

Mit dem Opel Diplomat Automatik fuhr ich eines Tages auch ein Autorennen auf der Avus – der Automobil-Verkehrs- und Übungsstraße – das war 1965. Ich lag ganz vorn, eine Runde hinter mir war ein Opel Commodore. Da konnte ich mir erlauben, den Opel-Fahrer Herbert Heuser, der mit Günther Irmscher kämpfte, im Windschatten hinter mir herzuziehen. Wir fuhren mit 180 km/h über die Strecke, allerdings übersah ich deshalb die Schikanen vor der Nordkurve. Ich blickte zu oft nach hinten, um dem Freund bestmöglich zu helfen, und dann musste ich eine Vollbremsung machen, der Diplomat drehte sich und legte sich auf die Seite, krachte gegen eine Birke, die ihn prompt wieder aufrichtete. Zum Glück passierte nichts Schlimmes. Ich legte mich unter den Wagen, überbrückte mit dem Montierhebel, ein Helfer startete den Motor. Ich fuhr weiter und gewann das Rennen am Ende noch.

Mein Vater erfuhr erst am Montag aus der Zeitung davon, denn er wusste mal wieder nicht, dass ich überhaupt am Rennen teilnahm. Neben dem Artikel war ich auf einem Bild zu sehen, wie ich blutend am Lenkrad saß. Ich hatte mir seinen Diplomat übers Wochenende geliehen, einen seiner Vorführwagen. Na ja, üblich war das nicht. Mit einem Diplomat fuhr man keine Avus-Rennen, außerdem war es auch noch ein Fahrzeug mit Automatikgetriebe. Aber Vati schimpfte nicht. Er gab mir sogar noch Tipps. »Heidi, du weißt schon, wie die schwarz-weiße Zielflagge aussieht, oder?«, sagte er. »Erst wenn du die siehst, bist du im Ziel. Und vorher guckst du nicht nach hinten, sondern nach vorn! Du musst *dein* Rennen fahren, nicht das der anderen.« So war das mit Vati. Wenn es um den Motorsport ging, waren wir beide voll bei der Sache.

Nur ein einziges Mal in der Historie fuhr ein Goggomobil durch die steile Nordkurve der Avus, und ich war es, die das Wagnis unternahm. Das Problem: Der Wagen war viel zu langsam dafür. Es waren aufregende Zeiten damals auf der Automobil-Verkehrs- und Übungsstraße. Sie war ja längst eine legendäre Strecke. Über die Piste preschten schon 1909 die Autos, denn gebaut war die Rennstrecke, um die Wettbewerbsfähigkeit der deutschen Automobilindustrie zu fördern. Fritz Opel raste 1928 mit seinem Raketenauto, dem Opel Sander Rakwagen 2, über die Avus, danach fanden hier regelmäßig Rennen und Testfahrten statt. Besonders die Nordkurve hatte es wegen ihres Belags in sich. Sie war nämlich nicht wie die Gerade mit Asphalt und Bitumen gepflastert, sondern geklinkert. Das war ziemlich glatt, und einige Rennfahrer wurden aus der

Steilkurve katapultiert. 1959 fand hier sogar einmal der Große Preis von Deutschland in der Formel 1 statt, aber bald wurde die Avus Teil der Stadtautobahn, für Rennen allerdings immer wieder mal gesperrt. Während der deutschen Teilung nutzte man sie als Zubringer zu den Transitstrecken durch die DDR.

Die Avus ist Berliner Historie, ja, ein Stück deutsche Geschichte. Hier ging es immer um unser liebstes Thema und um das, was wir Deutschen bis heute gut können: Autos, Autos, Autos. 1996 fand anlässlich des fünfundsiebzigjährigen Avus-Jubiläums ein Super-Tourenwagen-Cup auf der Stadtautobahn statt. Eine Erinnerung an wilde Zeiten und die Anfangstage der deutschen Automobilindustrie. Heute ist von der alten Rennstrecke kaum mehr etwas zu sehen. An manchen Passagen von einst wuchert nur noch das Moos, die Tribünen sind total sanierungsbedürftig, stehen aber unter Denkmalschutz. Ich aber erinnere mich noch genau an die guten Zeiten der alten Avus, und jedes Mal, wenn ich durch den Berliner Feierabendverkehr am Autobahndreieck Funkturm krieche, wo die Avus begann, denke ich an so manche schnelle Fahrt auf der Strecke zurück. Es roch nach Benzin und Rizinus. Völlig andere Zeiten.

Mit den Autorallyes ging es für mich erst später so richtig los, nachdem mein Vater gestorben war und ich die Firma übernommen hatte. Aber dann unternahm ich schon ziemlich bald eine richtig große Sache. Ein Freund namens Kutte Klein sagte nämlich eines Tages zu mir: »Heidi, warum fahren wir nicht bei der Rallye ›Monte Carlo‹ mit?« Ich schaute ihn an und konnte nur erwidern: »Wie bitte – dit is ja ne Nummer! Meinst du wirklich?« Die Rallye war damals eine Sternfahrt, die Fahrer starteten in verschiedenen Ländern und trafen sich in Bourset. Ab da fuhren dann alle zusammen. Es gab Preise in den verschiedensten Kategorien. Große Autos, kleine Autos, wie viel Kubik, wie viele Zylinder. Man konnte in Werksfahrzeugen oder frisierten Wagen antreten, je nach Klasse.

1972 nahm ich mit meinem Beifahrer Kutte Klein das erste Mal an der Rallye teil und fuhr sie insgesamt viermal in meinem Leben.

Vor allem zu Beginn war es überhaupt nicht normal, dass eine Frau am Steuer saß. Hier und da gab es Werksfahrerinnen, wie etwa eine Schwedin, die für Opel fuhr. Die konnte fahren! Sie raste im Drift an die Zeitkontrolle und hatte ihren Wagen voll unter Kontrolle. Und später kam natürlich Michèle Mouton. Sie gewann als erste Frau den Gesamtsieg bei einem Rallye-Weltmeisterschaftslauf, 1981 in San Remo war das. Später siegte sie noch bei etlichen anderen Rallyes und holte bei einer Fahrerweltmeisterschaft knapp hinter Walter Röhrl den zweiten Platz. Mit Stig Blomqvist und Hannu Mikkola holte sie für Audi die Marken-Weltmeisterschaft. Diese Frau zeigte den Männern, wo es langging. Seit 1974, als sie gerade dreiundzwanzig alt war, fuhr sie Rallyes und war bald ganz vorn mit dabei. Die Französin ist die erfolgreichste und bekannteste Rallyefahrerin der Motorsportgeschichte, 1986 gewann sie auch die Deutsche Rallye-Meisterschaft. Da sag noch mal einer, Frauen hätten kein Benzin im Blut.

Und dennoch blieben sie immer eine Ausnahme wie Ellen Lohr und Jutta Kleinschmidt.

Ich war unter den wenigen Frauen eine Art Exotin. Sozusagen die Ausnahme unter den Ausnahmen. Denn für mich waren diese Rallyes ein Hobby. Ich war ja keine Werksfahrerin mit Vertrag, sondern hatte meine eigene Firma in Berlin, die ich zu leiten hatte. Ich musste also alles selbst organisieren und natürlich auch selbst zahlen. Die Autos und die Startgebühren. Ersatzteile, Reifen, Mechaniker, Beifahrer, die Anreise und was sonst noch alles dazugehörte. Es war ein ziemlich kostspieliges Hobby, und mein Mann Bob verdrehte immer nur die Augen: »Sag du noch mal, dass Golfen teuer ist! Bei euren Rallyes verbrennt ihr das Vielfache!« Er interessierte sich nicht für Autos, er ging lieber auf den Golfplatz. Ich aber steckte alles in die Rallyes. Ich kaufte mir auch keine schicken Dinge. Keinen Brilli, keinen teuren Pelz, keine

Klamotten. Alles floss in die Autos. Und das zog sich durch mein ganzes Leben.

Aber es war nicht nur das reine Autofahren, das mich so reizte. Gerade beim Rallyefahren war man ja auch unterwegs und sah einiges von der Welt. Wir fuhren in vielen verschiedenen Ländern, bretterten durch wilde Landschaften, trafen uns in neuen Städten, und man lernte dabei Gleichgesinnte kennen. Ich mochte das immer sehr. Mal rauskommen aus dem eigenen Topf und ein paar Blicke über den eigenen Horizont hinauswerfen. Beim Rallyefahren konnte man genau das tun – und hatte doch eine Passion, die all das erst ermöglichte und alles miteinander verband. Ich wollte raus in die Welt und fand es fantastisch. Wie ja schon mein Vater in seinen frühen Jahren. Das Faible fürs Reisen und eine gewisse Abenteuerlust, das habe ich wohl von ihm.

Doch natürlich wusste ich, dass ich bei den großen Rallyes nicht gewinnen konnte. Ging ja gar nicht. Gegen die Profis und Werksfahrer war man als Amateur chancenlos. Die hatten zweihundert Reifen dabei, und ich war schon froh, wenn ich mit neun über die Runden kam. Wir brauchten ja immer viele Reifen für die verschiedensten Bedingungen. Eis, Schnee, Regen, Matsch. Mal mit Spikes, mal ohne, mal mit Racing-Reifen, dann wieder mit dicken Profilen fürs Gelände. Bei Eis fuhren sogar Eisspione vorweg und sagten den Werksfahrern vorab, welche Reifen gerade am besten geeignet seien. Profiliga eben. Da machst du als Hobbyfahrerin keinen Stich – aber darum ging es mir auch nicht in erster Linie. Ich wollte über den Tellerrand gucken, wollte Auto fahren und interessante Menschen kennenlernen.

Leute wie Walter Röhrl zum Beispiel, der für Opel fuhr und den ich auf den Rallyes traf. Ein sehr netter und offener Mann, der auch gern half. Was nicht immer bei allen der Fall war. Ich erinnere mich zum Beispiel, dass ich auf der Rallye »Akropolis« einen Trichter brauchte, um Benzin nachzufüllen. Ich ging erst zu den Opel-Leuten, die mich ja kannten. Aber die sagten: »Nein, du kriegst keinen

Trichter von uns! Privatfahrer schon gar nicht, und außerdem hast du hier nichts zu suchen – du solltest zu Hause in Berlin sein und unsere Autos verkaufen!« Das war natürlich Quatsch. Denn die Rallyes waren ja gerade auch eine gute Werbung für mein Autohaus. Die meisten Kunden wussten, dass ich Rallyes fuhr, dass ich im Opel Kadett und Commodore startete. Mein Name stand wegen der Rennen ja oft genug in der Zeitung. Und das konnte natürlich nicht schaden. Ich stand ganz offensichtlich zu den Modellen, die wir verkauften. Ich fuhr die Wagen am Limit und kannte mich bestens mit ihnen aus. Das konnte und kann nicht jeder Autoverkäufer von sich behaupten. Walter Röhrl gab mir schließlich einen Trichter. Für ihn war das kein Thema. Und da war es wieder, was ich schon immer so sehr schätzte und mochte: Kameradschaft. Nicht lange palavern und überlegen – sondern helfen. Egal, ob Mann oder Frau, ob grün oder gelb.

Bei vielen Rallyes habe ich in bestimmten Kategorien und Wertungen am Ende auch Preise gewonnen. Es war höchst interessant, wie die Menschen reagierten, wenn eine Frau in dieser typischen Männerwelt des Rallyesports oben auf dem Treppchen stand. Die Männer fanden das toll, von den meisten gab es anerkennende Worte. Seltsamerweise aber waren ab und zu die Ehefrauen der besiegten Männer sauer und machten komische Sprüche in der Art: »Wie konntest du dich von der Heidi Hetzer verblasen lassen?«

Ich wunderte mich. Warum sagten die nicht: Prima, möge der Schnellere gewinnen, und warum nicht mal eine Frau? Offenbar solidarisierten sie sich so sehr mit ihren Männern oder Freunden, dass sie überhaupt nicht mehr neutral bleiben konnten. Aber viele Frauen kamen auch zu mir und sagten: »Doll! Gratuliere! Da kann man mal sehen, dass Frau am Steuer auch gewinnen kann. Weiter so!« Am Ende schienen die allermeisten Frauen es gut zu finden, wenn eine Dame am Steuer saß. Und das ist bis heute auch auf meiner Reise so, wenn mich Frauen in meinem Hudo treffen und hören, dass ich um die Welt fahre. Ich glaube, da passiert bei vielen Frauen etwas. Da sitzt eine von ihnen, darüber freuen sie sich. Und sie denken für sich: »Na siehste, geht doch. Was haben wir uns über die Jahre nur ins Gehirn quatschen lassen! Die Typen sollen uns nicht immer kleiner machen, als wir sind!«

Das hört sich jetzt fast bieder an. Aber es war und ist bis heute keinesfalls selbstverständlich, Menschen einfach nur daran zu messen, ob sie die Schnellsten, Cleversten, Ersten oder Besten sind – völlig egal, ob Mann oder Frau. Beim Fußball, Laufen oder Hammerwerfen mag der Unterschied zählen, weil Männer von der Statur her nun mal meist größer und stärker sind. Aber beim Autofahren zählt dieser Unterschied weitaus weniger. Hier musst du auch ein Gefühl fürs Auto haben und die Technik begreifen, du musst die Strecke kennen, Entscheidungen treffen, Mut haben und Gas geben können. Auf dicke Muckis kommt es nicht so sehr an. Aber was durfte ich erleben? Einmal gewann ich eine Rallye mit einem Mann als Beifahrer. Und was sagten die Leute? »Na, kein Wunder, bei dem Beifahrer.« Daraufhin beschloss ich, möglichst nur noch als Damenteam anzutreten. Jetzt durften sie es nach Siegen drehen und wenden, wie sie wollten: Eine Frau konnte eben auch mal besser sein.

Die ganze Emanzipation hin oder her, am Ende stand für mich bei den Rallyes doch immer eines im Vordergrund: Ich wollte fahren. Ich liebte es zu fahren! Immer wieder und ungebremst. Besonders mochte ich die »Tour d'Europe«, eine Langstreckenrallye, auf der man vierzehn Tage unterwegs war und die ich insgesamt neunmal gefahren bin. Da war man immer erst sechsunddreißig Stunden am Stück unterwegs, einen Tag, eine Nacht, einen Tag. Dann hatten wir eine Nacht zum Schlafen oder Schrauben. Und es kam schon mal vor, dass ich einfach im Kofferraum einschlief. Viele wechselten sich unterwegs ab, aber ich wollte das nicht. Ich gab mein Lenkrad nicht aus der Hand. Die Rallye »Akropolis« von Athen nach Athen, fünf Tage durch halb Griechenland, hatte es auch in sich. Ich erinnere mich an Waschbrettpisten, die wir mit Vollgas fuhren. Da machte es so schnell ratatatatatatatata, dass ich dachte, es drückt mir das Gehirn raus. Die Schwedin Oda Denker-Andersen, die eigentlich für Toyota startete, war als Beifahrerin bei mir eingesprungen. Aber sie war sauer, weil ich sie nicht ans Steuer ließ, sondern die ganze Tour selbst lenken wollte. Sie sprach nur noch das Nötigste, qualmte ihre Zigarette und blickte stur geradeaus.

All die Rallyes, das waren herrliche Zeiten. In Italien war ich viermal bei der »Mille Miglia« dabei. Auch von Düsseldorf nach Shanghai bin ich gefahren; dreiundvierzig Tage, 13 000 Kilometer, am Start waren elf Autos. Das ist eine interessante Strecke, für die man ein robustes Auto braucht, das durchhält. Aber letztlich ist es eine Kaffeefahrt. Ich fuhr die Rallye von Panama nach Alaska und viermal die »La Carrera Panamericana«, die durch Mexiko führt, über die vielleicht schönsten Straßen, die ich je gefahren bin, und durch riesige, total irre Kakteenwälder. Die Rallye wurde das erste Mal 1951 ausgetragen als mehrtägiges Etappenrennen von Norden nach Süden, 3 500 Kilometer quer durchs Land. Wegen vieler tödlicher Unfälle wurde die Tour 1954 abgeblasen und fand erst ab 1988 wieder statt. 1991 fuhren auch Nick Mason und David Gilmore bei der Rallye mit, der Schlagzeuger und der Gitarrist von Pink Floyd. Am häufigsten aber war ich bei der Oldtimer-Rallye »2 000 Kilometer durch Deutschland« dabei, und am liebsten fuhr ich mit Charlotte Heuser als Beifahrerin.

Tatsächlich kann ich die Rallyes schon fast nicht mehr zählen, die ich in meinem Leben gefahren bin. Im Laufe der Zeit entdeckte ich zudem meine Vorliebe für Oldtimer und ging bald nur noch mit alten Autos auf die Treffen, Ausfahrten und Rallyes. In all diesen Jahren habe ich gut hundertfünfzig Töpfe gewonnen, Preise bei den verschiedensten Rennen und in den unterschiedlichsten Kategorien. Die Pokale standen lange dekorativ in meinem Opel-Betrieb aufgereiht, jetzt sind sie seit sechs Jahren in der Abstellkammer. Die meisten bedeuten mir nichts, besonders die Damenpötte nicht. Als ob Frauen fürs Autofahren einen Trostpreis nötig hätten. Mit Anerkennung oder Gleichberechtigung hat das nichts zu tun. Sie bedeuten am Ende nur, dass den Frauen eh keine vergleichbare Leistung zugetraut wird. Und was bekam man zu hören, wenn man die ablehnte? »Ganz schön arrogant«, sagte mal eine junge Frau zu mir. Nein, mit Arroganz hatte das nichts zu tun. Manche der Pokale verschenkte ich, um anderen Mut zu machen. Ich gab sie anderen Frauen. Und sagte: »Liebe Männer, Freunde, Väter, spornt eure Frauen an und unterstützt sie.«

Noch ein anderes Phänomen ging mir in diesem Zusammenhang ziemlich auf den Wecker. Immer wenn die Presse bei den Rallyes auftauchte, und das war oft der Fall, stürzten sie sich auf mich – weil ich als Frau nun mal eine Exotin war. Und 'ne Frau am Steuer eines schönen schnellen oder alten Autos, na, dit macht sich nun mal jut! Irgendwo fühlte ich mich geschmeichelt, andererseits wusste ich, dass ich nur auf den Fotos landete, weil ich eine Frau war. Und ich hatte wenig Lust, die Zeitung als Rallyehäschen zu schmücken. Aber es ließ sich ja gar nicht vermeiden. Und natürlich gab es bald Kommentare nach dem Motto »Die pressegeile Hetzer hat sich mal wieder in den Vordergrund gedrängt«. Das tat weh, denn das habe ich nie gewollt.

Bei einer Rallye mussten wir einmal eine Platzrunde drehen, um uns für die Startplätze zu qualifizieren. Ich fuhr eine gute Zeit und landete auf dem dritten Startplatz. Da kam ein Radiofuzzi auf mich zu und sagte: »Na, Frau Hetzer, das ist ja ein schöner Platz, haben die Jungs Sie vorgelassen?« Ich fand das extrem gemein. Eine echte Frechheit und mal wieder so eine typische Reaktion. Ich konnte ihm nur antworten: »Nee, mich hat keiner der Jungs vorgelassen, denn beim Autofahren hört der Spaß bei euch nämlich auf.«

Bei den Oldtimer-Rennen entschärften sich dann die Reaktionen ein wenig. Viele fahren diese Autos auch aus nostalgischen Gründen, da spielt die Liebhaberei eine ebenso wichtige Rolle wie der Wettkampf. Und noch etwas geschah, als ich älter wurde: Nach soundsovielen Veranstaltungen wird man irgendwann auch empfindlicher für das Risiko. Man fährt nicht immer hundert Prozent Vollgas und zuckt schon mal vom Gaspedal, wenn hinter einer Kuppe ein Trecker, Tier oder sonst was stehen könnte. Aber wenn du zuckst, hast du schon verloren. Du musst Gas geben. Immer Gas geben. Da kann natürlich auch mal etwas schiefgehen. Das habe ich am eigenen Leibe erfahren.

1994 fuhr ich beim Schleizer Dreiecksrennen mit, mein erstes Rundstreckenrennen nach der Wende auf einer Naturrennstrecke. Mein Vater war dort früher schon mit dem Motorrad gefahren und hatte immer erzählt, wie wunderschön die Strecke sei. Das wollte ich auch erleben und meldete mich an. Ich fuhr einen Riley, einen alten englischen Rennwagen, Baujahr 1928. Ich hatte das Auto vorab nach England gebracht, um es dort überholen zu lassen. Ein Renner ohne Überrollbügel. Der Experte, »Mister Riley«, und seine Frau brachten den Wagen persönlich auf einem Hänger zum Rennen. Dieser Wagen besaß wie in den alten Tagen noch Reibungsstoßdämpfer aus Holz. Immer nachdem es geregnet hatte, musste man diese Stoßdämpfer nachziehen, weil Holz natürlich arbeitet, aber das hatte »Mister Riley« vergessen, und ich wusste es gar nicht.

Beim Rennen, mitten auf der Geraden kurz vor den Tribünen, zog der Wagen plötzlich nach links. Eine linke Blattfeder vorn war gebrochen, die Vorderachse verabschiedete sich nach rechts. Ich konnte nicht mehr steuern und nicht mehr bremsen. Der alte Riley bretterte auf eine Wiese, in den Wald, und ich sah mich selbst fast wie in Zeitlupe gegen einen Baum donnern. Den Aufprall habe ich nicht gespürt. Das ist das Gute, dass in so einer Situation die Sicherung im Kopf durchbrennt. Erst im Krankenhaus kam ich wieder zu mir. Die rechte Wade war aufgerissen, und als ich wach wurde, sah ich nur diesen Mann in Weiß, der auf die Röntgenbilder an der Wand starrte. Am Ende wurde ich mit dem Helikopter nach Berlin ins Krankenhaus geflogen, und es folgten zwei Operationen, bei denen ein Stück Fleisch transplantiert wurde, um das Bein wieder halbwegs hinzubekommen. Die Ärzte wollten das bei einer dritten OP noch perfektionieren, aus optischen Gründen, damit keine große Narbe zurückbliebe. Aber ich sagte Nein. Mein Bein funktionierte wieder, und ich hatte nicht vor, einen Schönheitswettbewerb zu gewinnen.

Viel wichtiger: Ich setzte mich so bald wie möglich wieder ans Lenkrad. Ich meldete mich auch sofort bei der nächsten großen Rallye an und fuhr diese dann wenige Wochen später auch mit. Denn nur so lässt sich die Angst überwinden: So schnell wie möglich weitermachen! Sonst wäre mir dieser Unfall vielleicht noch ewig durch den Kopf gegeistert. Ich glaube, so sollte man mit allem umgehen, wenn etwas schiefgeht. Die Ursache analysieren und begreifen, was wirklich geschehen ist. Im Fall meines Unfalls mit dem Riley waren eben die Stoßdämpfer schuld, die nicht nachgezogen waren. Darum hatte sich der Wagen aufschaukeln können. So lernt man dazu, versteht, was los ist, macht es das nächste Mal besser. Man muss aus Fehlern lernen und sich dann auch gleich wieder hinters Steuer setzen. Eben nicht zaudern, sondern weitermachen. Nicht blind, sondern klüger.

Was ist mir auf meinen Fahrten noch zugestoßen? In Mexiko überschlug ich mich mit einem riesigen Lincoln, als mein Sohn als Beifahrer dabei war. Vier Finger gebrochen, mussten genagelt werden. In Guatemala rutschte mein Sohn am Steuer mit mir als Beifahrerin einen hundertfünfzig Meter tiefen Abhang hinunter, und mir krachte eine Felge an den Kopf, die nach einem Reifenwechsel lose hinten lag. Wir saßen in einem Opel Kadett mit Doppelvergaser. Tscha. Der Wagen war hin. Ich weine ihm heute noch nach. Aber man darf das alles nicht zu hoch hängen. Diese Autos haben ja einen Überrollbügel, und man sitzt da drin festgeschnallt wie in einer Käseglocke. Da bekommst du mal Schrammen und Beulen ab, aber gehst ja nicht gleich drauf. So habe ich es auch immer meiner Familie erklärt, wenn mein Mann oder die Kinder sich sorgten.

Warum erzähle ich Ihnen das alles? Um Ihnen klarzumachen, dass meine Weltreise gar nicht so außergewöhnlich ist, wenn man weiß, dass ich schon so lange Rallyes gefahren bin. Wenn die Leute mich fragen, wie das geht, wie ich das durchhalte, wie ich den alten Wagen wieder repariert bekomme – dann kann ich nur sagen: Na ja, das ist ja eigentlich nichts Neues für mich. Meine Fahrt um die Erde ist ja auch ein bisschen wie eine Rallye. Liegen bleiben, schrauben, mit Mechanikern zusammenarbeiten. Durchhalten und weiterfahren. Nur dass es jetzt eben über achtzigtausend Kilometer geht, durch alle fünf Kontinente und ich oft allein in meinem Wagen sitze. Aber es ist ganz sicher nicht so, dass ich als Greenhorn gestartet bin, von null auf hundert. Ich wusste schon vorher, wie der Hase läuft.

Die Reise jetzt bedeutet vielmehr das i-Tüpfelchen: Sie ist die Rallye meines Lebens.

Durch die Nullarbor-Wüste: Australien

Ich muss zugeben, die Seereise von Singapur nach Australien hat mir gutgetan. Nach insgesamt elf Tagen an Bord der *Waratah* bin ich erholt und ausgeschlafen. Aber das liegt wohl weniger am Meer als an der verordneten Zwangspause. Hudo stand fest verschlossen im Container, was hieß: null schrauben. Nun sind wir in Fremantle bei Perth angekommen, im Süden Westaustraliens, und ich habe mir erst einmal einen Überblick über die Dimensionen hier unten verschafft. Nach Norden dehnt sich über mehr als 2 000 Kilometer ein Gebiet aus, das fast menschenleer und jetzt im südlichen Sommer brütend heiß ist. Das Outback grenzt dort nahtlos an die Küsten, und im türkisen Meer schwimmen Wale, Rochen und Weiße Haie. Auch gibt es in diese Richtung immer weniger Ortschaften. Da ist Geraldton, dahinter kommen die Haifischbucht, das kleine Exmouth am Ningaloo Reef, einem der längsten Saumriffe der Erde. Noch weiter nördlich kommen Port Headland, Broome, Kununurra und dann irgendwann Darwin. Ich schaue auf die Karte. Nein, flottes Rallyegebiet ist das nicht, da oben geht es durch echtes Buschland. Nur was für Offroader.

Ich will sowieso nach Osten, das wird womöglich abenteuerlich genug. Bis Adelaide sind es fast 3 000 Kilometer, bis Melbourne noch mal 800 obendrauf. Vor allem: Ich will durch die Nullarbor-Wüste, wozu eine 144 Kilometer lange Piste gehört, die zu den absolut geradesten der Welt zählt. Das will ich mit eigenen Augen sehen und einmal selbst fahren: eine Piste, die sich wie ein Lineal durch die Hitze zieht. Aber noch sind wir lange nicht so weit, denn mein Gefährt und Gefährte steckt im Hafen fest. Der arme Hudo: Er sitzt im Gefängnis in Australien, und dabei ist er noch gar nicht richtig angekommen!

Es gibt Probleme mit den Papieren. Und da kennt der australische Zoll weder Gnade noch Ausnahme. Im Klartext: Das *Carnet de Passage*, Hudos Reisepass, hat in Singapur keinen Ausreisestempel bekommen – und so müssen erst mal wieder zig Fragebögen und Dokumente besorgt und ausgefüllt werden. Weitere vier Tage bekomme ich Hudo noch nicht einmal zu sehen, und so langsam spüre ich Entzugserscheinungen. Ich habe Sehnsucht nach ihm! Aber Ende gut, alles gut – wie es bisher immer gelaufen ist auf der Reise. Alle Dokumente sind nach langem Hin und Her komplett. Und schließlich bekomme ich bei der finalen Inspektion sogar ausdrückliches Lob von den australischen Officers ausgesprochen. So einen sauberen Oldtimer hätten sie noch nie zu Gesicht bekommen, sagen sie. Und ich freue mich wie ein Schneekönig. Aber ich hätte auch einen Besen gefressen, wenn unsere Säuberungsaktionen in Asien nicht gereicht hätten. Ich bin schließlich auch Hausfrau und habe einen Blick für schmutzige Ecken. Mag ich gar nicht. Wir hatten darum in jeder Trägerecke an den Federn geputzt, unter den Kotflügeln und auch sonst überall dort, wo man nicht sofort hinschauen kann. Von mir aus können die Beamten mit der Lupe in die letzten Winkel kriechen – Ungeziefer werden sie in Hudo garantiert nicht finden. Die Quarantäne-Beamten und Zöllner haben auch wirklich jede Ritze geprüft und Hudo sogar nach Drogen durchwühlt. Dann erst gab es grünes Licht. Am 16. Februar rollen wir über die offizielle Schwelle. Wir sind in Australien, und über Perth knallt die Sonne mit herrlichen achtundzwanzig Grad.

Aber ganz so einfach ist es hier nicht, mit einem fremden Auto durch die Lande zu ziehen. Die Australier verlangen nämlich noch eine zusätzliche Abnahme durch ihren TÜV, sonst ist man unerlaubt unterwegs. Bei einer Polizeikontrolle würde das sicher Probleme geben – und ich kann mich nicht immer allein auf Hudos Charme verlassen. Also zum australischen TÜV. Und da werde ich nun ernsthaft sauer mit den Herrschaften! Ich lasse mir ja nicht alles bieten! Wegen ein paar Öltropfen, die Hudo auf dem Boden hinterlässt, meint ein eifriger junger Officer doch glatt, dass das so nicht ginge und ich nicht weiterfahren dürfe. Da werde ick jetzt aber mal richtig laut! Ich bin doch nicht um die halbe Welt gefahren, hab' mich mit zig Mechanikern herumgeschlagen und laotische Handtaschendiebe in die Flucht getrieben, um mir von so einem Männeken jetzt wegen zweier Öltröpflein die Reise verderben zu lassen.

Es gibt Krach. Und erst nach einer Weile kommt ein älterer Kollege hinzu, der mein Geschimpfe gehört hat, und sieht sich die Sache an. Der Mann kennt sich offenbar aus und spricht zum Glück Tacheles. »Bei so einem alten Wagen sind ein paar Tropfen Öl völlig normal«, sagt er prompt zu seinem jungen Kollegen. Und herrscht ihn auch gleich an: »Siehst du nicht, was das für ein altes Modell ist! Und wie schön der Wagen für seinen Jahrgang aussieht?« Na bitte, geht doch. Wenige Minuten und ein paar Stempel später sagt er zu mir: »Mylady – hier sind Ihre Papiere, Sie dürfen fahren!«

Uff. So ist auch diese Hürde genommen. Mit leicht erhöhtem Puls und nach ein paar Berliner Schimpfworten, die zum Glück niemand verstanden hat. Endlich kann es losgehen. Fahren. Weiterfahren! Strecke machen! Auf in Richtung Nullarbor!

In Australien wüten gerade Buschbrände. Kein Wunder, so heiß und trocken wie Luft und Land sind. Von Perth wähle ich darum zunächst eine Route weiter südlich, fahre über leere schmale Straßen, an denen dürre Pinien Schatten werfen. Aber die Erde dahinter ist schon jetzt so orangefarben wie das Outback, und ich muss nur aussteigen, um wilde Tiere zu hören und zu sehen. Die Grillen geben schon tagsüber ein verrücktes Konzert, und die Termitenhügel sind so breit und hoch, dass sie als Garage taugen würden. Auch die erste kapitale Echse lässt nicht auf sich warten. Ein schönes Tier, das sich neben der Straße sonnt, gepanzert und dunkelgrau geschuppt. Ich gehe mit der Kamera in die Büsche und filme das hübsche Ding. Und aus so was macht man Handtaschen? Traurig. Ich halte derweil Ausschau nach Kängurus, denn die soll es hier ja zuhauf geben. Aber denkste. Ich sehe nicht einen der flotten Hüpfer.

Auf der Küstenstraße Nummer eins, im tiefen Süden Westaustraliens, geht es nun endlich östlicher, bis hinter Peaceful Bay und Parryville, bis zu einem Kaff namens Denmark. Ein paar Stunden zuvor, auf einer Schotterstraße, hatte sich plötzlich Hudos Auspuff verabschiedet, und es wäre ja auch ein Wunder, wenn wir durch irgendeine Gegend der Welt ohne kleines oder auch mittleres Desaster kämen. Hudo wird seit dem Auspuffverlust immer lauter und prustet ordentlich vor sich hin. In Denmark rollt er mit Ach und Krach auf den Hof einer Werkstatt, und ich muss ihm wieder mal zugutehalten, dass er sich die Orte zum Liegenbleiben wirklich vorbildlich auswählt. Er macht nicht einfach irgendwo schlapp, sondern stets an besonderen Stellen – und meist dort, wo ich (relativ) schnell Hilfe finde. Diesmal heißt sie Bob, ein kräftiger uriger Australier, der sich nach langem Überreden sein Schweißgerät schnappt und Hudo sogar am Samstag wieder flottmacht.

Ich quartiere mich derweil erst mal in einem Bungalow am Meer ein, die Gegend nämlich scheint besonders nett zu sein. Dabei mache ich mir allerdings auch mal wieder Gedanken über meine Zeit – und über Hudos Pannenmanie, auch Nonstop-Schrauberei genannt. Werde ich meine Reise mit ihm überhaupt zu Ende bringen können? Und wie lange wird es am Ende dauern, wenn ich tatsächlich bald in jedem Nest anhalten muss, um irgendetwas an ihm zu reparieren? Drei Jahre? Vier? Fünf? Und wie lange halte ich das durch?

Ach, dumme Fragen! Entsetzliches Genörgel! Wenn ich mich so höre, könnte ich mich selbst ohrfeigen. Inzwischen sollte ich es doch begriffen haben: Die vielen Glücksmomente fordern eben ihren Einsatz. Und nein, nein, nein – noch immer würde ich Hudo niemals gegen ein neues Auto tauschen wollen! Moderne Komfortschleudern haben einfach nicht den Charme der alten Wagen. Kannste machen, was de willst!

Am nächsten Morgen also weiter gen Osten. Doch jetzt will Hudo auf einmal nicht geschmeidig anspringen. Der Chef der Anlage hilft mir, Benzin in die Vakuumpumpe zu kippen, und dann läuft er. Ich fahre aus der Stadt raus, und nach ein paar Kilometern gibt Hudo erneut seinen Geist auf. Durchatmen.

Ein Auto brummt vorbei und wendet. Ein junger Mann hat mein deutsches Nummernschild gesehen, auch er hat europäische Wurzeln. Wie kann er helfen? Gar nicht, aber er schleppt mich zurück zur Tankstelle. Es ist Sonntag und kein Mensch da.

So lerne ich Brandon kennen, einen sehr netten vierzigjährigen Jüngling, der in der Nähe zeltet und hier immer Urlaub macht. »Komm mit«, sagt er zu mir. »Da kannst du dein Zelt aufschlagen.« Nee, nee. Ich bleibe lieber in der Nähe von Hudo, damit ich mich morgen gleich auf die Suche nach einem Elektriker machen kann.

Irgendwie scheine ich aus diesem südwestlichen Zipfel Australiens nicht so recht wegzukommen, merke dann aber selbst, woran es liegt: Die Vakuumpumpe bekommt anscheinend kein Benzin, und so komme ich immer nur um die sechs Kilometer weit, für die ich nachschütte – dann ist die Pumpe wieder leer. Es muss ein elektrisches Problem sein, weshalb die Pumpe nicht läuft. Und wenn das Problem nicht gelöst wird, sehe ich mich auf einem Nachkipp-Marathon durch Australien stottern: Alle sechs Kilometer dackel ich dann mit einem Trichter vorn an Hudos Kühler, um den Behälter zu befüllen – und das dürfte vor allem in der nahenden Nullarbor-Wüste kein Spaß werden. In der Hitze da draußen sind nicht nur Motoren verreckt. Bei fünfundvierzig Grad im Schatten sind auch schon etliche Menschen verdurstet. Und jetzt muss ich wieder daran denken, dass mich ja viele Leute vor der Strecke durch Nullarbor gewarnt haben: die reinste Höllentour, angeblich.

Am nächsten Morgen steht Brandon überraschenderweise wieder vor Hudo. Er ist ein prima Kerl und will mir helfen. Wir fahren mit seinem Auto durch die Gegend und finden auch einen Elektriker. Karsten Schult, einen Deutschen: »Bring mir die Karre«, sagt der. Und findet den Fehler bei Hudo auch gleich. Eine versteckte Sicherung. Hätte ich auch selbst draufkommen können, ich Depp. Aber Elektrik ist nun mal nicht meine Stärke. Nun funktioniert auch die Vakuumpumpe wieder.

Danach folge ich Brandon wirklich zum Campingplatz Cosy Corner und schlage nahe Denmark das erste Mal auf der Reise mein Zelt auf. Die Australier sind ja echte Naturliebhaber und verbringen jede freie Minute in ihrer Wildnis. Da gehen sie dann fischen, jagen, wandern, klettern. Ich glaube, das nennt man heute Outdoor. Brandon und ich sind bei Deutschen aus Bayern zum Barbecue eingeladen.

Aber dann muss ich weiter, und bald erreiche ich Esperance. Zu meiner Rechten wird der Ozean jetzt immer schöner. So türkis ist das Meer, dass es schon blendet. Und immer branden wunderschöne Wellen an die weißen Strände. Ja, weiß sind die wirklich hier unten. Weiß und fein wie Puderzucker. Und in den Buchten ist das Wasser glasklar, sodass man auf den Grund sehen kann. Ich überlege schon, ob ich irgendwo eine Tauchschule suchen und den Kopf hier mal unter Wasser stecken soll. Früher bin ich ja öfter mal mit Flaschen getaucht. Habe sogar einen Schein gemacht, zusammen mit meiner Tochter Marla. Aber nein, ich bin ja nicht zum Tauchen hier, sage ich mir dann. Ich will und muss Hudo durchbringen. Das ist mein Job Nummer eins.

Außerdem entdecke ich am Ortseingang von Esperance etwas viel Interessanteres als Fische. Ein Schild, auf dem steht: »Veteranen-Automobil-Club«. Ich frage mehrere Leute, wo ich den Club finden kann, denn nirgends ist eine Adresse oder Telefonnummer vermerkt. Die Leute wissen auch nicht, wo der Club sitzt, aber einer kennt einen, der wieder einen kennt, und schon laufen die Handys heiß. Es dauert nicht lange, dann stehen mehrere Herren um Hudo herum und beraten das weitere Vorgehen. Denn: Das Hinterrad macht mir zunehmend Sorgen – die Hitze ist einfach nichts für die alten Holzfelgen. Sie trocknen komplett aus und fangen hinten schon an zu klappern. Und prompt kommt dann auch einer vom Automobil-Club und weiß jemanden, der sich mit Holzspeichenrädern auskennt. »*That guy is an expert*«, sagt der Mann sogar.

Ein Fachmann – wer's glaubt, wird selig, denke ich. Und staune nicht schlecht, als der besagte Mann auftaucht – und wirklich ein Könner auf dem Gebiet ist. Ed Popham trägt kurze Kakihosen, ein rotes Polohemd und grinst unter seiner Mähne von langen grauen Haaren. Als er mein Problem sieht, sagt er: »Ich denke, ich kann dir helfen, mit alten Autos und genau solchen Holzspeichen bin ich groß geworden.« Das musste erst mal finden: im hintersten Australien einen Experten für neunzig Jahre alte Holzspeichen! Aber so schnell kann es gehen. Wir müssen nur noch einige Teile besorgen, um ein Spezialwerkzeug anzufertigen, aber dann macht sich der gute Ed an die Reparatur.

Bei Bekannten des Clubs komme ich dann auch gleich unter. Privat zu wohnen ist mir sowieso das Liebste. Zwei Nächte bleibe ich bei einem australischen Ehepaar und schaue mir mit Merle und Norman auch noch die Gegend an. Cape Le Grand und Lucky Bay, wo man herrlich zelten kann, wo das Meer in eine weite halbmondförmige Bucht brandet und die Kängurus tatsächlich über den Strand flitzen. Ja, hier sehe ich endlich die ersten. Hübsch sind sie, tänzeln flink auf ihren Hinterbeinen durch die Gegend. Einige lassen sich sogar aus der Nähe fotografieren. Das Meer ist herrlich. In kurzer Hose marschiere ich barfuß in die Wellen, zu schwimmen aber wage ich nicht. Es soll viele Haie geben hier im Süden Australiens, und immer wieder erzählen mir die Leute, dass es diesen Sommer schon viele Unfälle gegeben hat. Zudem: Das Wasser des Indischen Ozeans ist ziemlich frisch. Aber dass ich nicht baden kann, stört mich überhaupt nicht. Denn wie wunderschön ist dieses Australien! Groß und leer, ja, das ist wohl der stärkste Eindruck.

Wie unendlich viel Platz die Menschen hier haben im Vergleich zu uns in Europa, in Deutschland. Ich lege mich an den Strand, strecke mich mit allen vieren in den Sand. Höre die Wellen, spüre die Sonne. Liege einfach da, atme und bin glücklich.

Und je öfter ich sie ansteuere, desto mehr gefallen mir auch die australischen Campgrounds. Sie sind wirklich gut ausgestattet, haben Grillstellen, Unterstände, wo man im Schatten kochen und spülen kann. Ein herrlich einfaches Leben: immer draußen sein. Ich liebe das. Keine schicken Klamotten, kein feines Hotel. Stattdessen besorge ich mir in einem Supermarkt ein paar Sachen und werde mir demnächst mein Abendessen auf dem Campingplatz kochen. Aber vorher muss ich erst noch Merle und Norman Tschüs sagen. Hühner, Gänse, Schafe und Truthähne laufen durch ihren Garten, die beiden halten sich nämlich jede Menge Tiere: neunzig an der Zahl. Und dann ist auch meine Holzspeiche fertig. Alles passt, alles sitzt, nichts rumpelt mehr – dem Club der automobilen Veteranen sei Dank. Ich winke, sie winken. Adieu, du kleines Esperance in Südaustralien. Übersetzt heißt »Esperance« ja Hoffnung, und so fahre ich guten Mutes aus dem Ort hinaus.

Denn als Nächstes kommt die Nullarbor-Wüste. Der große Sprung nach Ostaustralien.

Was haben mir die Leute in den letzten Tagen nicht alles über diese Tour erzählt? Ich glaube, ich weiß schon vorher alles über die Strecke. Der Eyre Highway von Esperance Richtung Adelaide ist der direkteste und einzige Weg mit dem Auto durch die Nullarbor-Wüste. Wie der Name schon sagt, wächst dort nicht ein Baum. Ein Mann auf dem Campingplatz hat mir das erklärt: »*Nulla arbor* heißt null Baum.« Und der Weg ist weit. Zwischen den beiden kleinen Ansiedlungen Norseman am westlichen und Ceduna am östlichen Ende liegen mehr als 1100 Kilometer. Nur alle zwei-, dreihundert Kilometer gibt es eine Tankstelle im staubigen Nichts und mit Glück ein einfaches Motel. Und zum Thema Trinken haben die

Leute gesagt: »Nimm literweise Wasser mit!« Gibt es nämlich angeblich auch nicht immer an den Tankstellen, und zwischendurch würde mir die Kehle austrocknen.

Ich schaute im Internet nach, um zu sehen, ob die Leute nicht mal wieder übertreiben. Aber auch da sprechen die Fakten für sich. Karstwüste, steht da. Flach und maßlos weit. Mit 200 000 Quadratkilometern sei die Nullarbor-Ebene die größte Kalksteinausdehnung der Erde. Und da soll ich mit Hudo durch. Nein, muss ich durch. Ansonsten gibt es nur noch die transaustralische Eisenbahn, die durch die Glut schnauft – aber das geht mit Hudo natürlich nicht.

Auch reden die Leute von einem gestochen scharfen Horizont, in dem die Sonne abends versinkt wie eine brennende Scheibe. Und es soll viele Kängurus geben und zwischendurch ein paar Rinderfarmen, alte Farmhäuser und entlegene Eisenbahnstationen. Den Highway sollte ich mit Hudo wohl möglichst nicht verlassen, denn durch den Busch kommt man offenbar nur mit einem Geländewagen. Ich frage mich derweil, ob es wirklich so abenteuerlich wird oder ob die Touristenbüros das nur pushen. Drama und Übertreibung. Ziehen ja bekanntlich im Marketing. Vor allem aber bin ich gespannt auf die berüchtigte Superpiste: jenen Teilabschnitt, auf dem es 146 Kilometer schnurstracks geradeaus geht. Müsste ich aber in drei Stunden schaffen. Und außerdem habe ich noch die Stimme von Brandon im Ohr. Der winkte ab und meinte, alles halb so wild. Letztlich würde man einfach immer weiterfahren wie auf jeder Autobahn – und ehe man sichs versieht, ist man auch schon auf der anderen Seite.

Ja, was denn nun? Horrortrip oder Sonntagsfahrt? Na ja, immerhin haben AC/DC genau dieser Strecke ihren berühmten Song »Highway to Hell« gewidmet. Sie waren früher wohl öfter in ihrem Tourbus auf dieser Route unterwegs, sind mehrmals tagelang durch Australien gebrettert, um für Konzerte vom Osten nach Perth zu kommen; und dann die ganze Tour wieder zurück. Aber der bekannte Song, meinte Brandon, würde meist falsch gedeutet. Es gehe darin nämlich nicht um die »Hölle des Highways«, sondern um die quälend lange Zeit, die die Band zusammengepfercht im Bus verbringen musste.

Wie auch immer. Irgendwie muss ich da durch. Also lasse ich mich nicht verrückt machen. Das ist ja eine Aufregung wie vor dem Torugart-Pass nach China! Und der war am Ende auch halb so schlimm. Außerdem muss ich mich sowieso auf etwas ganz anderes konzentrieren. Ich habe dafür extra einen Zettel bedruckt und ihn mir in Plastikfolie ans Armaturenbrett gepappt. Darauf steht dick: »Links!« Weil ich nämlich im australischen Linksverkehr gern mal aus Versehen rechts fahre, vor allem nach dem Abbiegen.

Und Heidi als Geisterfahrerin – ja, *das* ist gefährlich!

Aber nun will ich los und es anpacken. Mir gefällt dieses Australien inzwischen immer besser. Die freundlichen und lockeren Leute, das Wetter, das Meer, die Wüste. Irgendwie fühlt sich alles ganz anders an hier. Freier, größer. Verdammt, Australien ist ein Land, bei dem man sagt, hier könnte ich leben. Diese Freiheit ist ein tolles Gefühl, und ich bin glücklich, das in meinem Alter noch so zu empfinden. Oder vielleicht jetzt erst recht.

Ich fahre nach Norden, dann endlich nach Osten auf den Highway Nummer eins. Der Asphalt ist von der Hitze ausgeblichen, und tatsächlich zieht sich die Straße wie eine leere Spur durch das platte Land. Links und rechts säumt helle Erde die Piste, hier und da tönt sie sich orangefarben, und nein, ich sehe wirklich kein Gewächs, das den Namen Baum verdient. Alles verdorrt und verbrannt, und mitten durch die Weite läuft ein Vogel Strauß.

Die Schilder an der Straße verkünden derweil, wo wir sind. Aber nicht, weil Ortsnamen zu lesen wären. Nein, auf diesen Schildern im australischen Outback wird vielmehr vor Kängurus und wilden Kamelen gewarnt, und ein blaues Schild gibt zu bedenken, dass die nächste Tankstelle erst in 144 Kilometern auftauchen wird.

Dabei ist die letzte bestimmt schon hundert Kilometer her. Alle Reservekanister sind randvoll. Hudo schlägt sich bis jetzt sehr wacker nach Osten durch die Nullarbor. Ich pflege ihn aber auch anständig und besprühe seine Felgen. Zum Glück habe ich inzwischen auch die letzten Spikes aus China aus den Reifen rausgepult, alle sechshundert eigenhändig.

Mitten in der Nullarbor halten mich drei junge Amerikaner an. Sie sind eine ganze Weile hinter mir gefahren und meinen nun: »Sagen Sie mal, Ihr linkes Hinterrad wackelt dermaßen, dass man denkt, es fällt gleich ab. So können Sie doch nicht weiterfahren!« Daraufhin kehre ich zu einem der wenigen Roadhouses zurück und will Hudo ein richtiges Fußbad geben. An der Tankstelle frage ich nach einem Fass oder irgendeiner alten Tränke, nehme den Wagenheber und löse die hinteren Felgen. Als Nächstes muss ich von hinten die sechs Muttern pro Rad lösen und halte dann erst die Holzspeichen in der Hand. Denen verpasse ich über Nacht ein Tauchbad. Das Einlegen der Felgen tut dem Holz sichtlich gut. Ich denke, so werden wir die Strecke überstehen. Für den Fall einer Reifenpanne habe ich das Reserverad oben auf dem Dach in eine Decke eingewickelt, damit es nicht in der Sonne verbrennt. Abends zum Schlafengehen bekommt auch das Reserverad eine Kanne Wasser ab. Ich klettere auf Hudos Dach, balanciere über die schmalen Holzlatten da oben und tränke das Holz. Muss komisch aussehen. Ich alte Schachtel, die auf dem Autodach mit 'ner Gießkanne rumkraxelt und Reifen wässert. Aber die Aussies wundert so was nicht.

Am nächsten Roadhouse steht Hudo den ganzen Nachmittag im Schatten mit seinen neuen Wadenwickeln, denn dank eines Tipps aus dem Blog habe ich jetzt jede einzelne Speiche mit einem feuchten Tuch umwickelt. Hudo hat Kühlpause, und ich kann mich endlich selbst duschen: für 2,50 Dollar. Wasser ist teuer in der Wüste.

Mehr Sorgen macht mir, dass Hudo reichlich Öl verbraucht: inzwischen fünf Liter auf dreihundert Kilometer. Wenn ich nachkippe, raucht er es hinten gleich wieder raus. Das ist nicht nur blöd, sondern auch teuer. Ich verbringe eine weitere Nacht an einer Tankstelle. Zelt aufschlagen, mit den Fliegen kämpfen, mich um Hudo kümmern, irgendwo Wasser auftreiben, bei den Tankstellen Brot kaufen oder fieses Fastfood ordern, schlafen. Und am nächsten Morgen so früh wie möglich weiter, wenn es noch nicht ganz so heiß ist. So kämpfen wir uns voran durch die Nullarbor. Mittendrin ist dann plötzlich ein Zebrastreifen auf den Asphalt gepinselt. Die sind witzig. Als ob hier ein Fußgänger von der einen Seite der Wüste auf die andere will. Ich vermute dann, dass es wohl eher als Markierung für den Notfallhubschrauber gedacht ist.

Und endlich kommt das erwartete Schild. Es ist braun und verkündet: *»90 Miles straight, Australia's longest straight road, 146,6 km.«* Wie eine nicht enden wollende Startbahn liegt die Straße vor mir und schneidet kerzengerade durch die Marswelt. Ein gigantischer Roadtrain – so nennen sie hier die Monsterlastwagen mit zwei Anhängern – donnert mir entgegen, bald darauf zwei Typen auf Motorrädern und immer wieder ein paar Touristen in Mietvans. Die Laster fahren regelmäßig die Kängurus tot, aber jetzt ist man auf eine Idee gekommen: Die Fahrer der dicken Brummis binden Alurohre an die Seite ihrer Trucks, die durch den Fahrtwind ein Geräusch von sich geben. Das mögen die Kängurus nicht und hauen rechtzeitig ab.

Ich genieße das Fahren und lasse es laufen, so gut es geht. Mit fünfzig bis siebzig Sachen röhren wir durch die Weite. Heidi, Hudo und ein Kofferraum voller Öl und Sprit. Unendlich zieht sich die Straße, über weite Teile direkt an der Küste entlang. Rechts leuchtet das Meer der Großen Australischen Bucht, und die mächtige Brandung ist zu sehen, die sich an das karge Ufer wälzt. Doch von wegen nur flaches Land. Auf den nächsten Kilometern kommt man ganz nah am Ufer vorbei, und das Land bricht dort senkrecht nach unten ab. Eine grandiose Steilküste tut sich auf, völlig wild und zerklüftet, so weit die Augen blicken können. Gischt fliegt durch die Luft, man

Heidi mit siebzehn: eine Hand an der Hüfte die andere bereits an der Karosserie eines Opel Olympia Rekord 1956.

Das Motorrad in den Genen: Vater Siegfried als Meldefahrer im Ersten Weltkrieg.

Eng beieinander vor sommerlicher Kulisse. Heidi (links) mit Mutter Liselott, Vater Siegfried und Schwester Vicki, Misdroy 1944.

Eine prägende Erfahrung. Gerade mal zehn Jahre alt und bereits Zuschauerin bei ihrem ersten Motorradrennen in Liechtenstein, wo sie ihren Onkel Rudolf Ottenstein besuchte.

Schwesterliebe: Heidi und Vicki.

Vor der Opel-Hetzer-Filiale in Berlin-Steglitz, den Blaumann nur ausnahmsweise gegen Rock und Bluse getauscht.

Nur gut gelaunt oder schon glücklich? Beim Schrauben an einer Lambretta: als Lehrling in der Werkstatt ihres Vaters.

Inzwischen ganz schön leger im Umgang mit Maschinen: hier auf einer Victoria 125 ccm.

Des Gegenwindes wegen: Ganz klein machen beim Rennen in der Avus-Steilkurve.

Mit einem VW-Käfer vor dem eigenen Autoverleih, Berlin-Wedding 1950.

Ein Blick zurück in reiner Freude: Am Lerkrad eines Alfa Romeo.

Kein Fels zu hoch, zumindest nicht für eine Zwanzigjährige: Urlaub mit den Eltern im italienischen Massa Carrara.

Cars and girls: das erste eigene Auto – ein Austin Healy Sprite, 1960.

Ein Hoch auf das innige Hochzeitspaar von 1966.

Schnappschuss vom Familienglück: Mutter Heidi, Vater Bob, Tochter Marla (8) und Sohn Dylan (5).

1978 – ein Geschenk für den Zeitungsmogul Axel Springer: Ein Klinkerstein aus der abgerissenen Avus-Nordkurve, Berlins legendärer Rennstrecke.

Heidi & Poldi, offiziell Leopold von Bayern, vor der Avus-Tribüne.

Der Blick entschlossen, den Lenker im Griff: als Rallyefahrerin Mitte der Siebzigerjahre.

Sogar das Schrauben an der Felge macht Freude, solange es sich um einen Rennwagen wie den eigenen Opel Ascona handelt.

Kritischer Blick ins Innere des Rennfahrzeugs: Vorbereitungen für die erste Ralley Monte Carlo 1972 mit Kutte Klein.

Mit Kennerblick den Unterboden des Automobils inspiziert.

1999: Die Avus-Strecke wird verabschiedet – und das standesgemäß mit dem Opel-RAK 2.

Historisches Opelgefährt auf der Galopprennbahn Hoppegarten in Berlin 1995: Mit an Bord Susanne Erikson, die erste Schönheitskönigin Deutschlands.

Der sechzigste Geburtstag mit Sohn Dylan auf der »Panama Alaska-Rallye« 1997.

Eine Rallye kann so viel mehr sein als ein Wettkampf: Verteilen von Bonbons und Autogrammen in Guatemala.

Ein Oldtimer in Mexiko: Heidi Hetzer und Beifahrerin Charlotte Heuser mit einem Ford Lincoln Baujahr 1964 bei ›La Carrera Panamericana‹ 1994.

»La Carrera Panamericana« mit Sohn Dylan: Alle Knochen sind noch heil.

Mit gebrochener Hand und Blechschaden davongekommen.

Belastungstest für den Rennwagen? Voller Tatendrang auf der »Panama-Alaska-Rallye« im Ralley-Overall von Ellen Lohr.

Heißes Pflaster, weites Land: In Kasachstan warten nicht nur viele Kilometer, sondern auch böse Probleme mit Hudo.

Eiskalt nach China: Um auf den 3750 Meter hohen Torugart-Pass zu kommen, muss Hudo eine kleine Etappe geschleppt werden.

dyneart
4183 B

Endlose Marswelten und nette Verkehrspolizisten in den chinesischen Städten. Die rote Autohandtasche ist immer dabei.

Da biegen sich die Balken: Im heißen Thailand muss der über achtzig Jahre alte Hudo über viele noch deutlich ältere Holzbrücken fahren.

Total glücklich: Nach 22 500 Kilometern durch Europa und Asien steht Hudo im Container von Hamburg Süd – die Strecke von Singapur nach Australien muss er in einem Frachtschiff zurücklegen.

Mit Zelt und Schraubenschlüssel durch Australien: Holzfelgen und Radlager brauchen mal wieder ihre Pflegeeinheiten, dafür warten zwischen Perth und Adelaide herrliche Stopps am Meer.

Ankunft im Big Apple: Im Oktober 2015, nach weit über einem Jahr auf Achse, parkt Hudo mitten in New York.

Geht nicht gibt's nicht. Selbst nachdem beim Schrauben am Motor ein Finger futsch ist, geht die Reise weiter. Nächstes Ziel: der Raketenbahnhof Cape Canaveral in Florida.

Hoch hinaus: In den Bergen Perus läuft der Motor heiß und braucht dringend Wasser. Und die ausgetrockneten Holzfelgen werden unterwegs schon mal mit einem Rasensprenger bewässert.

Zwischen Silvester in Lima und der Fahrt nach Bolivien ist nicht immer gut lachen. In Südamerika droht ein Getriebeschaden anderer Natur: Eine Krebsdiagnose kommt aus heiterem Himmel.

Nach überstandener OP gleich wieder auf der Piste: In Bolivien navigieren Heidi und Hudo durch staubige Orte und mit Beifahrerin Lili durch die Salar de Uyuni, die größte Salzpfanne der Welt.

Hudo rollt durch Kontinent Nummer fünf: Afrika! Weit über 70 000 Kilometer hat der Gute schon geschafft, aber staunt immer wieder aufs Neue – hier über ein Beschneidungsritual zweier Teenager in Südafrika.

Die Liebe zu alten Autos kennt keine Grenzen: Ein wahrscheinlich nicht mehr wiederbelebbares Oldtimer-Wrack in der Wüste Namibias – und gleich geht's weiter auf Safari.

Das einzige kühle Element: der Fahrtwind. Heidi und Hudo tragen die Zeichen Deutschlands und Berlins bis in die Wüste hinein.

Die Erinnerung an die Lieben zu Hause reist überall mit hin.

12. März 2017: Nach 960 Tagen und 85 000 Kilometern fährt Hudo am Brandenburger Tor vor. Die alte Schachtel hat's tatsächlich geschafft – und Berlin zieht den Hut.

kann das Salz des Meeres riechen. Hier steht kein Zaun zur Begrenzung, kein Wall zur Sicherung. Schön ist es, einfach so, wenige Meter vorm Abgrund. Nur die Fliegen: Sie machen einen schier wahnsinnig! Sie fliegen dir in Ohren, Augen und Nase – und ich stülpe mir das erste Mal hektisch das Fliegennetz über den Kopf.

An der Steilküste könnte man einfach Gas geben, über die Klippen donnern und im hohen Bogen ins Meer segeln. Aber Heidi ist ja nicht Thelma oder Louise. Zumindest nicht mit Absicht.

Es wird nun bald dunkel, als ich schon ziemlich weit östlich bin und einfach nur weiterfahren will. Unterkünfte gibt's hier ja sowieso nicht. Aber irgendwann werde ich doch müde, also fahre ich rechterhand von der Straße ab immer weiter auf den Schotter und parke Hudo – rückwärts, wie ich das immer mache – im dunklen Nichts, um wieder mal ein paar Stunden auf den Kisten zu schlafen. Kein Problem, sage ich mir und verbringe eine ruhige Nacht in der stockdusteren Walachei. Erst am nächsten Morgen beim Aussteigen bekomme ich einen gehörigen Schreck. Hudo steht nämlich keine zehn Meter von der Felskante entfernt – ohne dass ich das gestern geahnt, geschweige denn gesehen hätte.

Das hätte in die Hose gehen können. Besser gesagt: gut und gerne fünfzig Meter senkrecht nach unten ins Meer. So viel zum freien Australien, wo sie keine Zäune aufstellen. Das ist schön. Aber hier und da auch ganz schön gefährlich. Na ja, wenn man so blöd ist, sich im Dunkeln abseits von der Straße einen Parkplatz zu suchen, ist man auch selbst schuld.

Am schlimmsten Teil der Nullarbor sind wir nun bald vorbei, die Straße schneidet wieder mehr ins Landesinnere, Richtung Yalata, Penong, Ceduna, Smoky und Streaky Bay. Hier unten gibt es wieder viele Caravan Parks, wo die Australier campen und ihren Urlaub verbringen. Die Nullarbor war am Ende sehr einsam und langweilig, aber man kann stolz wie die Einheimischen sagen *»I made the Nullarbor«* und sich einen Sticker aufs Auto kleben. Ein wildes und nach zwei, drei Tagen auch eintöniges Fleckchen Erde – aber eine Höllentour? Quatsch, das ist übertrieben.

Ich düse weiter auf der A1 Richtung Port Augusta und Adelaide. Ein heißer, trockener Wind bläst durch Hudos offene Fenster, und ich trage schon die ganze Zeit über meine Stiefel, dicke Socken und lange Hose. Und benetze mir zudem jede Stunde Beine und Knöchel. Siedend heiß kriecht mir die Luft durch Hudos Boden entgegen. Und langsam beginnt der arme Kerl selbst zu qualmen. Also lege ich öfter einen Stopp ein und suche mir rechtzeitig ein Plätzchen für die Nacht.

Wie gut, dass ich mein orangefarbenes Zelt dabeihabe. Ich nutze es inzwischen fast jede Nacht und finde diese Form des einfachen Campens immer schöner. Es kostet kaum Geld, man hat das Zelt im Nu auf- und wieder abgebaut und merkt vor allem: Wie wenig der Mensch doch braucht! Das Zelt steht an diesem Abend direkt neben Hudo auf einem Campingplatz hinter Watervale. Ich habe meinen kleinen Hocker aufgestellt und meinen Laptop aufgeklappt. Schön ist es hier, schön einfach. Ich schaue den alten Baum neben mir an, unter dem mein Zelt steht. Neben uns landet ein hübscher schwarz-weißer Piepmatz und leistet uns Gesellschaft. Dann blicke ich in meinen Laptop, lade endlich wieder Fotos für meinen Blog hoch. Als das Netz stabiler wird, bekomme ich die Antworten auf meine letzten Posts. Und noch hier unten, zwanzigtausend Kilometer von zu Hause entfernt, verfolgt einen die deutsche Angst. »Heidi, da gibt es doch giftige Schlangen!«, hat jemand gepostet. »Das würde ich nicht machen, einfach so im Freien auf dem Boden zelten!« Ja, wo soll ich denn sonst zelten? In den Bäumen? Und wenn die Australier ihre Killerschlangen überleben, dann werde ich es auch.

Am nächsten Tag muss ich nun alle halbe Stunde anhalten, mindestens. Ich öffne die Kühlerhaube und lasse Hudo abkühlen. Vor allem muss ich immer wieder Öl nachkippen. Öl, Öl, Öl. Ich fasse es nicht! Wo bleibt das ganze Zeugs? Hudo trinkt es fast schon wie Benzin!

Zum Glück kommen jetzt wieder mehr Tankstellen, wir können öfter im Schatten stehen, und ich bekomme Öl und Wasser. Allerdings werden die letzten Kilometer nach Adelaide immer härter. Und dann geht es auch noch bergauf. Bei Port Augusta taucht nach langer Zeit endlich wieder mal das Meer auf. Der Spencer Golf schneidet von Süden her ins Land, und man kann das grüne Wasser sehen, das in kleinen Lagunen mündet, die durchzogen sind von hellen Sandbänken. Port Augusta ist ein kleines Städtchen mit gerade mal dreizehntausend Einwohnern. Seine Schilder erzählen die Geschichte des Orts. Vor hundertfünfzig Jahren gab es hier einen ersten Hafen, und bald wurde die Siedlung der Ausgangspunkt für den Bau der ersten Eisenbahnlinie, die Australien queren sollte – bis nach Darwin. Ich rufe mir den Kontinent vor Augen: Das ist fast einmal quer durch. Man muss sich das vorstellen, hier Schienen zu verlegen, vor über hundert Jahren. Damals war es garantiert genau so heiß wie heute, aber die technischen Hilfsmittel waren verglichen mit den heutigen fast wie aus der Steinzeit. Ich stelle mir die Männer vor, die sich mit Hammer, Schubkarren, Pferden und Planwagen durch das Tausende Kilometer weite Outback arbeiteten, die in der Glut herumstanden und monatelang, jahrelang schufteten. Mich soll das daran erinnern, was alles geht, wenn man es nur will. Und ich denke: Wie schnell geben wir heute auf? Sagen, das geht nicht. Das ist zu hart, zu viel, zu strapaziös. Ziemlich verweichlicht; weil wir es nicht mehr anders kennen?

Heute ist Port Augusta ein uriges Städtchen, und die Pubs, Hotels und Inns stehen teilweise da wie in den alten Tagen. Holzhäuser mit hübschen Veranden und verschnörkelten Balkonen, und hier und da sitzt sogar noch ein alter Mann in seinem Schaukelstuhl. Neben der Straße, abgestellt wie eiserne Leichen, ruhen einige der alten Züge. Waggons und Lokomotiven aus den 1940er-, 1950er-Jahren, die langsam in der trockenen Luft vor sich hin rosten. Port Augusta ist heute vor allem auch das Sprungbrett für Trucks und Autos, die aus der Weite kommen oder in die Wüste hineinfahren.

Hier beginnen und enden der Stuart Highway nach Norden und der Eyre Highway nach Westen, über den ich gefahren bin. Als ich Port Augusta erreiche, bin ich also schon weit nach Osten gelangt, habe etwa zwei Drittel meiner Strecke bis Sydney zurückgelegt. Nun biege ich endlich nach Süden ab – und weiß noch nicht, dass meine Australienreise bald eine jähe Wendung nehmen wird.

Hudo kann nicht mehr. Das Öl rinnt regelrecht durch seinen Motor. Ich fahre ganz langsam, und meine Bauchschmerzen werden immer stärker. Hoffentlich schaffe ich es noch bis zu meinen Freunden Sigrid und Björn Malessa in Adelaide.

Aus dem letzten Loch pfeifend, eiern wir nach Adelaide hinein in eine Werkstatt. Ein Tipp, den ich im Oldtimer-Museum in Birdwood bekommen habe. Marque Restoration heißt der Laden, »Vintage & Classic« – auf das Firmenschild haben sie von Hand wunderbare alte Autos gemalt. Gerard Miller, der Chef, nimmt sich als Erstes meiner Holzspeichen an. Er fährt selbst Rennen und hat viele traumhaft schöne alte Autos seiner Kunden in Arbeit. Hier fühle ich mich auf der Stelle wohl. Genau so einen Betrieb habe ich gesucht – und zwischen den Ölwannen und chromblitzenden Stoßstangen ist's schöner als an jedem Strand! Dann kommt der Österreicher Felix Herzer hinzu, der schon oft aus Versehen Hetzer genannt wurde. Felix arbeitet seit einem Jahr bei Marque Restoration und ist sozusagen mit Herz und Tinte ein begnadeter Karosseriebauer. Sein rechter Unterarm ist tätowiert mit einem ganz besonderen Motiv: eine Braut in Strapsen mit 'ner riesigen Zündkerze zwischen den Beinen. Nun, jedem das Seine. Doch als die Diagnose für Hudo komt, fällt mir vor Schreck die Kinnlade runter.

Ein riesengroßer Dreiangel in einem Kolben, der zweite ist gerissen. Der reinste Kolbensalat. Und je weiter wir den Motor zerlegen und inspizieren, desto mehr kommt ans Tageslicht: Der halbe Motor ist Schrott – es kommt einem Wunder gleich, dass ich es bis Adelaide geschafft habe. Ich bin fertig mit den Nerven. Was nun?

Gerard, der Chef, sagt klipp und klar: Die Felgen würden nach einem Anstrich mit Epoxydharz wieder halten. »Auch wenn dein Wunderdoktor Ed Popham am Anfang der Nullarbor Mist gebaut hat. Mit seinem selbst gefertigten Werkzeug hat er das Holzrad beschädigt.« Aber mit einem Motor weiterfahren, der fünf Liter Öl am Tag frisst? Keine Chance. Ich blicke auf die acht Kolben, die in der Werkstatt ausgebaut auf einem blauen Blech liegen, und muss eine Entscheidung treffen. Eigentlich ist es ja sowieso schon ein Wunder, dass ich mit diesem Motor – der als Ersatz gedacht war und direkt nach dem Start quasi in letzter Panik eingebaut wurde – überhaupt so weit gekommen bin! Er hat sage und schreibe 26 000 Kilometer durchgehalten. Die Frage lautet nun: Lasse ich ihn noch für circa 10 000 Euro reparieren oder Hudos Original aus Rheinsberg kommen? Das kostet »nur« 2 500 Euro. Ich sage: tauschen!

Solche Entscheidungen sind manchmal unvermeidlich, auch wenn sie anfangs zu verrückt klingen, wenn sie Pläne umschmeißen und zum Umdenken, Querdenken zwingen. Zum Alles-anders-Machen. Es folgt ein neuer Logistikakt. Zig Telefonate, zig Mails. Schließlich steht der Plan: Der Motor kommt per Flugzeug nach Australien, aber nicht nach Sydney, sondern nach Melbourne. Für meine weitere Reise heißt das: Sydney wird flachfallen, weil ich dort das Schiff nach Neuseeland nicht mehr erwischen werde. Na gut, dann fahre ich eben von Melbourne ins Kiwiland.

Ich habe einen privaten Hudson-Kenner in Ferntree Gully bei Melbourne gefunden, der bereit ist, die Motoren in seiner Werkstatt zu Hause auszutauschen. So spare ich die Zeit, nach Sydney zu fahren, und bin näher dran an dem Schiff, das hier sowieso einen Stopp macht, bevor es nach Neuseeland fährt. Und schlimmstenfalls kann ich Hudo auch direkt aufs Schiff schieben. Warum also Trübsal blasen? Manchmal kann es gar nicht schaden, hart Ruder zu legen und den Kurs zu ändern. Außerdem habe ich dadurch mal wieder Zeit und kann mir Adelaide ansehen.

Ich nehme einen Mietwagen und erkunde die Gegend. Im kleinen Ort Hahndorf wird den frühen deutschen Einwanderern gehuldigt, 1838 kamen sie hier mit einem Dreimaster an. Und was, bitte schön, hatten die für eine Reise hinter sich?! Heute ist Hahndorf ein hübsches Nest mit alten Kutschwagen, Pubs und Eisläden in schiefen Fachwerkhäusern. Es ist ziemlich touristisch hier, inklusive deutschem Schützenfest einmal im Jahr. Da fahre ich lieber an den Strand und gehe ins Meer. Hier ist es wärmer und das Wasser ein Traum. Später wachsen Regenschirmbäume am Straßenrand, ich sehe blühende Bougainvilleas und überall grüne Gärten. Von der Wüste keine Spur mehr, hier leuchtet und blüht Australien in allen Farben. Ich probiere eine Feijoa, eine Frucht, die wie ein Zwischending aus Birne und Banane schmeckt. In diesem Teil des sonnigen Australiens scheint so ziemlich alles zu wachsen, ohne dass man es groß pflanzt und pflegt. Das muss an diesem wunderbaren Klima liegen. Ewig mild. Und immer mehr Kängurus lassen sich blicken, ich kann sogar einen Koala füttern.

Eines Tages treffe ich unterwegs auf Ray Pank – das ist mal 'ne Nummer. Ray ist noch mal zwanzig – ich wiederhole: zwanzig! – Jahre älter als ich und in Schuss wie sonst was. Klar im Kopf, fidel und witzig, nur das Laufen fällt ihm etwas schwer. Er hat ein neues Hüftgelenk bekommen und aus der Not gleich eine Tugend gemacht: nämlich sich aus seinem alten Hüftknochen einen Schalthebel für sein Auto machen lassen – und dieser Wagen ist nichts anderes als ein Hudson! Ein Hudson 8 aus dem Jahr 1934, knallrot, dunkelrote Ledersitze, bildschön. Sein stolzer Besitzer ist achtundneunzig Jahre alt, ein begnadeter Ingenieur und noch immer guter Dinge. Da sag noch mal jemand, ich sei eine alte Schachtel! Dieser Ray macht mir Mut. Jetzt weiß ich es ganz genau: Alter schützt vor Leben nicht. Noch nicht mal, wenn du auf die hundert zumarschierst.

Herrliches Australien. Ich habe es in diesen sieben Wochen und 3 200 Kilometern auf Hudos eigenen Achsen lieben gelernt. Ich mag es, wie die Menschen hier das Leben nehmen. Ich kann es Ihnen gar nicht beschreiben, aber es fühlt sich leichter an als bei uns. Da ist wenig Schwere, da scheinen nicht so viele ernste und dunkle Wolken zu sein, die immerzu über den Köpfen der Aussies kreisen. Kann ich mich davon anstecken lassen? Ja, das klappt schon. Das australische Lebensgefühl springt irgendwann auf einen über – trotzdem merke ich doch auch immer wieder, dass ich die Heidi aus Gatow bin.

Als mich eine Reporterin aus Berlin am Telefon erreicht, um ein Interview für den Berliner Rundfunk zu führen, trifft mich prompt das Heimweh. Die Dame ist in der Heimat Deutschland zwar sehr weit weg, doch sofort steigt ein komisches Gefühl in mir auf. Als sie mich fragt, was ich nach diesen fast acht Monaten und 30 000 Kilometern vermisse, sprudelt es aus mir heraus. Meine Freunde fehlen mir! Ich bin doch ziemlich oft allein. Mir fehlt es, mal in ein Konzert zu gehen, mit Freunden ins Theater. Stattdessen kümmere ich mich nur um Hudo und hetze von Land zu Land. Nein, es ist nicht immer alles nur eitel Sonnenschein auf meiner Reise. Manchmal fühle ich mich schon ein wenig entwurzelt. Wenn du jede Nacht woanders bist und auf die Karte schauen musst, um zu wissen, wie der Ort eigentlich heißt, in dem du gerade bist. Oder: Wo ist die Toilette in diesem Haus, in dem du gerade übernachtest? Und dann sind da die ganzen Eindrücke. Die verfolgen dich. Die ersten drei Monate gingen. Aber danach verdichtete sich alles. Die Flut von Bildern, die im Kopf umherkreisen, reißt gar nicht mehr ab.

Das Interview ist zu Ende. Schweigen. Einen Moment lang halte ich inne, lande erst dann wieder im Hier und Jetzt. Südaustralien, Sommer. Ich schaue aufs Datum. Ende März. Demnächst kommt mein Motor aus Berlin in Melbourne an. Es ist Zeit, nach vorn zu schauen. Nach Neuseeland. Und danach kommt wieder ein großer Satz, nach Amerika, wo viele Freunde warten und die Verwandtschaft aus der Familie meines amerikanischen Exmannes Robert S. Mackay. Und ja, genau so soll es dann eben doch wieder sein: nicht ankommen, sondern weiter. Und das noch für viele, viele Monate.

Sehr früh am nächsten Morgen taucht Kym bei Sigrid und Björn Mallessa auf. Bei den beiden durfte ich zwölf Nächte auf der Couch schlafen. Ich hatte sie in Berlin kennengelernt, als sie mit ihren Motorrädern durch die Welt fuhren. Kym fährt den Tieflader, mit dem Hudo und ich nach Melbourne gebracht werden: 800 Kilometer huckepack auf der oberen Ladefläche des Doppelstöckers. Ich steige vorn auf den Beifahrersitz des Tiefladers, und los geht es nach Ferntree Gully bei Melbourne, wo wir am Abend um neun Uhr ankommen – und ich um ein Haar gleich wieder abfahren will. Folgende Geschichte: Wir treffen uns mit dem privaten Hudson-Schrauber Michael Martin an einem Kreisel, denn in seine kleine Straße passt der Tieflader nicht. Wir laden Hudo ab, und plötzlich sitzt Kym hinter meinem Steuer. Ich frage ihn, was jetzt los ist. Kym sagt: Michael will, dass Hudo am Seil in die Garage gezogen wird. Ich sage: Und warum sitzt du am Steuer und nicht ich? Kopfschütteln. Ich gehe zu dem mir noch völlig unbekannten Michael Martin und sage: »Wenn du mir nicht zutraust, an einem Seil in deine Garage zu fahren, dann traue ich dir nicht zu, die Motoren zu wechseln.«

Ich setze mich hinters Lenkrad, und von nun an läuft alles nach Plan. Der Motor landet mit nur einem Tag Verspätung aus Frankfurt und Hongkong. Nach fast zwei Wochen harter Arbeit in der Werkstatt ist er eingebaut, und Hudo übersteht die Probefahrten. Ich schüttele Gillian und Michael Martin die Hände und bedanke mich für vierzehn Tage Gastfreundschaft. Der Ingenieur hat sich gründlich auf den Job vorbereitet und fast alles allein gemacht. Ich durfte nur das Werkzeug und den weißen Boden putzen. Und ich hörte andauernd in breitem australischem Englisch: *»Hoidi, no!«* Seine Frau Gillian sagte: »Lass ihn, er ist immer so. Zu allen.«

Doch das Wichtigste: Hudo ist nach der großen OP wieder genesen! Ich fahre ihn zum Containerhafen und habe noch einige Tage in Melbourne. Ich schaue mir die Zwölf Apostel an und genieße die wunderschöne Westküste. Dann läuft die *Spirit of Singapore* in den

Hafen, und Hudo und ich gehen getrennt an Bord. Er ist wieder in dem roten Hamburg-Süd-Container, ich in der Owner's Suite. Hurra, in fünf Tagen sind wir in Neuseeland!

Ein letzter Blick auf den Hafen von Melbourne, ein letzter auf Australien. Am 1. April 2015 lassen wir das Ufer im Kielwasser zurück und steuern nach Südost auf See hinaus.

Nein, da ist kein Abschiedsschmerz nach diesen sieben Wochen in Australien. Ich habe mir vielmehr ein passendes T-Shirt gekauft. Darauf ist der Spruch gedruckt: *»I am not lost, just going everywhere.«* Noch treffender aber ist der Schriftzug am Ärmel: *»Grey nomad«* steht da. So nennen die Australier die alten Leute, die in ihren Wohnwagen den Lebensabend verbringen, von einem Caravan Park zum nächsten ziehen. Je nach Wetter, Lust und Jahreszeit. Ihre Häuser haben sie verkauft, ihre Möbel verscherbelt oder eingelagert. Auch eine Möglichkeit, seine alten Tage zu verbringen. Auf Achse. Ungebunden und frei. Mir gefällt der Gedanke. Ein bisschen bin ich ja auch zu einer grauen Nomadin geworden.

Im Land der langen weißen Wolken

Ich sitze in meinem Zelt neben Hudo, und das Tuch flattert im leichten Abendwind. Meinen kleinen Campingkocher von Jordane habe ich längst verschenkt, den zweiten Schlafsack auch. Ich esse Müsliriegel, mache auf meinem Schlafsack die Beine lang. Die Wellen sind zu hören, nur zwanzig Meter entfernt rollen sie an den weiten Strand. Hier habe ich mein Lager für diese Nacht aufgeschlagen, in einer windgeschützten Bucht der Nordinsel Neuseelands.

Wie lange bin ich nun schon hier? Wie lange ist es her, dass das Schiff uns in Port Chalmers in Dunedin City abgesetzt hat? Wie lange rollt Hudo schon nicht mehr durch Australiens heiße, sondern durch Neuseelands grüne Welt? Ich weiß es nicht, ich müsste in mein Tagebuch schauen. Aber es interessiert mich nicht, denn ich übe mich gerade im Genießen.

Immer wieder stellen mir die Leute viele Fragen, wenn sie von meiner Reise hören. Vor allem eins wollen sie wissen: Welches ist das schönste Land, durch das ich gefahren bin? Welches der schönste Ort, den ich gesehen habe? Natürlich könnte ich sofort lossprudeln und weiß oft gar nicht, wo ich anfangen soll. Das schönste Land? Ja, wofür denn? Zum Urlaubmachen? Zum Arbeiten? Zum Autofahren? Zum Baden? Um gut zu essen? Jedes Land hat seine Reize, und die Frage ist ja immer, was man da eigentlich machen will.

Aber seit diesen Wochen in Neuseeland komme ich nicht umhin, zu sagen: Das Land der Kiwis ist das Schönste, das meine Augen

Zwei Typen vom alten Schlag. Hudo und ein gigantischer Baum im Süden Neuseelands. Der hat sicher mehr Jahre auf dem Buckel als Hudo und ich zusammen.

bisher gesehen haben. Wasser, Hügel, Wolken, Sonne. Wohin man blickt: Natur. Mir bleibt die Sprache weg.

Das Herrlichste hier sind die Straßen an den Küsten. In weiten Kurven ziehen sie sich durch die großartige Natur, und immer wieder öffnet sich ein neuer Blick. Ganz nah fährst du am Meer entlang, und oft spült der Ozean seine Wellen neben dir ans Ufer. Manchmal, an schmalen Stellen oder wenn es über Landzungen geht, sprudelt das Salzwasser sogar mitten über die Straße. Nie wird es langweilig, denn die Natur hier unten hält ständig ein neues Schauspiel parat. Links siehst du Berge und Gletscher, rechts eine weite Bucht, vor der die glasgrünen Wellen brechen. Meer und Berge kommen sich in Neuseeland ganz nah, so habe ich das noch nirgends gesehen. Und ich liebe diese Wolken. Sie sind wirklich lang und weiß, so gleiten sie hier durch den Himmel. In Neuseeland fliegen die Wolken!

Im Norden treffen zwei Meere aufeinander, und an einer Stelle habe ich gesehen, wie die Wellen aus Osten kommen und gleichzeitig aus Westen. Sie klatschen richtig aufeinander. Ich habe das erlebt am Kilometerstein Nummer eins, ganz oben am nordwestlichsten Zipfel der Inseln bei Cape Reinga. Die Tasmansee und der Südpazifik stoßen dort aufeinander, und Hudo parkte am Meer, nicht weit von dem schneeweißen Leuchtturm der Aupōuri Peninsula entfernt. Wie der zackige Rücken eines Krokodils ragen die Felsen dort ins Meer, und die See ist weiß verwirbelt von den Strömungen, die sich von rechts und links beharken. Da kannst du zwei Stunden auf den Klippen stehen und gucken. Du sagst nichts. Du guckst nur.

Vom Norden in den Süden fährst du dann runter. Zwei Inseln, tausend Welten. Ich habe die Strecke über beide Inseln fast zweimal zurückgelegt, konnte gar nicht mehr aufhören. Und wie schön war die Stadt Wanaka am Lake Hāwea und Lake Wanaka! Die Berge rahmen diese beiden großen Seen förmlich ein, und alles ist grün und blau. Mitten in den Seen liegen Inseln, und an den Ufern stehen gelbe Bäume. Ich habe selten in eine so saubere und klare Welt geblickt und so schöne kleine Dörfer gesehen, die unter dem großen Himmel liegen. Bäche fließen, Adler kreisen. Eine wahnsinnige Natur. Ein bisschen wie das Vorland der Alpen. Nur viel rauer, weiter und leerer. Neuseeland ist nie süßlich. Keine bunten Blumen auf den Balkonen, keine verschnörkelten Ziergärten. In Neuseeland ist die ganze Natur dein Garten, und es leben darin tausendmal mehr Schafe als Menschen.

Ich habe den Mount Cook, den 3 724 Meter hohen Aoraki, gesehen. Ein Zahn. Ja, wie ein gewaltiger, spitzer, verschneiter Eckzahn ragt der Berg aus der Reihe der anderen Zähne, und von unten sind die Gletscher zu erkennen. Weiß glitzern sie in der Sonne. Grün und von Moos überwuchert dehnt sich derweil an den Flanken der Berge das Hooker Valley aus, und du kannst stundenlang über die Südinsel fahren und siehst immer die neuseeländischen Südalpen am Horizont. Große weiße Berge unter diesem blitzblanken blauen Himmel. Bei Glenorchy, im Süden der Südinsel, stehe ich wie vor einer gemalten Kulisse. Der Lake Wakatipu liegt wie eine gigantische Glasfläche vor den Bergen und spiegelt die Welt. Bäume wachsen im Wasser, auf winzigen Inseln, und von den Ufern führen wacklige Holzstege in den See wie alte knorrige Finger. Kein Wunder, dass es hier einen Ort gibt, der Paradise heißt und wo sie Teile der Trilogie von »Herr der Ringe« gedreht haben. Absolut filmreif.

Hier fahre ich öfter von den Hauptstraßen ab, lasse mich treiben und Hudo freie Fahrt. Mal sehen, was so kommt. So lande ich eines Tages auch in dem hübschen kleinen Ort Naseby. Hudo ist wegen einer defekten Krümmerdichtung ziemlich laut am Zischen, und das muss repariert werden. In Naseby frage ich den Kellner in einem Restaurant nach einer Werkstatt, und gleich geschehen wieder merkwürdige Sachen. Der Kellner sagt, nee, in Naseby gibt's keine Werkstatt. Aber frag mal den Mann da drüben, der hatte mal eine und kennt sich aus. Ich also zu dem Mann hin, und der sagt, ja, er kenne sich wirklich aus mit Autos und würde schrauben. Aber nicht heute, denn er sei Curling-Trainer und müsse jetzt erst mal zum Unterricht. Curling? Ich kann es nicht glauben. Neugierig, wie ich bin, frage ich, ob ich das, bitte schön, einmal sehen könne.

Also nimmt er mich mit in diese große Halle, wo es wirklich eine Eisbahn gibt, und auf einmal treffe ich auf den Nabel der neuseeländischen Curling-Szene. Da sitzen Vater und Sohn, beide Curling-Weltmeister, und erzählen, dass Mutter und Tochter gerade in Russland weilen und um einen Meistertitel kämpfen. Ich denk, die binden mir hier 'n Bären auf oder so was, bis ich erfahre, dass hier, beim Maniototo-Curling-International-Eisring, tatsächlich die Champions der Champions übers Eis schlittern und schrubben – und die Neuseeländer total curlingverrückt sind!

Das ist schön und gut, und ich schaue eine Weile zu, wie sie die fast zwanzig Kilo schweren Curlingsteine aus Granit übers Eis wischen. Aber irgendwann frage ich natürlich: Und was ist jetzt mit meinem Auto? Der Curling-Trainer, also der Schrauber, sagt dann, das machen wir morgen. Und ich sage, okay – aber wo soll ich denn schlafen in eurem kleinen Naseby? Sie schicken mich in die Ancient Britain Lodge, ein schönes altes Haus, das mir eigentlich zu teuer ist. Aber okay, sage ich mir, mal eine Nacht nicht auf dem Campingplatz kann auch nicht schaden.

Abends gehe ich zögerlich in das Restaurant des Hauses und setze mich allein an einen Tisch. Es ist nämlich Samstag, und der kleine Supermarkt ist geschlossen. Mir ist es immer unangenehm, in einem Lokal allein an einem Tisch zu sitzen. Ich weiß nicht, warum das so ist. Aber bis heute fühlt es sich komisch an, als Frau allein in einem Lokal zu sitzen, während es bei einem Mann völlig normal ist. Den guckt keiner schräg an. Woran mag das liegen? Irgendwie fühlt man sich als Frau dann minderwertig. Als hätte man keine Begleitung abbekommen. Keine Freunde, niemanden, der mit einem essen geht. In Berlin wäre es noch viel schlimmer. Wenn ich da abends irgendwo essen ginge und allein an einem Tisch säße, die Leute würden denken: Was ist denn da faul?

Aber hier im fernen Neuseeland kennt mich ja keiner, da sollte ich unbehelligt bleiben. Denkste. An den anderen Tischen sitzen Neuseeländer, darunter eine Familie, die Hudo mit seiner aufgedruckten Weltkarte vor der Tür gesehen hat. Und der Vater trompetet es gleich ins ganze Lokal raus: »Ah, Sie sind die Frau, die mit dem alten Auto um die Welt fährt! Und Sie sind jetzt ausgerechnet in Naseby gelandet?!« Es gibt eine große Szene, und mir ist es fürchterlich peinlich – hier, in diesem kleinen Lokal.

Zwei andere Ehepaare bitten mich an ihren Tisch, denn ich soll von meiner Reise erzählen. Und als ich später erwähne, ich wolle als Nächstes nach Feilding, um mir dort bei einem Stellmacher neue Holzfelgen anfertigen zu lassen, schaut mich die eine Frau mit großen Augen an. »Wir sind aus Feilding!«, schießt sie los. »Und wir kennen den Stellmacher! Wenn Sie wirklich nach Feilding kommen, müssen Sie bei uns wohnen. Gestatten: Wir sind die Familie Filder aus Feilding, und es wäre uns eine Ehre, wenn Sie uns besuchen würden!«

Wie dem auch sei, am nächsten Tag repariert der Curling-Trainer die Krümmerdichtung, er hat sogar das nötige Asbest, und dann fahre ich los nach Feilding auf die Nordhalbinsel. Da treffe ich dann den Stellmacher für die Felgen und auch wieder die Familie Filder. Tatsächlich darf ich auf ihrer Farm wohnen. Sie haben ganz viele Schafe, braune, weiße, helle, dunkle, und Frau Filder spinnt die Wolle auf einem alten Webstuhl und macht Puppen, Kleider, Deckchen und Kissen daraus. Das ganze Haus steht und hängt voller Puppen.

Der Stellmacher kommt am nächsten Morgen, und er fertigt mir tatsächlich, wie in alten Tagen, eine nagelneue Holzspeiche für mein kaputtes Hinterrad an. Wunderbar! Das Problem ist also auch gelöst. Und der Stellmacher will nicht einmal Geld für seine Arbeit haben. Ich fragte ihn dreimal, aber er sagt: »Du musst mich nur zu deinem achtzigsten Geburtstag in Berlin einladen, dann habe ich endlich einen Grund, einmal nach Deutschland zu fliegen.« So verbleiben wir. Und da ahne ich noch nicht, dass der Stellmacher Vern Jensen aus Feilding, Neuseeland, zwei Jahre später tatsächlich mit seiner Frau nach Berlin auf meine Party kommen würde – und wir noch heute guten Kontakt haben.

So kann es gehen. Eine Kette von Zufällen. Aber es sind eigentlich gar keine Zufälle. Man muss sich eben nur bewegen und den Hintern hochkriegen. Muss seinen Mund aufmachen und seine Geschichten teilen. Denn nicht nur aus dem Wald schallt es zurück, wie du hineinrufst. Das funktioniert auch mit der Welt.

Ein altes Auto kann dabei nicht schaden. Wegen Hudo war ich letztlich in Naseby gelandet, hatte den Curling-Weltmeister und schraubenden Curling-Trainer kennengelernt. Wegen Hudo landete ich letzten Endes auch in dem Restaurant und traf dort die Filders. Die mich gleich so herzlich einluden und mit dem wundervollen Vern Jensen zusammenbrachten, den ich ja dringend für Hudos Hinterrad brauchte. Ja, schlussendlich hat Hudo mir diese drei wundervollen Tage im Manawatu District beschert. Tage, die ich nie vergessen werde.

Und genau darum liebe ich Hudo. Er ist nämlich gar kein Auto. Er ist ein Wegbereiter. Ein Menschenfreund. Und eine Freiheitsmaschine, die mich durch die Welt trägt.

Zwei Monate verbringe ich auf dieser südlichsten Station meiner Weltreise und fahre siebentausend Kilometer durch die Zauberwelt. Rauf und runter, von Süden nach Norden, von Norden nach Süden, durch die Täler und über die Hügel. Wie eine weiche, wellige und endlose Wiese durchziehen sie das Land. Bis du an irgendeinen Strand oder an ein Ufer voller Felsen kommst. Ich sehe Seerobben, die sich in Scharen auf den Klippen und am Spülsaum des Meeres tummeln. Man kann den Robben hier ganz nah kommen, aber man muss aufpassen. Sie beißen und schnappen nach dem Handy. So manchen Selfie-Jäger haben sie schon in den Hintern gebissen. Oft warte ich abends geduldig an einem Ufer. Dann tauchen auch noch die blauen Pinguine auf und watscheln über den Strand. Am Tag schwimmen sie im Meer und fressen sich voll, aber wenn es dunkel wird, kommen sie an Land. Ich kann sie atmen hören.

Ich erinnere mich an den Ostersonntag nach meiner Ankunft auf der Südinsel und an die weiße schöne Holzkirche mit den hellen Grabsteinen und dem grauen Dach. In der Sprache der Maori heißt sie »Te Whare Karakia o Kororareka« und ist die älteste Kirche Neuseelands. Sie liegt in Russell, wo ich an diesem Tag einige der Sehenswürdigkeiten in der Umgebung besichtigte. Aber es gibt wohl noch einen Grund, warum ich kurz in diese Kirche gegangen bin. Denn auf der anderen Seite der Erde, in einem Berliner Krankenhaus in einer Badewanne, geschah gerade etwas ganz Besonderes. Während ich in der alten Kirche stand, klingelte mein Handy, mein Sohn Dylan war dran. »Mama, dein fünftes Enkelkind ist geboren. Es ist ein Junge, und er heißt Mano Mandela.« Ich verzog mich in eine stille Ecke und heulte zwei Stunden.

Ich habe inzwischen die Hostels der Backpacker entdeckt. Da kann man günstig übernachten und seinen Schlafsack auf einem Etagenbett ausbreiten. Küche und Klo sind draußen, und man schläft oft mit mehreren in einer Kammer. Hier trifft man viele Leute. Alt und Jung, alles durcheinandergewürfelt. Aber am allerliebsten bin ich auf den Campingplätzen von Top 10 Holiday Park, die überall auf beiden Inseln zu finden sind. Da ist es sauber und sicher, Waschmaschine, heißes Wasser, Küche, alles da. Obwohl ich nicht viel esse. Toast, Butter, Käse, Früchte, Nescafé. Und Hudo steht direkt neben meinem Zelt, meine Geräte kann ich an der dritten Reservebatterie laden. Da kann man nicht meckern.

Das Wetter ist noch immer schön, aber hier unten auf der Südhalbkugel bricht nun langsam der Herbst an. Nachts geht es schon mal auf drei, vier Grad runter, und dann muss ich im Zelt tief in den Schlafsack kriechen. Aber tagsüber wird es wieder warm, und das Thermometer klettert auf weit über zwanzig Grad.

Ich habe Queenstown im Süden besucht, da fliegen Paraglider im Himmel, gehen die Leute zum Klettern und springen am Fallschirm aus dem Flugzeug. Oder sie rasen in Speedbooten durch die Canyons. Ich war in Portobello, gelegen auf einer Halbinsel bei Cape Saunders. Kleines, verschlafenes Örtchen. Zwei, drei Hostels gibt es hier, ein paar Buden und Cafés, ansonsten pfeift nur der Wind durch die alten Straßen. Heiliger Strohsack – wie schön es da ist! Ein glasklares Meer strömt durch die Buchten, helle Sandbänke leuchten, und man weiß gar nicht, was grüner ist, die Lagunen oder die bewaldeten Hügel, die sich bis ins Wasser hineinziehen. Fähren tuckern nach Taiaroa Head, wo Königsalbatrosse fliegen, Robbenkolonien existieren und die Gelbaugenpinguine an der Ostküste der Otago-Halbinsel leben.

Einer Journalistin gebe ich ein Interview für die *Otago Times*. Wir treffen uns an einem alten historischen Bahnhof. Wenig später erscheint der Artikel sogar auf der Titelseite. *»Heidi and Hudo's 30 000 km world adventure«*, lautet die Überschrift, und danach erkennen mich viele Menschen auf der Insel und grüßen noch freundlicher.

In Dunedin will ich sehen, was wirklich in Hudo steckt. Ich fahre ihn zur Baldwin Street im North East Valley, denn dies ist angeblich die steilste Straße der Welt. Sie ist 350 Meter lang und zieht sich mit fünfunddreißig Grad Steigung durch ein Wohnviertel den Hang hinauf. Hudo staunt nicht schlecht und bekommt es gleich mit der Angst. Ich gebe ein-, zweimal kräftig Gas, aber nein, da will er partout nicht hoch.

Auf dem Weg nach Norden muss ich dann einmal voll in die Eisen gehen. Am Straßenrand steht ein Ortsschild mit Aufschrift »Berlin«. Na ja, Fleckchen mit deutschen und europäischen Namen gibt es viele in der Welt, aber ein Berlin in Neuseeland kenne ich noch nicht. Und dieses Schild hat sogar einen Hertha-Aufkleber verpasst bekommen. Können nur echte Berliner gewesen sein.

Später fahre ich zu den Moeraki Boulders, kugelrunden Steinen, die bei Koekohe Beach am Meer herumliegen. Man könnte meinen, Maori-Künstler hätten sie einst gefertigt und der Welt überlassen. Aber hier waren allein Wind und Wellen am Walten und haben den Schluffstein in Jahrmillionen zu bizarren Fußbällen geformt. Und auch hinter der nächsten Kurve muss ich anhalten. Gucken und genießen. Ich nenne es inzwischen nur noch die drei großen W Neuseelands: Wellen, Wald, Wolken. Nicht zu überbieten. Es geht mir so gut wie nie. Ich habe Zeit, Hudo spurt prima, und die Sonne scheint. Und von zu Hause habe ich erfahren, dass Mano, Enkel Nummer fünf, gesund ist und gut trinkt.

In der Nähe von Bruce Bay stehen plötzlich Merle und Norman vor meiner Autotür. Ich kann es kaum glauben, vor zwei Monaten in Australien hatte ich bei den beiden in Esperance gewohnt – und nun sind sie hier! Merle und Norman sind nach Neuseeland geflogen, haben mich über den Spotti verfolgt und tatsächlich gefunden. Tja, so lässt sich der Urlaub auch verbringen: wie auf einer Schnitzeljagd Hudo hinterherdüsen. Ein schönes Wiedersehen. Und unverhofft kommt oft. Etwa als in meiner Lieblingsstadt Wanaka plötzlich ein Zettel an Hudos Windschutzscheibe steckt. Ein Grundschullehrer fragt, ob ich in seiner Klasse einen Vortrag halten kann. Ich mache das gern. Ganz viele Klassen kommen am nächsten Tag in der Schule zusammen. Und so gibt Heidi auf ihre alten Tage noch Erdkundeunterricht. Ich hoffe nur, ich habe zwischendurch nicht zu viel von Kolbenfressern und gerissenen Zylinderköpfen gequasselt.

In Wanaka treffe ich auch Sonja und Mark Richter. Übers Internet haben die beiden mich gefunden, weil sie einen Hispano Suiza besitzen, so wie ich. Die Eigner solcher seltenen alten Wagen treffen sich nämlich nur zu gern. Sie erzählen mir, dass es auf der Nordinsel noch einen Hispano Suiza gibt. Sein Besitzer heißt Hans Compter, der bei Whangarei hundertsechzig Vorkriegsfahrzeuge besitzt, darunter sogar das Auto von Evita Perón, einen roten Fiat. Hans Compter treffe ich später wirklich. Er kommt zu meinem Auto, als ich gerade in der Landkarte versunken bin. Und sagt: »Ich kenne dich.« Wäre er nur fünf Minuten später vorbeigekommen, hätten wir uns nie getroffen.

Übers Netz kontaktieren mich inzwischen so einige Leute und fragen, ob sie eine bestimmte Etappe mitfahren können. Das ist zwischendrin eine willkommene Abwechslung, und genauso halte ich es mit dem Thema Beifahrer. Manche dürfen zusteigen, bleiben, solange sie mögen, solange sie es aushalten und solange ich will. Aber nicht gleich über mehrere Monate. Von dieser Idee habe ich mich inzwischen verabschiedet. Ich bin nach meinen Erfahrungen überzeugt, dass man es über längere Zeiträume auf so engem Raum wie in Hudo gar nicht zu zweit aushalten kann. Dafür müsste man schon ein erfahrenes Ehepaar oder Pärchen sein. Außerdem ist Hudo den meisten Menschen zu kompliziert, sie werden des Schraubens müde und können seine häufigen Stopps nicht lange ertragen. Und: Hudo ist furchtbar eifersüchtig! Irgendwann will er mich wieder für sich haben.

Später, wir fahren mitten durch die neuseeländische Walachei, durch dieses windzerblasene Reich, hängen neben einer Pferdekoppel auf einmal zweihundert Büstenhalter über einem alten Zaun. Daneben die Spendenbox – denn hier wird Geld gesammelt für den Kampf gegen Brustkrebs.

Gute Idee! Ich ziehe mich nur kurz um und hänge meinen BH in die Reihe der anderen. Ein anderer Tourist sagt: »Super« – und steckt hundert Dollar in die Box.

Die Zeit ist nun vorangeschritten, der südliche Herbst naht, und die Bäume nehmen fast überall eine goldgelbe Farbe an. Der April ist verstrichen, der Mai – und ich werde mich jetzt sehr bald wieder einmal verabschieden müssen. Von einer Etappe meiner Reise, von

Neuseeland. Von einem Land, das ich sehr wahrscheinlich nie mehr wiedersehen werde. Und von einem Abschnitt meines Lebens, den ich in dieser Form wohl auch nie wieder erleben werde.

Ja, solche Gedanken gehen dir durch den Kopf, wenn du in einigen Tagen achtundsiebzig Jahre alt wirst. Da fragst du dich: Siehst du das alles jetzt das letzte Mal? Und was wirst du demnächst noch alles mit eigenen Augen sehen und erleben – auch *das letzte Mal?* Ich denke an das Zentimetermaß an der Wand meines Büros. Dort konnte ich sehen, wie der Pegel stieg und die Zeit verstrich. Nun nähert sich dieser Strich gewaltig der Achtzig, und dafür muss ich wirklich dankbar sein. Aber es kann sich schon verdammt hohl im Bauch anfühlen, wenn du weißt, dass die Sanduhr schon sehr, sehr weit abgelaufen ist.

Es kann dich zerreißen. Aber es kann dich auf eine seltsame Art und Weise auch glücklich machen. Vielleicht sogar mehr noch als in jungen Jahren. Es geht jetzt nicht mehr so sehr um das, was war, oder um das, was kommt. Es geht nun vielmehr um das, was *ist*. Ja, ich kenne die Kalendersprüche, die so ähnlich klingen. Aber verdammt, du musst schon sieben Jahrzehnte und ein paar Zerquetschte hinter dich gebracht haben, um zu spüren, wie wertvoll die Sekunden sind.

Oben in Auckland blicke ich auf die Bucht und die Segelboote und auf die grünen Hügel von Motutapu Island. Ich schnappe mir ganz Neuseeland und nehme es in den Arm.

Ich mache eine letzte Stadtrundfahrt durch Auckland, denn Hudo ist schon bei Hamburg Süd. Wieder einmal nimmt die Reederei ihn mit und verschifft ihn im Container über den gesamten Stillen Ozean. Das Schiff, die *Coral Bay*, wird am 12. Juni, um acht Uhr morgens in Otahuhu, Auckland, ablegen. Am 7. Juli, fast einen Monat später, werde ich Hudo wieder in Empfang nehmen. Auf dem nächsten Kontinent, über zehntausend Kilometer entfernt: in Los Angeles, Amerika. Ich hatte zuletzt noch mit Mike Dunn gesprochen, dem Zuständigen der Spedition. Und er hatte mir versprochen, Hudo gut zu vertäuen, den Gang rauszunehmen und die Handbremse zu lösen. Eine Träne kullert beim Abschied. Denn diesmal werde ich nicht an Hudos Seite reisen. Der gesamte Pazifik ist mir zu viel, und meinen Geburtstag will ich nicht auf hoher See verbringen.

Tags darauf, es ist fast Mitte Juni, fahre ich zum Airport in Auckland. Und was sehen meine Augen noch vor dem Abflug? Einen Maori in einem Sporttrikot – darauf der Schriftzug von Opel. Ich gewöhne mich langsam daran. An die kleinen Zeichen. An die guten Omen, die ich mitnehme, wann immer es weitergeht. Dann laufe ich durch den Flughafen, besteige die Maschine und mache es mir hinten in der Holzklasse bequem. Zum Glück bin ich nicht groß und versinke in meinem Sitz. Zwölf Stunden Flug liegen vor uns, als das große Flugzeug abhebt und über Auckland in den Nachthimmel abdreht. Das Essen kommt, als wir in zwölftausend Meter Höhe über den nachtschwarzen Pazifik nach Norden fliegen. Dann wird das Licht in der Kabine gedimmt. Ich rutsche in einen flachen Schlaf, und statt des Unterhaltungsprogramms flackern ganz andere Bilder durch meinen Kopf. Szenen, die ich vor über fünf Jahrzehnten erlebt habe. Sequenzen, die noch immer in meinem Gedächtnis gespeichert sind. Ich sehe die 1960er-Jahre vor meinem geistigen Auge, sehe einen VW Käfer und die junge Heidi Hetzer. Sie ist strohblond und macht sich gerade auf in die Neue Welt.

Doch wie lange ist das alles her? Mein Jahr in Amerika, mein frühes Abenteuer im Land der Freien?

Frühe Lehrjahre in den USA: Sie sind doch Frank Sinatra, oder?

Vor fast sechzig Jahren – ich war eine eigensinnige junge Frau, die in Berlin gerade ihre Autovermietung voranbringen wollte – stand mein Vater vor der Tür meines kleinen Ladens. Es war das Jahr 1960. Wir hatten uns etliche Monate nicht gesehen, weil ich mich allein um mein Geschäft kümmern wollte. Aber seit einiger Zeit kam er gelegentlich wieder vorbei, um nachzusehen, wie es mir ging. Und dann erzählte er mir eines Tages davon, dass die Vereinigung der Amerikanischen Automobilhändler ein Austauschprogramm ins Leben gerufen hätte. Dabei könnten junge Amerikaner nach Deutschland kommen, um hier etwas zu lernen. Im Gegenzug hätten junge Deutsche die Chance, nach Amerika zu gehen, um dort ihren Horizont zu erweitern. Und bei dieser Vereinigung habe er einen Antrag eingereicht: für seine kleine Heidi, die ja so klein nicht mehr war.

Ick dachte, ick hör nicht richtig. Amerika!

Mein Vater war immer schon amerikabegeistert gewesen, und nun dachte er ernsthaft daran, mich nach Übersee zu schicken. Ich fand auf Anhieb: Das war eine tolle, das war sogar eine ganz unglaubliche Sache. Amerika, das bedeutete damals große, weite Welt. Das hieß, über den Atlantik zu reisen – dorthin, wo es Jeans und Astronauten gab, Rockmusik und natürlich Autos im Überfluss. In meinem Kopf rotierte es. Ich fragte gleich, wohin es denn gehen würde? Wann? Und wie lange?

Doch offenbar waren sie auch in Amerika noch lange nicht in der modernen Welt angekommen. Erst mal gab es keine Antwort auf die Schreiben meines Vaters, dann wurden mehrere Anfragen mit einem Nein beantwortet. Der Grund: Niemand wollte ein Mädchen als Austauschkandidatin! Da hatte ich wieder den Salat, den ich schon zur Genüge kannte: Für die Jungs war alles kein Problem – aber für ein junges Mädchen fand niemand Platz und Verwendung. Ich hätte in die Tischkante beißen können! Aber so war es eben: Wenn man als Frau irgendetwas wollte, das ein bisschen aus dem Rahmen fiel, wurde man besonders kritisch hinterfragt. Kann die das überhaupt? Darf die das? Wollen wir das überhaupt?

Das Prozedere zog sich, und wir wussten nicht, ob die Sache mit Amerika klappen würde. Mein Leben ging unterdessen weiter, und ich lernte in diesen Monaten einen stattlichen jungen Mann kennen. Er war der Sohn eines Busunternehmers in Berlin und hatte am selben Tag Geburtstag wie ich. Jochen und ich passten gut zusammen, er mochte Autos, und wir teilten viele Interessen. Und, zack, verlobten wir uns, was damals ja nicht ungewöhnlich war, sondern vielmehr die Norm. Doch prompt passierte wieder, was passieren musste. Denn kaum hatte die Verlobungsfeier stattgefunden, kam plötzlich eine positive Antwort aus Amerika. Ein Ford-Händler aus Fairfield, Kalifornien, hatte geschrieben: Die junge Frau Hetzer kann kommen – wir wollen das Mädchen.

Den Mietvertrag für meine kleine Wohnung und das anliegende Büro hatte ich inzwischen aufgelöst. Schließlich musste alles rechtzeitig geschehen für den Fall, dass es mit Amerika klappen würde. Ich war deswegen sogar umgezogen und hatte meine Autos eine ganze Zeit lang aus der Werkstatt meines Vaters vermietet. Ich war verlobt, und nun kam das Ja aus Amerika.

Ich überlegte mit Jochen, was ich tun sollte. Und der hübsche Kerl erklärte doch glatt, er wolle nicht der Grund sein, dass ich nicht nach Amerika käme. Sonst würde ich ihm das womöglich ein Leben lang vorhalten. Das wollte er auf keinen Fall und sagte: »Geh nach

Amerika, und komm möglichst bald zurück.« Eine tolle Reaktion. Die Weichen waren gestellt.

Inzwischen war der Sommer 1961 angebrochen, in Berlin wurde die Mauer gebaut, und meine Schwester Vicki bekam in München einen Sohn. Aber mich interessierte das alles nicht. Ich wollte nach Amerika. Im September sollte es losgehen. Als es so weit war, packte ich meine Koffer, und wir fuhren nach Bremerhaven. Am Kai lag die *Bremen*, das große und schöne Passagierschiff, das mich über den Atlantik bringen sollte. Meine Eltern standen unten an der Pier bei den winkenden Familien und Freunden. Es war ein dramatischer Moment. Ich winkte Mutti zu, aber meinen Vater konnte ich nirgends sehen, obwohl er natürlich da war. Wir hatten uns längst wieder zusammengerauft, er hatte für mich die ganze Sache mit Amerika organisiert, und jetzt konnten wir uns bei diesem großen Abschied noch nicht einmal richtig zuwinken. Ich stand oben an Deck, unten die Menge im Hafen. Mir liefen die Tränen, als das Schiff die Leinen löste und langsam auf See hinausfuhr. Aber nun war ich unterwegs, und ich fand es großartig. Was würde alles auf mich zukommen, welche Welt erwartete mich in Amerika?

Die *Bremen* war ein stolzer Dampfer und galt als eines der schönsten Passagierschiffe der Zeit. Ein langer schwarzer Rumpf, die weißen Aufbauten und Decks, darüber qualmte der gelbe Schornstein. Ich fuhr unten in der Holzklasse, hatte aber eine eigene kleine Kabine mit Fenster. Das erste Mal fuhr ich aufs Meer hinaus, und eine Woche lang war kein Land mehr zu sehen. Doch dann kam New York in Sicht.

Ich erinnere mich noch heute an diesen unfassbaren Augenblick. Ein Moment, den man nie mehr vergisst. Es war früh am Morgen, die Sonne brach durch die Wolken, und nun wurden die Wolkenkratzer Manhattans vor unseren Augen erkennbar. Dieses Häusermeer, das ich nur von Fotos kannte. Die Brücken, der Hudson River und davor die Freiheitsstatue. Was für ein Bild! Die Passagiere standen an Deck und genossen die Einfahrt, ich war sprachlos. Ganz langsam lief das Schiff in Amerika ein, es war einfach überwältigend. Doch der nächste Eindruck ließ nicht lange auf sich warten. Denn kaum hatte ich die Gebäude der Einwanderungsbehörde hinter mir gelassen, erblickten meine Augen ein gänzlich anderes Bild: Berge von Müll. Der Weg in die Stadt war gepflastert mit Unrat, Abfällen und Dreck. So ging es also hinein in die berühmteste Metropole der Neuen Welt. Ich legte den Kopf in den Nacken und blickte nach oben. Häuser wie Raketen, Straßenschluchten wie schmale Canyons. Überall liefen Menschen, schrien die Hotdog-Verkäufer und hupten die Taxis. Es sah genauso aus wie in den amerikanischen Filmen, die wir in Berlin gesehen hatten. Aber dies hier war echt.

Ein elektrisierender Moment. Ich war in Amerika!

Ich hatte zu dieser Zeit eine Freundin, die aus Berlin-Gatow nach New York gezogen war und bei der Lufthansa in einem Ticket Office arbeitete. Bei ihr wohnte ich eine Zeit und wartete auf einen VW Käfer, den ich aus Deutschland verschifft hatte. Denn natürlich wollte ich Amerika mit dem Auto entdecken und selbst durchs Land fahren. Außerdem witterte ich hier ein Geschäft. Die Wagen wurden in den USA damals teurer gehandelt als in Deutschland, und ich hoffte, den Käfer am Ende meines Jahres mit Gewinn verkaufen zu können.

Bald durfte ich den Wagen am Hafen in Empfang nehmen: meinen schönen hellgrünen Käfer, der soeben aus Hamburg eingetrudelt war. Nun konnte es losgehen!

Ich musste als Erstes nach Washington D. C. fahren, um bei der Vereinigung der Automobilhändler einen Test zu bestehen. Denn die wollten vor Ort noch einmal höchstpersönlich wissen, ob ich als erstes Mädchen auch wirklich für die Arbeit in ihrer Branche taugte. Sie wollten sehen, wie ich mich benehme, wie ich aussehe, wie mein Englisch ist. Ich sprach nicht besonders gut, höchstens ein schlechtes Schulenglisch. Aber ich bestand den Test dennoch. Danach gab es endgültig grünes Licht. Im Oktober setzte ich mich schließlich in meinen Käfer und fuhr los. Mein Kurs: die Route 66 – einmal quer durch Amerika, immer nach Westen.

Zu Hause und auch in den USA hatten alle gesagt, das sei zu gefährlich: durch Amerika, allein, als Mädchen. Das kannst du doch nicht machen! Ich sah das anders und fuhr trotzdem los. Und es gab null Probleme. Die Straße zog sich endlos, von Ort zu Ort, von Staat zu Staat. Ich fuhr durch dieses weite Land, und es war herrlich, Meile um Meile nach Westen zu steuern. An den Highways standen Motels und bunt beleuchtete Drive-ins, aus dem Radio krachte laute Musik. Und wo ich auch haltmachte, alle mochten meinen runden kleinen Käfer aus Deutschland. Ich war vierundzwanzig Jahre alt und der glücklichste Mensch der Welt. Ich fühlte mich frei und fuhr munter meines Weges. Bis ich nach gut einer Woche und über 5 000 Kilometern in Morro Bay ankam, einem kleinen Ort zwischen Los Angeles und San Francisco. Ich stand das erste Mal am Pazifik und sah die Wellen. Die langen hölzernen Stege, die ins Meer griffen, die Jachthäfen mit den Segelbooten. Und mitten in der Bucht erhob sich dieser große runde und markante Felsen, der wie eine Melone in den Fluten thronte. Endstation Kalifornien. Hier machte ich ein paar Tage Station, wollte endlich ankommen.

Morgens beim Frühstück, kurz vor Morro Bay, stand plötzlich Kalle Hübner vor mir. Ich traute meinen Augen nicht! Kalle, der ehemalige Mitarbeiter meines Vaters und mein erster bester Freund aus der Werkstatt, der meine Liebe für den Motorsport von Anfang an unterstützt hatte. In Amerika hatte ich ihm bisher nur eine Postkarte nach Indianapolis geschickt, wohin er ausgewandert war. Daraufhin hatte er sich mit seinem weißen Porsche 911 auf den Weg nach Westen gemacht, an den Tankstellen in dieser Gegend überall gefragt, ob jemand einen hellgrünen Käfer mit so einem ovalen Schild, der Zollnummer, gesehen hätte. Und schließlich hatte er tatsächlich das hellgrüne Käferheck auf dem Parkplatz meines Motels erspäht. Wir freuten uns über beide Ohren und fuhren für eine Woche zusammen in die Redwoods.

Glücklich in Kalifornien: Nach meiner Tour auf der Route 66 stehe ich 1961 am Pazifik. Mein alter Freund Kalle Hübner hat mich mit seinem Porsche aufgestöbert.

Bald aber musste ich meinen Job in Fairfield antreten, ich war ja nicht zum Spaß hier. Bezahlt wurde ich vom Händler, aber die National Automobile Dealer's Association trat als mein Bürge ein. Das Gehalt war nicht gerade üppig, ich bekam 164 Dollar im Monat. Gerade genug, um als Austauschkraft über die Runden zu kommen. Wie sich herausstellte, war der Ford-Händler, der das Mädchen aus Deutschland akzeptiert hatte, ein verschlagener Portugiese. Seine Frau lehnte mich ab, bevor sie mich auch nur gesehen hatte. So wurde ich bei seiner Sekretärin einquartiert. Aber die hatte eigentlich gar keinen Platz für mich. Wenn sie Besuch bekam, verzog ich mich auf die Toilette, bis ich dort schon einschlief.

Ich begann meinen Job und wusste schon sehr bald, warum der Händler sich ein blauäugiges Mädchen aus Deutschland geangelt hatte: Er konnte es schamlos ausnutzen. Der Job bedeutete viel Arbeit: Telefonistin, Kassiererin, und Rechnungen musste ich auch schreiben. Obendrein standen Buchhaltung und andere Bürodienste auf dem Programm. Die ganze Woche bis spätabends und samstags musste man auch noch ran. Mit meinem schlechten Englisch war das ein Sprung ins kalte Wasser. Immerhin lernte ich auf diese Weise die Sprache schnell, hatte quasi keine andere Wahl. Und dann traf ich Josie Frankenberry, die mit einem US-Soldaten verheiratet war. Sie war glücklich, jemanden aus der Heimat bei sich wohnen zu lassen.

Bei meiner Arbeit war ich nicht ganz glücklich, aber ich zog den Job durch und hatte immer schönes Wetter. An den wenigen freien Tagen machte ich mit meinem Käfer Touren nach San Francisco oder Sacramento. Das erste Mal, dass ich ein paar Tage am Stück freibekam, war über Weihnachten und Neujahr. Und was macht eine junge deutsche Frau allein in Amerika? Na, die will nach Vegas.

Erst besuchte ich Freunde meiner Eltern in Hollywood. Die Tochter des Hauses fuhr an Weihnachten mit mir nach Disney World in der Nähe von Los Angeles. Die Sonne schien, und es war brechend voll in Mickymaus-Welt. Präsident Eisenhower war mit seiner Familie zu Besuch in dem Park. Das schien zu Weihnachten nichts Ungewöhnliches zu sein, zudem war Eisenhower nach zwei Amtszeiten schon fast ein Jahr nicht mehr im Weißen Haus. Die Amerikaner gingen auf ihn zu, schüttelten ihm die Hände und palaverten ein bisschen mit dem Expräsidenten. Auch meine Begleiterin steuerte schnurstracks auf ihn zu. Das war kein Problem, trotz Bodyguards kam man ganz einfach an ihn heran. Als wir vor ihm standen, sagte meine Bekannte glatt: »Herr Präsident, das hier ist übrigens meine Freundin aus West-Berlin.«

Ich erinnere mich noch genau, wie Eisenhower blitzschnell den Kopf drehte und mich anstarrte. Das Wort »West-Berlin« ließ ihn sofort aufhorchen. Es war ein brisantes Stichwort, denn schließlich herrschte Kalter Krieg, und Berlin war eines der heißen Eisen im Ost-West-Konflikt. Aber dann schüttelte Eisenhower mir nur freundlich die Hand, wünschte mir viel Glück, und damit war alles auch schon wieder vorbei. Wir guckten uns weiter die Mickymäuse an.

Tags darauf machte ich mich allein auf den Weg nach Las Vegas und fuhr mitten durch die Wüste. Ich wollte die freie Zeit nutzen und noch einiges vom Land sehen. Ich fuhr bis in den späten Abend durch Nevada, und dann sah ich, wie der Himmel am Horizont plötzlich zu brennen begann. Das Lichtermeer von Las Vegas war schon aus meilenweiter Entfernung zu sehen. Als ich näher kam, konnte ich die ersten Reklameschilder ausmachen. Meine Güte, war das bunt. Überall blinkte und leuchtete es, so was hatte ich noch nie gesehen. Ich ging in ein Café und bekam prompt ein Angebot, als Serviererin zu arbeiten. Ich guckte den Mann an und sagte: »Nee, danke schön, ich hab schon 'n Job.« Dann fuhr ich in die Stadt hinein, und obwohl Las Vegas damals noch recht klein war, vibrierte alles vor lauter Licht und Leben. Ich blieb zwei Tage, aber die Hotels waren für mich viel zu teuer. Ich hatte ja nur mein kleines Gehalt.

Es blieben noch ein paar Tage bis Silvester, und ich entschied, zurück zur Küste zu fahren, um mir Kalifornien noch ein bisschen anzuschauen. Mein Käfer rollte brav über die Highways, und abends suchte ich mir ab jetzt immer ein kleines, günstiges Motel. Draußen rauschten die Autos vorbei. Cadillacs, Chevrolets, riesige Schlitten in bunten Farben. Viele hatten noch die langen Heckflossen aus den Fünfzigerjahren. Das waren vielleicht Autos! So groß wie Schiffe schaukelten die durch die Gegend, und die Amerikaner saßen auf den knalligen Lederpolstern, aßen Popcorn und trugen ihre schnittigen Sonnenbrillen. Ich genoss dieses Amerika, fühlte mich aber inzwischen auch ein wenig einsam. Ganz allein durch ein so großes Land zu fahren war zwar ziemlich aufregend, aber ich konnte meine Eindrücke mit niemandem teilen. Handys gab es nicht, und nach Europa zu telefonieren kostete ein Heidengeld. Auch hier fühlte es sich komisch an, allein in einem Café zu sitzen. Das machte man nicht als Frau, es hatte gleich so einen Beigeschmack. So fuhr ich meist in meinem Käfer durch die Gegend und ließ Amerika an mir vorbeiziehen.

Silvester wollte ich in Carmel by the Sea verbringen. Ich hatte gehört, dass dies ein schöner kleiner Ort am Meer sei, wo auch viele Künstler, Schriftsteller und Fotografen lebten, die nicht weit von San Francisco und Los Angeles ihre Ruhe suchten und die tolle Natur hier draußen an der Küste bewunderten. Ich bezog für die Silvesternacht ein kleines Hotel, eines mit Swimmingpool und Telefonzelle, damit ich zu Hause anrufen konnte. Das war ziemlich verrückt für mich damals. In Kalifornien war es warm und neun Stunden früher als in Deutschland, ich stand nachmittags in einem Bikini am Pool und telefonierte mit meinen Eltern und meinem Verlobten, als in Berlin schon die Korken knallten. Ich bekam auf einmal fürchterliches Heimweh. Zu Hause feierten sie alle zusammen, und ich stand hier irgendwo im großen Amerika und steuerte auf den ersten Jahreswechsel zu, den ich mutterseelenallein verbringen würde.

Nachmittags schlenderte ich durch die kleine Stadt, ging in ein Pancake House und sah mir die Leute an. Aber das machte mich nur noch trauriger. Dann setzte ich mich in den Käfer und fuhr einfach ein bisschen durch die Gegend. Irgendwann kam ich an einem kleinen Flugplatz vorbei. Dort stieg ich aus, lief ein wenig herum und schaute mir die Flugzeuge an, die hinter dem Zaun auf dem Vorfeld standen. Gab's ja so in Deutschland gar nicht, Privatflugzeuge, die einfach so herumstanden. Ich muss ausgesehen haben wie ein Häufchen Rotz und Wasser, als ich so allein an dem Zaun lehnte und mit verheulten Augen auf die Flugzeuge blickte. Jedenfalls kam irgendwann ein Mann auf mich zu und fragte, was denn los sei? Ob alles in Ordnung wäre und was ich denn hier am Flugplatz so ganz allein wolle?

Ich erzählte meine Geschichte. Dass ich aus Berlin sei, für ein Jahr in Amerika und nun an Silvester ein wenig durch die Gegend fahren würde. Mein Heimweh war mir offensichtlich anzumerken. Der Mann blickte mir in die Augen. Er war klein und dünn und trug einen legeren Anzug mit Hut. Und plötzlich fragte er mich, ob ich nicht Lust hätte, zur Aufheiterung eine Runde in seinem Flugzeug zu fliegen. Sein Pilot sei schon da, und wenn ich Lust hätte, könnte ich mir die Küste mal aus der Luft anschauen. Ich war überrascht und überlegte nur kurz. Das klang verlockend. Warum nicht. Natürlich hatte ich Lust, eine Runde zu fliegen! Kriegt man ja nicht jeden Tag geboten. Außerdem würde ich so auf andere Gedanken kommen.

Wir gingen zu einem der Flugzeuge, es war eine schlanke silberne Maschine mit zwei Propellern. Der Pilot saß schon vorn im Cockpit. Der Fremde stieg als Erster ein und sprach kurz mit ihm. Dann winkte er mich herein, und als ich das Flugzeug von innen sah, fiel mir fast die Kinnlade runter. In der Kabine war eine richtige Bar eingerichtet, vier kleine runde Hocker waren auf dem Teppich verschraubt, daneben standen noch zwei Sessel vor einem kleinen holzvertäfelten Tresen. Und, ich traute meinen Augen kaum: Links vor den Fenstern war ein Piano installiert, dessen Deckel man auf- und zuklappen konnte! Wo war ich denn hier bloß gelandet? Und wer war dieser Mann?

Ich brauchte ein wenig, bis es Klick machte. Natürlich, das war einer aus dem Showgeschäft, dämmerte es mir, und sein Gesicht hatte ich auch schon mal irgendwo gesehen. Und klar, Las Vegas war ja nicht weit. Ich war ziemlich schüchtern und mir nicht ganz sicher, aber dann fragte ich frei heraus: »Sind Sie vielleicht Frank Sinatra? Oder Fred Astaire?« Mir fielen nur die beiden Namen ein, sie waren damals in aller Munde. Der Mann brach daraufhin in schallend lautes Gelächter aus und machte einen Witz mit seinem Piloten. Aber dann drehte er sich zu mir um und sagte: *»I am Frank.«*

Ich konnte es kaum glauben. Aber in Amerika war alles möglich und besonders hier in Kalifornien. Wir flogen tatsächlich eine Runde, und manchmal denke ich heute noch, ich spinne. Aber es war wirklich Frank Sinatra, und es war wirklich sein Flugzeug. Fotos von der Maschine kann man heute noch im Internet sehen, inklusive des Klaviers, vor dem ich saß, als wir eine Kurve über Carmel flogen und dann noch weiter über die Küste von Big Sur.

Nach der Landung sagte Sinatra, dass gleich noch ein paar Freunde kämen und sie alle zusammen nach Vegas fliegen würden. Ob ich nicht Lust hätte mitzukommen? Ich war ziemlich verdattert, sagte dann aber ganz schnell: Danke, danke, aber, nein, nein, das ginge nicht. Ich sei selbst mit Freunden verabredet, und wir hätten den Abend fest zusammen geplant. Ich stieg aus, und er gab mir die Hand. Die Sache war mir zu heikel. Ich kannte diesen Mann nicht, hatte keine Ahnung, auf was ich mich einlassen würde. Ich war ein ordentliches Mädchen und wusste, wo die Grenzen lagen. Dies war Amerika, wer weiß, wo ich hier hineingeraten konnte. Alkohol, Drogen. Und Vegas, das war ja bekannt, war die Stadt des schnellen Glücks und der Sünde. Ich bedankte mich noch mal für den Ausflug und stiefelte ganz schnell zu meinem Käfer.

Es gab so viele Verlockungen in Amerika. Sie warteten an jeder Ecke, und ich hätte sonst was erleben können. All die Männer, die mir Angebote machten. All die Typen, die mir ihre Autos leihen, ihre Wohnungen zeigen oder mich auf dem Motorrad mitnehmen wollten. Alles klar, ich weiß Bescheid. Und ich wusste natürlich auch, was danach kommen würde. Nein, dafür war ich ein zu anständiges Mädchen. Ich war gut erzogen und wusste, was man tat und was besser nicht. Wenn ich eine Einladung annahm, machte ich immer eine sehr deutliche Ansage: bis hierher und nicht weiter. Verstanden? Die meisten kapierten, wenn sie meinen Verlobungsring sahen. Aber man musste als junge Frau auch selbst wissen, wie weit man sich wagen durfte. Und auch, wann man besser verschwand. Zudem: Ich war verlobt und hielt mich an gewisse Regeln. Basta.

Nach Neujahr saß ich wieder im Büro des Ford-Händlers und ging meiner Arbeit nach. Ich hatte inzwischen ein halbes Jahr in Fairfield, Kalifornien, verbracht und immer mehr das Gefühl, dass ich nichts Neues dazulernen würde. Bei dem Ford-Händler saß ich nur an der Kasse und in der Telefonzentrale. Ich wollte aber auch mal in andere Abteilungen hineinschauen, in den Verkauf oder ins

Marketing. Also rief ich bei der Vereinigung der Automobilhändler an und fragte nach einer Versetzung. Und das klappte auch prompt. Ein Chevrolet-Händler in Norfolk, Virginia, hatte schon zwei ausländische Jungs angestellt, einen Dänen und einen Schweden, und nun wollte er auch mich noch haben. Also setzte ich mich bald wieder in meinen Käfer und fuhr los. Erst mal nach Seattle zur Weltausstellung, dann zum Mount Rushmore, wo die vier alten Präsidenten in die Felsen gehauen sind. Natürlich nahm ich die Gelegenheit wahr, auf der Reise nach Virginia mehr von Amerika zu sehen, außerdem liebte ich es zu fahren. Und schon wieder passierte mir etwas, das ich so schnell nicht vergessen würde.

An einer Brücke überholte mich plötzlich ein offener MG, in dem ein junger Mann saß. Wir kamen dann zu einem Parkplatz, hielten an und kamen ins Quatschen. Er war Soldat und musste bald zurück zu seinem Stützpunkt nach Okinawa, vorher aber wollte er noch seine freie Zeit genießen und sich die Nationalparks in der Gegend ansehen. Genau die waren auch mein Ziel, und so fuhren wir mit beiden Autos hintereinander her und blieben eine Zeit zusammen. Der Mann schien ein netter Kerl zu sein, außerdem war er Soldat und damit ja bestimmt ein ehrenhafter Typ. Wir verbrachten den Tag zusammen und standen abends vor einem der hölzernen Bungalows im National Park, die vermietet wurden. Diese Bungalows waren nicht gerade günstig, wir hatten beide nicht viel Geld, und so entschieden wir uns, einen zu teilen. Aber ich sagte gleich: *»No hanky panky!«* Denn auf ein Techtelmechtel war ich nicht aus.

Wir verbrachten die Nacht in dem Bungalow, und der Mann verhielt sich anständig. Als ich jedoch am nächsten Morgen aufwachte, sah ich den Schlamassel – sämtliche Klamotten waren verschwunden! Seine und meine. Mein Geld war weg, mein Pass, alles. Ich blickte durchs Fenster: Auch mein Käfer war verschwunden. Das Einzige, was mir der Kerl noch dagelassen hatte, war meine Zahnbürste. Es war fürchterlich! Wie dumm war ich gewesen! Wie konnte ich einem Fremden nur so vertrauen und derart ins offene Messer rennen? Ich schämte mich und musste erst mal losheulen. Was sollte ich jetzt tun? Ich hatte ja nicht mal mehr einen Cent zum Telefonieren. Dabei hatte ich mich auf mein Bauchgefühl verlassen und war mir so sicher gewesen, dass der Kerl in Ordnung war.

Eine Stunde saß ich völlig konsterniert in dem Bungalow, als plötzlich ein Motorengeräusch zu hören war. Ich ging zum Fenster, und was sehe ich? Da war er wieder. Er kam zurückgefahren in meinem Käfer, stieg aus und ging zu mir hinüber. Dann hielt er mir eine ordentliche Standpauke: wie ich nur so verrückt hatte sein können, mir mit einem wildfremden Mann ein Zimmer für die Nacht zu teilen! Da hätte doch alles Mögliche passieren können, meinte er. Er hätte mich töten können, mich vergewaltigen oder beklauen können. Und Letzteres zur Demonstration ja auch getan. Um mir einen kleinen Schock zu verpassen – und eine Lektion fürs Leben. »Mach das nie wieder«, sagte er noch, als er mir meine Sachen wiederbrachte. Das Erlebnis habe ich wirklich nie vergessen. Aber ich zog damals trotzdem meine eigene Lehre aus dem Vorfall. Klar, vielleicht müsste ich in Zukunft etwas vorsichtiger sein, mich nicht immer so euphorisch und naiv in manche Dinge hineinstürzen. Aber eines war noch viel wichtiger: Mein Bauchgefühl hatte mich am Ende nicht betrogen! Ich hatte schon ganz richtig gelegen, als ich ihm gleich vertraute. Und er hatte mir nun sogar etwas Elementares mit auf den Weg gegeben.

Heidi, hör auf deinen Bauch. Der weiß schon, was richtig ist.

Es wurde Sommer und ich fünfundzwanzig Jahre alt. An diesem Tag preschte ich gen Osten in Richtung Norfolk und wurde wegen *Speeding* angehalten. Der Polizist baute sich vor mir auf und hielt mir eine Predigt wegen meiner Geschwindigkeitsüberschreitung. Als er meinen Ausweis musterte und sah, dass ich Geburtstag hatte, blickte er lächelnd hoch und sagte: »Fahr weiter, heute hast du Glück.« Keine Strafe. Tolles Amerika.

Dann kam ich in Norfolk an, wo es einen schönen Empfang mit Kuchen zu meinem fünfundzwanzigsten Geburtstag gab. Später fand ein ordentliches Dinner statt, bei dem mir die Top-Manager vorgestellt wurden. Der Chevy-Dealer hieß Jack Wilkins, ein offener und freundlicher Mann, der ganz anders tickte als der Ford-Händler in Kalifornien und uns Austauschlehrlinge ganz anders einsetzte. Wie die Jungs wohnte ich bei einer alten Lady und ging nun jeden Tag zu meinem neuen Chevrolet-Händler. Dort arbeitete ich in der Werkstatt und im Ersatzteillager und wurde schon bald auch für die Werbung eingesetzt. Ich musste mich als Cowgirl verkleiden, mit Hut und Halfter, und wenig später erschienen ganzseitige Anzeigen mit Fotos von mir in der lokalen Zeitung. Darunter stand: *»Hi! I'm Heidi from West-Berlin. Come see our used cars, they sparkle and gleam.«* So machte ich Werbung für das Autohaus. Ich musste in Kirchen sprechen und trat in den Pausen von Footballspielen auf. Mir war das eher peinlich, so als Cowgirl durch die Gegend zu rennen. War doch kein Fasching. Aber Mister Wilkins schickte mich immer wieder in meinem Outfit auf die Straße. Und inzwischen war ich bekannt durch die ganzseitige Werbung in der Zeitung und im Radio. Die Leute auf der Straße riefen mir schon zu: *»Hi, Heidi, how are you!«*

Als Nächstes kam ich in den Verkauf und musste in jeder Abteilung einen Wagen verkaufen: Neuwagen, Gebrauchtwagen, Trucks. Ich durfte dem Verkaufsleiter über die Schulter schauen, dem Einkäufer, und zum Schluss kam ich zum Chef: zu Jack ins Büro. In dieser Zeit bei Jack Wilkins hab ich viel gelernt, Dinge, die ich für mein Leben mitnehmen konnte. Geht nicht gibt's nicht, zum Beispiel. Das war eine der Grundregeln im Geschäft, und das habe ich mir gemerkt. Aber auch, was die Werbung und die Führung eines Unternehmens betrifft, lernte ich interessante Dinge. Zum Beispiel, dass man in der Werbung lügen darf, ja sogar lügen muss. Das ordentlich hochstapeln einfach dazugehört. Jack Wilkins nannte sein Autohaus nicht umsonst *»Virginia's nicest Chevy-Dealer«*. Und auch das lernte ich dort: Fasse dich kurz. Schwafel nicht, sondern bring die Dinge auf den Punkt. Dabei waren die Methoden schon damals ziemlich rigoros. Da wurden Gespräche zwischen Kunden und Verkaufsleiter abgehört, um die Argumentation zu verbessern und daraus richtige Coachings zu entwickeln. Was in Europa erst viel später praktiziert wurde, hatten die Amerikaner längst drauf. Es war eine gute Zeit in Virginia, und mein kleines Gehalt konnte ich auch noch aufbessern. Durch die Werbeaktionen hatte ich ein paar Kontakte und modelte nebenbei.

Im September 1962, nach einem Jahr in den USA, kam ein Brief von meinem Verlobten Jochen. Wenn ich nicht bald nach Hause käme, sei Schluss. Er setzte mir sogar ein Ultimatum: Am soundsovielten Dezember bis Mitternacht sollte ich spätestens zurück sein, sonst würde er unsere Beziehung beenden. Seltsam, dachte ich, spinnt der jetzt? Aber das geplante Jahr in Amerika war sowieso schon längst um, ich war am Ende sogar deutlich länger geblieben. Amerika gefiel mir total, aber im Dezember reiste ich schließlich zurück nach Berlin. Mein Vater hatte Opel Hetzer inzwischen zum drittgrößten Autohaus der Stadt gemacht, und die Ankunft seiner Tochter Heidi aus den USA wurde sogar von der Presse angekündigt. Das war ganz anders als heute. Wenn damals eine Tochter nach einem Jahr aus den USA in Tempelhof landete, in West-Berlin, dann war das noch etwas Besonderes. Der Aufmarsch am Flughafen war gar nicht so groß, aber als ich nach Hause kam, fiel die Überraschung umso größer aus. Da nämlich stand Jochen mit einem großen Blumenstrauß – und machte Schluss.

Wie jetzt?, dachte ich. Ich war doch extra nach Hause gekommen, und zwar pünktlich zu seinem komischen Ultimatum. Er druckste herum, und erst als ich nachforschte, fand ich die Wahrheit heraus. Jochen war inzwischen mit meiner Freundin Hildi aus New York liiert, bei der ich anfangs gewohnt hatte. Als sie einmal nach Berlin geflogen war, hatte ich ihr etwas für Jochen mitgegeben – und dabei hatten sich die beiden kennengelernt. Tja, so konnte es gehen.

Jedenfalls kannte ich nun den wahren Grund für unsere Trennung und lernte, dass auch Frauen ziemlich durchtrieben sein können. Meine Freundin Hildi hatte mir in Amerika nie etwas von der Sache erzählt.

Im Januar flog ich noch einmal zurück nach Amerika, auf Kosten der National Automobile Dealers Association. Die veranstaltete in Florida eine Tagung, auf der ich über das Austauschprogramm sprechen sollte. Meine Erfahrungen interessierten die Verantwortlichen, außerdem war ich wohl so etwas wie eine gefragte Deutsche aus West-Berlin, das den Amerikanern ja besonders am Herzen lag. Sieben Minuten Redezeit wurden mir zugeteilt, sieben Minuten vor fünftausend Menschen. Ich war vielleicht aufgeregt. Und grüßte die Menge sogar noch von Willy Brandt, der damals Bürgermeister von West-Berlin war. Es gefiel mir, wieder in Amerika zu sein, auch Miami fand ich schön. Da schien die Sonne, während bei uns tiefster Winter herrschte. Außerdem konnte ich hier Abstand gewinnen zu meiner Trennung von Jochen. Und dann verschoss ich mich auch noch prompt in einen Golflehrer und dachte schon daran, ihn zu heiraten und in den USA zu bleiben. Es gefiel mir wirklich dort.

Am Ende aber flog ich wieder zurück. In Berlin war ich zu Hause, in Berlin spielte mein wahres Leben. Und trotzdem wusste ich bei der Landung in Deutschland, dass ich Amerika immer verbunden bleiben würde.

Hudo wird Jungfrau: USA und Canada

An meinem achtundsiebzigsten Geburtstag mache ich die Augen auf – und stehe vor einem weißen Propellerflugzeug. Seit einigen Tagen bin ich nun in den USA und bei meinem alten Freund Kalle in San Luis Obispo untergekommen. Ich kenne ihn seit über sechzig Jahren. Auch nach meinem Amerikajahr hatten wir immer den Kontakt gehalten. Kalles Nachbar Dick Pottranz wiederum war früher Pilot bei der Navy, und da heckten die beiden vor meiner Ankunft einen Plan aus: Als Geburtstagsüberraschung gibt es für Heidi einen Rundflug! Da sage ich keinesfalls Nein, und schon geht es in die Luft.

Über Kalifornien brennt die Sonne, der Himmel ist strahlend blau. In San Luis Obispo gibt es keinen Sommer und Winter: Hier sind immer zweiundzwanzig Grad. Dick fliegt die kleine Maschine an der Küste entlang, man kann die Weinberge und das Hinterland gut erkennen. Vor dem Cockpit breitet sich der Pazifik aus, und bald ist Morro Bay zu sehen. Genau jener kleine Ort, an dem ich damals ankam, nachdem ich mit meinem Käfer 1961 aus dem Osten über die Route 66 gefahren war. Noch immer liegt da unten die beigefarbene Bucht und thront der große runde Felsen im Meer. Noch heute leuchtet die helle Sandbank herauf und liegen die Segelboote in dem Meeresarm an den Bojen.

Über fünf Jahrzehnte sind vergangen seit jenen Tagen, und San Luis Obispo, gelegen zwischen Monterey und Santa Barbara, scheint mir ein guter Ort zu sein, um von hier aus mit meiner Weltreise fortzufahren. Hudo ist zwar noch immer auf See, irgendwo auf dem

Pazifik, aber bald werde ich ihn in Los Angeles abholen und aus seinem Container befreien. Wir wollen in die Canyons und nach Las Vegas, dann weiter nach Norden, über Salt Lake City und Seattle nach Kanada. Ich will unterwegs Freunde und Verwandte besuchen, mich ansonsten treiben lassen. An die Ostküste, anschließend Richtung Florida und erst dann nach Südamerika – also genau andersrum als Clärenore Stinnes damals. Sie war nach der Querung des Pazifiks zwar ebenfalls in Kalifornien angekommen, danach allerdings mit dem Schiff weitergereist nach Panama und Lima, um sich mit ihrem Adler zunächst durch Südamerika zu schlagen. Erst danach fuhr sie durch Nordamerika.

Endlich ist Hudo sicher in den USA angekommen – und nach fünfundachtzig Jahren zurück in seinem Geburtsland. In *car's own country*. Mitte Juli wird er in Los Angeles vom Schiff geladen und springt sofort an. Als ob er sich freuen würde. Hudo will dann auch erst mal die Strände von Los Angeles sehen und sich neben den Strandschönheiten fotografieren lassen. Am berühmten Walk of Fame bleibt er mal wieder aus heiterem Himmel stehen, direkt neben den in den Granitboden eingelassenen Sternchen der Hollywoodstars. Batterie leer. Zum Glück habe ich eine vollgeladene in Reserve dabei. Wir fahren weiter zum Grand Canyon und Bryce Canyon. Es ist brütend heiß im Westen Amerikas, aber Hudo scheint das gar nicht so viel auszumachen. In der Wüste, zwischen roten Steinfelsen und Indianersiedlungen, kommt der große Moment: Hudo nullt. Sein Tacho erreicht die 100 000-Kilometer-Marke, und vor meinen Augen werden aus fünf Neunen fünf Nullen. Den Tag habe ich mir natürlich dick angestrichen in meinem Tagebuch. Am 22. Juli wird Hudo wieder zur Jungfrau.

Vorher hatte ich aber noch einen Ausflug gemacht zu einem besonderen Ort. Im Grunde ist es nur ein alter Stacheldrahtzaun in der kalifornischen Hitze, zwanzig Meilen vom Highway 101 runter, unweit der Weinberge von Paso Robles. Hier, inmitten der staubtrockenen Weite, fuhr sich James Dean im September 1955 in seinem silbernen Porsche zu Tode, sein Genick brach beim Aufprall gegen das Lenkrad. Ich besuchte die Gedenkstätte und sah die Unfallstelle am Zaun. Die Menschen legen dort noch heute die verschiedensten Dinge nieder. Feuerzeuge, Kerzen, Geldmünzen, vor Kurzem hatte eine Frau sogar ihren Büstenhalter hier abgelegt. Auch eine zerrissene Plastiktüte hing am Zaun und wehte im Wind.

Was für eine Ironie des Schicksals. Dean hatte zwei Wochen zuvor, am Drehort für den Film »Giganten«, noch einen Werbespot gedreht für den National Safety Council, in dem er sich gegen Raserei auf den Highways aussprach und die Amerikaner öffentlich dazu aufforderte, vorsichtig und nicht zu schnell zu fahren Und dann kam er selbst in seinem Porsche Spyder um. Ich dachte zurück. 1955. Da fuhr ich selbst meine ersten Rennen, wenn auch nur auf einem Motorroller um die Berliner Müggelberge. Und während ich so auf Deans Denkmal blickte, dachte ich: Solltest dich mal ganz brav bei den Glücksengeln da oben bedanken, Heidi – das eine oder andere Mal hätte es dich auch erwischen können.

Nach der Gedenkstätte fahre ich mit Hudo bald weiter Richtung Nevada, und schon ist es wieder so weit: Er muss etliche Kilometer abgeschleppt werden und dringend zum Onkel Doktor. Er landet bei Sun Valley Automotive in Vegas. Am Verteiler stimmt etwas nicht. Die Lösung: den Verteiler in eine Fachwerkstatt nach Indianapolis schicken, wo er überholt wird. Ach, was erzähl ich Ihnen? Ich habe ja schon gesagt, dass wir uns um die Welt schrauben – und das ist kein bisschen übertrieben, sondern auf diesem Trip mein täglich Brot. Ich toleriere inzwischen alles, was Hudos Wehwehchen angeht.

Einfach ertragen und guten Mutes weitermachen.

Aber meine Güte, was ist aus Las Vegas geworden? Alles noch viel, viel bunter, schriller und lauter als damals. Mein Hotel mit dem Swimmingpool und den Bullaugen, in dem ich früher mal für eine

Nacht untergekommen bin, existiert natürlich nicht mehr. Abgerissen. Vegas wird ständig neu erbaut, planiert sich selbst über, und all die Frank Sinatras, Dean Martins und Elvisse sind nur braungebrannte Kopien mit angeklebten Koteletten. Nur eines ist fürchterlicher: die Hitze. Draußen brennt einem die Luft mit über fünfzig Grad auf die Haut, und das ist für mich definitiv eine Nummer zu viel.

Nichts wie weg hier – und ab nach Norden Richtung Kanada!

Die Fahrt führt über die Highways durch Arizona nach Utah, wo ich an den großen Salzseen vorbeikomme und natürlich einen Stopp beim Bonneville Salt Flats International Speedway einlege. Eine brettflache Salzebene, auf der seit 1912 Speed-Rekorde mit fahrenden Untersätzen diverser Bauart gebrochen werden. Autos, Motorräder, Kerosinschleudern auf Rädern mit Jetantrieb. Der Amerikaner Gary Gabelich raste auf dieser Salzpiste 1970 bereits mit über 1 000 km/h entlang, und bald durchbrachen Raketenautos die Schallmauer. Den Rekord hält der Brite Andy Green, der mit seiner Thrust SSC 1997 sage und schreibe 1128 Sachen erreichte. Sein Auto war allerdings kein Auto mehr, sondern eine schwarze Rakete auf Rädern.

Ich schaue Hudo an. Und lasse es mir nicht nehmen, mit ihm einmal über diese berühmte Salzpiste der Geschwindigkeitsfreaks zu fahren. Nicht schnell, ganz gemütlich, denn es ist Nacht, und ich gehe verloren. Das Salz ist hart und körnig und sieht aus wie frisch gefallener Schnee. Ich jage Hudo auf stolze 75 km/h hoch, und schon nach kurzer Zeit ist der Unterboden von einer Salzkruste überzogen. Am nächsten Morgen bekommt er sofort eine Dusche! Und dann geht es auch schon weiter.

Ich schlafe manchmal in Motels, baue oft mein Zelt auf. Westlich von Salt Lake City komme ich schließlich nach Antelope Island. Eine Insel auf dem mächtigen Großen Salzsee, zu erreichen über einen langen Damm. Eine Urwelt wie auf dem Mond. Glatt und endlos spreizt sich der See unter der Sonne, umringt von kargen

Bergen. Eine leere Welt, und kaum ein Mensch ist zu sehen. Es gibt dort einen State Park, und ich campiere mutterseelenallein in der salzigen Weite. Und das mitten in den USA.

Nach Norden kommt man auf den amerikanischen Interstates relativ schnell, und manchmal fahre ich sogar die Nächte durch, weil es dann eine Spur kühler ist. Neben mir surren die Trucks, Vans und Pick-ups, und an den Ausfahrten blinken die Motels, Burger-Läden und Pizza-Restaurants. Ich reise nach Boise in Idaho, um Verwandtschaft zu besuchen, weiter Richtung Seattle, wo Jennifer Jacoby, eine Freundin meiner Tochter Marla, lebt. Seattle, nicht nur berühmt für die Zentrale von Starbucks, gefällt mir ganz besonders. Hier könnte ich leben.

Von Pendleton geht es zunächst nach Portland, danach quer durch Oregon, immer am Columbia River entlang. Ich zelte wieder und kümmere mich jeden Morgen um Hudo. Die Handgriffe sitzen inzwischen wie im Schlaf. Frisches Wasser für Kühler und Speichen, dann muss ich den Ölstand messen, die Landkarte falten, Spotti, meinen GPS-gestützten Tracker, anschalten und im Koffer hinten verstecken. Frühstücken und dann los.

Auf der Interstate 84 West flirrt die Straße vor Hitze. Die heiße Luft drückt jetzt wieder von allen Seiten, und Hudo zu fahren artet in ordentlich Arbeit aus. Das Lenken gerät zum Kraftakt, das Schalten zum Stochern im Getriebe. In der Ferne sehe ich Waldbrände und bald den schneebedeckten Mount Hood vor der Scheibe, den zweithöchsten Berg der USA. Hier wird es endlich etwas grüner und milder, aber noch immer ist es selbst im Schatten heiß und trocken. Dann beginnt Hudo auf einmal zu tropfen. Ich halte an, und kurz darauf stoppt ein Biker. Er verweist mich an eine Tankstelle mit Werkstatt in der Nähe, wo ich wenig später eintreffe. Inzwischen habe ich einen ziemlich sicheren Instinkt entwickelt: Wenn ich sehe, wie Mechaniker sich Hudo nähern, wie sie ihn anschauen und dann an ihm schrauben, kann ich schon ganz gut einschätzen, ob es mit der Reparatur was wird. Und hier ist mir gleich klar: Dit wird nüscht, meine Herren! Ich hake nach, bis endlich ein jung gebliebener Dreiundachtzigjähriger auftaucht und sagt: »Mein erstes Auto war ein Hudson, lassen Sie mich mal ran.« Zusammen bekommen wir Hudo wieder flott. Wir fachsimpeln noch eine Weile über alte Speichen und Trockenkupplungen, aber dann muss ich los. Ich bedanke mich, und als ich wieder am Lenkrad sitze, merke ich, dass ich mir noch nicht mal die Hände gewaschen habe. Nun, es gibt Wichtigeres.

Endlich darf Hudo wenig später in schattige Waldgebiete hineinfahren. Die Straße Richtung kanadische Grenze wird immer kurviger und das Fahren zum reinen Vergnügen. Am nächsten Morgen zieht dann schon wieder der Highway vor der Windschutzscheibe vorbei, und die ersten Schilder verkünden die Grenze zu Kanada.

Meine Gedanken aber sind in diesen Stunden plötzlich ganz woanders. Ich rechne. Und mir kommt hier oben in der nordwestlichsten Ecke der USA plötzlich in den Sinn, dass ich bereits weit über die Hälfte der Zeit hinter mir habe, die ich für die gesamte Reise einkalkuliert hatte. Ich erschrecke richtig. Denn selbst eine solch endlose Reise um die Welt ist eben nur scheinbar endlos. So viel habe ich nun schon gesehen und erlebt, so viele Menschen getroffen und Länder durchkreuzt, dass die Etappen der Touren in meinem Kopf immer öfter verschwimmen. Doch trotz der Fülle an Bildern und Erlebnissen – die Stunden und Tage sind letztlich genauso schnell zerronnen, wie sie es nun einmal immer tun. Es ist wie mit einem langen Urlaub. Da hast du mal vier freie Wochen vor dir, und am Anfang denkst du nicht an die Zeit. Bis du plötzlich merkst: Mist, die Hälfte ist um. Noch zwei Wochen, noch eine. Bumms, fertig.

Das allererste Mal auf meiner Reise beschleicht mich auch der Gedanke: Was werde ich tun, wenn ich wieder in Berlin zurück bin? Was kommt nach dieser Reise überhaupt noch? Wie unter Zwang muss ich die Reise in Gedanken zu Ende spinnen. Und obwohl ich noch Monate vor mir habe, scheint mir das Abenteuer meines

Lebens auf einmal ziemlich flott zu gehen. Nordamerika und vor allem Südamerika liegen noch vor mir, dann kommt der Sprung nach Afrika und zuletzt die Rückfahrt nach Europa, nach Berlin.

Heidi, mäßige dich! Erfreue dich an jedem Tag! Am Hier und Jetzt! Ja, richtig. Mach ich. War ja auch nur ein kurzes gedankliches Vorpreschen. Ich komme wieder zur Besinnung. Und muss mich sowieso bald mit konkreten Dingen beschäftigen. Wie nämlich gelange ich nach Südamerika? Von Dutzenden Leuten habe ich zu hören bekommen: »Vergiss Zentralamerika! Vergiss Baja California, Mexiko, Honduras, Guatemala. Viel zu gefährlich.« Das predigen die meisten. Ich würde dort unten ausgeraubt werden, vergewaltigt, ermordet. Eine Frau allein in einem Auto – egal welchen Alters – sei wie Freiwild in manchen Ecken Zentralamerikas.

Ich denke nach. Wieder mal übertrieben? Oder wirklich zu riskant? Ich muss bald eine Entscheidung treffen. Die Alternative nämlich heißt, eine weitere Schiffspassage für Hudo und mich zu buchen, um von Florida über See und durch den Panamakanal nach Peru zu gelangen. Ähnlich wie Clärenore damals. Und ein Transport im Container muss weit genug im Voraus arrangiert werden.

Ich lasse die Gedanken kreisen, versuche zu horchen, was mein Bauch mir sagt. Und fahre weiter nach Norden, nach Kanada.

Die Fähre bringt Hudo und mich schließlich von Anacortes in den USA nach Vancouver Island. Und hier landen wir schlagartig in einer anderen Welt. Wale, Wälder, Wildnis. Kaltes Meer, in dem die Orkas schwimmen, dichte Kiefernwälder, in denen Bären leben. In Victoria, der Hauptstadt von British Columbia, aber steuere ich zunächst einen Herrn an, von dem mir jemand auf der Fähre erzählt hat: »*You have to meet Rudi, he loves old cars, and he has plenty of them!*«

Und dann treffe ich ihn auch schon, den Rudi. Er trägt ein blaues Hawaiihemd, einen grauen Bart und einen Borsalino mit Rallye-Brille drauf. Rudi ist Deutscher, lebt aber schon ewig auf Vancouver

Island. Durch unser gemeinsames Faible für Autos entdecken wir gleich noch viele andere Gemeinsamkeiten. Beide sind wir die Rallye »La Carrera Panamericana« schon gefahren, nur in verschiedenen Jahren. Wie sich herausstellte, haben wir sogar gemeinsame Freunde in Deutschland. Unser Treffen hat der Zufall mal wieder hübsch arrangiert. Unsere Gespräche kreisen um Autos, Rallyes, Reisen. Ich darf in Rudis VW-Bus schlafen, und er kocht uns ein köstliches Abendessen.

Am Morgen zeigt mir Rudi seinen Mercedes 300 SL, an dem er gerade arbeitet, und dazu noch seine Garage, wo viele Oldtimer und Raritäten stehen, auf die er aufpasst und um die er sich kümmert. Rudi veredelt eigentlich nur Mercedes-Modelle und besitzt alles, was einen Stern drauf hat. Aber was sehen meine Augen da nun für ein Auto! Eine echte Berühmtheit – da würde nicht einmal Hudo mitkommen, selbst wenn ich noch mit ihm zum Mond fahren würde. Ein gelber, alter und blitzblanker Rolls-Royce parkt in der Garage, bemalt im verschnörkelten Hippie-Look, mit roten Girlanden, grünen Pflanzen und indischen Ziermustern: Dies ist nichts Geringeres als der Rolls-Royce von John Lennon. In exakt diesem Wagen fuhren die Beatles 1965 zum Buckingham Palace und wurden dort von der Königin geehrt. Damals war der »Rolly« noch in sittsamem Schwarz lackiert, dann kaufte ihn John Lennon und ließ ihn 1967 ganz nach seinem Geschmack umlackieren. Ein Rolls im Zirkuswagenstil. Wunderbar! Rudi bewahrt ihn heute auf und bereitet die Ikone auf vier Reifen vor, wenn sie zu Ausstellungen verschickt wird.

Nach diesem Treffen fahre ich über die Insel, besehe mir die Fjorde und kleinen Häfen, ehe ich die Fähre ans Festland nach Vancouver nehme. Und längst habe ich über meinen Blog Kontakte in der Stadt geknüpft. Unter anderem zu Ani Cihan, die ich nun endlich in Wirklichkeit treffe: Es ist Freundschaft auf den ersten Blick. Ani zeigt mir die Stadt, wir ziehen durch indische Cafés und laufen durchs Zentrum mit den Wolkenkratzern. Bei Freunden von ihr in Richmond kann ich übernachten. Dafür ist das Internet wirklich enorm praktisch: um sich zu vernetzen, sich mit Menschen auszutauschen und um auf Reisen nie so ganz allein zu sein. Und nun halten Internet und moderne Technik noch so ein echtes Wunder parat. Es heißt Svend Anderson, trägt ein orangefarbenes Hemd und eine rote Hamburg-Käppi. Bei einem Blick aus dem Fenster meines Zimmers bemerke ich nämlich, dass dort längere Zeit ein Mann um meinen Hudo herumschleicht, der vorm Haus geparkt steht.

Das ist Svend Andersen. Er hat meinen Blog von Anfang an gelesen, seit Ankündigung meiner Reise – also schon lange vor meiner Abfahrt. Meine Route verfolgt er im Internet und kann dank des Trackers, meines kleinen orangefarbenen Spotti, ständig sehen, wo ich mich gerade befinde. Nun bin ich hier, in seiner Stadt – und Svend macht sich auf, mich zu finden. Svend ist dank des Blogs genau auf dem aktuellen Stand der Dinge. Er weiß, was mit Hudo los ist und welche Probleme drücken. Nun hat sich Svend diesen Tag freigenommen, um mich persönlich zu treffen und mit mir den Tag zu verbringen.

Das tun wir auch – allerdings auf einem Hof, wo ich meine Bremsbeläge erneuere und er geduldig daneben sitzt. Den Abend verbringen wir mit seiner Frau Ami und ihrer Mutter in einem tollen Restaurant am schönsten Strand von Vancouver. Mit Svend bleibe ich auch nach Vancouver auf der gesamten Fahrt nach Osten ständig in Kontakt. Er schlägt mir per Mail fortan Routen vor, vernetzt mich weiter, gibt mir Kontakte seiner Freunde durch und ruft mich unterwegs sogar an, um mir Tipps zu geben. Fahr da entlang. Schau dir das an. Bieg dort ab – da gibt es ein schönes Motel. Es ist wie betreutes Fahren. Und eigentlich genau das, was ich mir von einem Beifahrer erhofft hatte. Ich selbst muss mich schließlich die ganze Zeit um eine andere Sache kümmern: Hudo lenken. Begleitet von dem freundlichen Svend im virtuellen Hintergrund, sind Hudo und ich entspannt unterwegs, um den nordamerikanischen Kontinent nach Osten zu queren. Das funktioniert so wunderbar, dass mir die Idee kommt, auf meine nächste Weltreise einen Menschen für jedes Land zu organisieren, der mich virtuell begleiten würde. Eine unheimlich beruhigende Lösung.

Auch Clärenore Stinnes war seinerzeit im Eiltempo nach Osten gefahren, nach Kanada hatte sie nur einen Abstecher gemacht. Über San Francisco war sie nach Norden bis Vancouver gekommen, dann allerdings gleich wieder nach Süden zurückgefahren, um anschließend ostwärts durch die USA zu preschen. Nach ihrem abenteuerlichen Trip durch das raue Südamerika kam es ihr vor wie die Ankunft in der Moderne. »Asphalt, nichts als Asphalt«, schrieb ihr Begleiter Carl-Axel Söderström ins Logbuch – und nach den Tausenden Kilometern durch die unbefestigte südamerikanische Pampa muss es einem Jubelschrei gleichgekommen sein. Auch Stinnes hatte gleich nach der Abfahrt in Los Angeles einen Motorschaden, fand aber schnell eine Garage für die Reparatur. In Amerika waren Autos damals bereits weit verbreitet, und in weiten Teilen des Landes entstand eine immer bessere Infrastruktur rund ums Automobil. Garagen, Tankstellen, Verkaufshäuser. Gerade im jungen Westen der USA wurden die wachsenden Städte dem neuen und immer populäreren Verkehrsmittel entsprechend gebaut. Los Angeles erinnert noch heute daran. Anders als das alte New York mit seinen Wolkenkratzern und engen Straßen wurde das junge L. A. von Anfang an auf die Bedürfnisse des automobilen Verkehrs zugeschnitten. Nicht dicht gedrängt und hoch, sondern weit und flach ist es von den Stadtplanern konzipiert. Und überall verlaufen Highways, breite Straßen und lange Boulevards – erschaffen zum Gasgeben, nicht zum Spazierengehen.

Als verwegene Weltreisende war Stinnes schon eine Berühmtheit in den USA. Die Zeitungen berichteten regelmäßig über ihre Tour, oft sprachen Menschen sie unterwegs an und wollten Autogramme haben. Stinnes war jedoch vor allem begeistert von dem

Tempo, das sie auf einmal machten. »Nach Asien und Südamerika rollten wir jetzt sorglos auf guten Straßen, die Wagen spielend auf mehrere Hundert Kilometer Tagesleistung bringen«, notierte sie. Sie sahen ebenfalls den Grand Canyon, trafen Hopi-Indianer und tauschten sich in Wichita mit den Pionieren im Flugzeugbau aus. Von den Automobilklubs erhielten sie überall im Land Ehrungen und wurden von Ölfirmen zu Dinnerpartys eingeladen. Denn die Reise der Clärenore Stinnes war damals auch ein weltweiter Werbeerfolg für das Auto schlechthin.

Der Stinnes-Tross wurde in Detroit schließlich von Henry Ford empfangen, von ihm persönlich durch seine Autowerke geführt und danach zum Lunch geladen. Fords Modell T war das erste Auto, das damals auf dem Fließband hergestellt wurde, und der Tin Lizzie genannte Bestseller sollte maßgeblich dazu beitragen, dass Detroit zur »Motor City« aufstieg und das Auto weltweit zur Massenware wurde. Stinnes kurvte danach weiter zu den Niagarafällen und wurde in New York triumphal empfangen. Schon an der Grenze zum Stadtstaat empfing sie der Präsident der American Automobile Association und begleitete sie mit einer Eskorte. Halb New York wurde gesperrt, damit Stinnes und ihre Entourage ungehindert bis zu ihrem Hotel fahren konnten. Sie machte anschließend einen letzten Abstecher nach Washington D.C. und reiste dann von New York mit dem Schiff Richtung Europa. Von Frankreich aus brach sie dann zur abschließenden Etappe ihrer Weltfahrt auf.

Ich gehe die Reise nach Osten anders an und will es mir nicht nehmen lassen, neben den USA auch Kanada gebührend zu sehen. Von Vancouver also starte ich, fahre zunächst über den kleinen Ort Peachland und bade im schönsten Swimmingpool, den ich je gesehen habe. Ein mit zwei Orkas bemaltes blaues Becken, dessen Wasserkante nahtlos mit dem Himmel und dem Okanagan-See verschmilzt. Einen Infinity-Pool nennt man das heute – und ich will gar nicht mehr raus aus dem Wasser. Und das Besondere hier: Der

Pool ist mit Salzwasser gefüllt, während der 150 Meter tiefer gelegene See aus Süßwasser ist.

Als Nächstes kommen die Rocky Mountains. Ich fahre über den Rogers Pass zum Lake Luise, und bald steigen die Berge immer steiler und kantiger empor. Eine Welt wie in einem Indianerfilm. Weites, wildes Kanada mit riesigen Wäldern, Seen und alten Gleisen, die sich durch die Täler ziehen. Hudo röhrt tapfer durch diese Bilderbuchwelt, und ab und zu bleiben wir einfach am Straßenrand stehen und genießen zusammen die Aussicht.

Calgary bleibt im Rückspiegel zurück, und dann geht es auf dem Highway One immer weiter und weiter nach Osten bis nach Winnipeg und Ontario. Die Städte, die wir passieren, haben lustige Namen: Medicine Hat, Swift Current, Moose Jaw. Namen, die Bände sprechen und einem Kanadas Geschichte vor Augen halten. Medizinhut. Schnelle Strömung. Elchkiefer. Das sagt alles. Hudo muss ab und zu in die Werkstatt. Er spuckt mal wieder Mayonnaise, diesen Brei aus Öl und Wasser. Also braucht er eine neue Zylinderkopfdichtung, außerdem neue Schläuche für die Reifen. Ein kanadisches Fernsehteam filmt mich unterwegs, und der Kameramann hat einen so langen grauen Bart, dass er fast bis zum Bauchnabel vor seiner Brust baumelt. Ich zupfe dran und muss mich fast totlachen. Der gute Winni tritt nämlich auch als Moderator der Sendung in Szene, während sein Assistent filmt. Ich wette, sein Bart ist berühmt in Kanada.

In einem kleinen Ort südlich des Lake Manitoba staune ich nicht schlecht, denn auf der Werbetafel des Hotels Comfort Suites steht: »*Welcome to Marquette Heidi Hetzer*«. Ein Automobilklub empfängt mich mit zwanzig Oldtimern und veranstaltet eine Party für mich. Auch ist mein Schwager Dick inzwischen für drei Tage mit von der Partie. Eine angenehme Abwechslung. Und ich darf sogar umsonst übernachten. Doch gleich geht es am nächsten Morgen weiter, denn ich muss jetzt Gas geben. Auf dem Plan steht schließlich noch ein Abstecher nach Detroit, in die Autostadt Amerikas.

Dort will ich unbedingt General Motors, sozusagen der Mutter von Opel, einen Besuch abstatten. Auch wenn auf meinem Hudson nur hinten am Dach groß Opel steht.

Danach will ich zurück nach Kanada, einmal Toronto sehen, um anschließend schleunigst die US-Ostküste runterzudüsen, damit ich rechtzeitig bei einem Familienfest in Nantucket ankomme.

Doch nun beginnt ein Teil meiner Reise, den man vielleicht eine kleine Pechsträhne nennen könnte. Ich habe noch keine Ahnung, was da in den nächsten Wochen und Monaten auf mich zukommt, und ich habe auch keinen blassen Schimmer davon, was es erfordern wird, dabei den Kopf nicht in den Sand zu stecken. Heidi wird abermals tapfer sein müssen. Es liegen Hürden vor mir, die eine Nummer größer sind als alle Staubpisten Asiens und sämtliche Pannen, die ich bisher mit Hudo überstanden habe.

Nun soll es ans Eingemachte gehen.

Dunkle Wolken über Lima

An den Fenstern rollt gerade der Ort Emerson vorbei, eine Kleinstadt im südlichen Manitoba. Ich will nach Süden, zurück in die USA. Nach Detroit. In Sichtweite der Grenze halte ich an, um mich per Handy von Svend, meinem virtuellen Begleiter, zu verabschieden. Als ich wieder starte, fängt Hudo an zu qualmen. Vielleicht liegt es ja nur am Ölwechsel, den ich vor fünfzig Kilometern erst in dem kleinen Ort Morden gemacht hatte. Also weiter fürs Erste. Weiß vor sich hin dampfend, schleicht Hudo kurz darauf über die Grenze und aus Kanada hinaus. Aber dann geht der Motor aus. Wir rollen noch in einen Seitenweg hinein und bleiben dort einfach stehen. Nichts geht mehr. Hudo hat mal wieder schlappgemacht – diesmal im Niemandsland zwischen zwei Ländern. Denn aus Kanada sind wir zwar schon raus, aber noch nicht über den nächsten Grenzstreifen in die USA hineingekommen.

Ich fange an zu basteln, bis eine Frau vom amerikanischen Zoll auftaucht und schließlich zwei Polizisten. Hier, im staatenlosen Zwischenreich, könne ich nicht bleiben, sagen sie. Ich müsse einen Abschleppdienst anrufen. Ich bitte darum, dass man mir hilft, Hudo zurück nach Kanada zu schieben. Aber das ist nicht gestattet. Nach langem Bitten und Betteln und einer kleinen Konferenz der kanadischen und der US-Grenzer werden ein paar Hütchen von der Straße genommen, und die US-Leute schieben meinen Hudo ein paar Meter zurück. Auf ihrer Seite übernehmen die Kanadier das Schieben.

Für 120 Dollar bringt mich ein Abschleppdienst schließlich die zwei Kilometer zurück nach Emerson, und ich laufe dort um zehn Uhr am selben Abend noch in einer Werkstatt ein. Zum Glück ist Mechaniker Rob noch vor Ort, denn er legt montags immer eine Nachtschicht ein. Wir beugen uns über den Motor und sind uns ziemlich schnell einig: Zylinderkopfdichtung im Arsch – denn im Kühlerdeckel ist Mayonnaise. Es müssen also neue Dichtungen gefunden werden, und die scheint es nur in Massachusetts zu geben. Aber bitte, sei's drum. So quartiere ich mich in dem Sechshundertsiebzig-Einwohner-Nest Emerson ein und muss drei Tage warten, bis die Dichtungen geliefert sind und der Schaden behoben ist.

Wieder einmal verschieben sich meine Pläne. Einige Verabredungen werde ich nicht einhalten können – ich schwöre, dass ich nie wieder einen Termin im Voraus machen werde! Man weiß einfach nie, wann Hudo eine Pause braucht, wann er zum Doktor muss oder auch gar nicht mehr weiterwill. Nun, ich lasse mir die Laune von solchen Zwischenfällen schon lange nicht mehr verderben. Auf meinen Kalender steht für diesen Tag die Weisheit geschrieben: *Genieße, Mensch, die Jahreszeiten, sie können Ebbe sein, auch Flut; das Leben ist wie Gezeiten, mal geht's dir schlecht, dann wieder gut.* Also bitte: Morgen ist ein neuer Tag, packen wir ihn an, dann wird alles wieder gut. Mit diesem Gedanken steige ich ins Bett. Aber vielleicht hätte es mir ein Zeichen sein sollen, dass Hudo nicht in die USA zurückwollte und mich damit überraschte, ausgerechnet zwischen zwei Ländern stehen zu bleiben.

Wollte er mich warnen? Wollte er mich vor drohendem Unheil bewahren? Man weiß ja nie, Autos können ziemliche Sensibelchen sein.

Einige Tage später bin ich zurück in den USA, spure über die Highways von Minnesota und Wisconsin, fahre über Duluth und Chicago bis nach Michigan und Detroit. Hudo parkt ganz frech vor dem Haupteingang von General Motors, direkt neben einem Feuerhydranten. Als die Sicherheitsleute mich bitten weiterzufahren, bezirze ich sie – und nun bewachen sie Hudo. Neben ihm erhebt sich die gläserne Zentrale des mächtigen Autokonzerns in den Himmel. Ich habe mich derweil umgezogen und in meinen blauen Hosenanzug mit den weißen Schuhen geschmissen. Mary Barra, die General-Managerin, ist nicht in der Stadt, aber nach drei Stunden Wartezeit werde ich vom Vizepräsidenten Eric Petersen empfangen. Eine Stunde parlieren wir über Opel und meine Reise, dann kommt er mit vor die Tür und lässt sich mit mir vor Hudo fotografieren. Danach mache ich mich auch schon wieder auf nach Kanada. Die Grenze liegt quasi um die Ecke, man muss nur einmal über den Detroit River, und von dort aus sind es gerade einmal 300 Kilometer bis Toronto, also eigentlich keine Entfernung – wenn man heil dort ankommt. Aber auf halber Strecke geschieht schließlich das Unglück, in einem kleinen Ort namens London in Ontario, Kanada.

In London besuche ich Hadley Bennett, einen zweiundachtzigjährigen Hudson-Liebhaber, der rund zwanzig Raritäten dieser Marke besitzt, unter anderem ein Edelstück von Mister Hudson mit silbernen Türklinken. In seiner windschiefen Halle repariert er auch Oldtimer. Ich nutze die Gelegenheit, um Hudo auf die Hebebühne zu fahren und mir von unten ein paar Sachen am Motor anzuschauen. Bei laufendem Motor stehe ich unter Hudo und will ein paar Öltropfen wegwischen, um zu schauen, woher sie kommen. Weil der Motor warm geworden ist, springt der Lüfter an und wirbelt auf einmal den Lappen hoch. Und es dauert nicht mal eine Sekunde, da schreie ich: »Aua!!!« Der Lappen hat sich an der sich drehenden Welle der Lichtmaschine verfangen, die reißt den Lappen hoch – und meine Hand mit Wucht hinterher. Ich ziehe sie reflexartig wieder herunter und sehe: ein Blutbad.

Meine rechte Hand ist Matsch. Zwei Finger hängen herunter, der kleine steht im rechten Winkel ab. Komischerweise denke ich, dass ich das dokumentieren muss, und fotografiere die Rechte mit der Linken. Aber dann eilen Hadleys Frau und ich ins nächste Krankenhaus. In London gibt es nämlich zum Glück drei Universitätskliniken. Fünf Spritzen vereisen die rechte Hand, und das tut grausam weh. Und dann rettet Herr Doktor, was zu retten ist, während ich dabei zuschauen darf. Der kleine Finger wird amputiert, der mittlere für immer steif bleiben. Er ist nur noch Deko.

Zu den Fotos im Blog und auf Instagram schreibt meine Tochter Marla später sogar für alle, die nichts Ekliges mögen: »Warnung: Die folgenden Bilder zeigen Heidis abgetrennten Finger.« Der Arzt will dann noch dies und das an der Hand machen, aber ich sage, nichts da, ich muss weiter! Was nicht mehr zu retten ist, ist nicht mehr zu retten. Ende. Ich brauche kein Schickimicki, und ich will nicht betüddelt werden. Ich bitte den Arzt lediglich, mir in den Gipsverband eine kleine Mulde einzuarbeiten, sodass ich mit der rechten Hand schalten kann. Ich bin schließlich mit Svend bei den Niagarafällen verabredet, er fliegt dafür extra aus Vancouver ein.

So frage ich den Arzt nach der Rechnung und drängele auf den Entlassungsschein. Den händigt mir der Doc schließlich aus, und erst später lese ich, dass er für zukünftige Ärzte in seinem Bericht vermerkt hat: *»She is a very difficult lady.«* Wie bitte? Kann doch nicht sein!

Über das Ausmaß der Verletzung bin ich mir zu diesem Zeitpunkt noch überhaupt nicht bewusst, zudem kann ich meine Hand unter dem Gips gar nicht sehen. Da denkst du schnell: Alles halb so wild, wird schon wieder – erst mal alles weiter nach Plan. Erst viel später werde ich merken, dass ich mit der rechten Hand nicht mehr richtig schreiben kann, dass viele alltägliche Bewegungen und Handgriffe nicht mehr möglich sind – und dass es in der Seele schmerzt, wenn deine Hand nicht mehr die alte ist. Und es nie mehr sein wird. Hände sind doch etwas Edles und Wunderschönes. Ich liebe schöne Hände. Die langen Finger eines Pianospielers! Auf Finger steckt man Ringe! Man pflegt sie und zeigt sie vor – auch wenn man damit schraubt und sie öfter mal ölverschmiert sind.

Nun ist ein Finger weg, ein weiterer kaputt. Das hinterlässt eine Delle, auch in meinem festen Glauben, dass immer alles gut ausgeht. Alles wird gut? Nein, dies wird nicht mehr gut werden. Die Hand ist, wie sie ist. Verunstaltet und einen Kopf kürzer. Ja, natürlich tut das weh. Wie ich damit umgehe? Ich betrachte diesen Unfall als Opfer, das ich bringen musste. Für Hudo und für meine Reise. Wie sagen die Amerikaner noch: *There is no free lunch in life.* Zu deutsch: Nichts ist umsonst.

Doch die Hand ist nicht der größte Schlag, der mich trifft. Es kommen auf meiner Reise nach Süden noch deutlich schwärzere Wochen und Monate auf mich zu. Tage, die mit dem Schlimmsten hätten enden können: Totalschaden. Nicht für Hudo, sondern für mich.

Inzwischen ist mein Sohn Dylan nach Toronto geflogen. Nach dem Malheur mit der Hand will er mich wieder aufbauen und mir helfen, Hudo nach Süden zu fahren. Mein lieber Dylan macht Fotos für den Blog und umsorgt mich, so gut er kann – fahren allerdings tue nach wie vor ich. Mit Gips und kaputter Hand. Nee, das Fahren lasse ich mir nun mal nicht nehmen, solange es nur irgendwie geht. Zudem ist Dylan der Wagen nicht ganz geheuer. Hudo ist schwer zu lenken, die Schaltung muss man kennen und ein Gefühl für die Kupplung erst mal entwickeln. Aber so haben wir eine schöne Tour nach Süden, ich links, er rechts, während draußen Nordamerika vorbeizieht. In Nantucket trudeln wir dann fast wie geplant ein und treffen dort meinen Exmann Robert und viele andere Mitglieder der Familie.

Herrliche Tage verbringen wir auf der Insel südlich von Boston und in der Nähe von Cape Cod. Wir gehen an die Strände, sehen die alten Leuchttürme, Häfen und urigen Holzstege, die weit ins

Meer greifen. Nantucket ist eine alte Walfängerinsel, und noch heute erinnern ausgestellte Harpunen, Anker und die Holzhäuser der Quäker an die harten alten Tage. Und vor allem für eines ist Nantucket berühmt: Hier begann die tragische Schiffsreise in dem berühmten Roman »Moby Dick«.

Bald muss ich wieder los, ich will die Ostküste der USA hinab. Mein Exmann Bob begleitet mich eine Strecke, bis wir nach ein paar Tagen New York City erreichen und mitten hineinfahren. Hudo kreuzt durch die Schluchten aus Wolkenkratzern, neben uns die gelben Taxis und all die wuselnden Menschen. In Manhattan bleibe ich eine Nacht. Bob setze ich an der Central Station ab. Da steht er nun mit seiner Golftasche und nimmt den Zug in eine andere Richtung – zu einem Treffen mit alten Freunden aus seinen Universitätstagen in Amerika. Ab jetzt bin ich also wieder solo und mache mich auf nach Süden.

Ich steuere zunächst Hershey, Pennsylvania, an, weil dort gerade die größte Oldtimer-Messe der USA steigt. Hudo wird am Hudson-Stand prompt als besondere Attraktion präsentiert. Ich darf im Gegenzug vier Nächte in dem Wohnwagen des Hudson-Klubs übernachten. Das kostet mich nichts, und Hudo steht nachts beruhigenderweise direkt neben mir. Aber dafür ist der alte Camper ziemlich wackelig und wasserdurchlässig. Als es regnet, schwimme ich mit meiner Luftmatratze auf dem Boden herum. Doch lerne ich auf der Messe Mitglieder diverser Oldtimer-Klubs kennen und werde fortan regelrecht hofiert. Vor allem Hudo scheint das richtig stolz zu machen – weil er eben nicht nur als Museumsstück glänzt. Er hat Asien gesehen, den Staub der Nullarbor-Wüste, er ist ganz allein über den Stillen Ozean geschippert und dann quer durch Kanada motort. Schon jetzt hat er gut 50 000 Kilometer unserer Reise geschafft. Ein Oldtimer von Welt, ja, das kann man wohl jetzt schon sagen. Und dennoch staunen die Menschen am meisten über die Route, die noch vor uns liegt. Die Anden. Argentinien. Afrika.

Oldtimer-Messe in Pennsylvania: Hudo und ich sorgen immer für Gesprächstoff. Am Hudson-Stand steht sogar ein Schild über unsere Reise.

In Washington D. C. schaue ich bei der Deutschen Botschaft vorbei, fahre am Kapitol entlang und an der berühmten Mall, dem amerikanischen Regierungsviertel, wo all die Monumente stehen, gemeißelt aus weißem Marmor. Mittendrin stelle ich meinen großen Berliner Buddy-Bär auf für ein Foto auf meinem Blog. Der Buddy-Bär ist ja auch so eine Art Denkmal. Klein, bunt und friedlich. Ich sollte ihn hier stehen lassen als unprätentiöses Mahnmal für ein wenig mehr Frieden und Freundlichkeit. Aber dann setze ich meinen Kurs fort. Richtung Florida.

In Rockville, Maryland, besuche ich eine weitere Autoshow, wo über fünfhundert Oldtimer gezeigt werden. Die meisten sind nicht auf eigener Achse gekommen, sondern wurden per Anhänger chauffiert. Und Preise gibt's hier nicht in erster Linie fürs Kilometerfressen, sondern fürs Wienern: Wer den saubersten hat, gewinnt.

Mein nächstes Ziel heißt Norfolk in Virginia. Hier möchte ich den alten Laden von Jack Wilkins besuchen, jenem Autohändler, bei dem ich 1962 ein halbes Jahr arbeitete, der mich als Cowgirl in die Werbung schickte und mir so viel beibrachte. Heute ist meine alte Arbeitsstätte ein schlichtes und flaches weißes Haus mit roter Balustrade. Mir fließen die Tränen, als ich vor dem Laden stehe und all die Erinnerungen an mein tolles Jahr in Amerika plötzlich hochkommen. Was ist inzwischen alles geschehen! Wie hat sich die Zeit doch über alles gelegt! Man kann das gar nicht beschreiben, aber es fühlt sich seltsam an, nun wieder hier zu stehen. Ein bisschen wie Zeitmaschine mit heftigem Jetlag.

Ich treffe auch auf Walter, den Sohn von Jack. Er hat den Laden noch, musste ihn aber umbenennen und sich nach der Krise 2008 anders ausrichten – wie viele von uns Autohändlern. Walter trägt ein blütenweißes Oberhemd und eine graue Anzughose, und wir liegen uns kurz in den Armen, als ich einfach hereingeschneit komme und meine Geschichte erzähle. Dann erzählt Walter, wie auch er sich am Ende verkleinern musste, um zu überleben. Statt Chevrolet übernahm er die Vertretung für Saab, ein weiterer Schlag ins Kontor. Aber wie viele Händler hält sich Walter über Wasser, indem er nicht mehr nur Neu-, sondern zunehmend auch Gebrauchtwagen verkauft. Ach, der junge Walt ist ganz wie sein Vater, merke ich. Steckt nicht auf. Immerhin war es der alte Jack Wilkins, der auch uns Austauschkräften damals einhämmerte: »Geht nicht gibt's nicht!« Wahrscheinlich bin ich auch ein bisschen wegen ihm heute hier. Und überhaupt auf meiner Reise. Und überhaupt Heidi Hetzer. Ja, erst jetzt spüre ich so richtig, dass mich diese Monate in Virginia damals doch sehr geprägt haben. Die jungen Jahre in diesem Amerika, der umtriebige und pfiffige Jack, das Dealen mit den Autos. Das alles hat tiefe Spuren hinterlassen.

Sohn Walter hat zum Zeitpunkt meines Besuchs aber noch einen ganz anderen Grund, sich über beide Ohren zu freuen: Er wird Vater – und nach drei Mädchen gibt's bald zwei Jungen.

Zwillinge. Zum Schluss dreht Walter noch ein Video mit mir, in dem ich über seinen Vater Jack erzähle. Wie ich ihn damals kennengelernt habe. Eine schöne Idee, denn das Video soll für seine Kinder sein, damit sie sich ein Bild von ihrem Großvater machen können.

Doch dann will ich weiter, immer schön an der adretten Ostküste nach Süden. Längst ist es Oktober geworden, und zum Herbst und Winter möchte ich in warmen Gefilden sein.

Ich genieße die Reise durch dieses Amerika in vollen Zügen. Die weite Landschaft, die Felder, die schönen Holzhäuser mit den großen Veranden, die nun immer mehr den Stil der Südstaaten annehmen. Und natürlich bleibe ich unterwegs immer wieder stehen und schaue mir die tollen Autos an, die noch heute vor den US-Garagen stehen. Denn die Amis sind noch immer ganz große Autofans. Ich sehe einen alten Ford Galaxie, einen hellblauen Straßenkreuzer aus den 1970er-Jahren. Außerdem einen Chevy Pick-up aus den 1950er-Jahren, aufgemotzt zu einem ehrfurchteinflößenden Hotrod: pechschwarz lackiert, offener Kühler, drei große Totenköpfe schmücken den Wagen, dazu brachiale Ketten und tausend Unterschriften und Bemalungen. Nicht mein Ding.

Ich fahre weiter über Wilmington und Charleston, North und South Carolina ziehen des Weges, und Hudo muss mal wieder geschleppt werden wegen eines defekten Pleuellagers. Aber mit Details zu diesem Desaster will ich Sie lieber verschonen. Nur so viel: Zwei Monate ist Hudo jetzt unterwegs seit seinem Liegenbleiber im Niemandsland zwischen USA und Kanada. Ganze 7 000 Kilometer hat er seither geschafft. Und in dieser Zeit war nur Kleinkram. Also: Ich bin stolz auf ihn! Er schlägt sich wirklich wacker durch die USA.

Weiter im Süden besuche ich noch mehr Verwandtschaft meines Mannes. Doch allzu lange bleibe ich nicht bei meiner Schwägerin Betsy und Norman, denn eines weiß ich schon lange, und meine

Reise hat es nur bestätigt. Merke: Gäste sind wie Fisch, nach drei Tagen stinkt er.

Ich will noch mal zu einer Oldtimer-Show, und zwar in Hilton Head Island, dabei habe ich durch die Sache mit den Pleuellagern an die drei Wochen verloren. Endlich navigiere ich uns weiter nach Savannah, Georgia, und schließlich schleichen wir mit fünfundfünfzig Kilometer pro Stunde über kleine Landstraßen bis nach Daytona Beach in Florida. Dort steigt für ein paar Tage Julie Duncan zu. Ich hatte sie auf der Fähre von USA nach Kanada kennengelernt – und nun hat sie alles Geld zusammengekratzt und ist nach Florida geflogen. Sie wollte endlich einmal die Ostküste des amerikanischen Kontinents sehen und unbedingt bei Hudo die Beifahrerin spielen.

Zusammen preschen wir den harten und langen Strand von Daytona Beach runter, wo schon im letzten Jahrhundert Autorennen stattfanden und die frühen Haudegen sich im Speed-Fahren auf Sand überboten. Lange Asphaltstraßen mussten ja erst noch gebaut werden damals. Die Strecke am Daytona Beach ist seither eine Kultmeile, und Hudo gibt ein fast historisches Bild ab, als wir unter knallblauem Himmel über den Sand brettern. Allerdings werden wir von der Strandpolizei schon bald angehalten, denn wenn man hier schon offiziell und für zehn Dollar entlangfahren darf – dann, bitte schön, gesittet und langsam.

Nach den Tagen mit Julie erreiche ich Cocoa Beach und Cape Canaveral, wo Amerika seine Raketen zum Mond und später das Space Shuttle abschoss. Toll: Die ganzen Raketen und Mondfähren sind hier ausgestellt, und die Museen und das Gelände am Kennedy Space Center ziehen bis heute täglich Tausende Besucher an. Beim Anblick der alten Raumanzüge und Raketentriebwerke muss ich an Wernher von Braun denken. Hier hat der deutsche Vater des Mondprogramms gearbeitet, und ich erinnere mich daran, wie ich ihn in Berlin-Tempelhof im Januar 1963 einmal kennengelernt habe. Eine ältere Dame verabschiedete ihn direkt am Flugzeug, wir flogen dann nach Frankfurt und waren auch in derselben

Maschine nach USA – das war damals, als ich nach Florida zum Kongress der Automobil-Vereinigung flog. Ich blicke die großen Raketen hoch, die heute hier ausgestellt sind, und muss an die 1960er-Jahre denken: das Spaceage, die Landung auf dem Mond. Ein großartiges und turbulentes Jahrzehnt, nicht nur für die Geschichtsbücher, sondern auch für mich.

Endlich also Florida. Überall stehen auf der Fahrt gen Süden nun Palmen und ziehen sich grüne Kanäle durchs Hinterland. Die Tage sind tropisch mild, und beim Fahren weht eine siebenundzwanzig Grad warme und feuchte Luft durch Hudos offene Fenster. Ich steuere Naples an, stehe bald am Golf von Mexico und gehe barfuß über den weißen feinen Sandstrand aus zerriebenen Muschelschalen. Der Geruch des Meeres steigt mir in die Nase. Der Geruch von Urlaub. Ja, Florida riecht nach Sonne und Ferien, und man hat den Eindruck, dass in Amerikas Sunshine State niemals dunkle Wolken heraufziehen können. Nein, und schon gar nicht hier, im pastellbunten Miami Beach mit seinen rosafarbenen Art-déco-Häusern, schicken Bars und hippen Menschen.

Über Südflorida kracht die Sonne, und Hudo scheint es zu genießen, nun bereits seine zweite Adventszeit nicht zu Hause im nasskalten Berlin zu verbringen, sondern in warmen Gefilden. Blau leuchtet er im Sonnenschein, und alle naselang werden wir von deutschen Urlaubern angesprochen, die in Florida dem Winter entfliehen. Und zum ersten Mal sagt ein junges Pärchen nicht: »Sind Sie nicht die Heidi Hetzer aus Berlin?«, sondern: »Ach, das ist doch das Auto, das Hudo heißt und einmal um die Welt fährt.«

Wie schön!

Ich treffe alle paar Tage verschiedene Freunde, die ich aus Berlin kenne, fahre an der Kunstausstellung Art Basel entlang und mit Hudo über den Ocean Drive. Es bleiben noch einige Tage bis zur Weiterreise nach Südamerika. Ich mache es mir darum nett. Genieße es, mal nicht unter Zeitstress zu stehen. In Florida verspüre ich beim Sitzen eines Tages dann so eine Stelle, die drückt. Am Unterleib hat sich offenbar ein Pickel gebildet, ein pilzartiger Knubbel, wie mir scheint. Ich denke mir nichts dabei, aber diese Stelle scheint über die Tage irgendwie größer geworden zu sein. Ich vertraue mich einer Bekannten an, frage sie nach einem Arzt. Ich will das Ding am liebsten noch in den USA wegmachen lassen, denn die Reise nach Peru steht nun – fast Mitte Dezember – unmittelbar bevor. Ich habe mich längst dazu entschieden, mit dem Schiff nach Südamerika zu fahren und Zentralamerika auszulassen. Und in Peru oder Argentinien einen Arzt zu finden, der Englisch oder Deutsch spricht, das würde sicher erst mal dauern. Also gehe ich in Florida noch zu einem Arzt und bekomme zum Glück gleich einen Termin. Der Doktor schaut sich die Stelle an, macht gar keine große Sache draus, schaut aus dem Fenster und sagt:

»Du hast Krebs.«

»So ein Quatsch«, sage ich und muss mich totlachen. »Kann gar nicht sein, ich fühle mich kerngesund!«

»Das ist Krebs«, sagt der Arzt.

»Das ist nur ein Pickel!«, sage ich. Und denke noch, na, ihr Amerikaner, ihr habt doch wohl keene Ahnung! Ohne eine Probe zu nehmen gleich zu sagen, das ist Krebs? Na, also ohne mich.

»Wir können morgen operieren«, sagt der Arzt.

»Tja«, sage ich, »heute Nachmittag geht schon mein Schiff.«

Der Arzt meint, ich soll es mir überlegen. Ich könne jederzeit wiederkommen. Aber wenn ich die Reise wirklich antrete, würde es ihn interessieren, wie die Sache ausgeht.

»Wie viel Zeit habe ich?«, frage ich.

»Na ja, in den nächsten drei Monaten muss operiert werden.«

»Okay«, sage ich. Und verlasse die Praxis. Bezahlt habe ich ja schon, wie es hier üblich ist – immer im Voraus.

So stehe ich nun unten auf der Straße und überdenke die Situation. Heidi, wat nu? Eigentlich muss ich los, bald zum Hafen und am

Nachmittag aufs Schiff gehen. Da sehe ich nicht weit vom Hochhaus, in dem sich die Praxis befindet, eine kleine alte Kirche. Ich trete ein. So, lieber Gott, jetzt brauche ich mal deine Hilfe, sage ich und merke, wie mir die Knie weich werden. Aber von oben kommt nix.

Die Worte des Arztes klingen mir noch frisch im Ohr. Der sagt das doch nicht einfach so.

Nach einer Weile des Abwägens entscheide ich: Wenn es wirklich Krebs ist und womöglich schon weit fortgeschritten – dann mache ich meine Reise jetzt erst recht weiter! Dann will ich unbedingt noch den Rest der Welt sehen! So viel von diesem wunderbaren Planeten wie nur möglich. So viele Länder, wie ich schaffe – und dann in Ruhe zu Hause sterben. Ja, und wenn es kein Krebs ist oder erst wenig fortgeschritten: Na, dann habe ich ja noch Zeit. Außerdem ist Hudo schon auf dem Schiff, und der Arzt hat von drei Monaten gesprochen. Also: Panamakanal, ich komme! Ihn einmal zu queren ist mir wichtiger, als mich sofort um die Sache mit dem Krebs zu kümmern.

Am Nachmittag begleitet mich Horst Franke zum Hafen. Ich kenne ihn, seitdem ich neunzehn bin; heute lebt Horst halb in Berlin, halb in Florida. Aber der gemeinsame Gang zum Schiff ist ein trauriger. Ich sage ihm nichts von meiner Untersuchung. Dabei weiß ich, dass er selbst unheilbar krank ist. Und schon ein halbes Jahr später werde ich erfahren, dass Horst nicht mehr lebt.

Wie schön, dass wir uns verabschieden konnten.

Dann besteige ich im Hafen von Miami die *Cap Ines,* auf der Hudo seit drei Tagen fest verzurrt ist. Meine Diagnose halte ich geheim, erzähle nicht einmal meinen Kindern davon. Es ist kurz vor Weihnachten – will man da so eine Botschaft verkünden? Nee, willste nicht.

Das Schiff legt ab Richtung Karibik, und als ich nach sieben Monaten und 16000 Kilometern durch Nordamerika an Deck stehe und aufs Meer blicke, bin ich doch ziemlich durcheinander.

In meinem Kopf kreist es. Dies ist ein Thema, das schwer wiegt. Es legt sich wie Blei über die nächsten Etappen.

Wir fahren durch die Karibik, an Kuba vorbei, an Haiti und der Dominikanischen Republik, dann legen wir in Kolumbien an, um Fracht zu verladen. Ich gehe von Bord, betrete das erste Mal südamerikanischen Boden und lasse meinen Pass abstempeln. Wenig später legt die *Cap Ines* wieder ab Richtung Panamakanal. Und ich habe Glück, als wir die erste Schleuse erreichen. Die Schiffe passieren den gut achtzig Kilometer langen Kanal nämlich Tag und Nacht – über unserem Heck aber geht gerade die Sonne auf, als wir die historische Passage vom Atlantik in den Pazifik antreten. Im Schneckentempo kriecht das Schiff von Hamburg Süd durch die Schleusen, es ist das größte der Flotte und passt gerade noch in die Schleusen. Alle noch größeren müssen unten herum in den Pazifik schippern – rund um Kap Hoorn. Ganz große Pötte, die von New York nach San Francisco wollen, müssen auf dem Seeweg mehr als 15 000 Kilometer Umweg in Kauf nehmen.

Das Schiff wird nun fest verzurrt, dann kommen die Treidelloks, die die Panamaer Mulis nennen. Diese Zahnradbahnen schleppen die *Cap Ines* ganz langsam voran, in die Schleuse hinein, dann wieder hinaus. In der Schleuse selbst steigt und sinkt derweil der Wasserpegel, und für das riesige Schiff bedeutet das: Treppe rauf, Treppe runter. Unglaublich, welche Massen an Schiffstonnage und Wasser hier bewegt werden. Von Cristóbal an der Bucht von Limón, einem Meeresarm des Karibischen Meeres, laufen wir in den Kanal hinein. Die Seen im Hinterland sind zu sehen, und man kann schon den neuen Kanal erkennen, der gerade fertiggestellt wird. Das Land links und rechts des Kanals wird grüner und grüner. Ich sehe Bananenplantagen, Palmen, Felder und überall weite nasse Wiesen. Gut vierzehn Stunden dauert die Passage, einmal quer durch Panama, das an dieser Stelle nur so schmal wie ein Handtuch ist. Am Abend erreicht das Schiff dann Balboa am Golf von Panama und passiert die letzte von drei Schleusen. Bald spreizt sich schließlich der Pazifik vor dem Bug – und ab geht es in die erste pazifische Nacht.

Blick auf den Kalender: Noch eine Woche bis Weihnachten. Die Diagnose liegt mir weiter im Magen. Aber nein, ich will sie nicht wahrhaben. Will nicht akzeptieren, dass da was ist. Ich fühle überhaupt keine Schmerzen. Aber natürlich geht dir so etwas nicht aus dem Kopf. In Lima plane ich darum, wieder zu einem Arzt zu gehen, um eine zweite Meinung einzuholen. Doch dann erhalte ich an Bord der *Cap Ines* die Nachricht, dass das Schiff erst auf dem Rückweg aus Chile in Lima, Peru, anlegen wird – und das heißt auf einmal, dass ich noch Wochen an Bord bleiben muss, also auch an Weihnachten und Silvester. Was für eine Hiobsbotschaft! Aber wegen der logistischen Planung der Reederei ist das nun mal der neue Kurs. Einzige Alternative: In Ecuador kann ich frühzeitig aussteigen und mit dem Bus nach Lima fahren – und der gute Hudo wird viel später nachkommen.

Gesagt, getan. Am 18. Dezember springt die Positionsangabe auf dem Schiffs-GPS um, als wir den Breitengrad Null passieren und über den Äquator dampfen. Schon am Morgen darauf gehe ich in der ecuadorianischen Hafenstadt Guayaquil mit meiner größten Tasche von Bord. Nun bin ich wirklich in Südamerika. Allein. Den Rest meiner Taschen darf ich zum Glück an Bord lassen, aber auch das musste erst mal wieder aufwendig organisiert werden. Erlaubt ist das nämlich eigentlich nicht – wie in einem Flugzeug.

Am großen Busbahnhof von Guayaquil wuseln Tausende von Menschen, und es gibt Verbindungen ins ganze Land. Ich frage mich mit Händen und Füßen durch und löse ein Ticket nach Cuenca. Bald schaukelt der Bus die Berge hoch, über die Baumgrenze, über die Wolken. Bis wir nach einigen Stunden 4 500 Meter über dem Meer durch die Anden fahren.

In Cuenca nehme ich ein Zimmer in dem kleinen Hotel Posada

del Angel – und habe erstmals fürchterliche Kopfschmerzen. Der Grund ist klar: die Höhe! Ich lasse mir einen Zettel geben, male mit einem Kugelschreiber Berge drauf, den Bus, der immer höher fährt. Und gehe in die nächste Apotheke. Spricht ja keiner ein Wort Englisch hier. Ich halte denen den Zettel hin, fahre mir mit der Hand an den Kopf. Sie begreifen und verkaufen mir eine Kopfschmerztablette – eine einzige.

Es ist mein erster Eindruck von Südamerika. Cuenca ist schön, eine alte Stadt, die sich hoch oben auf die Felsen krallt. Aber mir ist alles fremd.

Weiter geht es mit dem nächsten Bus bis nach Loja, wieder rauf und wieder runter. Von meinem Fenster aus blicke ich abermals in eine völlig neue Welt. Die Märkte der Indios taumeln vorbei, ich sehe Frauen, die an den Füßen festgeknotete Hühner über die Straße wuchten und knallbunte, wunderschöne Gewänder tragen. Mir geht es gar nicht gut. Zu den Kopfschmerzen kommt nun auch noch Schwindel hinzu. Weitere zwei Tage in komfortablen Überlandbussen stehen danach bevor: acht Stunden bis Piura, weitere sechzehneinhalb Stunden nach Süden über die Panamericana. Mitten in der Nacht passieren wir die Grenze nach Peru, wir müssen aussteigen und über einen Sandweg gehen. Alle schnappen sich ihre großen Taschen. Ich fühle mich wie ein Flüchtling, der illegal über eine Grenze marschiert.

Aber dann ist das vorläufige Ziel endlich erreicht. Ich bin in Lima, Peru.

Dort will ich im Hotel Bolívar wohnen, wo Clärenore Stinnes auf ihrer Reise abgestiegen war. Aber man rät mir, das Zentrum der Stadt zu meiden. Zu gefährlich. Stattdessen quartiere ich mich im kleinen Hostel El Patio im Stadtteil Miraflores ein. Ein Lichtblick. Hier in einem ruhigen Teil Limas, schon etwas außerhalb und am Pazifik gelegen, gibt es einen kleinen friedlichen Garten, dazu nette Leute und Stille.

Hier kann ich vorerst ankommen.

Weihnachten verbringe ich allein in Lima am Strand mit den vielen Restaurants. Um Mitternacht schießen sie hier ein großes Feuerwerk in den Himmel, das wie gleißender Sprühregen durch die Nacht flirrt. Ich denke zurück. Vor einem Jahr war ich zum heiligen Fest noch in Vientiane, Laos. Drei Kontinente und gefühlt einige Lichtjahre ist das her. Ich sehe meine Kinder vor mir, meine fünf Enkel. Mando, den ich noch nie in den Armen gehalten habe. Er ist jetzt schon acht Monate alt. Wie schnell die Zeit vergeht. Und wo ist Hudo? Der Arme schippert gerade irgendwo auf dem Pazifik Richtung Chile und wird erst in zwei Wochen nach Norden übers Meer zu mir zurückgelangen.

Gut, dass in fünf Tagen eine neue Beifahrerin ankommt. Sie fliegt aus Deutschland ein, und das ist eine Ausnahme. Immer wieder haben mich Leute angeschrieben und gefragt, ob sie nicht eine Etappe mitfahren könnten. Meistens wollte ich das nicht. Bei Lili war es anders. Sie hatte sich etwas Besonderes einfallen lassen. Es kam nämlich plötzlich eine Mail – adressiert an Hudo. Und zwar von einem gewissen Leonard, der sei ein VW und hätte auch »'ne gute Chefin«. So stand es in der Mail. Der VW namens Leonard fragte, ob seine Chefin nicht eine Weile mit durch Südamerika fahren könne. Ich fand die Idee charmant, den Wagen für die Fahrerin anfragen zu lassen. Und schrieb zurück, eine Mail von Hudson Hudo an VW Leonard.

Meine neue Beifahrerin heißt Lili, ist eine neunundzwanzig Jahre junge Fotografin aus Coburg und kann fließend Spanisch. Ich habe ihr zugesagt, und nun freue ich mich auf sie. Am 31. Dezember landet Lili in Lima, drei Stunden vor Mitternacht und gerade rechtzeitig, um noch gemeinsam den Jahreswechsel zu feiern. Wir fahren gleich an den Strand von Larcomar und schauen in den Himmel, denn dort erhebt sich nun ein noch viel größeres Feuerwerk als zu Weihnachten. Wir tragen neongrüne Spaßbrillen, darauf prangt die neue Jahreszahl: 2016. Dann stoßen wir an.

Man darf ja Wünsche haben zum neuen Jahr. Ich habe noch einige – aber an diesem Abend schicke ich nur einen einzigen in den Himmel über Südamerika.

Drei Tage zuvor bin ich in Lima bei einem Arzt gewesen. Dr. Luis Pajeres hatte eine Probe genommen. Eine Woche wird das Ergebnis auf sich warten lassen. Es ist warm in Lima. Lili und ich gehen spazieren, sehen die Kirchen, die Strände. Und nun folgt eine echte Achterbahnfahrt, von ganz oben nach ganz unten. Eine, die sie sich in keinem Vergnügungspark ausdenken können.

Die Woche ist rum, und ich gehe zu Dr. Pajeres in die Praxis. Der gibt Entwarnung: »Kein Krebs.« – »Na bitte!«, jubele ich. Hatte ich also doch recht gehabt. Da ist nichts! Ich atme durch, atme auf! Finde zurück in die Welt.

Dann, nach weiterem Warten und Hin und Her, kommt der Tag des Eingriffs. Denn weil die kleine Stelle noch immer drückt, wenn ich drauf sitze, will ich das dumme Ding endlich weghaben. Nach der Operation gehe ich mit Lili ein letztes Mal zum Arzt. »Die Operation ist gut verlaufen«, sagt er zu mir. »Aber Sie haben *doch* Krebs. Lymphdrüsenkrebs.« Der Mann erhebt sich und geht aus dem Zimmer. Lili und ich bleiben zurück. Schauen uns an.

Und nun bin ich wirklich verzweifelt.

Ich spreche in den nächsten Tagen mit weiteren Ärzten, aber auch die bestätigen, dass es Krebs ist. Dass weiträumiger operiert werden muss. Dass danach eine Chemotherapie notwendig ist, dass es vier Monate dauern wird, dass die Beine anschwellen werden und ich mir jeden Tag eine Spritze abholen müsse. Die Sache ist nun auf dem Tisch, und der Schock fährt mir durch alle Glieder.

Vor den Türen des Krankenhauses setze ich mich erst mal auf die Stufen und falle in mich zusammen. Mir ist klar: Das muss ich jetzt meiner Familie beichten. Aber wem sage ich das zuerst? Und wie sage ich es? Ich weiß nicht mehr weiter.

Schließlich vertraue ich mich meiner Tochter Marla an und

erzähle von der Krankheit. Marla ist entsetzt über alles, was sich in den letzten Wochen abgespielt hat, und entscheidet: »Mama, du kommst sofort nach Hause!«

Ich stimme zu. Aber. Auf keinen Fall komme ich nach Berlin! Denn ich habe einen eisernen Vorsatz, den nichts auf dieser Welt ins Wanken bringen wird. Berlin habe ich nach Osten verlassen und werde vom Westen wieder in die Stadt zurückkehren. Nur vom Westen – und nur mit Hudo.

Inzwischen habe ich auch mit meinem langjährigen Rallye-Arzt Claudio Schlegtendal gesprochen, einem meiner besten und engsten Freunde. Er stimmt zu, dass es Krebs sein könnte, und bietet an, die ganze Sache persönlich zu begleiten, auch wenn er mich in der Universitätsklinik Essen nicht selbst operieren kann. Einige Tage und Nächte quäle ich mich und liege wach, grübele. Was erwartet mich in Deutschland bei einer OP? Werde ich meine Reise jemals zu Ende bringen, wenn ich jetzt abbreche? Aber nach Claudios Angebot willige ich ein, meine Tour zu unterbrechen und nach Deutschland zu fliegen.

Hudo ist inzwischen auch heil in Lima angekommen. Lili und ich haben ihn gemeinsam aus seinem Container wachgeküsst und ihn dann sicher im Nicolini Museum für Oldtimer untergebracht. Und schließlich haben Lili und ich uns derweil doch noch sechs Nächte im Grand Hotel Bolívar einquartiert, wo Clärenore 1928 wohnte. Mit dem Manager Viktor stellen wir alles auf den Kopf, wälzen die alten Gästebücher. Es ist nichts zu finden von Clärenore. Und doch kann ich sie in diesem Hotel leibhaftig vor mir sehen. Wie damals kommen hier die älteren Ober mit langen schwarzen Schürzen an den Tisch, die alten Kronleuchter hängen noch, in den Zimmern und im Ballsaal knarzen die betagten Dielen. Dies ist das einzige Mal auf der Reise, dass ich wirklich unter demselben Dach nächtige wie Clärenore Stinnes. Welches Zimmer sie wohl bewohnte?

Am 17. Januar ist es so weit. Ich sitze im Flieger ins kalte Deutschland und liege bald in einem Essener Krankenhausbett. Ich bin in sehr guten Händen, betreut von meinem wunderbaren Freund Claudio. Vier Tage dauern die Voruntersuchungen, dann kommt die Operation, und ich sinke in die Vollnarkose. Mit Schläuchen überall und mit einer aseptischen Haube auf dem Kopf werde ich auf dem Krankenbett wieder wach, um mich herum Ärzte im grünen Kittel. Und ich kann sie lachen sehen. Dann beugt sich Claudio zu mir herab und sagt: »Wir haben alles wegbekommen – den Krebs bist du los, und morgen bekommst du das schriftlich von mir.«

Tränen, ganz große.

Es ist sinnlos zu beschreiben, was einem in einem solchen Moment durch den Kopf geht. Achterbahn. Ganz oben, ganz unten, ganz oben. Ich habe unfassbar viel Glück gehabt. Ich umarme Claudio und die Ärzte, ich umarme die ganze Welt. Noch doller drücke ich Marla. Wie gut, dass sie darauf bestanden hat, dass ich nach Deutschland komme! Und eines nehme ich mit: Ich werde mehr auf meinen Körper hören, früher auf die kleinen Zeichen achten. Vielleicht lieber doch mal ein bisschen eher zum Doktor gehen. In diesem Punkt habe ich meine Meinung geändert. Wie oft habe ich früher getönt: Ich bekomme nie Krebs! Und wenn ich ihn bekomme, lasse ich gar nichts machen. Dann lebe ich mein Leben gemütlich zu Ende und werde ein letztes Jahr, ein letztes halbes Jahr garantiert nicht im Krankenhaus verschwenden. Dann will ich noch was erleben, will was sehen und unternehmen! Das war dumm und vorlaut. Aber man lernt ja nie aus. Der Krebs ist heimtückisch. Er kommt auf Schleichwegen, und du merkst nichts.

Das Leben fühlt sich jetzt eine Spur fragiler an. Da war früher der schwere Rallyeunfall in Schleiz. In Portugal bin ich abgestürzt, ein weiterer Absturz in Guatemala. Dann war da kürzlich der Unfall mit den Fingern, nun die Sache mit dem Krebs. Nein, nicht immer wird alles gut. Aber diesmal ist es gut gegangen.

Drei Wochen dauern die Nachuntersuchungen und die verordnete Pause verbringe ich bei meiner Tochter Marla und den drei Enkelkindern an der kalten Ostsee. Schwiegersohn Hilmar bearbeitet mich mit seinem wunderbaren nordischen Humor, dass ich die Pferde wechseln soll. Ein moderner Untersatz tut's doch auch. Das normale Familienleben mit den aufgeweckten Kindern hat mich bald wieder aufgebaut. Ich habe Kraft gesammelt, aber irgendetwas fühlt sich falsch an. Ich gehöre nicht hierher. Ich weiß mehr als je zuvor: Hudo wartet in Lima – und der Rest der Welt darauf, erobert zu werden. Am 17. Februar sitze ich wieder im Flugzeug. Richtung Südamerika.

Von allem Rost befreit

Noch zwei Stunden Flug bis Lima, die Maschine ist gerade über Venezuela hinweg und düst durch die Nacht über Kolumbien. Ich nicke in meinem Sitz immer wieder ein. Kurz vor der Landung muss ich an Clärenore Stinnes denken. Und dabei fällt mir auf, dass sich eine ungeahnte Parallele bei unseren Reisen ergeben hat: Pech und harte Wochen in Südamerika. Denn auch Stinnes durchlebte genau hier wohl die dunkelste und härteste Zeit ihrer gesamten Tour. Sie landete zwar nicht im Krankenhaus, erlebte zwischen Anden und Pazifik allerdings ebenfalls erhebliche Strapazen und riskierte dabei sogar ihr Leben. Nach der Mongolei, China, Tokio und der Ankunft in den USA war sie gleich nach Südamerika aufgebrochen – und musste sich fortan durch eine Weltregion kämpfen, in der alle Straßen endeten.

In den 1920er-Jahren hinkte Südamerika den USA beim Straßenbau noch weit hinterher. Hier liefen mehr Lamas und Maulesel über die Pfade, als Kutschen oder gar Autos durch die Gegend rollten. Stinnes und ihre Mannen mussten sich durch die Pampa schlagen. Im Juli 1928 brachen sie von Lima nach Süden auf. Stinnes schrieb in ihr Tagebuch: »In Salaverry kamen wir zum ersten Mal mit den Anden in Berührung, die von hier aus, in steiler Höhe beginnend, ihren Zug bis zum Feuerland nehmen. Dunkle Ahnungen beschlichen uns, als wir die steilen Konturen und das durstige Grau der Hänge erblickten.« Stinnes musste immer wieder Bauern und Arbeiter engagieren, bis zu vierzig Mann, um ihren Adler über

Pässe, Geröllhänge oder durch die Wüsten wuchten zu lassen. Dabei brachen die Hinterachsen, der Motor des Wagens war nur noch Makulatur. Sie fuhren steile Pfade hinab, drohten sich zu überschlagen, und einmal knobelten sie sogar, wer bei der gefährlichen Abfahrt über die Sanddüne am Steuer sitzen sollte. Das Auto durch die Berge und Wüsten Perus, Boliviens, Argentiniens und Chiles zu bringen wurde buchstäblich zum halsbrecherischen Unterfangen. Stinnes dazu: »Wieder Wüste und Berge, durch die wir uns in Schlangenwindungen hindurcharbeiten mussten. Sandwehen lagerten in den Furchen des Weges und warfen hohe Staubwolken nach beiden Seiten, wenn wir in voller Fahrt daherkamen. Das Auto stieß und sprang wie betrunken in den ausgefurchten Spuren der sandigen Steppe.«

Ein Offroad-Abenteuer im radikalsten Sinne – erst recht in der damaligen Zeit. Stinnes war entschlossen zu beweisen, dass Deutschland über die beste Automobiltechnik der Welt verfügte und ihr Adler eines der modernsten Autos der Zeit war. Sie wollte vorführen, was man mit so einem Wagen schaffen konnte: auf dem kürzesten Weg um die Erde fahren.

Ihre Fahrt durch Südamerika geriet zum Donnerritt im wahrsten Wortsinn. Mal mussten sie sich den Weg sogar mit Dynamit freisprengen, dann wieder blieb der Adler im Matsch stecken, und in der dünnen Luft der Kordilleren begann der Motor zu kochen. Teilweise ging es gar ums nackte Überleben. In Peru wurde vor allem die Strecke zwischen Caravelí in den Bergen und Ocuña am Meer zum Kampf. Sie hatten zuvor noch einen ortskundigen Hauptmann eingespannt, aber bald waren Stinnes und Söderström nur noch zu zweit. Felsbrocken lagen im Weg, an einem Tag schafften sie gerade mal einhundertfünfzig Meter Wegstrecke. Stinnes und Söderström mussten am Ende zu Fuß weiter, fünfzig Kilometer durch heiße Wüste und eisige Nächte. Über mehrere Tage hatten sie kein Essen, kein Trinken, Söderström lag am Ende mit einundvierzig Grad Fieber flach, und Stinnes wollte ihn mit Tee aus Kokablättern kurieren.

Sieben Monate war die Stinnes-Expedition in Südamerika unterwegs, schaffte es von Lima nach Buenos Aires, im weiten Bogen über den Ort Germania nach Valparaíso an die chilenische Westküste, wo sie das Schiff zurück nach Panama und Los Angeles bestiegen. Eine Reise zwischen Himmel und Hölle, zwischen Pinguinkolonien und uferlosen Salzpfannen, zwischen märchenhaften Begegnungen mit den Indios und den Bastschiffen auf dem Titicacasee. Ein Trip auch zwischen gediegenen Abendessen in kolonialen Außenposten, den Klippen des Meeres und bösen Krankheiten. Söderström hätte am Ende fast eine Lungenentzündung dahingerafft, er magerte ab bis auf die Knochen.

Unglaublich, was Stinnes durchmachte. Meine Reise ist dagegen ein Sonntagsausflug, denke ich, auch wenn ich gerade eines Besseren belehrt wurde. Doch wie sehr freue ich mich, nun endlich weiterzufahren! Die Anden warten, Argentinien, danach das südliche Afrika. Aber von jetzt an, das nehme ich mir fest vor, als das Flugzeug auf dem internationalen Flughafen Jorge Chavéz in Lima aufsetzt, von jetzt an immer schön eins nach dem anderen.

Hudo hat die letzten vier Wochen brav im Nicolini Museum zur Weiterfahrt auf mich gewartet. Jetzt steht er vor mir. Ich beuge mich bald über die Landkarten, um meine nächste Tour zu planen. Lili ist inzwischen weitergereist und nun schon zu weit entfernt von Lima, um zurückzukommen. Schade, wir haben uns gut verstanden. Und ihre Spanischkenntnisse waren eine große Hilfe für mich.

Dass ich zwischenzeitlich in Deutschland in eigener Sache in der »Werkstatt« war, weiß inzwischen auch der Blog, sogar einige Berliner Zeitungen berichteten darüber. Irgendwann hatte ich es nicht mehr geheim halten können und die Fakten auf den Tisch gepackt: Ich müsse meine Weltreise unterbrechen, weil ich von bösartigem Rost befallen sei und dringend eine Hohlraumsanierung bräuchte. Das alles müsse schnell gemacht werden – bevor die ganze Karosserie auseinanderfällt!

Deutlicher konnte ich es wohl nicht sagen.

Aber das ist jetzt Schnee von gestern. Und schon nach den ersten Kilometern mit Hudo habe ich die letzten Wochen fast vergessen. Wie befreiend: Es geht weiter! Ich gebe Gas, blicke aus dem Fenster und sehe nach der ersten Nacht, dass auf der rechten Radverkleidung auf einmal haufenweise Vogelscheiße klebt. Herrlich. Endlich weiß ich, warum der Kotflügel Kotflügel heißt. Doppelt beschwingt fahre ich weiter, überzeugt davon: Ab jetzt ist das Glück wieder auf meiner Seite.

Die Reise durch Südamerika wird wie ein Flug durch Wüste und Berge, eine Kletterei über Bergpässe und durch dünne Luft. Zwischendurch gerät die Fahrt zu einem Ritt über lange Pisten, endlose Salzseen. Hudo treibt durch immer neue Landschaften, neue Klimazonen, neue Vegetationen. In sechs Monaten wird er über 8 000 Kilometer schaffen, wird nach Peru auch Bolivien unter die Räder nehmen, Argentinien und dann Chile. Diverse Male wird er in kleinen Werkstätten landen, dreimal ernsthaftere Operationen überstehen müssen, sich im Großen und Ganzen aber wie immer wacker schlagen.

Wann ich Südamerika verlassen werde, steht noch in den Sternen, die ich jeden Abend angucke. Und zu deuten versuche. Jetzt schon Termine mit Hamburg Süd zu machen ist sinnlos. Frühestens drei Monate vor Abfahrt lässt sich ein Container auf den Frachtschiffen buchen, da die Reedereien ihre Routen relativ kurzfristig nach Bedarf planen. Wie lange aber unsere Tour nach Buenos Aires dauern wird, ist noch gar nicht abzusehen. Auf Hudo ist nun mal nicht wirklich Verlass. Eigentlich wollte ich im Juli 2016 zurück in Berlin sein – nach zwei Jahren. Aber das ist nun utopisch geworden. Wir haben bereits März, und nach Südamerika liegt ja auch noch Südafrika vor mir. Der letzte Kontinent meiner Reise.

Ich bin heilfroh, nicht mehr in den dunstigen Himmel über Lima blicken zu müssen. Bleischwer hängt er über der Stadt, und die Einheimischen nennen ihn auch den »grauen Magen eines Esels«, weil er wegen der Luftverschmutzung immer grau ist. Nix für mich. Ich düse über die Panamericana nach Süden. Allerdings ganz so herrlich ist die legendäre Traumstraße hier auch nicht immer. Viele Busse qualmen des Weges, mal ist der Asphalt okay, dann kommen wieder miserable Abschnitte. Und lange Zeit sieht man nichts vom nahen Ozean – außer man fährt von der Straße ab und direkt an die Küste.

Ich steuere darum Paracas an, in der Region Pisco am Pazifik. Nehme ein Ausflugsboot und mache eine Tour raus zu den Buchten und Klippen. Da lümmeln sich Pelikane und Pinguine und vor allem Hunderte von Seelöwen. In Scharen liegen sie auf den Felsen und machen Liebe. Das Schiff kommt später an Dünen vorbei, in die die Inkas wunderschöne Zeichen gemalt haben. Oder war es nur der Wind? Offenbar gibt es keine Erklärung. Ich schaue mir das Wunder dennoch ehrfürchtig an. Ein Bild im Sand, es sieht aus wie ein großer Kandelaber.

Auf der Weiterfahrt ist rechts und links nur Wüste zu sehen – aber bald auch die berühmten, die echten Linien der Inkas. Willkommen in Nazca. Hier ist ein Spektakel ohne Worte zu bestaunen. Ich leiste mir am Maria-Reiche-Airport – wie im Grand Canyon – einen Rundflug, um das Mirakel aus der Luft besser betrachten zu können. Zu sehen sind zuerst nur lange bizarre Striche, die wie Linien in die Wüste gezogen sind – bis zu zwanzig Kilometer lang. Aber sie ergeben Muster, wenn man genau hinschaut und weiß, welche Linien sich zu welchen Bildern fügen. Ich sehe Abbilder von Affen und Adlern, die angedeuteten Umrisse von Walen, Lamas, Menschen. Dreiecke im Wüstenboden, trapezförmige Flächen, die sich kreuzen und überlagern und immer wieder neue Motive offenbaren. Geoglyphen, erklärt man mir, nennt man diese Gemälde, die die Inkas vor über zweitausendsechshundert Jahren hier in die Erde getrieben haben. Nein, sie haben sie regelrecht in die Wüste gescharrt, und darum heißen sie auch Scharrbilder. Ich blicke aus dem kleinen Flieger nach unten und bin fasziniert. Angeblich haben die Inkas Steine genommen und diese im Boden versenkt, sodass der Wind den Sand an diesen Stellen anders verweht. So entstanden über Jahrzehnte die vielen Muster, Bilder und Zeichnungen. Wunder, nichts als Wunder! Und ein kleines Wunder ist es auch, dass ich jetzt hier bin und all das erleben darf.

Ich staune auch, als ich die Geschichte von Maria Reiche höre, der Frau, nach der dieser Flughafen benannt ist. Sie nämlich hat die sagenhaften Linien entdeckt – indem sie fegte! Reiche war eine deutsche Mathematikerin, die von den Nazca-Linien gehört hatte. Daraufhin machte sie sich 1946 auf in die Wüste in Peru. Die Einheimischen hielten sie für eine verrückte Deutsche, die da im Sand fegte und wühlte. Aber sie stieg immer wieder und wieder unbeirrt auf ihre mitgebrachte Leiter, spähte von diesem Ausguck durch ihr Fernglas – und entdeckte am Ende fünfzig Figuren und rund hundert Linien in der Pampa. Sie begann, die sonderbaren Linien zu vermessen, denn sie war sich sicher: Wenn es gelingt, alle Maße in Zeitangaben zu übersetzen, können wir in der Pampa lesen wie in einem riesigen Geschichtsbuch.

Was für eine bewundernswerte Frau, diese außergewöhnliche Wissenschaftlerin. Hier muss ich wieder an die vielen Frauen denken, die schon so früh so viel geleistet haben. Eine Frau war es, die den modernen Fallschirm erfunden hat. Nancy Johnson erfand die Eismaschine, und natürlich ist da die große Bertha Benz, die Pionierin des deutschen Automobils. Ach, die Namen nehmen gar kein Ende. Und ich schicke allen einen Gruß nach oben – in den Himmel über der peruanischen Wüste.

In Nazca kommt Lili nun doch wieder zu mir. Sie hat es sich überlegt und eine vierzehnstündige Busfahrt auf sich genommen, um wieder bei Hudo einzusteigen. Wie freuen uns riesig, endlich geht es doch noch zusammen los – wegen des Zwischenfalls mit meinem »Rostschaden« nur eben sechs Wochen später als geplant. Wir haben uns viel zu erzählen und werden noch viel zusammen erleben. Lili wird zwei Monate mit Hudo und mir durch Südamerika reisen. Länger als jeder andere.

Wir denken in diesen Wochen fast immer an Clärenore und versuchen, viele ihrer Stationen in Südamerika anzufahren. Im Hafen von Lomas legen wir eine Gedenkminute für sie ein, fahren pro Tag zweihundert Kilometer und sind voller Eindrücke. Bei Sonnenuntergang erreichen wir zwei Tage später die Höhe von Caravelí, wo Clärenore zu ihrer härtesten Etappe ans Meer startete. Noch fünfzehn Kilometer schlängelt sich die Straße steil bergauf, aber heutzutage ist der Ort relativ einfach zu erreichen. Hudo röhrt durch die Bergwelt der Arequipa-Region, die auch der »Garten des Südens« genannt wird. Ockerfarbene Sandsteinfelsen leuchten in der Sonne, Kakteen wachsen an den kargen Hängen, und am Straßenrand leben die Familien teilweise in Baracken, bedeckt mit Wellblech und alten Reifen. Clärenore fuhr genau hier entlang, und wir blicken ehrfürchtig die Berge hoch und runter. Damals, ohne Straße – ist sie da wohl links oder rechts durch dieses Flussbett? Und wie ist sie überhaupt durch diesen dicken Schotter und über die großen Felsen gekommen?

Drei Tage bleiben wir in Caravelí, das uns richtig ans Herz wächst. Null Touristen gibt es in diesem kleinen Ort, dafür können wir von hier über die ganze Region blicken. Und in dem kleinen einfachen Hotel sind die wunderschönen Kirchenglocken des Gotteshauses zu hören, das nur wenige Gassen entfernt liegt. Wir sind ganz sicher: Auch Clärenore muss das Bimmeln dieser Glocke schon gehört haben.

Schnell lernen wir Leute aus dem Ort kennen, essen abends mit José und Carlos, es gibt Käse mit Honig, Empanadas, braunes Zuckerwasser. Kurz bevor wir fahren, kommt sogar der Bischof des Orts vorbei und bringt Hudo einen Ersatz für die verloren gegangene Peruflagge an seinem Kühler an. Der Bischof in seiner Kutte ist ein netter Deutscher. So kann ich mich ohne Lilis Hilfe unterhalten.

Die hat derweil frei und genießt ihre Ruhe. Ich überlege, den Bischof zum Mittagessen einzuladen, als plötzlich dreißig Nonnen vorbeikommen. Sie sind auf einem Seminar hier, und zwei von ihnen sind sogar Deutsche. Unglaublich, wo wir Deutsche doch überall anzutreffen sind.

Und während wir so reden und auf der Straße neben Hudo stehen, merke ich plötzlich, dass ich gar nicht mehr solche Hummeln im Hintern habe wie sonst. Ich stehe gern hier, schaue gemütlich die Straße runter und höre dem Mann in Ruhe zu. Und würde am liebsten in diesem schönen Caravelí bleiben. Wie der Bischof. Der Monsignore ist schon zwanzig Jahre hier.

Was ist los? So kenne ich mich gar nicht.

Es scheint, als hätte sich etwas verändert. Und ja, wenn ich zurückdenke, ist das seit meiner Abfahrt aus Lima so. Heidi hetzt nicht mehr. Lässt sich nicht mehr hetzen. Auch nicht von sich selbst. Und von was denn sonst? Ich horche in mich hinein. Ja, da ist jetzt irgendetwas anders. Dieses Weiter-weiter-weiter, dieser Zwang, immerzu Strecke zu machen, hat offensichtlich nachgelassen. Seltsam. Wie es aussieht, kann ich die Dinge und auch meine Route nun irgendwie gelassener nehmen. Langsamer, entspannter, genussvoller. Wenn ich auf meinen Bauch höre, dann spüre ich, dass ich nicht mehr in meinem üblichen Rhythmus unterwegs bin. Meinen Drang, vorauszupreschen, habe ich teilweise abgelegt. Denke nicht mehr ständig daran, morgen unbedingt am nächsten Etappenziel zu sein und die Kilometer runterzurasseln. Nein, ich bin offenbar im Unterwegssein angekommen.

Und dann fällt es mir wie Schuppen von den Augen. Seit meiner Abfahrt in Berlin, über eine Strecke von 60 000 Kilometern und einen Zeitraum von fast zwei Jahren, war ich im Speed-Modus unterwegs. So wie ich es von den vielen Rallyes kannte. Und ja, auch aus meinem Leben. Weiter. Immer weiter. Gegen die Wand. Durch die Wand. Vorwärts, nur vorwärts. Schnell! Geht nicht gibt's nicht!

Und nun ist das auf einmal anders. Ich begreife, dass aus meiner Fahrt um die Welt eine Fahrt in die Welt geworden ist. Aus dem Vorankommen ein Ankommen. Aus der Rallye eine Reise.

Woran liegt das? Woher kommt das? Muss man erst achtundsiebzig Jahre alt werden und sich fast einmal um den Globus geschraubt haben, um das zu kapieren? Muss man erst acht Jahrzehnte durch sein Leben gerauscht sein und Gevatter Tod einmal ins Auge geblickt haben, um hier in dem kleinen Caravelí in den peruanischen Bergen gemütlich auf der Straße stehen, die Sonne genießen, den kleinen Hund streicheln, mit dem alten Bischof und den inzwischen hinzugekommenen Kindern ein Schwätzchen halten und sich ganz einfach des Lebens freuen zu können? Seelenruhig?

Ich weiß es nicht. Ich kann es Ihnen nicht sagen. Ich weiß nur, dass es sich gut anfühlt. Verdammt gut. Der Weg ist das Ziel. Ja, das ist wieder einer dieser Kalendersprüche, den mir die Leute bei Reiseantritt zigfach mitgegeben haben. Diese Sprüche hören sich schlau an, manchmal aber auch ziemlich abgedroschen. Dabei liegt der große Unterschied darin, ob man sie versteht – oder tatsächlich begreift.

Jetzt weiß ich nicht nur, was mit diesem Satz gemeint ist. Ich spüre es am ganzen Leib.

Wir fahren weiter nach Süden, wollen endlich in die Anden hoch. Die Anden. Wie schön sich das anhört. Es geht durch die Wüste, erst mal wieder hinab in flachere Gefilde und runter nach Atico. Zum Glück kommen wir gut durch, und die Straße ist wieder geräumt. Erst vor Kurzem hatten Steinschlag und Sand die Piste blockiert. Wir düsen über die Ruta Panamericana weiter am Pazifischen Ozean entlang, wo die Wellen meterhoch gegen die Felsen schlagen. Und dann hält mich plötzlich ein Motorradfahrer an. Er trägt eine schwere Kluft, nimmt seinen Helm ab, grinst mich unter seiner Glatze und seinem Bart an und sagt: »Sind Sie die Frau Hetzer aus dem Fernsehen? Ich bin Olaf Duve aus Hameln und auch schon seit August 2015 unterwegs.« So klein ist die Welt. Oder besser: So schnell und weit verbreiten sich heute Berichte in den Medien. Im Internet, in den Mediatheken und Blogs.

Begegnungen am Rande wie diese mit Olaf ereignen sich inzwischen fast regelmäßig. Menschen, die irgendwoher Wind von meiner Fahrt bekommen haben, halten mich spontan an oder fahren mir sogar nach. In Los Angeles hielt plötzlich ein Mercedes 560 SL Cabrio neben mir, und ein junger Mann in schwarzem Oberhemd winkte rüber: »Hey, halten Sie doch mal an, Sie sind doch die Heidi aus Berlin!« Ich stoppte und lernte Viktor Kruse aus Deutschland kennen. Auch auf meinen Internetseiten verfolgen nun noch mehr Fans meine Fahrt. Ich finde das schön. Und bemerkenswert – denn trotz weltweiter digitaler Vernetzung und globaler Informationsflut scheint dieses Abenteuer noch heute einen ganz besonderen Reiz auszuüben: ganz analog mit dem Auto um die Welt zu fahren. Überhaupt zu reisen.

Sich Zeit zu nehmen für einen Lebenstraum.

Das war schon zu Clärenore Stinnes' Zeiten so. Sie war eine berühmte Reisende, die Weltpresse verfolgte ihre damals weitaus spektakulärere Fahrt. Allerdings brauchten Nachrichten und Berichte oft Wochen, um anzukommen. Als Stinnes in dieser Gegend durch die Pampa fuhr, mutmaßten die Zeitungen in den USA und Europa schon, wo sie abgeblieben oder ob sie in Südamerika womöglich ums Leben gekommen sei. Ich dagegen füttere heute meinen Blog, so gut ich kann. Ab und zu gebe ich unterwegs ein Interview für eine lokale Zeitung, tauche in kasachischen und kanadischen TV-Berichten auf, und auf einigen kleinen Etappen begleitet mich ein deutsches Fernsehteam vom *NDR*.

Wir fahren weiter Richtung Arequipa, biegen ab ins Inland. Und jetzt sind Hudos Muskeln gefragt. Der Weg führt durch die Wüste, aber bald sind die massiven Gipfel zu sehen, und wir müssen bergauf, bis wir nach langem Fahren eine erste Hochebene erreichen.

Ich bekomme schon wieder starke Kopfschmerzen, und das liegt an der Höhe. Wir sind auf 2 300 Meter, und das ist erst der Anfang. Ich soll mehr Flüssigkeit zu mir nehmen, sagt Lili immer wieder. Aber ich weiß gar nicht, wie viel Tee ich noch trinken soll. Und vor allem welchen: den Tee mit den Kokablättern oder den anderen gegen die Magenverstimmung?

Dann rollen wir ins schöne Arequipa. Die Kathedralen, die großen Plätze, das rot getünchte Kloster Santa Catalina. Wir übernachten in einer alten mangofarbenen Villa, bummeln durch die Stadt, die steilen Gassen, die Cafés, die Bars. Bummeln. Ich höre mich dieses Wort das erste Mal sagen. Heidi bummelt durch Arequipa. Heidi bummelt durch die Welt. Ich nehme mir sogar die Zeit, einen Kiosk zu suchen und mir die aktuelle Autozeitschrift *Ruedas* zu kaufen. Darin nämlich ist ein vier Seiten langer Bericht über meine Weltreise abgedruckt. Und Hudo gibt auf den Fotos ein gutes Bild ab. Blau, groß, alt und schön.

Lili macht sich gut. Sie schießt Fotos, übersetzt und ist guter Dinge. Wir fahren vorbei an ausgetrockneten Flussbetten, klettern immer höher und sehen die alte Zugstrecke, auf der Clärenore seinerzeit über die großen Berge fuhr. Mit dem Auto, mit ihrem Adler, hat sie es nämlich nicht über die Anden geschafft. Wir aber kommen mit Hudo gut voran. Ich reguliere ständig den Vergaser, so gut ich kann, damit der Motor weniger Sprit, dafür aber mehr Luft bekommt. Ist wie bei mir. In der dünnen Luft muss ich ja auch schneller atmen.

Und dann stehen wir am Rand des atemberaubenden Colca-Canyons und sehen die Kondore fliegen. Am frühen Morgen steigen sie aus den Tiefen der Schlucht auf und segeln in den Aufwinden immer höher. Ein überwältigender Anblick. Mit ihren mächtigen Schwingen gleiten sie wie erhabene Segelflugzeuge durch die Weite über dem zweittiefsten Canyon der Welt.

Und wir klettern noch höher in die Anden hinauf. Tauchen in eine völlig andere Welt ein hier oben. Ständig fällt der Blick in diese irre Weite, das Licht ist gestochen scharf, das Wetter warm und schön, und immer wieder diese majestätischen Kondore. Wenn nur diese verfluchten Kopfschmerzen nicht wären! Denn inzwischen nähern wir uns den höchsten Punkten der Reise: weit über 5 000 Meter Höhe. Wie Hudo das schafft? Immer schön langsam fahren. Dennoch: Es kommt einem Wunder gleich, dass er hier oben durch die dünne Luft kommt. Ich küsse seinen Vergaser!

Wir fahren weiter durch kleine Orte und Städte: Imata, Sicuani, Cusco. In Imata verbringe ich die schlimmste Nacht. Nicht weil wir in einer Absteige namens Evelyn gelandet sind – sondern wegen der Kopfschmerzen. Hier sind sie so stark, als würde mir jemand permanent mit dem Hammer auf den Kopp hauen. Ich will hier oben nur noch sterben! Ich bin doch keine zwanzig mehr! Dennoch bin ich beruhigt, dass auch Lili mit ihren jungen Jahren ins Japsen kommt. Jeder kleine Hügel wird uns beiden zum Riesenberg. Clärenore und ihrem Weggefährten muss es nicht besser ergangen sein. Söderström war total krank, als sie versuchten, mit dem Zug über die Anden zu kommen.

Hinter Cusco, wo wir uns weiße Mützen kaufen, führt der Weg nach Puno zum Glück wieder leicht abwärts. Und, erstaunlich: Schon einige Hundert Meter tiefer geht es uns gleich besser. In Puno erleben wir den nächsten traumhaften Anblick: Hudo steht vor dem gigantischen Titicacasee. Was musste ich als kleines Mädchen lachen, als ich diesen Namen das erste Mal hörte. Jetzt sehe ich ihn mit eigenen Augen. Mehr als fünfundzwanzig Flüsse ergießen sich in diesen unglaublichen See. Er ist fünfzehnmal größer als der Bodensee und breitet sich hier oben – wir sind auf 3 800 Meter Höhe – zwischen den Bergen aus wie eine Fata Morgana. Wie ein Meer. Ein blaues Wunder in der grauen Steinwelt. Nur ist der See leider nicht so schön sauber, wie er aussieht. Zehntausende illegale Minen existieren an seinen Ufern und Zuflüssen, deren giftige Abwässer in den See gespült werden.

In Puno besuchen wir noch eine Kirche, die seit 1686 steht.

Aber die modernen Zeiten muss auch sie über sich ergehen lassen. Auf einem Schild steht: »Der Herr ruft dich, aber nicht übers Handy. Also bitte ausschalten!« In diesem Punkt hatte es Clärenore noch besser als wir. Handyterror selbst in heiligen Mauern – damals gab es noch keine Spur davon.

Ich rufe derweil nicht den Herrn an, aber grüße die Engel. Sie und all die Menschen, die mir auf der Reise halfen, haben mich hierhergetragen. Ich blicke in mein Tagebuch. 65 000 Kilometer. fünfhundertneunzig Tage. So weit, so lange bin ich unterwegs.

Mit einem Boot fahren wir hinaus zu den schwimmenden Inseln, auf denen noch einige Urus – Angehörige der ethnischen Gruppe in dieser Region – leben, heute fast nur noch für den Tourismus. Diese Inseln sind aus Holzpflöcken, getrocknetem Schilf und verwobenem Bast hergestellt, auf ihnen stehen Hütten und Zelte, die still auf dem See treiben. Die »Insulaner« verkaufen Früchte und Souvenirs, aber ich wette, die meisten von ihnen liegen abends wieder an Land in ihrem Bett.

Tags darauf machen wir uns auf über die Grenze nach Bolivien und stehen bald an der »Copacabana«. Genau wie Rios berühmter Strand heißt dieser kleine Ort am See. Ein Haufen bunter Häuser, eine weite Bucht, Holzstege und viele kleine Ausflugsboote. Ich gehe ans Wasser. Hier ist es so klar wie Glas.

Auf dem Weg nach La Paz bleiben wir weiter auf den Hochebenen, noch immer über 4 000 Meter. Der Körper gewöhnt sich langsam an die Höhe, der Zustand wird allmählich halbwegs erträglich. Man blickt über die Täler und verschneiten Gipfel der Anden, als säße man in einem Flugzeug. Wunderschön und mucksmäuschenstill ist es hier – aber weiterhin höllisch anstrengend. Mit Hudo huste ich inzwischen um die Wette. Ich bin erkältet, und meine Kur geht so: gekochte Aloe-vera-Blätter, die ich mir um den Hals lege. Und siehe da: Es hilft. Hudo ist leider nicht ganz so schnell zu kurieren. Sein Motor hämmert seit Cusco, die hohen Pässe wie Abra La Raya waren wohl doch eine Nummer zu heftig für ihn. Ich will darum jetzt schnell nach La Paz, Boliviens Hauptstadt, Hudo braucht dringend eine Streicheleinheit in einer Werkstatt.

Trotz Höhenkoller sauge ich die Bilderwelt der Anden ein: die Frauen mit den langen schwarzen Zöpfen, die Bauern mit den Cowboy-Hüten. Die Märkte mit den neunundneunzig verschiedenen Kartoffelsorten, Bananen, Papaya, Kokablättern und all den Früchten, die ich nicht kenne. Die Menschen, die vor den Kirchen tanzen, und die hübschen Polizistinnen. Wir fahren durch grüne Gärten und kommen nun von Osten nach La Paz rein.

Wie durch einen gewaltigen Trichter fährt man von oben in die Stadt hinein, beschreibt einen großen Kreis, der langsam hinabführt. Allein La Paz erstreckt sich über einen Höhenunterschied von 1 000 Metern. Oben leben die ärmeren Leute in der dünnen Luft, unten die Wohlhabenden. Und zwischen den Welten pendeln Gondeln. Drei Bahnen verbinden die Viertel oben und unten – siebzehn Minuten dauert es, von einer Bevölkerungsschicht zur anderen zu kommen. Hier kann man den Begriff mal wörtlich nehmen.

La Paz ist besonders schön in der Nacht: ein großer hell erleuchteter Kessel. Allerdings habe ich schon wieder Bauchschmerzen. Denn Hudo muss aus diesem imposanten Krater ja auch erst mal wieder rauskommen.

Auf einer konstanten Höhe von 3 500 Meter ziehen wir danach weiter, abwechselnd durch eine Wüstenwelt und durch eine bunt leuchtende Landschaft, in der Lamas durch die Gegend stolzieren. Immer weiter geht es nach Süden, bis Hudo vor einem weißen Meer steht: der Salar de Uyuni, der größten Salzpfanne der Welt. Gleißend hell und zu kleinen Fladen zerbrochen dehnt sich die Salzfläche vor uns aus, größer und weiter als Niederbayern. Wir tragen unsere neuen Mützen gegen die Sonne und marschieren über das knirschende Salz. Kaum ein Lebewesen kann an diesem Ort der Welt existieren, nur einige Flamingos suchen sich hier ihren Brutplatz. Wir besuchen die Kakteeninseln, einen einsamen verrosteten Zugwaggon und die über die Jahrtausende versteinerten Bäume, die in der Gegend herumstehen wie verbogene Skulpturen. Rundherum: weiße Wüste. Ein Salzarbeiter verdient gerade mal hundert Euro im Monat und muss dafür auch noch damit rechnen, im Alter zu erblinden. Das ewig grelle Licht geht den meisten böse auf die Augen.

Die Touristen kommen vor allem wegen der verrückten Lichtverhältnisse. Wenn sich an manchen Stellen Wasser sammelt, wirken die Salzflächen wie ein gigantischer Spiegel – ein geradezu surrealistischer Anblick. Und so groß sind die Salzseen, dass man sich hier ganz leicht verfahren kann und nicht mehr rausfindet.

Wir fahren weiter südlich und entdecken überall Schilder, die auf die Rallye »Dakar« hinweisen. Das Rennen führt durch diese grandiose Einöde Boliviens, aber leider sind wir zwei Monate zu spät, um die Rallyecrews zu treffen. So ein Mist, denn sonst hätte ich auch Timo Gottschalk gesehen, der die Rallye wie immer mitfuhr. Das wäre was gewesen: Hudo hätte seinen »Architekten« wiedergetroffen. Den Mann, der ihn in Rheinsberg umgebaut und ihm sogar einen Überrollbügel installiert hat.

Stattdessen müssen wir uns in Bolivien mit einem neuen Problem herumschlagen. Der Sprit wird hier nämlich vom Staat bezuschusst – man bekommt ihn nur mit einer Registrierung oder an einer der wenigen staatlichen Tankstellen. Aber die finde mal hier draußen. Die Regelung hat einen Grund: Das Benzin ist rar und soll den Einheimischen vorbehalten sein – mit Touristen, die eigenhändig durchs Land fahren, rechnet man offenbar nicht groß. Tja, das alles hätten wir wohl vorher wissen sollen. Aber nun muss man sich irgendwie behelfen. Wir tanken eben schwarz, bei Reifenhändlern, Werkstätten oder hinter der Mauer einer der privaten Tankstellen, da diese kameraüberwacht sind. Und das kostet mal eben den zehnfachen Preis. Das Benzin filtern wir obendrein mit einem Tuch, damit kein Sand und Dreck in Hudos Bauch landet.

Die Wochen verstreichen mit Millionen Impressionen. Heißes und trockenes Land spult vorbei, als wir von Bolivien nach Argentinien und von dort aus noch weiter Richtung Süden fahren. Leere Straßen, winzige Dörfer, braune Felsen. Auf den Ländereien der Haciendas sehen wir nun immer öfter Gauchos, die argentinischen Cowboys, die ihre Rinder zusammentreiben, brandmarken und verkaufen. Lili schlägt sich noch immer tapfer, denn sie muss schon einiges aushalten mit Hudo und mir. Das ständige Anhalten und Nachschrauben, mein Gefluche, wenn ich einen gebrochenen Verteilerfinger kleben muss oder mich über einen falsch angeschlossenen Lüfter ärgere.

Und dann passiert es mal wieder. Am 27. März klappt Hudo am Kilometerstein 3 957 Chilecito zusammen. Lagerschaden. Und hier, im mittleren Westen Argentiniens, ist nun Feierabend. Auf einem Hänger lassen wir Hudo nach Mendoza schleppen, wo wir auf einem Abstellplatz landen. Der Fahrer bekommt sein Geld und verschwindet. Wie nun aber eine passende Werkstatt finden? Zum Glück bietet auf dem Platz eine Werkstatt für Klimaanlagen ihre Dienste an – und dort werden Motorräder repariert und frisiert. Der Monteur meint, auch Hudos Problem in den Griff zu bekommen. Bekommt er aber nicht – was ich aber erst einen Monat später so richtig kapiere. Es ist eine schlimme Zeit für Hudo. Der Monteur ist zwar immerzu am Tönen, was für ein toller Hecht er ist – aber ich kann das nur fürs Grillen bestätigen. Das beste Steak, das ich je gegessen habe! Der Vater des Mechanikers bereitet Berge von Fleisch zu, mit selbst gemachter Sauce. Ich lasse es mir schmecken – aber Hudo hilft das nicht. Acht neue Pleuel werden aus den USA geordert, die ich mit dem Bus in Santiago de Chile abholen muss. Und das kann dauern.

Lili geht während der elenden Warterei in Mendoza derweil abends öfter zum Tangotanzen. Sie liebt das und schwebt dabei richtig über das Parkett. Darüber vergisst sie den Stress, den wir mit Hudo haben. Im Club Milonga tanzt sie bis in die Nacht, und ich

Hier ziehe ich zwei Tonnen Hudo die steilen Berge von Oruro hoch. Natürlich nur symbolisch – denn die Fahrt über die Anden setzt dem alten Hudson arg zu.

schaue zu. Dabei darf ich bloß keinem der Herren in die Augen schauen – das käme einer Einladung gleich, mich auch aufzufordern. Bitte nicht! Ich kann nicht Tango – aber ich lausche den schönen Akkorden.

Sobald die Pleuel angekommen sind, absolviere ich meinen ersten ungewollten Abstecher von Argentinien nach Chile, hole die Ersatzteile und bringe sie ohne Probleme über die Grenze zurück nach Mendoza. Dennoch, mit Hudos Reparatur zieht es sich derweil bitterböse hin. Ein Ende ist nicht in Sicht. Niemand weiß, wie das hier ausgeht. Da ist es nur verständlich, dass Lili sich Anfang April verabschiedet. Sie will weiter nach Buenos Aires.

Mir bleibt nur eines zu sagen: Adiós, Lili. Danke für deine Begleitung. Danke für dein Spanisch.

Ab jetzt geschieht etwas Merkwürdiges. Man könnte es so eine Art Spuk nennen, der meine ganze weitere Reise bestimmen wird. Eine höchst seltsame Ansammlung von Fügungen, die sich nicht wirklich erklären lassen. Ich nenne es verrückte Zufälle – die mich stets weitertragen, wenn mal wieder nichts geht. Als ob da irgendwo im Verborgenen ein Regisseur sitzt, ein Strippenzieher, der immer wieder die tollsten Dinge einfädelt, damit die Reise weitergeht. Zauberei? Ich weiß es nicht.

Jedenfalls erhalte ich plötzlich eine Mail von einem Carlos Romero – der hatte mich in den USA, in Hershey, Pennsylvania, auf einer Autoshow gesehen. Über meinen Blog hat er mich lokalisiert und weiß um meine gegenwärtige Situation. Er schreibt: »Ich kenne nur einen Mann, der deinen Hudo reparieren kann. Das ist mein Vater – und der heißt übrigens auch Carlos.« Die Nachricht kommt wie gerufen, weil sie hier in Mendoza absolut nichts gebacken kriegen. Also breche ich auf nach Viña del Mar, einem Vorort des chilenischen Valparaíso – und nehme Hudo im Schlepp mit.

Leicht gesagt, schwer getan. Die Grenze zwischen Argentinien und Chile bleibt eine Woche dicht, weil Argentinien die verschneite Straße bis zur Grenze nicht räumt. Glaubt man's? Aber dann geht es los – auf einem Hänger Richtung Chile und Viña del Mar.

Weniger schön ist, dass der Zoll eine Stange Geld haben will, wenn Autos nicht auf eigener Achse über die Grenze rollen, sondern auf einem Anhänger. Da habe ich mir etwas einfallen lassen. Ich habe zwei kaputte Zylinder herausgenommen, denn mit sechs Zylindern läuft der Motor zur Not auch. Hudo rüttelt zwar ordentlich, aber er rollt. Und es kommt, wie befürchtet: Ich soll das Auto verzollen. Also laden wir Hudo kurzerhand ab und fahren auf eigener Achse über die Grenze. Wenige Kilometer weiter, außer Sichtweite der Grenzer, laden wir ihn wieder auf. Überlistet.

Der Paso Internacional de los Libertadores in der Cordillera de los Andes hat es wirklich in sich. Wie ein Korkenzieher windet sich die Straße die Bergwelt hinab, schwindelerregende und steile neunundzwanzig Kurven, die sich talwärts schrauben. Linkskurve, Rechtskurve, Linkskurve, Rechtskurve, Linkskurve, Rechtskurve. Hudo macht das huckepack mit. Die Ausblicke unterwegs sind absolut atemberaubend.

Und so fahren wir nach Viña del Mar, wo ich vom CAA5 – dem Club de Automóviles Antiguos V Región – herzlich empfangen werde.

Wenig später steht Hudo in dem Klubgebäude, wo Carlos Romero und sein Vater den Motor ausbauen und ihn in die Werkstatt eines Klubmitglieds bringen. Der alte Carlos besitzt einen alten Ford Modell T und schraubt alles allein. Und nun geht der Klub strategisch vor. Sie engagieren sich, beraten, was zu tun ist. Aber bald kommt der nächste Schock: Hudos Motor ist erneut – Schrott! Der Motorblock muss komplett ausgebaut, viele Teile bestellt, gesäubert und erneuert werden. Der Manager der Motorenwerkstatt, Rodrigo Soza, erstattet jede Woche Bericht im Klub, wie es um Hudo steht. Alles wird minutiös geplant, während in der Motorenwerkstatt am Motor gearbeitet wird. Der Klub tut alles, um mir zu helfen – während mir die Hände gebunden sind. Roberto Junge, ein aus Deutschland stammendes Klubmitglied, unterhält und beschäftigt mich derweil nach Kräften. Und die Leute vom Automobilklub machen Druck: »Mit dem Wagen muss Heidi bis Berlin kommen, in Afrika darf sie auf keinen Fall Probleme kriegen, denn da hilft ihr niemand. Wir müssen hier alles geben, damit Hudo tadellos bis Deutschland kommt!«

Es dauert und dauert. Endlich soll der Motor wieder eingebaut werden. Carlos macht sich auf den Weg, zwei Stunden, lässt seine Avocado-Ernte liegen. Und was stellt er fest? Einen Haarriss. Alles umsonst. Der Motor muss also wieder zurück in die Werkstatt zu Rodrigo. Alles von vorn. Der Haarriss muss kalt geschweißt, neue Dichtungen müssen bestellt werden. Wieder geht eine Woche flöten.

Als der Motor wieder drin ist, wage ich schließlich für ein Treffen mit dem NDR-Filmteam eine Fahrt nach Santiago de Chile. Carlos warnt mich gleich: »Hudo ist noch nicht ganz fertig – ich würde das nicht machen!«

Ich fahre trotzdem los, bis Santiago de Chile in Sicht kommt. Diese Millionenstadt, die auf 500 Meter Höhe auf einer vulkanischen Ebene gebaut ist, umrahmt von der 5000 Meter hohen Hochkordillere, dem Aconcagua-Tal im Norden, dem Rancagua-Becken im Süden und den Bergen an der Küste. Ein imposantes Szenario. Doch mit Genießen und entspanntem Fahren wird es auch hier nichts. Zwei Tage hält Hudo für die Aufnahmen durch und muss danach gleich wieder gestrippt werden. Es ist zum Wahnsinnigwerden! Hudo bleibt bei dem Opel-Händler Kovacs in Santiago, wo ich großzügig unterstützt werde – aber der Motor muss erneut raus und zurück nach Viña del Mar geschickt werden.

Back to Rodrigo in die Motorenwerkstatt.

Chilecito, Mendoza, Viña del Mar, Santiago. Drei Monate wird sich mein südamerikanischer Reparaturmarathon am Ende hinziehen. Drei Monate! Früher wäre ich komplett kirre geworden, hätte ohne Ende Dampf und alle verrückt gemacht. Bloß schnell, alles Mögliche möglich machen und auf Teufel komm raus weiter. Aber es ist sinnlos. Ich begreife nun, dass die Fahrt mit Hudo ein Kampf gegen Windmühlen ist. Zu gewinnen nur mit Geduld und der richtigen Einstellung. Ich muss aufhören zu kämpfen. Muss die Dinge einfach geschehen lassen. Ohne eine Ahnung, dass sich die Reparatur so lange ziehen würde, mache ich das Beste daraus. Nehme mir zwischendurch Zeit, mir Land und Leute anzuschauen. In Valparaíso am Pazifik fragt mich ein Künstler, was ich von Beruf bin. Ich antwortete: »*I am travelling.*« Ja, das trifft es am besten. Ich reise.

Ein halbes Jahr hinken Hudo und ich dem ursprünglichen Zeitplan hinterher, weil die Schäden und Reparaturen an Mensch und

Material viel krasser ausfallen, als ich jemals gedacht hätte. Die Reise um den Globus wird deutlich länger dauern als die geplanten zwei Jahre. Ich bin sogar in Chile, wo ich gar nicht hin wollte. Mich stört es nicht. Heidi Hetzer hetzt nicht mehr.

Und meine Kinder schreiben mir die weisen Zeilen: »Mama, wenn du jetzt keine Zeit hast, wann dann?«

Und so beschließe ich, meinen nahenden Geburtstag entsprechend zu verbringen. Ich will auf die Osterinseln fliegen – denn so nah komme ich nie wieder an diesen entlegenen Flecken heran.

Am Tag meines neunundsiebzigsten Geburtstags Mitte Juni stehe ich auf einer völlig entrückten Vulkaninsel im südlichen Pazifik, 3 500 Kilometer sind es von hier nach Osten bis zur chilenischen Küste, 4 200 nach Westen bis Tahiti. Die nächste bewohnte Insel heißt Pitcairn und liegt auch noch mal über 2 000 Kilometer weit weg. Rundherum erstrecken sich solche Unmengen an Ozean, dass man sich so klein fühlt wie ein Staubkorn. Rapa Nui, so nennen die Einwohner ihr Zuhause. Die Osterinsel.

Ich stehe vor den Moai. Das sind die kolossalen schwarzen Steinfiguren der alten Polynesier, die sie hier aus den Felsen geschlagen und auf den von Wiesen bewachsenen Plateaus über dem Meer aufgestellt haben. Wie, weiß kein Mensch ganz genau. Ich schaue mir stundenlang diese unglaublichen Steinfiguren an. Sie sind so einfach und so beeindruckend. Mehr brauche ich gerade nicht. Die Augen der Figuren schauen immer nur landeinwärts, denn sie richten ihre Sinne ausnahmslos auf die Menschen, nie aufs Meer. Als seien sie für sie verantwortlich. Die Skulpturen haben schöne Tätowierungen auf dem Rücken, und es heißt, sie geben Kraft. Ich glaube das aufs Wort. Mit den achthundert steinalten Moais auf der Osterinsel feiere ich meinen Geburtstag.

Wenn ich könnte, würde ich sie alle einladen.

Zurück in Santiago de Chile ist Hudo im späten Juni 2016 endlich wieder guter Dinge und fahrbereit. Er hat schwere Zeiten in verschiedenen Krankenhäusern hinter sich. Einen Monat Mendoza, einen Monat Viña del Mar und dann lange in der Werkstatt bei Opel Kovacs in Santiago de Chile, während sein Motor zurück nach Viña del Mar musste. Schrauber Carlos Romero sei Dank. Er und seine Familie haben viel für mich getan. Ich werde es in meinem Leben nie wiedergutmachen können. Außerdem gab es bei Carlos immer *dolce de leche* – den besten Kuchen, den ich je gegessen habe.

Am 4. Juli bin ich wieder on the road. Hudo klingt nicht melodisch. Carlos ist auch skeptisch. Die Motorenwerkstatt von Rodrigo Soza sagt, alles sei perfekt. Viermal musste der Motor raus und rein – und das kostet mich am Ende ein Heidengeld. Der teuerste Zwangsurlaub, den ich je verbracht habe. Ich habe die Schnauze voll – und will nur nach Patagonien, bevor es dort Winter wird. Nun heißt es also: Wolken, Himmel, Erde, schnurgerade Pisten durch weites wildes Land. Ich gebe Gas, Hudo hat endlich wieder einen Termin. Er muss demnächst sein Schiff erwischen, über den Atlantik nach Südafrika.

Nach einer gefühlten Ewigkeit zeichnet der Spotti endlich wieder eine Spur in die digitale Landkarte. Wer ihn beobachtet, sieht, dass ich mich südlich bewege und kurz vor Bariloche in Chile noch einen Halt in Moncopulli einlege: an einem wunderbaren Studebaker-Museum. Dort treffe ich Bernardo. Er ist eigentlich Deutscher, lebt aber schon lange hier. Und gleich darf ich bei ihm und seiner Frau Ruth Eggers zu Gast sein. Autos eben. Ein fantastischer Anknüpfungspunkt, egal, wohin man kommt.

Es ist saukalt geworden inzwischen, aber die Menschen sind mal wieder spontan und liebenswert. Prompt arrangieren die Eggers einen Termin mit Presse und Bürgermeister. Motorradfahrer und Camper auf dem Weg durch Südamerika sind sie hier ja gewohnt, aber dass eine alte deutsche Frau mit ihrem Oldtimer auf Weltreise vorbeikommt, erregt Aufsehen. Anders als früher habe ich jetzt immer öfter ein Problem, das mich zwischen Ankommen und Weiterfahren richtig hin und her schüttelt. Ich weiß ja, dass man Gastfreundschaft nicht überstrapazieren soll, Sie wissen schon: Besuch ist wie Fisch ... – aber die Leute sind oft so nett, dass es mir wirklich schwerfällt, Hudo nach drei Tagen wieder zu satteln und Abschied zu nehmen. Diesmal fließen sogar Tränen. Aber es nützt nichts. Sonst komme ich ja nie wieder in Berlin an!

Also heißt es bye-bye Chile – und ab zum Paso Fronterizo Cardenal Samoré nach Argentinien. Was für ein schöner Name. Auch wenn der Pass noch immer 1 300 Meter hoch liegt und frisch verschneit ist. Und mir gleich wieder Angst macht, ob Hudo das mit seinen Sommerreifen schafft. Ich fahre und fahre und fahre durch die Berge, kein Mensch ist zu sehen, und frage mich nach fünfzehn Kilometern in diesem Niemandsland, ob ich die Grenze womöglich verpasst habe.

Nach ein, zwei weiteren Kilometern kommt endlich der Übergang, und auf Hudos Kühler wird zum zweiten Mal die argentinische Flagge gehisst. Danach steuern wir hinein in eine malerische Landschaft. Die Tage sind noch kühler geworden, unter zehn Grad, und es weht ein frischer Wind. Meine Augen sehen eine Welt voller Berge und Seen, Wälder und verschneiter Gipfel. Wunderschönes Patagonien – allein schon dieser Schlenker durch das südliche Südamerika wäre die Reise wert gewesen. Kurvig führt die Route weiter nach Osten, hoch und runter, herrliches Fahren bis nach Bariloche.

Dabei ist immer wieder auch ein bisschen Angst mit im Spiel. Ich fahre nun ohne Kopiloten durch Südamerika – und was, wenn ich liegen bleibe, ohne Sprachkenntnisse? In dieser Kälte? Hier möchte ich mein Zelt jedenfalls nicht aufbauen – denn wann käme jemand, der mich abschleppen würde? Aber das ist nun einmal Teil des Abenteuers. Wenn du nicht weißt, was passiert. Wenn du auf dich allein gestellt bist. Andererseits, ich kenne Hudo. Er würde niemals an einem Ort verrecken, wo ich verrecken würde.

In Bariloche habe ich zum Glück wieder einen Kontakt. Ein Geschwisterpaar aus Buenos Aires lebt dort, Bekannte der Eggers aus Moncopulli. Ich bin angekündigt – und kann schon wieder umsonst übernachten. Immer öfter werde ich von einem spontanen Kontakt zum nächsten weitergereicht. Ich genieße das sehr und lerne auf diese Weise viel über Land und Leute. Viel besser, als in teuren Hotels unterzukommen, wie dem Llao Llao – das ich mir aber unbedingt anschauen soll. Die Luxusanlage thront wie ein Märchenschloss auf einem grünen Hügel und ist umringt von Seen, Bergen, Wäldern. Doch statt Luxus zu genießen, verfahre ich mich hier draußen in der argentinischen Walachei. In der Nähe des Hotels hört die Straße auf einmal auf, eine Straße zu sein, der Wald wird immer dichter, und plötzlich steht Hudo vor einem Eremiten. Der Mann hat einen mächtigen Bart, sein Alter ist kaum zu schätzen. Er schaut mich seltsam an, kann aber zum Glück etwas Englisch. Sein Leben lang würde er schon allein hier draußen leben, sagt er, und fast nie jemanden treffen. Au Backe, denke ich. Wenn es hier so einsam ist, sollte ich zusehen, schnell wieder auf irgendeine Straße zu kommen. Eremiten und Autos reparieren – ich glaube, das ist keine gute Idee.

Noch eine Nacht bleibe ich in Bariloche, schaue mir das Fußballspiel Deutschland-Frankreich an, dann gilt es, weiter nach Osten zu kommen. Aber von Bariloche an die Ostküste Argentiniens wird es ein öder Trip durch leeres Land – und das auch noch mit einem leeren Portemonnaie! Denn mitten in Argentinien versagen auf einmal alle meine Kreditkarten. Nur zum Tanken funktionieren sie noch, aber nicht mehr an den Geldautomaten. Und was tun ohne Cash?

Man sagt mir, ich solle in ein Rathaus gehen und eine Steuererklärung beantragen, so würde auch wieder Geld aus den Automaten kommen. Wie bitte? Ich will hier doch keine Wurzeln schlagen! Betrachte es aber als eine weitere Erfahrung, mal ganz ohne Geldnachschub durchkommen zu müssen. Ein fremder Mann ist so nett und bezahlt die Hälfte eines Hotelzimmers, weil ich keine Taler mehr habe. Am Morgen gibt er mir sogar noch ein paar Bananen mit auf den Weg. Im Ort Villa Regina bekomme ich wieder kein Hotel auf Karte, marschiere schließlich zur Polizei – und erkläre mein Problem: »Karte no funciona! No dineros! Nada money, señor!« Daraufhin eskortiert mich eine Polizistin ohne Licht durch die dunkle Stadt bis zu einem Hotel, wo meine Karte endlich genommen wird.

Weiter führt der Weg in den nächsten Tagen durch die Pampa, ermüdend lange Straßen, die sich endlos geradeaus ziehen. Wenig Verkehr, keine Orte, keine Tankstelle, nichts. Hudo rollt unter einem großen dunklen Himmel durch eine baumlose Steppe, immer weiter – bis nach Bahia Blanca, endlich an der Ostküste. Von dort geht es weiter nach Balcarce, dem Heimatort von Manuel Fangio, einem der größten Rennfahrer aller Zeiten. Heiliger Boden sozusagen. Und natürlich ist es keine Frage, dass wir hier stoppen! Ich besuche das Museo Manuel Fangio. Sich einmal vor diesem Helden zu verneigen ist Ehrensache.

Wenn die Leute hier in Argentinien meine Geschichte hören, erzählen sie mir immer wieder von einer argentinischen Familie namens Zapp. Deren Story ist ungefähr hunderttausendmal verrückter als meine. Seit siebzehn – ich wiederhole: siebzehn! – Jahren fährt das Ehepaar Zapp nun um die Welt in einem Auto, das noch älter ist als Hudo, ebenfalls Holzspeichen besitzt und das sie extra verlängert haben. Denn die Zapps haben über die Jahre Nachwuchs bekommen: vier Kinder. Mit Sack und Pack sind sie unterwegs, bleiben mal hier, mal da, arbeiten an Orten, wo es ihnen gefällt – und ziehen dann weiter.

Moderne Nomaden in einem uralten Auto. Ich würde sie so gern treffen. Aber wo?

Draußen regnet es, Hudo macht unverdrossen Strecke, und hinten rumpeln meine Sachen im Kofferraum. Das satte Geräusch der acht Zylinder ist mir seit Zehntausenden von Kilometern längst in Mark und Bein übergegangen. Und oft vibriert mein ganzer Körper noch abends, wenn ich im Bett liege und einschlafe.

Wir kommen nun in die Stadt Berazategui, die schon zum Ballungsraum von Buenos Aires gehört. Hier ist Hudo bei einer Oldtimer-Ausstellung zu Gast – und eigentlich kann er gar nicht anders, als zu bleiben. Hunderte Menschen scharen sich um ihn und mich, machen Fotos, wollen Autogramme und Interviews. Ich bekomme sogar eine Auszeichnung verliehen und lerne schon wieder jede Menge Leute aus der Oldtimer-Szene kennen. Aus manchen Bekanntschaften werden gleich neue Freundschaften, denn wir merken sofort, dass wir dieselbe Sprache sprechen. Vier Tage dauert die Show, und am Ende liegen wir uns in den Armen. Ehe ich losziehe, wird Hudo noch von Hand gewaschen – zu Ehren meiner Fahrt. Ich kann das gar nicht glauben. So etwas habe ich noch nie erlebt. Zum Abschluss eskortieren mich einige Herren in sechs alten Autos noch das letzte Stück bis an die Stadtgrenze zu Buenos Aires.

Mehr geht nicht.

Und dann kommt sie: die Einfahrt in die schönste Stadt der Welt. Buenos Aires. Alles ist großzügig hier, nichts von einem Krieg zerbombt, alles alt und elegant. Die breiten Boulevards, die würdigen Gebäude und Paläste. Ja, auch hier könnte ich leben, denke ich sofort – und mein Herz hüpft! Kommt diese Stadt an Berlin heran? Hm, ich weiß nicht. Buenos Aires heißt »schöne Luft«. Schöner als Berliner Luft? Nun ja, immerhin liegt hier der Atlantik vor der Haustür, und auf jeden Fall ist es ein echter Genuss, mit Hudo in die Stadt einzufahren.

Aber nun muss ich erst mal zur deutschen Botschaft. Ich vermisse nämlich meinen Pass. Ich fürchte, ich habe ihn an der Grenze am Paso Cardinale liegen lassen, kann ihn einfach nicht mehr finden. Und nun passieren wieder diese seltsamen Zufälle, die ich bis heute nicht begreifen kann. In Buenos Aires jedenfalls werden sie mir das erste Mal fast unheimlich.

Ich lerne in Buenos Aires Christian Krüger kennen, den Freund eines Freundes aus Berlin. Christian arbeitet bei der Botschaft. Und netterweise darf ich bei ihm wohnen. Der Pass ist auch schnell beantragt – schon ein paar Tage später hole ich ihn ab. Glücklich gehe ich aus der Botschaft und spaziere gerade durch das Drehkreuz des Eingangs, da sehe ich einen Mann. Und denke: Na, den kenne ich doch! Er sieht mich. Und denkt: Na, die kenne ich doch!

Es ist Jorge Ferreyra Basso – der zehn Jahre bei Opel als Designer gearbeitet hat, ein berühmter Oldtimer-Maler ist und den ich natürlich kenne. Inzwischen lebt Jorge in Buenos Aires und geht genau einmal im Jahr in die deutsche Botschaft, um sich eine Bestätigung aushändigen zu lassen, dass er noch lebt. Für die Rente. Und ausgerechnet an diesem Tag, genau in diesen Sekunden kreuzen sich unsere Wege! Hier, in Buenos Aires!

Das kann nicht sein. Aber es ist so.

Wer hat da seine Hand im Spiel?, denke ich. Wir verbringen eine wundervolle Zeit, und alle kümmern sich sehr herzlich um mich. Christian verlässt bald die Stadt – vermittelt mich aber an Harald Hermann weiter, der auch in der Botschaft als Kulturattaché arbeitet. Elf Nächte darf ich bei ihm bleiben.

Während dieser Tage in Buenos Aires besuchen wir ein Orgelkonzert und gehen natürlich ins Teatro de Colón, in die schönste Oper der Welt, wo gerade der Dirigent Daniel Barenboim gastiert. Ich gehe noch zum Zahnarzt, lasse mir einen Backenzahn ziehen.

Vor allem aber genieße ich die Stadt und die Stimmung hier. Ich spaziere über den berühmten Markt von Sankt Telmo und schaue mir danach das Grab von Evita Perón an. Der Friedhof ist so groß wie eine Stadt, und viele Menschen legen noch immer Blumen an Evitas Grab nieder, obwohl sie gar nicht mehr dort beerdigt ist. Ich habe ihr Auto in Neuseeland gesehen. Einen roten Fiat, dessen Stoßstangen auf Federn gelagert sind. Eine tolle Idee, die von ihr selbst stammte. Die Stoßstangen geben nach, wenn sie gegen etwas prallen. Schade, dass Evita Perón starb, bevor sie den Wagen jemals fahren konnte.

In Buenos Aires habe ich noch eine Aufgabe zu erledigen. Ich soll im Auftrag von Eva Herlitz einen Berliner Buddy-Bären in der Stadt finden, denn diese Bären werden für einen guten Zweck vertrieben und weltweit gestiftet. Und tatsächlich finde ich das Exemplar, das Eva Herlitz der Stadt vor Jahren geschenkt hatte. Drei Stunden habe ich nach ihm gesucht. Der Buddy-Bär steht ganz unattraktiv an der Wand eines Museums. Unbeachtet, vergessen. Geht gar nicht – dagegen muss noch etwas getan werden!

Schließlich lege ich mich auf eine Wiese, um über eine Stunde lang ein seltenes Schauspiel zu beobachten. Es ist die riesige silberne Skulptur einer Blume, betrieben mit Solarzellen. Sobald die Sonne sie berührt, öffnen sich ihre Blüten, im Schatten schließen sie sich. Ganz still und wunderschön.

Ich sehe die Gebäude aus den 1920er-Jahren, die vielen Bäume und Parks und die großen Plätze. Die Menschen und die Musik, die immer wieder aus den Bars klingt. Ich sitze einfach da. Sehe, höre, genieße. Ich gehe sogar zu einem Milonga-Tanz unter einer Pergola im Freien. Sehnsüchtig stehe ich am Rand und denke an Lili.

Schon nach der fünften Nacht, am 22. Juli, habe ich Hudo am Schiff abgeliefert, die Fahrt über See nach Südafrika wird er heidiseelenlos allein überstehen müssen. Ich will noch in Buenos Aires bleiben, denn Hudo wird erst fünf Wochen später, am 29. August, in Kapstadt eintreffen.

Ich nutze die Zeit noch für einen Abstecher nach Montevideo in Uruguay. Ein weiterer Stempel im Pass, eine weitere schöne Stadt, die meine Augen sehen dürfen. Liegt auch das am Alter? An diesem so bittersüßen Gedanken, dass man nie mehr die Chance haben wird, all diese Orte noch einmal zu sehen? Ich weiß nicht, ob junge Menschen das begreifen können. Wenn dir die Zeit flöten geht.

Wenn du wirklich genau weißt: Das verfluchte Zentimeterband des Lebens ist schon ganz, ganz weit abgewickelt.

Nach siebzehn Tagen in Buenos Aires besteige ich schließlich wieder das Flugzeug. Die Leute vom Oldtimer-Klub bereiten mir vorher noch einen fulminanten Abschied. Sie haben ein ganzes Museum gemietet und ein großes Abschiedsessen organisiert. Und sie bringen mich persönlich zum Flughafen. Ich bin gerührt und weiß kaum, was ich sagen soll.

Auf dem Weg nach Kapstadt bleibe ich vier Tage in Dubai. Eigentlich ein ziemlicher Umweg, aber dies ist mit Abstand der günstigste Flug. Ich zähle. Das sechste und siebte Mal werde ich auf dieser Reise den Äquator überqueren, diesmal in 12 000 Meter Höhe. Und Mitte August in Kapstadt landen.

Als das Flugzeug in Buenos Aires abhebt, muss ich an all die vermeintlichen Zufälle denken, die sich in den letzten Wochen ereignet haben. Auch an den letzten in Buenos Aires. Und frage mich, ist Zufall noch das richtige Wort?

Am letzten Abend in der Stadt erreichte mich eine Mail aus Deutschland, geschrieben von einem Klub von Fans alter Victoria-Motorräder. Sie fragten an, ob sie die alten Unterlagen meines Vaters wohl einmal sichten, eventuell sogar kaufen könnten. Die Unterlagen und Broschüren jener ersten Victoria-Modelle, mit denen Vati ja schon vor dem Krieg gehandelt hatte.

Ich antwortete: »Ja, gerne, aber ich bin leider in Buenos Aires und komme so schnell nicht nach Berlin.«

Es kam die Antwort: »Eines unserer Mitglieder wohnt in Buenos Aires.«

Ich rief den Mann an. Wir kannten jeder vom Hörensagen den Namen des anderen, allerdings nur als den Namen eines Vorfahren. Pablo Ottenstein, der Mann am Telefon, war der Sohn des Bruders jenes Rudolph Ottenstein, dem Vati vor dem Krieg zur Flucht verholfen hatte – und der der Inhaber der Victoria-Werke in Nürnberg war.

Pablo war bis zu diesem Tag nicht bewusst gewesen, dass er und seine Schwester von eben diesem Onkel Rudolph das Geld für ihr Studium bekommen hatten. Nun konnten wir diese Geschichte aufklären. Hier in Buenos Aires, durch eine Mail, die gerade recht aus Deutschland kam.

Zufälle? Man kann mir erzählen, was man will. Ich glaube nicht mehr dran. Und so schaue ich aus dem Fenster in die Sterne, als das große Flugzeug seine Nase nach Afrika dreht.

Und wundere mich.

Unter Elefanten und Giraffen

Landung in Kapstadt. Nun bin ich also wirklich in Afrika. Im Reich der wilden Tiere und unbekannten Schrauberwerkstätten. Na, mal sehen, was uns hier unten erwartet. Mit Hudo durch Afrika, das hört sich schon exotisch an. Und ich will ja nicht nur in Südafrika herumfahren, sondern mir – wenn schon, denn schon – auch noch wildere Ecken anschauen. Namibia, die Kalahari, Botswana, Swasiland. Aber noch geht es nicht los, Hudo weilt noch auf See, schaukelt auf der *Northern Delegation* über den Südatlantik zunächst nach Durban und wird erst Ende August in Kapstadt wieder auf Asphalt rollen. Wie ich die gut zwei Wochen bis dahin verbringen werde, ist aber schon bald keine Frage mehr – wieder mal wird mein Geschick durch die weltweite Auto-Connection bestimmt.

Zum ersten Mal auf dieser Reise werde ich vom Flughafen abgeholt, von zwei Herren aus einem Automobilklub, die mich übers Internet eingeladen haben. Ein Freund von ihnen hat hier nämlich ein kleines Hudson-Museum, und auch wenn er selbst nicht da ist, scheint es den Herren eine Ehrensache zu sein, eine Hudson-Fahrerin aus dem fernen Deutschland sogleich unter ihre Fittiche zu nehmen – und sie sprechen deutsch.

Ein Dritter kommt später und sagt zu mir: »Du kannst bei mir schlafen, kannst dir aber auch was Besseres suchen. Wie du magst.« Er gibt mir den Schlüssel zu seinem Haus. »Ich bin Antiquitätenhändler und meistens nur abends zu Hause. Und ach ja, es ist nichts zu essen im Kühlschrank – mich interessieren nur Autos.«

Als ich dann das Haus von Leonard Schneider sehe, bin ich sprachlos. Es ist alt, mutet an wie ein Museum und liegt direkt am Fuß des Tafelbergs. Die Aussicht ist gigantisch! Leonard ist ein kleiner runder Mann mit viel Humor, und wir verstehen uns bestens. Er kommt meist erst spät nach Haus, und abends um elf sitzen wir dann vor dem Fernseher, er mit einer Zigarre, ich mit meinem Abendzigarettchen, und wir quatschen über, ach, Sie wissen schon.

In Kapstadt bricht gerade der Frühling an, und es wird wärmer und wärmer. Die Parks grünen, die Blumen blühen. Jeden Morgen, wenn ich aufstehe, blicke ich hinüber zu dem imposanten Tafelberg und dem berühmten Löwenkopf. Noch habe ich keine Ahnung, dass ich den Schlüssel zu Leonards schönem Haus erst in sage und schreibe dreiundachtzig Nächten wieder abgeben werde. Denn es wird alles mal wieder etwas komplizierter werden. Wie üblich eben.

Aber immer schön der Reihe nach.

Tagsüber besichtige ich in diesen Tagen Kapstadt, kümmere mich um den Blog und warte auf Hudo. Als der am 28. August vom Schiff kommt, darf er gleich bei Leonard in der Garage parken. Aber nun bahnt sich so langsam an, was mich mal wieder reichlich Nerven kosten wird. Denn was noch keiner weiß: Hudo hat aus Südamerika eine böse Krankheit mitgebracht. Vier Tage nach seiner Ankunft machen wir eine Ausfahrt zu einem kleinen Hudson-Treffen, als Hudo unvermittelt laut wird: »Beng, beng, beng!« Tja, und aus ist es mal wieder. Lagerschaden!

Dummerweise ist gerade Sonntag, keine Werkstatt ist geöffnet. Aber die Herren sagen zu mir: »Wir haben eine Woche Urlaub eingeplant, um schön mit unseren Autos durch die Gegend zu fahren – und du kommst mit.«

Nur vier Tage nach Hudos Ankunft werde ich also zu einer Ausfahrt genötigt, eine Woche, in der ich mich um nichts kümmern kann. Aber wie gesagt, ich bin eine Spur ruhiger geworden und inzwischen durchaus genussfähig. Man soll das Leben nehmen, wie es kommt. Oder? Und so steige ich in Leonards alten Mercedes – als Beifahrerin und ganz ohne zu murren. Mit dreißig alten Autos und sechzig netten Menschen fahren wir durch die Kapregion mit den Weinbergen, dem grünen Hinterland und den Bergen in den Nationalparks. Auf der Cango Wildlife Ranch sehen wir Löwen, Schlangen, Tiger, und am Western Cape blicke ich einer Herde Vogel Strauße in die Augen. Grün und klar läuft das Meer in die Kogel Bay, vor unseren Augen schwimmen Wale.

Das alles ist schön und gut, aber nach einer Weile kommt mir die Sache doch spanisch vor. Denn während der ganzen Zeit spricht niemand wirklich über Hudo. Und wenn ich frage, wie es mit seinem Schaden weitergeht, sagen die Herren: »Ach, das müssen wir mal sehen. Wird schon. *Tomorrow is another day!*«

Na prima. Ich hingegen weiß nur eins: Däumchendrehen bringt jar nüscht! Und Sorgen auf morgen zu verschieben mag ich nun mal nicht – ich habe schließlich noch eine Strecke vor mir. Aber ich bekomme wieder nur zu hören: »Heidi, alles wird gut, morgen ist auch noch ein Tag.« Nach zweitausend Kilometern in einer Woche kehren wir nach Kapstadt zurück. Abends sitzt Leonard in seinem Haus am Pianola, ich schlürfe einen Gin Tonic und lausche.

Und Hudo? Der steht ohne Motor in dem Hudson-Museum, sein Motor aber wurde in eine Motorschmiede gebracht, wo man sich angeblich um ihn kümmert. Klingt ja schon mal gut, und die Herren beruhigen mich: »In den nächsten Tagen sehen wir weiter.«

Aha? Wo die Werkstatt ist, will ich natürlich längst wissen. Aber die männliche Oldtimer-Fraktion schafft es immer wieder, mich zu vertrösten. *»Don't worry, Heidi.«*

Eine weitere Woche steht Hudo nun schon ohne Herz bei Fanus Blom und den anderen Hudson herum. Vielleicht sollte ich mich wirklich einfach entspannen und die mal machen lassen. Dann kommt die Nachricht, dass wohl neue Kolben aus den USA bestellt werden müssen, aber das könnte teuer werden. Mir fällt mein alter Reservemotor wieder ein. Warum lasse ich ihn nicht einfliegen?

Das kann auch nicht teurer sein, als acht neue Kolben aus Florida einfliegen zu lassen – und wer weiß, was noch alles für Teile. In Australien steht schließlich mein fertiger Motor.

»Wo ist die Werkstatt?«, will ich nun wissen.

»Oh, ziemlich weit weg«, sagen sie. »Das ist 'ne ganz andere Ecke.«

»Ich kann ja ein Taxi nehmen.«

»Nee, du kannst doch nicht einfach in die Werkstatt fahren.«

»Wieso denn nicht?«

»Ja, aber doch nicht als Frau ...«

Jetzt ist es raus – und ich bin auf hundertneunzig! Mal wieder die alte Leier. Und das im Jahr 2016, im dritten Millennium nach Jesus Christus und in Zeiten, da Frauen Kanzlerinnen sind, Unternehmen führen und den Internationalen Währungsfonds leiten. Aber nein, hier wollen sie mich nicht in die Werkstatt lassen – weil frau da nicht hingehört! Und schon gar nicht als alte Dame.

Ach ja?

Ich haue mit der Faust auf den Tisch. Mir reicht's! Eine Woche Ferien, eine Woche nichts gehört – ich will zu meinem kaputten Motor und mit eigenen Augen sehen, was da in Viña del Mar passiert ist!

In der Werkstatt treffe ich den alten Chef, und das ist ein reizender Mann. Ich sehe endlich den Motor und fühle mich gleich viel besser. Aber nun kommt das wahre Drama ans Tageslicht. Ich erfahre, was mit Hudo wirklich los ist. Öl läuft zwischen den Lagerschalen, denn die sind falsch zusammengeschraubt. Erst jetzt wird offenbar, was für Anfänger in der Werkstatt in Chile am Werk waren. Wie es aussieht, ist nichts fachmännisch repariert worden – trotz der langen drei Monate, die Hudo in der Werkstatt verbringen musste. Man muss es als wahres Wunder bezeichnen, dass ich es anschließend überhaupt von Santiago de Chile bis nach Buenos Aires geschafft habe.

Die Pleueleinlagen sind defekt – das nun schon zum sechsten

Mal. Das deutet klar auf ein fortwährendes Problem hin, ganz offensichtlich leidet Hudo an einer chronischen Krankheit. Und jetzt treffe ich die Entscheidung: Wir lassen den Motor aus Australien einfliegen – denn dort hatte ich Michael Martin nach dem letzten Motorentausch wohlweislich damit beauftragt, den zurückbleibenden Motor wieder in Schuss zu bringen. Ich ahnte damals schon, dass ich ihn vielleicht noch einmal brauchen würde. Hudson-Motoren sind nun mal eine Rarität auf dieser Welt.

Im Klartext bedeutet dies: die dritte Motortransplantation auf meiner Reise! Die erste gleich nach dem Start in Rheinsberg, die zweite in Melbourne und nun die dritte. Anders gesagt: Hudos zwei Motoren reisen ihm hinterher – und werden am Ende allein schon fast einmal um die Erde geflogen sein!

Aber nein, ans Aufgeben denke ich bei dieser Motor-Tauschaktion nicht eine Sekunde. Denn inzwischen will ich das Leben in vollen Zügen genießen – auch wenn ich mal wieder festsitze. Diesmal in Südafrika. Sei's drum!

Den Motor aus Australien zu holen ist im Grunde nur eine Sache von zwei Tagen Flug. Aber mit allen nötigen Papieren und Einfuhrgenehmigungen vergehen am Ende zwei Wochen. Und weil alles so lange dauert, droht nun auch mein Visum für Südafrika abzulaufen. Jeden Tag latsche ich ins Visa-Büro, aber dort heißt es, dass es zwei Monate dauert, ein neues Visum zu bekommen. Auch hier in Kapstadt wurde also jene folgerichtige Kette von Ereignissen in Gang gesetzt, die für meine Reise so typisch ist: Motorprobleme gleich Visumprobleme gleich Wartezeiten gleich Nervenlassen.

Aber dann geschieht in der Botschaft mal wieder etwas mir fast schon Unheimliches. Hinter einer der Scheiben sehe ich eine blonde Frau stehen, die immer schon so hin und her wackelt und offenbar auch mit mir sprechen will. Schließlich kommt sie raus und fragt: »Sie sind doch die Heidi Hetzer, oder?« Wie sich herausstellt, ist die Dame mit ihrem Mann und den Kindern nach Südafrika gezogen und heißt Nadja Ellerholz. Sie sagt zu mir: »Bei Ihnen in Berlin habe ich meinen ersten Opel Corsa gekauft.«

Ich bin platt.

Frau Ellerholz macht mich darauf aufmerksam, dass ich mit einem neuen, in Südafrika ausgestellten Pass nicht nach Botswana einreisen dürfe. Die akzeptieren da nämlich nur original in Deutschland ausgestellte Pässe. Wie bitte? Schon wieder eine von unzähligen völlig willkürlichen Visumsbestimmungen – so was kann doch kein Mensch ahnen! Aber Nadja Ellerholz macht es möglich. Per Express kommt bald ein Pass aus Deutschland. Und ich denke: Die liebe Nadja hat niemand Geringeres als der Himmel geschickt.

Mitte Oktober trifft endlich auch Hudos Motor aus Australien ein, und die Mechaniker machen sich ans Werk. Allen voran der gute Roy, ein Hudson-Spezialist vom alten Eisen, der schon zweiundachtzig Jahre auf dem Buckel hat. Ans afrikanische Tempo aber muss ich mich weiterhin gewöhnen. Alles geht langsam und gemütlich vonstatten hier. Und immer wieder höre ich den Satz: *»Tomorrow is another day.«* Sicher. Und übermorgen auch noch. Aber alle sind unwahrscheinlich nett und freundlich. Ich habe inzwischen schon wieder viele neue Freunde gewonnen, darunter auch den Journalisten Graeme Hurst. Er bringt vier Seiten in einem Oldtimer-Magazin über Hudo und kümmert sich rührend um mich. Mit ihm treffe ich auch viele junge Leute, alle sehr nett und hilfsbereit. Wir gehen zusammen in Museen, fahren zu Weinproben nach Stellenbosch und ins Franschhoek Museum für europäische Oldtimer, das einem bekannten Zigarettenbaron gehört. Und von der Oldtimer-Garde werde ich regelmäßig zu Klubabenden eingeladen.

Alle sagen sie: »Heidi, hab's doch nicht so eilig – ist doch schön hier unten bei uns!« Herrgott, wie lange bin ich in diesem Kapstadt? Ich fühle mich schon richtig zu Hause hier. Und so komme ich am Ende auf die dreiundachtzig Tage beim lieben Leonard Schneider, der mir abends noch immer auf seinem Pianola vorspielt. In meinem Herzen weiß ich immer deutlicher, dass dies das wirklich Schöne an meiner Reise ist: die Menschen. Fremde, die zu Freunden werden. Die helfen. Die einen nicht im Regen stehen lassen.

Zum Schluss kommt der Ingenieur für Klimaanlagen Fanus Blom noch auf eine gute Idee: Er baut zur Verstärkung Metallplatten hinter die Holzspeichen, eine Lösung, die auch schon Clärenore Stinnes nutzte. Vielleicht werde ich also nicht mehr ganz so oft sprühen müssen. Was für ein Luxus!

Schließlich meinen Fanus und sein Team: »Hudo ist fertig, damit kannst du jetzt los, Heidi.«

Ich habe den Satz nun schon oft gehört. Aber wieder klingt er wie Musik in meinen Ohren. Also dann, endlich: Adieu, du schönes Kapstadt! Anfang November 2016 sind Hudo und ich wieder unterwegs. Auf nach Norden, auf ins echte Afrika.

Hudos alter, neuer Motor läuft seidenweich. Allerdings merke ich schon bald, auf Höhe des Ortes Paternoster, dass er ziemlich viel Öl verbraucht. Aber jetzt bin ich raus aus Kapstadt und auf mich allein gestellt. Und Folgendes möchte ich Ihnen erzählen, nicht weil es um ein großes Problem mit Hudo geht – sondern als Beispiel, wie man das Thema Frauen, Männer und Autos eben auch handhaben kann.

Im Ort Springbok, bereits kurz vor Namibia, sagt mir jemand: »Fahr mal da die Straße runter, am Ende kommt eine alte Farm, da können sie dir vielleicht helfen.« Auf der Farm treffe ich Ina und Coenie. Die beiden besitzen einen alten Chevrolet, aber Coenie meint: »Ich habe kein Werkzeug und keine Hebebühne.«

»Hm. Ich glaube, ich weiß, was das Problem ist«, sage ich. »Wir müssen nur die Ölwanne runternehmen – aber das schaffe ich nicht allein.«

Coenie lässt mich mit den Vorderrädern auf eine kleine Rampe fahren, dadurch ist Hudo ein bisschen angehoben, sodass wir gut unter dem Auto liegen können. Wir basteln unter freiem Himmel und unter einem schönen Baum. Was für ein friedliches Plätzchen. Und welche Ruhe haben wir hier, um uns des Problems anzunehmen. Coenie und ich machen das zusammen. Liegen und stehen neben Hudo, Seite an Seite, gehen die Sache ganz gemütlich an.

»Das könnte es sein«, sage ich.

»Ja, lass uns das mal anschauen«, sagt Coenie. »Das ist eine gute Idee.«

»Kannst du mir mal den Schlüssel geben?«

»Ja, bitte, hier.«

»Okay, so kommen wir an das Problem heran.«

»So, und jetzt schrauben wir zusammen die Ölwanne ab.«

»Du vorne, ich hinten?«

»Ja, eins, zwei, drei und los ...«

Verstehen Sie, was ich meine? Haben Sie diesen wunderbar entspannten Wortwechsel eben gehört? Das geht mir runter wie Öl – weil der liebe Coenie kein Besserwisser ist! Endlich mal kein Schlauberger, der sich mit allem auskennt. Der alles bestimmt. Der immer das letzte Wort haben muss. Mir geht dieser weitverbreitete Typus Mann nämlich gehörig auf die Nerven: Männer, die denken, alles besser zu können – und dies auch noch ständig kundtun müssen.

Nicht so dieser hier. Wir schrauben einträchtig, zwei Herzen und eine Seele. Wie gut das tut! Ich bin in diesen Momenten überglücklich! Und wir finden und beheben das Problem auch schnell. Ein Ölloch, das versehentlich mit Silikon zugeschmiert wurde.

Coenie will kein Geld. Erst nach längerem Drängeln kann ich eine kleine Entlohnung bei seiner Frau loswerden. Und auch mit ihr freunde ich mich schnell an. Hier draußen im sonnenverdörrten Springbok, kurz vor der namibischen Wüste, irgendwo in Afrika. Zwei Tage bleibe ich bei Ina und Coenie, und wir erzählen aus unseren Leben. Ein unvorhergesehener wunderschöner Stopp. Unbezahlbar. Kostbarer als der teuerste Balsam der Welt.

Hudo muss das gespürt haben. Zweifelsohne. Denn er fliegt jetzt nur so nach Norden. Sein Motor hört sich an wie ein Vivaldi-Konzert! Seine acht Zylinder laufen astrein – so gut lief er auf der ganzen Reise noch nicht. Michael und Collin in Ferntree Gully haben ganze Arbeit geleistet. Fachleute eben. Sie haben die Pleuel und Kolben auf Hundertstelmillimeter vermessen und sauber eingebaut. Diese Mühe haben sich andere Mechaniker nicht gemacht. Oder sie wussten es nicht besser.

Ab jetzt werde ich Ruhe haben mit Hudos Wehwehchen (na ja fast). Ich spüre: Das Glück ist mit uns. Sitzt da vielleicht wirklich einer und schaut uns zu? Lenkt unsere Geschicke von irgendeiner himmelhohen Hebebühne aus? Irgendwie so muss es sein. Denn es dauert nicht lange, da wird Hudo und mir die nächste Hand gereicht.

In Namibia baue ich auf einem Campingplatz mein Zelt auf, nicht weit von einem Toyota Landcruiser. Am nächsten Morgen will ich früh los, als die Frau aus dem Landcruiser zu mir kommt. Sie sieht Hudo, hört von meiner Reise und bittet: »Können Sie noch einen Moment warten? Mein Mann schläft noch, aber das muss er unbedingt sehen.«

Also warte ich, bis ihr Mann wach wird, rauskommt und sich als Manni vorstellt. Ich habe es mit Manfred und Uli Goldbeck zu tun, deren Urgroßeltern aus Mecklenburg kommen. Manni schaut sich Hudo genau an, und wir kommen ins Erzählen. Doch dann wollen wir alle los. Die beiden nach Süden, ich nach Norden. Sie geben mir noch ihre Visitenkarte und sagen, ich solle mal bei der Fish River Lodge vorbeischauen, falls ich auf dem Weg nach Windhoek am Canyon Nature Park vorbeikäme. Mal sehen, sage ich. Dann schütteln wir uns die Hände und fahren unserer Wege.

Was ich nicht weiß: Manni gehört die Lodge. Und nicht nur die. Seit zwanzig Jahren hat er unermüdlich geschuftet – und sich dreizehn Lodges in ganz Namibia aufgebaut. Manni ist Chef von Gondwana, einer kleinen Gruppe, die sich dem nachhaltigen Tourismus verschrieben hat. Mit Solarzellen auf den Dächern, eigenen Kläranlagen, Gewächshäusern, eigener Milch. Als ich zur Lodge komme, wartet denn auch schon Philipp – der Geschäftsführer – auf mich, und ich falle vor Staunen bald hinten rüber. Die luxuriösen Zimmer sind in die Felsen geschlagen, vom Pool blickt man über die Wüste, und durchs offene Restaurant weht der warme Wind Afrikas. Hudo ist im Paradies gelandet!

Ich werde empfangen wie eine Königin, bekomme bestes Essen und bin herzlich willkommen – und das nicht nur hier, sondern noch in vielen anderen Lodges von Manni und Uli.

Schon jetzt liebe ich dieses Namibia. Die rote Erde, die Fügungen, die schönen Lodges. Und Hudo schnurrt wie ein zufriedener Löwe.

Wir fahren nun nördlich in eine gleißend helle Wüstenwelt hinein, ein wenig, wie Hudo sie schon aus Australien kennt. Ein heller und feiner Sand weht im Wind, das Land wird leerer und leerer, und wir kommen nach Kollmanskop, einer Geisterstadt, wo bis 1930 Diamanten abgebaut wurden. Ich blicke auf die karge verbrannte Erde, wo kaum ein Baum wächst, und gehe in eines der alten, verwaisten Häuser. Die Wüste hat sich der Zimmer längst bemächtigt, der Sand schwappt schon durch die zerborstenen Fenster bis ins Wohnzimmer. Ich nehme eine Handvoll und lasse ihn mir durch die Finger rieseln. Draußen bröckelt die Luft vor Hitze.

Durch einen Sandsturm fahren wir weiter nach Lüderitz, und bald zieht sich die Straße wie eine schwarze Schlange durch die sengende Einöde. Draußen herrschen inzwischen an die vierzig Grad im Schatten. In Windhoek treffe ich den Großwildjäger Manfred Goern und sehe in seiner kleinen Fabrik erst einmal eine Menge tote Tiere. Ausgestopft und präpariert. Um auf sein Unternehmen aufmerksam zu machen, steht an der Straße eine Skulptur von den Bremer Stadtmusikanten.

Aber nun geht es auf Safari, und ich sehe echte Tiere. Morgens um fünf Uhr zieht die Sonne über der roten Erde der Kalahari herauf, und dann zeigt die Natur ganz großes Kino. Antilopen, Springböcke und Impalas streifen durch die Weite, wir sehen Nashörner, Affen, Zebras, Löwen, Leoparden, alles, was das Herz begehrt. Bald trottet der erste Elefant durchs Bild, und die Giraffen stecken ihre edlen und eleganten Hälse in den Himmel. Was für ein Anblick! Majestätisch treiben die Tiere und Herden in der einsamen Welt, und mir bleibt der Atem weg.

Ich werde diese Bilder für alle Zeiten mitnehmen. Was für ein unbeschreibliches Glück, dass ich noch immer gesund und am Leben bin und all dies sehen darf! In meinem Alter weißt du nie, ob du am nächsten Tag noch aufwachst, und die Tiere halten mir das unfassbare Wunder des Lebens regelrecht vor Augen. Ich setze mich in den roten Sand der Kalahari, lege meine Hände auf den Boden und spüre die heiße Erde. Es ist ein magischer Moment. Einfach so, hier draußen in der Wüste Afrikas.

In Windhoek erlebe ich mal wieder ein Wunder anderer Art. Meine alten Weggefährten Günter und Moni Goldhammer scheuen keine Kosten und Mühen und reisen mir auf ihrer Südafrika-Reise bis hierher hinterher – obwohl das ganz und gar nicht so geplant war. Wir verbringen einen wundervollen Abend und quatschen bis in die späte Nacht. Als am nächsten Morgen um fünf ihr Taxi nicht erscheint, schmeiße ich kurzerhand alle Sachen aus Hudo raus, um Platz für meine Freunde zu schaffen. Dann dresche ich den Wagen im vollen Speed zum Flughafen. Unerlaubt durch eine Einbahnstraße bis direkt vors Teminal. Rallyefahren muss ja schließlich auch mal einem guten Zweck dienen. »Raus mit euch und rennt, rennt, rennt«, sind meine letzten Worte. Und als ich kurz darauf den Flieger mit den Goldhammers an Bord in den Himmel steigen sehe, denke ich nur: Für eine Nacht zu kommen, was für eine Geste der Freundschaft!

Ich fahre weiter nach Norden, in Richtung Etosha-Pfanne und zum Erindi-Wildschutzgebiet. Man muss hier überall nur von der Straße abbiegen und steuert schnurstracks ins Reich der wilden Tiere. Ich bin hin und weg von all der Pracht. Aber Hudo lässt sich immer wieder etwas einfallen, damit auch er die gebührende Aufmerksamkeit bekommt. An der Lichtmaschine löst sich plötzlich ein Schlauch, der innen mit Metall verstärkt ist. Ich nehme schließlich gaaaaaanz vorsichtig die Lichtmaschine heraus, jenes Heiligtum, das seit Iris und Bulam und der Operation in Kasachstan so tadellos seinen Dienst verrichtet. Fahre tagsüber ohne Lichtmaschine, besorge ein neues Teil und kann den Schaden recht schnell selbst beheben.

Auf dem Zähler meiner Reise stehen nun achthundert Tage, 70 000 Kilometer und fünf Kontinente. Aber noch denke ich nicht an zu Hause. Zu schön gestaltet sich der Sommer hier unten auf der Südhalbkugel, während es in Deutschland bestimmt kalt und grau ist. Hudo braust weiter, hält sich tapfer auf Schotterwegen und Sandstraßen, und ab und zu trete ich ihn volle Pulle über lange Waschbrettpisten. Wir erreichen den Etosha-Nationalpark, fahren weiter am Cubango River entlang an der Grenze zu Angola, dann über den Caprivizipfel nach Botswana, und bald stehe ich vor den rauschenden Viktoriafällen. Dort gibt es das wundervolle Victoria Falls Hotel, aber der größte Luxus sind gar nicht die feinen Zimmer und der Flügel im noblen Restaurant, sondern der Regenbogen, der sich in Sichtweite spannt. Und zwar immer! Durch die Sonne und das ständige Fliegen der Gischt leuchtet der Himmel hier jeden Tag regenbogenbunt.

Hier schmücken Hudos Kühler wieder andere Farben: Simbabwes Flagge, grün, gelb, rot und schwarz.

Gelegentlich muss ich in diesen Tagen zurückdenken. Wie oft habe ich unterwegs Mails bekommen, dass ich besser abbrechen und zurückkommen sollte? Dass es nun endlich gut sei – nach all den Pro-

Dass ich das noch erleben darf: Afrika und seine wilden Tiere beeindrucken mich tief. In diesen Momenten umarme ich das Leben!

blemen mit Hudo, nach dem Unfall mit der Hand, nach der Krebsdiagnose. Die Leute schrieben mir, dass ein triumphaler Empfang in Berlin auch nach einer nicht vollständig vollbrachten Fahrt um die Erde sicher sei. Ich bekam sogar mit, dass sie zu Hause schon nach einigen Monaten Wetten abgeschlossen hatten, wann ich aufgeben würde. Aber ich war fest entschlossen, dass ich aus Westen zurückkommen würde – und nur mit Hudo. Dafür musste ich am Ende allerdings schon ein bisschen die Zähne zusammenbeißen. So stelle ich es mir bei einem Marathon vor. Nach dreißig Kilometern kannst du nicht mehr, dein Körper schreit: Hör auf! Ich will, ich kann nicht mehr! Aber dann läufst du doch weiter. Und merkst: Es geht.

Du machst eine seltene Erfahrung: eben nicht nur über den Tellerrand hinwegzuschauen – sondern auch über ihn hinwegzufahren.

Bei diesen Gedanken schießt mir mein Zeitplan wieder durch den Kopf. Mitte Januar müssen Hudo und ich auf dem Schiff nach Europa sein. Die letzte Etappe auf See zurück in die Heimat. Und so fahre ich meine afrikanische Runde nun weiter, zunächst nach Osten, dann nach Süden.

In Botswana steuere ich eine Lodge nach der nächsten an, anderes gibt es hier zum Übernachten eigentlich nicht, außer man gesellt sich mit dem Zelt zu den wilden Tieren. Dann erreiche ich die Nata Lodge, gelegen in den Salzpfannen von Makgadikgadi. Weite Grasebenen spreizen sich hier unter dem grellen Himmel, dazwischen dehnt sich die Salzwüste aus, so platt und groß, als hätte Gott ein gigantisches Brett auf die Erde genagelt. Mittendrin wachsen ein paar störrische Bäume, recken einzelne Palmen ihre Wedel in den Himmel. In der Nähe der Nata Lodge fahre ich weiter gen Süden, als mich plötzlich ein Wagen anhält. Wohin ich denn wolle, möchte das Ehepaar in dem Auto wissen. Es sind Ed und Pat Cunning aus Simbabwe, die vor den Unruhen in ihrem Land geflohen sind. Und als ich ihnen erzähle, dass ich die Nacht durchfahren will, sagen sie mir: »Bitte, tu das nicht! Wir können sonst heute Nacht nicht schlafen, wenn du jetzt noch weiterfährst. Die Tiere queren nachts die Straße, und das ist ziemlich gefährlich!« Die beiden haben wirklich Angst um mich. Kurzerhand laden sie mich zu sich nach Hause ein. Bei ihnen darf ich übernachten.

Meistens wollen die Leute wissen, wo ich es am schönsten fand auf meiner Reise. Doch Ed und Pat stellen noch eine andere Frage, die nun immer öfter laut wird. Sie wollen von mir weltreisenden alten Schachtel wissen: »Heidi, was hast du gelernt?«

Ganz einfach: »Fahr nicht schneller, als deine Schutzengel fliegen können.« Ja, so lässt es sich wohl sagen, wobei das natürlich nicht nur fürs Autofahren gilt, sondern auch fürs Leben. Ich versuche wirklich, diese Regel zu beherzigen. Eben nicht immer voll auf die Tube zu drücken, sondern auch mal rechtzeitig auf die Bremse zu gehen. Klappt natürlich nicht immer, aber immer öfter.

Und noch etwas interessiert die Menschen. Sie wollen wissen, ob und, wenn ja, wo ich während der Reise mal so richtig Angst bekommen habe.

Das kann ich sehr genau beantworten – spätestens nämlich seit ich einen Campingplatz im südafrikanischen Swasiland ansteuerte, kurz hinter dem Kruger-Nationalpark. Dort saß ich am späten Nachmittag in meinem orangefarbenen Zelt, als der Sturm kam. Hudo parkte direkt neben mir, was ich ja besonders mag, während ich beobachtete, wie sich dunkle Wolken zusammenbrauten. Dann ging es los – und ungefähr so muss es sich anhören, wenn die Götter zürnen.

Ich versuchte, nach der Tagesetappe zu schlafen, als es anfing zu donnern. Sofort folgte ein Blitz. Und wieder ein Donner. Blitz, Donner, Blitz. Am Himmel zuckte es wie verrückt, und draußen, sogar im Zelt, war alles Schlag auf Schlag taghell erleuchtet. Ich wollte die Sekunden zwischen Donner und Blitz zählen. Aber es donnerte und blitzte ununterbrochen. Das Gewitter war direkt über meinem Kopf. Beängstigend. Und fürchterlich laut dazu. So urgewaltig laut, dass ich es wirklich mit der Angst zu tun bekam. Denn ich wusste, wenn der Blitz hier einschlägt, ist es aus. In einer Tour krachte und blitzte es weiter – ohne einen Tropfen Regen.

Zwei Stunden ging das so, erst dann kam der eigentliche Sturm. Wind und Regen. Das Zelt wackelte und flatterte inzwischen wie vom Teufel geprügelt, und ich dachte: Wenn der Wind das Zelt packt und davonweht – dann sitze ich mittendrin und trudele durch die Gegend. Das geht ja gar nicht! Eine Zeit lang hielt ich im Zelt aus, die Hand am Reißverschluss, um notfalls rauszustürzen und ins Freie zu gelangen. Draußen wütete das Unwetter. Bis es so schlimm wurde, dass ich die wenigen Meter zu Hudo flitzte und in ihm Zuflucht suchte. Aber das war nicht so einfach und machte mir wirklich Angst. Ich wusste nicht, ob ich die Tür überhaupt würde öffnen und anschließend wieder schließen können, ob sie womöglich abreißen würde. Hudo wackelte und zitterte im Wind, aber seine zwei Tonnen hielten allem stand. Und dann flog das Zelt wirklich weg, obwohl ich es an einem Baum festgebunden hatte.

Drei, vier Stunden toste der Sturm in dieser Nacht. Aber Hudo beschützte mich.

Auch ein französisches Pärchen in seinem Camper-Van war am Morgen danach fix und fertig. So etwas hatten die beiden noch nie erlebt. Ehrfürchtig blickte ich beim Zusammenpacken meiner Sachen in den Himmel, grüßte mal wieder meine Schutzengel, und mir fiel eines auf: Es waren während der gesamten Reise nie die Menschen, die mir Angst einjagten – obwohl man mich oft vor gefährlichen Ecken und kriminellen Vierteln gewarnt hatte. Es waren die unfassbare Kraft und die Lautstärke dieses afrikanischen Gewitters, die mich erbleichen ließen ... Von jener ganz anderen Art der Angst wegen der Krebsgeschichte natürlich einmal abgesehen.

Nun fahre ich wieder weiter gen Süden, denn ich will meine über zwei Monate dauernde große Schleife durch das südliche Afrika zu Ende bringen. Ich will zurück nach Südafrika, Richtung Mkuze, Santa Lucia und Cape Vidal am Indischen Ozean. Vor der Windschutzscheibe: ein ockerfarbenes Land und immer wieder schöne Tiere, die durch die Gegend ziehen. Hudo brummt munter vor sich hin. Er scheint die afrikanische Luft wirklich zu mögen.

Weiter geht es nach Santa Lucia, wo ich auf einem Campingplatz unterkomme. Hier geht es noch immer wild zu. Nachts soll ich mein Zelt nicht verlassen, weil gleich nebenan Krokodile und Flusspferde leben. Das muss man mir nicht zweimal sagen, denn ich hatte mir vorab eine Statistik angesehen, die besagte, dass hier unten jedes Jahr um die zweihundert Menschen durch Rhinozerosse sterben, fünfhundert durch Elefanten, sechshundertfünfzig durch Krokodile, neunhundert durch Löwen – und zweitausendneunhundert durch Flusspferde. Ich weiß nicht, ob diese Zahlen stimmen, aber mein Zelt werde ich nachts garantiert nicht verlassen. Und tatsächlich bekomme ich tierischen Besuch: Ein paar kleine Affen verschaffen sich in der Nacht Zugang zu Hudo. Sie klettern durch die angekippte Windschutzscheibe in sein Inneres und fressen glatt die Tüte mit den Litschis restlos auf.

Schönes Santa Lucia. Aber auch unverschämtes Santa Lucia. Denn hier werde ich abermals ausgeraubt – und diesmal fast komplett. Während ich mit einigen Deutschen bei einem Italiener essen war, Hudo stand leider außer Sichtweite geparkt, haben Diebe ihn fast vollständig leer geräumt. Ein Schock, als ich in den Innenraum blicke – denn dort ist es jetzt schön übersichtlich. Alle Papiere sind weg, das *Carnet de Passage*, das ich extra zwischen Zeitschriften und Büchern versteckt hatte, zwei große Taschen mit Kleidung, die mit den Winterklamotten, mit den Geschenken für die Enkel, eine weiße Autohandtasche, die Elektrotasche mit allen Ladegeräten, die neue Filmkamera, sogar die dritte lose Autobatterie haben sie mitgeschleppt. Ich bin fassungslos!

Alles ist zu ersetzen – aber nicht der Pass mit dem südafrikanischen Visum und das *Carnet de Passage,* Hudos Quasipass. Und in seinem Fall kann ich nicht einfach auf die Botschaft marschieren und einen neuen beantragen. Mit dem verlorenen *Carnet de Passage* ist auch die Kaution beim ADAC futsch. Werden wir das Land überhaupt noch verlassen können?

Aber dann ist wohl doch wieder ein Helferlein von oben um die Ecke geflogen. Denn auf der anderen Straßenseite stehen plötzlich noch zwei meiner Reisetaschen, eine davon die mit den Papieren und dem Geld. Ein Wunder! Ich schreie: »Lieber Gott, ich danke dir, ich danke dir, ich danke dir!« Dabei wird mir endgültig klar, was ich wirklich brauche – eben nur das, was man nicht ersetzen kann. Alle anderen Dinge sind offensichtlich nicht so wichtig. Bei der Polizei melde ich den Diebstahl, allein schon aus Versicherungsgründen. Die Herren Polizisten aber lachen nur müde, es klingt, als sei Diebstahl hier das Normalste der Welt.

Ein für alle Mal weg sind also die ganzen warmen Sachen, mein Lieblingspullover und – was mich mindestens genauso ärgert – eine weitere meiner geliebten Autohandtaschen. Denn mit ihnen hat es eine besondere Geschichte auf sich.

Vor acht Jahren bekam ich eine Handtasche angeboten, die die Form eines Autos hatte. Ich fand sie auf Anhieb toll und kaufte sie. Quatsch, stimmt gar nicht. Ich habe gleich sechs gekauft! In sechs verschiedenen Farben. Ich trug sie zu vielen Gelegenheiten, und die Leute waren begeistert. Passte ja auch zu mir. Zu Auto-Heidi und Opel Hetzer. Ich nahm sie mit auf Veranstaltungen und zu Fernsehsendungen. Die Tasche wurde langsam bekannt, man sprach mich darauf an, und bald sagten die Leute vor Presseterminen: »Bringen Sie unbedingt Ihre Autohandtasche mit, Frau Hetzer!« Und natürlich mussten die Handtaschen auch mit auf die Reise. Und zwar alles sechs, was auch gut war, obwohl es alle für eine dumme Idee hielten – denn die Menschen unterwegs waren begeistert. Die Taschen standen hinten am Rückfenster. Jeder konnte sie sehen, bis auf die eine, die ich gerade in Benutzung hatte. Die Taschen zogen allerhand Aufmerksamkeit auf sich, und auf der Beliebtheitsskala etablierte sich eine klare Reihenfolge. Hudo die Nummer eins, die Handtaschen die Nummer zwei, und dann kam ich. Immerhin Bronze.

Aber drei der Taschen wurden mir unterwegs gestohlen. Eine leere in Aserbaidschan, eine in Mendoza, Argentinien, worin sich alles befand, was ich an Wert besaß: Kamera, Pass, Bargeld, Tagebuch, Talisman, Handy, iPad. Ich saß gerade auf einer Parkbank und schrieb eine Mail auf dem Handy. Ich war der glücklichste Mensch der Welt, der Ort war wunderschön und die Menschen so was von nett. Ich hatte gerade die neuen Pleuel für Hudo beschafft, und alles war fein. Hudo stand in der Werkstatt und wurde fahrtüchtig gemacht, und ich saß hier allein im Park an einem See, mit Seerosen so schön wie das Bild von Monet. Da kam ein junger Mann des Weges, verkleidet als Clown. Er machte ein paar Faxen, ich stand auf, klatschte ihm zu – und weg war die Tasche. Es hatte sich jemand von hinten angeschlichen. Ich lief zur Straße, da sprach mich jemand an und sagte: »Eben ist jemand mit einem Auto im Arm an mir vorbeigerannt. Ich habe mich schon gewundert.« Die Polizei kam und nahm mich in einer schwarzen Minna, einem Polizeiauto, mit auf die Wache, denn dort konnte jemand etwas Englisch sprechen. Aber geholfen hat das nicht. Gefragt war mal wieder Selbsthilfe. Also schrieb ich fünfzig Zettel auf Spanisch, klebte sie an Bäume, Bushaltestellen und Kioske – und schrieb einen Finderlohn aus. Vor allem mein geklautes Tagebuch war mir wichtig. Doch es nützte nichts, die Tasche war futsch. Ich ging auch zum deutschen Konsul, aber der hatte keine Zeit, musste seine Weinflaschen drehen. Derweil hatte ich keinen Pfennig Geld, weil meine Kreditkarten gesperrt waren. Musste warten, bis mein Sohn Geld über Western Union schickte. Dann hatten sie im ersten Supermarkt mit Ausgabestelle kein Bargeld. Und auch im nächsten Supermarkt nicht. Ich lief und lief. Zwei Tage dauerte es schließlich, bis ich an Geld kam.

Aber auch das habe ich auf der Reise gelernt: Es bringt nichts, sich über solche Vorkommnisse zu sehr zu ärgern. Über sich selbst, über den Dieb. Die Sachen waren weg, ich hatte nicht aufgepasst. Aber ich würde deswegen ja nicht sterben.

Und ich musste mich noch von vielem trennen auf dieser Reise. Was ging nicht alles flöten? Drei Männer und eine Frau schlugen in Kapstadt Hudos Seitenscheibe ein und klauten das GPS. Sie wurden von einer Videokamera aufgenommen, konnten aber nicht identifiziert werden. In Kapstadt wurde mir auch ein geborgtes Handy aus der Jackentasche gezogen, wenig später meine Kette mit dem Berliner Bär vom Hals gerissen. Ach, Gott, was ist nicht alles über den Jordan gegangen? In Miami rutschte mir die Kamera zwischen Schiff und Kaimauer ins Wasser, in London, Ontario, verlor ich meinen Finger. Zwei weitere Handys, zwei iPads gingen den Bach runter. Einen ließ ich in Daytona Beach auf der Toilette liegen – aber der kleine Computer wurde tatsächlich beim Geschäftsführer des Lokals abgegeben. Auf einem Sportplatz in Kapstadt, wo

Nadjas Kinder Fußball spielten, ließ ich meine Kamera liegen – aber auch die wurde gefunden. Schön! Die Menschen nehmen nämlich nicht überall alles mit, was sie finden. In Springbok ließ ich mein iPad am Bankautomaten liegen und merkte es erst nach einer Stunde. Aber auch dieser wurde beim Schalter von einem netten Menschen abgegeben.

Man kann eben Pech haben oder Glück. Und warum nicht die glücklichen Momente behalten und die anderen vergessen?

Also habe ich mir angewöhnt, nicht alles zu beklagen, was mir gestohlen wird oder sonstwie verloren geht. Ich will nicht zu sehr an den Dingen hängen. Sogar Talismane, die ich geschenkt bekomme, lehne ich inzwischen ab. Ansonsten lässt sich ja fast alles ersetzen. Ich habe auf meiner Reise gelernt, dass man mit wirklich wenig auskommt. Ich weiß jetzt vor allem auch, was man *nicht* braucht. Wenn ich nur mit drei T-Shirts reise und zwei verliere – ja und? Überall auf der Welt kann ich mir ein neues kaufen. Und wenn ich mal kein Handy habe, geht das Leben auch weiter. Ich jedenfalls sehe es heute gelassener, wenn etwas wegkommt. Außerdem kann man ruhig mal improvisieren, wenn man etwas nicht zur Hand hat. Bei McDonald's habe ich mal einen Plastikteller mitgehen lassen und ihn wochenlang benutzt. Auch eine von Hudos Radkappen blieb auf der Strecke, auf dem Weg nach Buenos Aires. Eine neue Radkappe für Hudo findet man gar nicht mehr. Also habe ich eine Cola-Flasche aus Plastik genommen, den Boden abgeschnitten und diesen auf der Nabe befestigt. Hudos hintere rechte Radkappe ist bis heute eine abgeschnittene Cola-Flasche.

Als allerdings der Spotti in Charlotte in North Carolina verloren ging, habe ich einen Tag lang alles angestellt, um ihn wiederzubekommen. Mein Signalgeber, dieses orangefarbene kleine Ding mit vier Batterien, war eines der wichtigsten Teile auf der Reise. Man muss es so im Auto verstecken, dass keine Metallteile das ausgesendete Signal stören. Mit ihm konnten Freunde meine Fahrt die ganze Zeit verfolgen – aber noch wichtiger: Ich hätte Hudo wiederfinden können, falls jemand so dämlich gewesen wäre, den ganzen Wagen zu klauen.

Ich hatte das Gerät im Kofferraum versteckt, in einem Waschhandschuh aus braunem Schaumgummi. Beim Fahren schaltete ich es ein, nachts beim Schlafen aus. In einer scharfen Kurve in Charlotte flog der Handschuh raus, denn ich hatte vergessen, den Kofferraum zu schließen. Und, wie seltsam: Der Handschuh wurde gefunden – nicht aber der Spotti. Nun konnte ich aber ja unterwegs meinen Computer anschalten und sehen, wo der Spotti sich befand. Und ich sah, dass er auf einer Einfahrt zwischen zwei Häusern lag. Ich notierte mir die Straße und die Hausnummer, so genau ist das Signal.

Ich war inzwischen schon weitergefahren, rief aber bei der Werkstatt in Charlotte an und bat sie, sie sollten den Spotti an besagter Stelle suchen. Sie aber meinten: »Nein, das können wir nicht machen, das ist ein Privatgrundstück, und es ist schon dunkel. Die Leute könnten uns erschießen, wenn wir ihren Grund und Boden betreten.« Das muss man sich vorstellen! Ein Vater und ein Sohn, die sich nicht trauten, bei fremden Leuten zu klingeln und nach meinem verlorenen Spotti zu fragen! Zu riskant, weil die Hausbesitzer womöglich von ihren Schusswaffen Gebrauch machen könnten! Das ist schon ein dolles Ding, wenn die Menschen nicht einmal mehr das Vertrauen haben, an einer fremden Tür zu klingeln und eine Frage zu stellen. Es ist traurig. Aber in North Carolina Realität. Auch so etwas erfährt man erst dann wirklich, wenn man eine Reise macht. Denn ja, in North Carolina erlaubt es das Gesetz: Da darfst du deine Waffe zücken, wenn sich jemand auf dein Grundstück wagt – und ihn notfalls auch abballern.

Wie dem auch sei, am nächsten Tag ging die Polizei los, um meinen Spotti zu finden. Ich war zurückgefahren, denn ich wollte es jetzt genau wissen. Aber wo wir auch klingelten und fragten, nirgends wollte man ihn gefunden haben. Ich ging zur Tankstelle, in den Einkaufsladen, hinterließ überall meine Kontaktdaten. Einen ganzen Tag dauerte die Aktion, ein Riesentheater. Aber der Spotti war offensichtlich abgeschaltet worden und ein für alle Mal weg. Ich musste also einen neuen bestellen und mir schicken lassen. Klingt jetzt einfach, war es aber nicht. Denn ich hatte ja fast nie eine feste Adresse. Wusste nie, wann ich wo sein würde. Hudo konnte jederzeit mal wieder eine Panne haben, und dann würden wir irgendwo an der Strecke Tage oder Wochen liegen bleiben.

Meine Güte, ich verlor Dutzende Sachen. Sechs Standarten blieben auf der Strecke. In Neuseeland ließ ich den Ölmessstab wahrscheinlich an einer Tankstelle liegen. Der Ölstand ist natürlich besonders wichtig bei so einem alten Auto. Aus Thailand hatte ich als Souvenir noch eine dünne lange Kerze dabei, so eine Art rosafarbenes langes Räucherstäbchen. Ich markierte sie und funktionierte sie kurzerhand zum Ölmessstab um. So einfach kann es gehen. Und auf der Garden Route fiel die Halterung der Stoßstange ab und ging koppheister. Irgendwann lockern sich eben manche Teile an Hudo und fallen ab. Wie bei uns Menschen.

Was willst du tun? Meckern nützt nichts. Ich erinnere mich lieber an einen Spruch, den mir mal jemand gesagt hat oder der in irgendeinem Kalender stand. Ich glaube, irgendwas von Shakespeare. Der meinte: »Kein Weiser jammert um Verlust, er sucht mit freudigem Mut ihn zu ersetzen.« Stimmt. Ich selbst halte es beim Thema Verluste aber noch viel einfacher:

Man darf alles verlieren, nur nicht seinen Mut.

Nach dem Diebstahl in Santa Lucia komme ich nach Valito, an die Riviera Südafrikas. Hotels ab einhundertfünfzig Dollar, und alles voll hier. Campingplätze gibt es auch nicht. Ich versuche, irgendwo noch einen Platz in einem Backpacker-Hostel zu erwischen. Da spricht mich ein Mann an: »Hast du Probleme?« Ich muss noch ziemlich gebeutelt aussehen von dem Diebstahl in Santa Lucia, erzähle kurz, was passiert ist und dass ich keine Unterkunft finde. Daraufhin der Mann: »Kein Problem, fahr uns hinterher. Wir sind auch nur zu Gast bei einem Freund, aber das Haus ist riesig.«

Es sind Ryan und Retha Viljoen mit ihren beiden Kindern Ilse und Phillip. Ich freue mich riesig, neue Menschen, neues Glück, und bleibe auch wirklich eine Nacht bei den Viljoens. Nach dem Frühstück mache ich mich auf den Weg. Am Nachmittag klingelt mein Handy. Ryan ist dran: »Heidi, wo bist du?« Ich berichte ihm, wo ich gerade entlangfahre und dass ich mir ein Quartier suche. Ryan meint nur: »Bieg in Margate ab und geh ins Hotel Desroches.« Das würde sich aber ziemlich teuer anhören, erwidere ich. Und Ryan sagt: »Ist schon bezahlt.«

Ist das normal? Nein, es ist nicht normal. Es ist unglaublich. Wie spontan und unfassbar hilfsbereit die Viljoens sind! Und wieder war Hudo der stille Vermittler. Ohne ihn hätte ich die Viljoens nie kennengelernt. Verrückt, wie so ein altes Auto die Türen aufstoßen kann. Ohne Hudo wäre all das nie passiert.

Ja, Hudo hat mir die Welt eröffnet.

Über East London führt die Route weiter, zum Addo-Elefanten-Nationalpark, dann weiter über die absolut traumhafte Garden Route zurück Richtung Kapstadt. Wenn ich links aus dem Fenster schaue, sehe ich das azurblaue Wasser des Agulhas-Stroms, eines der gefürchtetsten Seegebiete der sieben Meere. Rechts: saftiges, grünes Hinterland, dann wieder Steilküste und Felsen. Mittlerweile geht es stramm auf Weihnachten zu, und hier unten herrscht Hochsommer. Die Temperatur: dreißig Grad plus – und kaum Regen. Und ja, ich kann sagen, ich bin wirklich glücklich gerade. Die große Schleife durch den Süden Afrikas hat mir so sehr gefallen, hier fühlte sich fast jeder Tag an wie Weihnachten.

Aber dann kommt Weihnachten wirklich, es ist nach Laos und Lima das dritte auf meiner Reise. Ich stoppe in Brenton-on-Sea, einem wunderschönen Ort am Meer, gelegen zwischen Port Elizabeth und Mossel Bay. Heiligabend verbringe ich bei einem Paar, das mich übers Internet zu sich eingeladen hat. Die beiden haben allerdings überhaupt nichts für Weihnachten übrig. Dafür will er alles über Kriegsende, Mauerbau und Wiedervereinigung wissen. So habe ich Weihnachten auch noch nie verbracht. Diesmal also nicht gerade ein fröhliches Fest. Aber man kann eben nicht immer nur Glück haben.

Dann ziehe ich weiter, fahre nach Mossel Bay, wo mich wieder ein PS-Mensch erwartet. Der Motorradfahrer Schalk van der Merve ist von Ägypten quer durch Afrika gefahren – und als er mir von seiner Reise erzählt, komme ich schon wieder auf dumme Gedanken und spinne so vor mich hin: Durch ganz Afrika fahren, von oben von Ägypten aus, wo Vati schon war. Das wäre eine Idee für eine nächste Reise. Mit einem Automobil zu den Pyramiden, durch den Sudan, durch Uganda …

Heidi, dreh nicht durch! Immer schön auf dem Teppich bleiben. Du wirst bald achtzig und bist noch nicht mal in Berlin zurück!

Aber träumen darf man ja wohl noch. Wenn man es nicht dabei belässt: Denn mit Träumen beginnen Taten. Völlig egal, wie alt du bist.

Schalk hat ein Buch übers Motorradfahren geschrieben und kennt auch die ewig um die Welt fahrende Familie Zapp. Ich werde ganz euphorisch. Ob ich die wohl auf meiner Reise noch treffen werde? Den lieben Zufällen sei Dank ist inzwischen so ziemlich alles möglich, meine ich. Und immerhin: Gerade als ich in Buenos Aires war, woher die Zapps kommen, weilten sie in meiner Heimatstadt Berlin. Ein Zeichen? Ich hoffe, ja, und gäbe wirklich viel, diese schrecklich tolle argentinische Familie einmal kennenzulernen. Seit siebzehn Jahren sind sie jetzt mit ihrem Graham-Paige-Wagen, Baujahr 1928, unterwegs, fuhren in Argentinien los mit nur sage und schreibe 4 000 Euro in der Tasche. Inzwischen waren sie in hundert Ländern. Obwohl sie es anfangs selbst nie für möglich gehalten hätten, jemals so lange auf Achse zu sein. Wie haben sie es geschafft, sich mit so wenig einen so großen Traum zu erfüllen? In einem Interview mit den Zapps habe ich mal gelesen, dass sie unendlich viele Menschen unterwegs trafen, die ihnen halfen, die sie aufnahmen, weitervermittelten, unterstützten. Und auf die Frage, ob sie des Reisens und Autofahrens denn niemals müde werden, antwortete Herr Zapp: »Wie kann man es satthaben, immer wieder in neuen und schönen Orten anzukommen? Wie kann es einen ermüden, immer wieder neue Menschen zu treffen und über die verschiedenen Länder und Kulturen zu lernen?«

Ja, diese Zapps würde ich gern einmal treffen. Geistesverwandte. Wir könnten nächtelang quatschen.

Nach drei Tagen bei Schalk fahre ich weiter die Traumstraße Nummer 44 gen Kapstadt, über Hermanus, wo die Viljoens wohnen. Hier darf ich in ihrem Hause zu Gast sein. Retha bereitet mir extra das Nationalgericht Babuti zu. Außerdem habe ich einen neuen Fan. Der Sohn Phillip weicht nicht von meiner Seite und bastelt gern mit mir an Hudo herum. Schon hecken wir eine Idee aus. Wenn er eines Tages in Berlin studieren will, wird er bei mir ein Gästezimmer haben.

Bald fahre ich über den Rest der Garden Route. Unterwegs mache ich mehrmals halt und schlendere an einem wunderschönen Strand entlang. Der warme Sand, die schönen Wellen! Dieser große blaue Himmel! Ich habe meine lange Reise nun fast zu Ende gebracht. Es fehlt nur noch das allerletzte Zipfelchen. Hier unten am Strand, während mir das Branden der Wellen in den Ohren klingt, denke ich: Im Liegen oder im Stehen, hier könnte ich bleiben. Wenn ich mir vorstelle, Afrika in zehn Tagen zu verlassen, kommen mir die Tränen.

Gleichzeitig muss ich während dieser letzten Tage in Südafrika auch immer häufiger an Berlin denken. Meine Stadt, meine Heimat. Dort ging es los, und dort wird es in wenigen Wochen zu Ende gehen. Wie wird es sein, in die Stadt hineinzufahren? Wie wird es sich anfühlen, wieder in meinem eigenen Bett zu schlafen? Wie, meine Kinder, meine Enkel und all meine Freunde wiederzusehen? Mir wird bei dem Gedanken warm ums Herz. Denn so wehmütig mich der Gedanke macht, meine Reise zu beenden, so sehr freue ich mich doch auch wieder, dort zu sein, wo ich am Ende hingehöre. Natürlich: nach Berlin. Denn auch wenn ich gern ausbüxe, diese Stadt liebe ich von ganzem Herzen. In Berlin habe ich geheiratet, dort sind meine lieben Kinder geboren. In Berlin stand über vier Jahrzehnte meine Firma, dort stiegen die schönsten Partys und leben bis heute die meisten meiner Freunde.

Durch die Welt bin ich gefahren – aber Berlin ist meine Heimat. Und Heimat ist und bleibt Heimat.

Wie das Leben so spielt: als Unternehmerin auf dem Hauptstadt-Parkett

Ich erinnere mich an das Jahr 1963. Ich war gerade frisch aus Amerika zurück nach Deutschland gekommen, lebte wieder in Berlin und arbeitete in der Firma meines Vaters. Da verstarb meine Schwester Vicki noch sehr jung und hinterließ ihren einjährigen Sohn Michael.

Das Leben in Berlin ging weiter, und 1965 lernte ich meinen Mann kennen, den Amerikaner Robert S. Mackay. Bob war 1961 aus Frankreich nach München gezogen und verfolgte mit einem Freund zusammen eine unternehmerische Idee. In Deutschland gab es damals noch keine Bowlingbahn – warum also nicht den populären Sport aus USA importieren? Bald eröffneten die beiden die erste Bowlingbahn Deutschlands. Der alte Kegelsport war seinerzeit aus Europa nach Amerika exportiert worden, wo auch gleich die Regeln geändert wurden: Löcher in die Kugel und ein zehnter Kegel hinzugefügt – und nun brachten Robert und Fritz den Sport zurück nach München. Als Glücksspiel. 1963 kamen Bob und Fritz auch nach Berlin, um am Ku'damm eine große Bowlingbahn zu eröffnen – und einige Zeit später sogar einen Skilift auf dem Teufelsberg. Das war damals eine Attraktion und eine Riesengaudi. Der Teufelsberg war aus sechsundzwanzig Millionen Tonnen Kriegsschrott aufgehäuft worden, eine über 120 Meter hohe Erhebung aus Schutt und zerbombten Mauern, auf der die Berliner in den Wintern fortan herumrutschen konnten. 1964 wurde ein Skilift eröffnet und eine Piste mit Flutlicht bestrahlt. Bob sorgte sogar dafür, dass die ersten Schneekanonen in Deutschland aufgestellt wurden, und die Berliner redeten von ihrem »Mini-Davos« im Grunewald. Bob hatte damals einen weiten amerikanischen Bekanntenkreis und traf sich mit Freunden und Partnern regelmäßig zum Golfspielen. Bob liebte Golf, das tut er bis heute. Auch hatte er einen guten Draht zu dem amerikanischen Historiker und Journalisten Michael S. Cullen, der 1962 aus New York nach Berlin gezogen war, dort studierte und über die Jahre viele Bücher über Berlin veröffentlichen sollte, darunter auch eines über den Reichstag. Sie stritten immer darüber, wer von beiden denn nun der erste Amerikaner in Berlin war. Die US-Amerikaner in Berlin bildeten bald eine heitere Expatriatengemeinde, die sich in der Stadt heimisch fühlte. Auf dieser Insel mitten im Kalten Krieg.

Ich lernte Bob durch seinen Bruder Jim kennen, einen VW-Händler in New Hampshire, den ich das erste Mal im Berliner Kempinski-Hotel traf. Jims Schwägerin erzählte mir von Bob, und ich sagte nur: »Ach, das ist der mit den Bowlingbahnen? Na, das ist mir 'ne Type.«

Daraufhin kam Bob in mein Büro. So lernten wir uns kennen. Wir heirateten schon bald, und 1968 wurde unsere Tochter Marla geboren. Dann wurde mein Vater krank – ein halbes Jahr später starb er – und legte noch vor seinem Tod alle Geschäfte in meine Hand. Ich sollte die Firma Opel Hetzer übernehmen und damit auch die Verantwortung für die Hinterbliebenen, das waren meine Mutter, Michael Hetzer, der Sohn meiner Schwester sowie meine Familie. Die Firma war ein solides Unternehmen mit hundertzwanzig Angestellten, und ein Verkauf kam für mich natürlich nicht infrage. Opel Hetzer, das war unsere Firma! Darin steckte unser Herzblut, die ganze Begeisterung meines Vaters für das Automobil und den Motorsport. Und jetzt käme also ich ans Steuer: im Alter von einunddreißig Jahren. Ganz allein. Meinen Mann Bob interessierte das Geschäft nicht, er hatte mit seinen eigenen Geschäften genug zu

Mit Helm, Charme und Rallye Box. Bei Heidi Hetzer in Charlottenburg können die Berliner ihre Opel aufmotzen.

tun und ging daneben gern auf den Golfplatz. Und das kostet Zeit. Aber ich konnte von Anfang an auf unsere Mitarbeiter zählen. Eine hervorragende Mannschaft, die mir den Rücken stärkte.

Trotzdem stand natürlich die Frage im Raum: Würde eine junge Frau so eine Firma leiten können? Manche Mitarbeiter, aber auch einige Berliner waren hinter meinem Rücken am Reden. Ob die junge Hetzer das schafft? So ganz allein? Autofahren kann sie ja – aber eine Firma leiten? Immerhin kannte ich das Geschäft meines Vaters gut. Ich war damit groß geworden. Und ich hatte – noch viel wichtiger – Ahnung von Autos und obendrein viel in Amerika gelernt. Nein, es war gar kein so großer Sprung ins kalte Wasser. Dennoch gab es natürlich viel Neuland für mich zu entdecken und jede Menge zu tun. Ich krempelte die Ärmel hoch.

1971 wurde unser zweites Kind geboren, unser Sohn Dylan. Mit der Babytragetasche in meinem Opel GT fuhr ich in die Firma und stillte meinen Sohn im Büro, denn ich wollte mich unbedingt um das Geschäft kümmern. Zu Beginn galt es, noch bestehende Schulden für das Grundstück abzubauen, aber dann konzentrierte ich mich im Laufe der Jahre darauf, die Firma auszubauen. Wir handelten mit Neuwagen, verkauften Gebrauchtwagen, betrieben eine Werkstatt für Reparaturen und ein großes Ersatzteillager, das auch das Ausland belieferte. Die Firma lief gut, der Name Hetzer war bekannt in Berlin, und wir hatten viele Stammkunden. Nebenher fuhr ich immer wieder große Rallyes mit, denn die Freude am Autofahren war immer noch gewachsen – ich liebte es mehr denn je, schnell zu sein und Gas zu geben, und das gern auch über lange Strecken. Die Berliner lernten mich mit den Jahren immer mehr als autoverrückte Heidi kennen, als Frau, die mit Rallyewagen durch Deutschland peste, die über die Berliner Avus bretterte und an der Rallye »La Carrera Panamericana« in Mexiko teilnahm. Und die in ihrem Autohaus in ihrem Element war.

1975 gründete ich mit anderen Frauen BAFF, den Berliner Autoclub für Frauen. Wie trafen uns zu Pannenkursen und auf gesperrten Parkplätzen zu Schleuderkursen. Wir schraubten gemeinsam, bis wir alle schmutzige Finger hatten. Das war etwas ganz Neues in Deutschland, und die von den Herren dominierte PS-Welt musste sich erst einmal daran gewöhnen.

Vor allem die Rallyes aber machten mich in Berlin zunehmend

bekannt. Ob ich wollte oder nicht, Schlagzeilen waren gewiss. Ich habe in der zweiten Etage meiner alten Firma noch viele Ordner mit Berichten aus all den Jahren aufbewahrt. »Schnelle Mutti auf gefährlichem Kurs«, schrieb die *BZ*, als ich 1971 die Rallye »Monte Carlo« fuhr. Und: »Heidi Hetzer fährt die schwerste Rallye durch Europa mit.« Auf den Fotos bin ich im Rennfahrerdress mit Helm zu sehen, darüber mit Marla und Dylan in unserem Wohnzimmer. Ach, die Überschriften waren meistens übertrieben. »Heidi übersteht die Nacht der langen Messer«, schrieben sie über meine Teilnahme bei der Rallye »Monte Carlo«.

Die *Bild* titelte nach meinem Abgang bei einer Rallye: »60 Meter tief gestürzt – mutigste Frau startet wieder!« Und als ich mit meinem alten Riley bei der Oldtimer-Rallye in Thüringen von der Bahn abkam, schrieb die *BZ*: »Berlins Heidi Hetzer fast verbrannt.«

Die Redakteure betonten immer wieder, dass ich eine berufstätige Hausfrau und Mutter war. Die Leute schienen das zu mögen. Das Traditionelle mit dem Rebellischen verbinden – eine Hausfrau, die Rennen fährt! Es passte in die Zeit. Passte zu einem neuen Frauenbild, das nach den 1960er-Jahren überhaupt erst möglich geworden war – und das in den nächsten Jahrzehnten den Weg für eine andere Frauenrolle ebnete. Emanzipation war kein Problem für mich, ich machte in Berlin alles mit, was mir Spaß machte, fuhr bei Sulky-Rennen mit und sprang mit dem Fallschirm ab. So wurde ich bekannt als »die schnellste Frau Berlins«. Ja, ja, die Zeitungen. Kriegen immer eine knackige Zeile hin. Und wer will es ihnen übelnehmen? Es ist ihr Job.

Auch über BAFF, den Berliner Autoclub für Frauen, wurden viele Artikel gedruckt. Der *Tagesspiegel* schrieb 1977 über unsere schraubende Damenrunde: »Wir klatschen nicht, wir arbeiten.« Und das stimmte. Wir hielten regelmäßig Pannenkurse ab, und vor dem Olympiastadion und dem Axel-Springer-Parkplatz organisierten wir Schleuderkurse nur für Frauen. Es gab immer wieder Männer, die sich auch anmelden wollten. Ich aber meinte: »Na, das sagt doch schon der Name, Bratkartoffel – Berliner Autoclub für *Frauen*, verstehste?«

Das Thema Frauen und Autos wurde in den nächsten Jahren immer wieder dankbar ausgebreitet. »Was Frauen über den Mann am Steuer denken«, schrieb die *BZ* noch in den 1970er-Jahren. Und die *Berliner Morgenpost* titelte über Cornelia Krebs' und meine Teilnahme bei der »Tour d'Europe«: »Diese Frauen stehen ihren Mann.« Immer wieder erschienen Berichte zu verschiedensten Anlässen: Etwa als ich Verleger Axel Springer einen Stein aus der Avus-Nordkurve überreichte, als ich bei Hans Rosenthal in »Dalli-Dalli« auftrat und mich gegen Roberto Blanco und die Sängerin Irene Sheers im Schnellsprechen behaupten musste.

Der *Bild* war es sogar eine Meldung wert, nachdem Einbrecher sich in der Firma bedient hatten. »Heidi Hetzers Tresor geraubt«, schrieben sie. »Berlins schnellste Autoamazone ist nachts ausgeraubt worden.« Und noch ein Satz verbindet man in Berlin mit mir. Als auf der Avus Tempo 100 eingeführt wurde, brachte das viele Berliner auf die Palme. Auch ich fand das reichlich dämlich und sagte vor dem Reichstag: »Für uns beginnt die DDR jetzt am Funkturm!«

Die Rallyes und die witzigen immer neuen Sprüche am Autohaus wurden zu meinem Markenzeichen. Auch meine Auftritte in der Öffentlichkeit und die Berichte in der Presse festigten meinen Ruf als Berlins flotte, freche Heidi – und dem Geschäft hat das sicher nicht geschadet. Ausschlaggebend dafür, dass die Firma Opel Hetzer über die Jahre stetig wuchs, aber war etwas ganz anderes. Nämlich: Freundlichkeit und Herzlichkeit, die nicht nur aufgesetzt, sondern echt waren. Achtzig Prozent unserer Kunden kamen durch Mundpropaganda. Wir hatten immer ein erfahrenes und motiviertes Team, und alle pflegten einen lockeren, aber seriösen Ton. Das spürten die Kunden. Und kamen wieder. Auch in der Werbung nutzte ich den schlichten Slogan: »Die freundliche Opel Hetzer«. Die Kunden fragten: Warum nicht *der Opel Hetzer*? Und die Mitarbeiter sagten: Weil wir längst eine Chefin haben.

Über die Jahre ließ ich alle möglichen Sprüche an der Fassade des Autohauses an der Stadtautobahn anbringen. Dies war der letzte.

Das Autohaus war zudem ein Traditionsunternehmen, und die Berliner schätzten so was. Die Geschichte von Vati und mir war bekannt, und ich schrieb sie weiter, so gut ich konnte. Am Ende auch über Berlin hinaus. Bis die Firma Hetzer zu einem der bekanntesten Opel-Häuser Deutschlands wurde.

Später nahm ich neben Opel noch andere Marken ins Angebot. Ich verkaufte Chevrolets, Cadillacs und Corvettes, zum Schluss kam noch Hyundai hinzu. Es folgten umweltfreundliche Antriebe, seit 2011 das Elektrofahrzeug Ampera mit Reichweitenverlängerer. Natürlich musste man dem technologischen Fortschritt folgen, am besten sogar selbst vorausfahren. Das versuchten wir. Optimierten nicht nur unseren Strom-, Gas- und Wasserverbrauch in der Firma, sondern installierten ein eigenes kleines Kraftwerk, um Strom und Wärme selbst zu erzeugen. Umrüsten und umdenken, das schrieben auch wir uns auf die Fahne, vor allem in den Krisenjahren. Dass da eine Frau über vier Jahrzehnte an der Spitze des Unternehmens stand, wurde immer wieder zum Thema. Wie ich es schaffte, mich in dieser von Männern dominierten Branche zu behaupten, ist jedoch gar nicht so schwer zu erklären: Ich scherte mich einfach nie groß um Regeln, bestand aber immer auf meinen Prinzipien. Freundlichkeit, Ehrlichkeit, kämpfen und hart arbeiten. Von mir aus auch die Nächte durch. Ich war einfach ich selbst. Einige mochten das vielleicht nicht immer, aber alle respektierten es. Und darauf kam es an.

Auch die Schlagzeilen der Wirtschaftspresse griffen das Thema gern auf. »Frau am Steuer«, stand zu lesen. »Mama Opel kämpft« oder »Männer brüllen, Frauen inspirieren«. Ich landete in »Menschen 2009« sogar bei Thomas Gottschalk auf der Couch, weil ich als zweiundsiebzigjährige Frau noch immer mein Unternehmen leitete und es durch die Krise steuerte. Gottschalk sagte: »Heidi Hetzer hat Opel ein Gesicht gegeben.«

Doch bei all den Interviews und Fragen der Reporter konnte ich niemandem eine große Erfolgsformel oder Ähnliches verraten. Denn sowohl für meine Firma als auch für mein Leben galt stets eine einfache Devise: »Sei, wer du bist. Aber sei zu allen Menschen gleich.«

Ich war nun mal Heidi Hetzer. Und das immer frei heraus.

In der Firma gab es aber nicht nur gute Zeiten. Vor allem nach dem Fall der Mauer veränderte sich viel. Ich wollte nach vielen Jahren das Grundstück von der Telekom kaufen, auf dem ich die Firma maßgeblich vergrößert hatte. Aber es gab unerwartete Probleme beim Kauf. Die Situation bereitete mir schlaflose Nächte, es ging um die Existenz der Firma. Ich war wirklich am Boden. Und wieder hieß es kämpfen. Denn die Situation betraf ja nicht nur mich, sondern auch alle Mitarbeiter. Da standen Arbeitsplätze auf dem Spiel. Zum Glück nahm die Sache ein gutes Ende, aber ich musste mich ziemlich einsam da durchbeißen. Auch die Ölkrise und das Sonntagsfahrverbot machten das Geschäft nicht einfacher. Und gerade in den letzten Jahren wurde der Kampf auf dem Automobilmarkt zunehmend härter. Die Autohäuser wurden immer größer, die Regeln der Hersteller strenger. Ich hatte am Ende fünf Standorte in Berlin, achtete allerdings stets darauf, alle meine Mitarbeiter zu kennen. Es sollte persönlich zugehen bei Opel Hetzer, denn ich war nie darauf aus, die Firma zu einem fremdgesteuerten Unternehmen aufzublasen. Dann kam die Finanzkrise 2008, das Finanzunternehmen GMAC ging pleite, ebenso wie viele andere Banken. Es waren keine einfachen Zeiten, und viele Unternehmen steckten in einem typischen Dilemma: Du bist zu reich zum Sterben, aber zu arm, um weiterzuleben. Auch mir wurden über Nacht Kredite gestrichen, und man konnte sehen, wie die Bande der Weiße-Kragen-Verbrecher tickte. Mein Sohn Dylan kündigte sogar seinen Job als Ingenieur in der Branche der erneuerbaren Energien und half mir als Geschäftsführer und Mitinhaber der Firma, den Betrieb zu verjüngen. Denn es war so: Als Zweiundsiebzigjährige bekam ich keinen Kredit mehr! Von nun an zählte seine Unterschrift. Viele Autohäuser aber gingen bankrott, andere berappelten sich so gerade. Auch wir mussten uns verkleinern und uns gesundschrumpfen. Das war schmerzhaft, aber es blieb keine andere Wahl.

Und wieder galt es, durchzuhalten und den Kopf nicht in den Sand zu stecken. Aber nach drei Jahren waren wir über den Berg.

Was habe ich gelernt in all diesen Zeiten? Ich habe es nicht nur gelernt, sondern am eigenen Leib erlebt, dass meine alte Devise noch immer galt – auch in der Geschäftswelt: Wenn du am Boden liegst, steh sofort wieder auf! Auch als Frau kannst du es überall schaffen. Und immer habe ich versucht, das an andere Frauen weiterzugeben. Na klar, ihr packt das! Redet nicht, jammert nicht! Macht euer eigenes Ding, und setzt euch selbst ans Steuer. Plappert nicht einfach nach, sondern denkt selbst, und macht den Mund auf. Das ist leicht gesagt, aber eben nicht immer so leicht getan. Doch wenn ich jemals andere Menschen dazu motivieren konnte, selbst den Hintern hochzukriegen – letztlich egal, ob Mann oder Frau –, dann war und ist das für mich das schönste Lob, die beste Bestätigung.

Holprig? Schwierig? Nein, so würde ich meinen Weg nicht beschreiben. Es war kein Hürdenlauf mit tausend Stolperfallen. Wenn man normal ist, keine feine Püppi, wenn man mit anpackt und kameradschaftlich ist, dann wird man auch akzeptiert. Darum geht es. Und es kann dabei nicht schaden, den Schraubenschlüssel selbst in die Hand zu nehmen. Das habe ich immer getan, selbst als ich mit fünfundsiebzig noch in die Werkstatt latschte.

Wofür steht Berlin noch? Was macht meine Heimatstadt für mich so großartig, wenn ich zurückdenke? Berlin, das hieß für mich, neben dem Geschäft immer auch viel Spaß zu haben und vor allem wundervolle Feste zu feiern. Damit ging es schon früh los, und das hatte einen einfachen Grund: meinen Geburtstag. Schon als junge Frau liebte ich es, Partys zu schmeißen, und es gibt kaum einen schöneren Anlass, als vom 20. in den 21. Juni hineinzufeiern – mitten in den offiziellen Sommeranfang! Das mochten natürlich alle, und der Termin stand immer schon früh fest. Heidi feiert ihren Geburtstag – und wir tanzen alle in den Sommer. Ich mochte es, mir dafür etwas Besonderes auszudenken, einen speziellen Ort zu wählen oder irgendwelche Aktionen zu machen. Über die Jahre wurden die Feste größer, und zu den größten Partys wurden zum Schluss an die vierhundert Freunde und Bekannte eingeladen.

Zu meinem fünfzigsten Geburtstag mietete ich einen Zirkus, und auf dem Gelände der Firma Hetzer wurden die Gäste von einem Löwen begrüßt. Mein Mann Bob hatte sich dafür eine schöne Sache überlegt. Er hatte einen Film und Bilder vorbereitet und zeigte diese auf einer großen Leinwand. Auf einem Gabelstapler ließ er sich zur Leinwand hinauffahren, und da stand er dann mit einem Taktstock und erklärte mit seinem wundervollen Humor und in seinem amerikanischen Deutsch, was darauf zu sehen war. Eine ganz tolle Idee. Allerdings hatte er sich vorher ein ziemlich dickes

Ding geleistet. Zu Beginn der Party nämlich, als die Gäste bereits eintrudelten, kam Bob in letzter Minute, bestens gelaunt – aber direkt vom Golfplatz und in seinen Sportklamotten. Für ihn war das ganz normal. Wieso sich groß in Schale schmeißen? Als Amerikaner mochte er es lieber leicht und locker. Aber dann stand er neben den ersten fein gekleideten Gästen ziemlich unpassend da und fuhr dann doch noch nach Hause, um sich umzuziehen. Er kam viel zu spät wieder – die Gäste durfte ich allein begrüßen.

Mir platzte die Hutschnur. Und ich sagte: So, mein Lieber, das war's jetzt. Die Nummer brachte das Fass zum Überlaufen. Am nächsten Morgen, als die Gäste um vier Uhr langsam nach Hause gingen, saßen wir auf irgendwelchen Ölkanistern. Und ich bat um eine freundliche Trennung.

Bob hatte es natürlich nicht böse gemeint. Er war einfach so. Lässig, charmant, witzig und meistens am Golfen. Zu Hause konnte er ähnliche Dinger bringen. Wenn Football lief, ging nichts anderes. Gäste sahen ihn nur von hinten auf dem Sofa sitzen. Dann klappte er, ohne sich umzudrehen, einen Arm nach oben und rief: *»Hi, folks!«* Der gute Bob. Heute können wir darüber lachen. Wir verstehen uns noch immer bestens.

Über ihn und seine Kontakte hatte ich schon früh viele Amerikaner kennengelernt, darunter auch die Künstler Christo und Jeanne-Claude. Bobs Bekannter, der amerikanische Historiker Michael S. Cullen, war es, der Christo auf die Idee brachte, den Reichstag zu verhüllen. Schon 1971 hatte Michael dem bekannten Künstlerpaar eine Postkarte geschickt mit der Idee – doch es dauerte fünfundzwanzig Jahre, bis die Aktion genehmigt wurde. So lernten wir Christo und Jeanne-Claude über die Jahre immer besser kennen, denn die beiden kamen öfter nach Berlin, um die Sache mit dem Reichstag voranzubringen. Und Bob und ich unterstützten dieses tolle Projekt natürlich, wo wir nur konnten.

Als es im Sommer 1995 so weit war, herrschte feierliche Stimmung in Berlin. Und wieder hatte ich Geburtstag. Die Gegend um den Reichstag war während des Projekts zur Bannmeile erklärt worden, aber ich wollte unbedingt in der Nähe des verhüllten Reichstags feiern, denn der sah natürlich spektakulär aus. Ich verband das Praktische mit dem Nützlichen. Und kaufte auf der Ostseite, direkt am Reichstag, einen alten Trabi-Laden. Wir bauten auf dem Gelände ein großes Zelt auf und luden viele Leute ein. Auch von Opel kam alles mit Rang und Namen. Einen alten Opel P4 ließ ich mit dem gleichen Stoff verhüllen und mit der gleichen Kordel verschnüren, die Christo auch für den Reichstag nutzte. Aber damit nicht genug. Der Opel P4 war nämlich oben offen. Und während schöne Musik spielte, entstieg dem Opel – inmitten aller Gäste – eine nackte, ganz mit Gold bemalte Tänzerin mit einem großen schwarzen Opel-Blitz auf der Brust. Aber das war natürlich nicht alles, weil Heidi nun mal Heidi war und durchaus eine Emanze, kletterte danach auch ein splitternackter goldener Mann aus dem Auto. Wir würden doch nicht nur den Männern etwas bieten – wir Frauen wollten schließlich auch was von der Show haben! Und das war durchaus symbolisch gemeint.

Es waren Hunderte Leute auf dieser Party. Etwas näher zum Reichstag hatte ich noch einen Platz gemietet, von wo aus man den verhüllten Reichstag besonders gut sehen konnte. Die Gäste konnten sich mit einer Pferdekutsche hinfahren und mit einem Kran in die Luft heben lassen, um das Kunstwerk noch besser sehen und fotografieren zu können. Ich erinnere mich noch genau, dass plötzlich ein Backpacker vor dem Eingang stand und auch zur Party wollte. Niemand wusste, dass dies der Bruder von Jeanne-Claude war.

Vier Jahre später mietete ich dann den Reichstag, um dort als Erste kurz vor der Eröffnung des Bundestags eine Party zu veranstalten. Das ging natürlich nur, weil ich die richtigen Leute kannte und die Sache nicht groß ankündigte, schon gar nicht in der Presse. Es kamen ganz viele Freunde, Kabarettisten, Politiker, der Chef von Mobil Oil, es spielte ein Streichorchester, und um Mitternacht ließ ich ein weißes Feuerwerk in den Himmel steigen. Dylan war als Überraschung aus Amerika gekommen, und plötzlich kletterte er auf ein hohes Gerüst, um hoch oben eine große Opel-Flagge anzubringen. Viele Prominente waren dabei, und ich weiß noch, dass Mario Adorf bei dem Fest im defekten Fahrstuhl stecken blieb und viel zu spät zu einer weiteren Veranstaltung auf dem Maifeld kam. Leider bekam dadurch die Presse Wind von meiner Party. Und am nächsten Tag liefen die Drähte heiß.

Berlin war immer eine tolle Bühne für verrückte Aktionen und rauschende Feste. Ich feierte im Kaisersaal und an anderen Orten, die gerade eröffnet wurden oder in aller Munde waren. Während der German Open in Berlin fuhr ich Steffi Graf immer von ihrem Hotel zu den Tennisspielen, aber auch mal zum Einkaufen und zum Spazierengehen in einen stillen Park. Sie war oft nicht gerade freundlich zu den Journalisten, und ich weiß noch, dass ich ihr mehr als einmal sagte: »Mensch, Steffi, du kannst ruhig mal ein bisschen netter sein zu den Journalisten.« Und sie sagte dann: »Bin ich nun hier, um freundlich zu sein oder um Tennis zu spielen?«

Auch Chris de Burgh lernte ich kennen. Als die Mauer gefallen war, sang er als Letzter am Brandenburger Tor. Bei den Feierlichkeiten waren so viele Politiker, Künstler und Prominente in der Stadt, dass der Senat und die Firma Mercedes keine Fahrer und keine Autos mehr hatten. Da bekam ich einen Anruf, ob ich nicht Chris de Burgh nach dem Konzert vom Brandenburger Tor zum Reichstag fahren könne. Klar, warum nicht? Er stieg nach der Veranstaltung also in meinen Wagen, und man kann sich vorstellen, was auf den Straßen los war! Die Mauer war frisch gefallen, zigtausende Menschen feierten, überall knallten die Korken und lagen Scherben am Boden. Ich musste mit dem Auto mitten durch diese unglaublichen Menschenmassen fahren, die Leute zeigten mir einen Vogel, und einige riefen mir zu: »Heidi, bist du denn verrückt, hier mit dem Auto durchzuwollen!« Aber was sollte ich tun? Am liebsten hätte ich zurückgebrüllt: »Hinten sitzt Chris de Burgh, hinten sitzt Chris de Burgh! Ich soll ihn zum Reichstag fahren!«

Wir kamen kaum voran, steckten fest im Gewusel. Chris de Burgh bekam irgendwann Panik, stieg aus und ging einfach zu Fuß weiter. Beim Reichstag ließ man ihn dann nicht rein, weil niemand den kleinen Kerl erkannte. Wie dem auch sei, am nächsten Tag sollte ich ihn jedenfalls erneut fahren, diesmal zur Philharmonie. Und als er mich sah, sagte er: »Und du wartest hier, bitte schön, bis ich wieder draußen bin – um genau hier einzusteigen. Ich bleibe nicht lange, nur fünfzehn Minuten. Zu Fuß mache ich das nicht noch mal!«

Er war auch wirklich schnell wieder draußen, wollte danach noch in eine richtige Berliner Kneipe, und ich fuhr mit ihm mittags zu Hardtke in der Meinekestraße. Da saßen wir dann und haben gequatscht und gequatscht. Und ich dachte nur, als wir um halb vier immer noch dasaßen und redeten: Der wollte doch zum Flughafen und seinen Flieger kriegen. Chris de Burgh aber meinte nur, ach, kein Problem, er habe Zeit. Ich hatte natürlich nicht geschnallt, dass er mit »meinen Flieger kriegen« sein Privatflugzeug meinte und abreisen konnte, wann es ihm in den Kram passte. In Tempelhof durften wir dann aufs Vorfeld fahren, direkt vor seine Maschine. Wir machten noch ein Foto vor seinem Bomber, und er legte sein Köpfchen auf meine Schulter.

Ich traf ihn viele Jahre später noch einmal wieder, als er in Berlin beim von Opel gesponserten Classic Open Air auf dem Gendarmenmarkt auftrat. Da war ich als Opel-Tante natürlich auch dabei, konnte Gäste einladen und hielt mich öfter im VIP-Zelt auf. Und eines späten Abends dachte ich, na, den kennst du doch, denn da kam Chris de Burgh plötzlich herein. Wir begrüßten ihn und setzten ihn an einen Tisch. Er erkannte mich nicht mehr, saß da und wollte sich vor seinem Konzert am nächsten Tag nur mal das Gelände anschauen. Und ich sagte vom Nebentisch ganz laut und auf Englisch in seine Richtung: »Na, jetzt kennst du mich nicht mehr, was?«

Er sah mich kurz verdattert an. Dann wollte er sich einen Spaß draus machen, kniete vor mir nieder und fragte: »Und, wie war es?«

Bei so vielen Fans konnte er sich offenbar wirklich nicht mehr an unsere Fahrten und den Nachmittag in der Kneipe damals erinnern, und ich erlaubte mir daraufhin einen weiteren kleinen Scherz. Vor versammelter Runde sagte ich: »Sie ist jetzt zwölf.«

Er zuckte zusammen, sprachlos. Die Leute drum herum lachten sich tot, als ich die Situation auflöste und alle begriffen. Danach verbrachten wir alle einen langen lustigen Abend zusammen.

Herrliches Berlin. Ja, ich liebe diese Stadt. So viel habe ich hier erlebt, so viele Menschen kennengelernt. Noch heute könnte ich tagelang durch die Straßen fahren und immer wieder Neues entdecken. Berlin schläft nicht. Toll. So muss es sein.

Aber meine Gedanken eilen voraus. Denn noch bin ich in Südafrika, aber meine Reise neigt sich dem Ende zu. Ich versuche herauszukriegen, was ich für ein Gefühl im Bauch habe. Eigentlich sind da zwei Gefühle, nach all diesen Tausenden von Kilometern. Da ist der Wunsch, noch weiterzufahren, immerzu unterwegs zu sein, nicht zum Stillstand zu kommen. Und da ist der Wunsch, endlich wieder in meiner Stadt zu sein. Bei meinen Kindern und Enkelchen. Bei meinen Freunden. Und wie sehr freue ich mich auf Paolo Masaracchia vom Hotel Moa. Seit Jahren gehen wir zusammen zu offiziellen Empfängen. Und hoffentlich will er mit mir noch immer um die Häuser ziehen!

Ich blicke durch Hudos Windschutzscheibe. Die Sonne knallt, und watteweiße Wolken fliegen am Himmel, als ich mich Kapstadt nähere. Der Jahreswechsel steht bevor, und dies wird nach dem dritten Weihnachten auch das dritte Silvester sein, das ich auf meiner Reise um die Erde feiern werde. Danach kommt der letzte große Sprung. Mit Hudo zusammen auf dem Schiff über den gesamten Atlantik nach Norden, bis nach Vigo in Spanien. Und von dort die letzten Kurven durch Europa.

Diese letzte Strecke wird sich – nach all den schwierigen Ländern und Etappen – wie ein Katzensprung anfühlen. Doch ich werde jeden Kilometer davon genießen, bevor ich Hudo nach Hause bringe. Zurück in seine Garage, wo er sich dann erst mal in aller Ruhe ausschlafen kann.

Zurück durch Europa: endlich Berliner Luft!

Für seine letzte Seereise steht Hudo nicht in einem roten, sondern in einem blauen Container. Der trägt die Nummer 229898. Es ist Anfang Januar, und nach der Verladung bleiben noch fünf Tage, um Kapstadt zu genießen. Dann werden wir ablegen und achtzehn Tage lang über den Atlantik nach Norden schippern. Silvester habe ich bei der Familie von Nadja Ellerholz in Capetown verbracht. Es gab Piña Colada am Pool, Mitternacht den Blick vom Tafelberg über die leuchtende Stadt und Wunderkerzen mit den Kindern. Ein wahrer Traum.

Ich ziehe nun den Schlussstrich unter das Jahr 2016. Glücklich und dankbar. Und ich schicke Grüße in die Welt. Sie gelten allen Freunden und Menschen, die an meiner Seite mitgefahren sind, ob nun virtuell oder in echt. Ja, sie gelten allen, die mit gelitten, die geholfen und mir Mut gemacht haben. Sie gelten den Vögeln, die da draußen über das Meer fliegen, den Pinguinen und den türkisen Wellen, die meine Augen sehen durften. Und sie gelten dem Chef des Burgundy Restaurant in Hermanus, wo ich auf der letzten Etappe vor Kapstadt noch bei der Familie Viljoen einkehrte.

Ich hatte Hudo direkt vor dem Lokal geparkt, woraufhin sich ein Gast lauthals beschwerte. Ach, wie schnell müssen sich manche Leute doch aufregen, wenn man nur mal ein ganz klein bisschen aus der Reihe tanzt? Und wie schön, dass nicht alle so ticken. Ich wollte

Hudo gleich ganz brav umparken, als der Chef des Lokals herauskam. Er trug kurze Hosen, ein weißes kurzärmeliges Hemd und sagte: »Ihr Hudo kann stehen bleiben. Wir parken nicht das Auto um, wir parken den Gast um.«

Wunderbar. So lässt es sich leben. Mundwinkel nach oben, nicht nach unten.

Und nun, zurück in Kapstadt, will ich unbedingt noch eines: abheben! Fliegen – denn das entspricht genau meiner Gemütslage. Oben vom Signal Hill fällt der Blick weit über das Meer bis zum Horizont. Es ist fast, als würde mich der Horizont anlachen und sagen: Komm nur, schau dir an, wie es hinter mir aussieht!

Ich setze einen weißen Helm auf und werde vor den Bauch meines Paragliding-Piloten geschnallt. Wir laufen los, den Hang hinunter, und heben ab. Kapstadt von oben. Ich sitze im siebten Himmel und jauchze vor Freude. Beim Start habe ich meinen Turnschuh verloren. Egal, auch wenn ich links barfuß bin, steuert mich mein Tandempilot hoch über die Häuser und die Flanke des Bergs, bis wir langsam nach unten schweben, ein paar Kurven fliegen und butterweich auf dem Rasen der Waterfront landen. Toller Flug – aber viel zu kurz! Ich habe es getan – und, da können Sie sicher sein, ich werde es wieder tun. Solange ich kann.

Ich mochte es schon immer zu fliegen. Zweimal bin ich schon mit dem Fallschirm aus einem Flugzeug gesprungen. Ich wollte sogar eine Zeit lang eine Pilotenlizenz machen. Fahren und fliegen. Fängt beides mit F an und verfolgt das gleiche Prinzip. Nicht auf der Stelle treten, sondern sich bewegen. Gefährliche Dinge zu probieren, auch mal verbotene, hat mich immer gereizt. Bin wohl eher ein neugieriger Mensch. Ich will einfach manchmal wissen: Wie ist es, linksherum zu fahren, wenn alle rechtsherum fahren? Ist doch spannend: mal sehen, was passiert. Ich würde das nicht verrückt nennen. Aber wie dem auch sei, ein bisschen verrückt kann nicht schaden.

Muss am Ende letztlich jeder selber wissen. Denn, meine Güte, ja, was hätte alles schiefgehen können in diesen neunundsiebzig Jahren? Eine Katze hat sieben Leben – aber wie viele hatte ich schon? Und wie viele sind noch übrig? Nachzuzählen habe ich nicht den Mut.

Nun winkt der Abschied vom sommerlichen Südafrika. Ich blicke über das grüne Meer und den einsamen Strand von Kraalbaai, besuche noch ein klassisches Konzert und schaue mir den Platz an, von dem aus Nelson Mandela sprach, nachdem er aus Robben Island entlassen wurde. Was für ein Mann. Eine Palme steht auf dem Platz, und da oben sehe ich den Balkon, von wo aus er das Wort an die Menschheit richtete. Man bekommt noch heute Gänsehaut.

Es ist einer der letzten Nachmittage am Strand. Die schwarzen Kinder auf der Promenade sind barfuß und bemalt, und sie singen und tanzen für Geld. Hier unten gibt es noch immer viel Armut und Ungleichheit. Was werden diese Kinder noch alles erleben, frage ich mich? Wohin wird ihre Reise sie führen?

Nadja Ellerholz organisiert in Kapstadt gleich nach meiner Ankunft einen Vortrag in einer Schule. Ich soll den Kindern von der Reise erzählen, Mut machen. Vor allem den Mädchen. Und dann taucht plötzlich Jörg Nawrocki in der Schule auf, ein ehemaliger Verkäufer, der in Berlin in meinem Opel-Haus gearbeitet hatte. Mich wundert schon nichts mehr. Jörg und ich haben uns viel zu erzählen, verbringen jeden Tag zusammen in Kapstadt und hören uns einige Jazzkonzerte an. Jörg ist praktisch ein Einheimischer, durch ihn lerne ich die Stadt von einer ganz anderen Seite kennen.

Und gleich darauf noch einer dieser Zufälle. An einem der letzten Abende trudelt eine Mail von Günter Berner ein, einem ehemaligen Distriktleiter von Opel. Ich schaue dreimal hin – und glaube es nicht! Wir kennen uns fast vierzig Jahre. Ich war bei seiner Hochzeit in Harsefeld dabei, und nun sehen wir uns nach zig Jahren wieder – ausgerechnet hier und jetzt in Kapstadt, wo Günter seine zweite Heimat gefunden hat. Wir treffen uns in einem Lokal an der Promenade und grinsen uns freudestrahlend an. Denn auch das wird immer mehr zu einer Rarität, wenn man so viele Jahrzehnte hinter sich hat. Freunde treffen, Weggefährten, Bekannte aus alten Tagen. Wenn du die achtzig anpeilst, weißt du, dass so ein gemeinsamer Abend keine Selbstverständlichkeit ist: Denn viele sind schon nicht mehr. Wir begießen es mit einem ordentlichen Glas Wein.

Der liebe Leonard Schneider schmeißt am letzten Abend noch eine Abschiedsparty, alle bringen Essen mit. Inzwischen bin ich schon Teil der südafrikanischen Oldtimer-Family. Aber dann, am 12. Januar 2017, ist es so weit. Ich gehe die Gangway hoch und betrete die *Golden Karoo*, das Schiff, das Hudo und mich nach Vigo in Spanien bringen wird. Ein 199 Meter langer Frachter mit eigenen Kränen an Bord und einer Besatzung aus Polen. Ich winke ein letztes Mal, dann verlassen wir den Hafen, und ich sehe Südafrika im Kielwasser zurückbleiben. Bald nur noch eine Ansammlung brauner Berge, in der Mitte der massive Tafelberg, der unter der Sonne thront, zum Abschied mit einer weißen Tischdecke dekoriert. Wolken am Gipfel. Adeeeee, Kapstadt. Aber denk dran – ich komme wieder! Nach drei Tagen legen wir noch einmal in Walvis Bay, Namibia, an, um weitere Fracht zu laden. Ich will eigentlich nur ganz kurz von Bord gehen, aber dann dreht einer da oben noch mal mächtig am Rad, und wenn ich es nicht selbst erlebt hätte, würde ich es nicht für möglich halten.

Da es an Bord null Internet gibt, versuche ich, auf die Schnelle ein Hotel finden, um per WLAN ein paar Mails nach Hause zu schicken, wann ich ankomme, wie die weiteren Pläne sind und so weiter. Ich frage am Hafen nach einem Taxi, als eine Frau spontan anbietet, mich mitzunehmen. Sie und ihre Freundin fahren mich in ein Hotel, bestehen sogar darauf, zu warten und mich wieder zurückzufahren. Wir kaufen noch Batterien an einem Kiosk, und dann wollen meine freiwilligen Chauffeure auch noch, dass ich kurz mit zu ihnen nach Hause komme. *Why not?* Solange ich mein Schiff nicht verpasse!

Ich erzähle von meinem Diebstahl in Santa Lucia, und prompt kramen sie ein paar alte dicke Kleidungsstücke ihrer Tochter heraus, die sie mir für die Rückkehr in den europäischen Winter überlassen. Glaubt man so etwas? Ich meine, das sind wildfremde Menschen, die mich rein zufällig am Hafen aufgegabelt haben. Während ich bei ihnen sitze, schaut die halbe Verwandtschaft noch schnell vorbei, um mich kennenzulernen. Und plötzlich ist der Sohn der Familie am Telefon und sagt zu mir: »Hallo Heidi, da bist du ja endlich!«

Wie bitte? Ich verstehe nicht. Einige Erklärungen später begreife ich, dass dieser Sohn genau jener Mann ist , bei dem mich Leonard Schneider angekündigt hatte, als ich aus Kapstadt nach Namibia aufgebrochen war. Ich hatte seine Adresse in der Tasche – es aber nicht geschafft, ihn zu besuchen.

Und nun ist der Sohn ziemlich überrascht, dass ich auf diese Weise doch noch auftauche – im Hafen von Walvis Bay, aufgegabelt von seiner Mutter, die von alldem keinen Schimmer hatte. Der Sohn sagt: »Warte, ich wohne um die Ecke, ich komme ganz schnell noch vorbei!« Wir begrüßen uns überschwänglich, und dann schließt er seine Garage auf. Und was sehe ich? Wir stehen vor fünf allerfeinsten modernsten Rallye-Autos!

Das ist *too much*. Ich will es nicht wahrhaben. Da hat doch jemand ein Drehbuch geschrieben!

Die Zeit tickt dahin. Das Schiff wartet nicht. Wir liegen uns am Ende in den Armen, fassungslos und glücklich darüber, was uns dieser Tag so völlig ungeplant beschert hat. Die Familie Allan Martin von der Firma Hydraulies schenkt mir noch eine Jacke mit Firmenwerbung und fährt mich zum Hafen, ein letzter Gruß, dann bin ich wieder an Bord. Vielleicht will Afrika mich nicht loswerden? Oder will ich Afrika womöglich nicht verlassen?

Es nützt nichts. Jetzt muss zu Ende gebracht werden, was zu Ende gehen soll. Schon ist die Nacht über Namibia gefallen, als die *Golden Karoo* ihren Bug wieder hinaus auf See richtet. Richtung Atlantik.

Ab jetzt wird die Tagesroutine auf dem Ozean nur noch von den Mahlzeiten unterbrochen. Frühstück um 7.30 Uhr, Mittagessen um 11.30 Uhr, Abendessen um 17.30 Uhr. Sechzehn Tage lang das gleiche Spiel. Sonnaufgang, Sonnenuntergang, ansonsten nur Himmel und endloses Meer. Wieder dampfen wir über den Äquator, aber diesmal in einer ganz anderen Ecke der Welt. Der Kapitän ermahnt mich, in der Nacht bloß kein Licht in der Kabine zu machen. Verdunkelt passiert das Schiff alsbald Westafrika. Der Grund: Piratengefahr.

Die Zeit auf dem Meer zieht sich, oft gehe ich auf die Brücke, aber da steht keiner mehr an einem Steuerrad. Alles funktioniert automatisch, fast gespenstisch navigiert der Autopilot unseren Frachter über See. Gemütlich wiegt der Kahn auf und ab, und so langsam gewöhne ich mich daran. In der Koje rolle ich hin und her, überlasse mich diesem Rhythmus. Morgens wieder das Gleiche. Nur Meer. Heidi und die See – dicke Freunde werden wir nie. Aber doch liegt eine Ruhe über diesem ewigen Anblick der Wellen, des Himmels, der Wolken und des Lichts. Ich muss an einen Satz denken, den mir ein großer kräftiger Südafrikaner im Hafen von Kapstadt noch mitgab. Ich hatte eine Bemerkung gemacht, weil ich wollte, dass man Hudo zügiger verlädt, damit ich schnell noch ein paar Dinge würde erledigen können. Warum konnten die nicht einen Gang zulegen? Der Mann ließ sich aber nicht drängeln. Er sah mich an und sagte:

»*You have a watch, I have time.*«

Nun denke ich über den Satz nach, und er wirkt. Du hast eine Uhr, ich habe Zeit. Ja, warum muss bei uns alles immer schnell gehen? Warum messen wir alles, blicken ständig auf die Uhr? Auch ich tue das, noch immer. Für mich hat diese Aussage aber noch eine andere Dimension. Ich habe Zeit, sagte der Mann. Und hatte gut reden. Wie viel bleibt mir noch davon?

In der Nacht passieren wir Lissabon an Steuerbord, und wir nähern uns Vigo. Es folgt ein letzter schöner Sonnenaufgang, dann zieht urplötzlich Nebel auf, und alle paar Minuten tutet das Nebelhorn. Noch einmal geht es in die Nacht, und dann kommt Vigo endlich in Sicht. Pünktlich um sechs in der Früh liegen wir fest an der Pier. Ich bin zurück auf heimatlichem Boden, zurück in Europa. Und wie sollte es anders sein? Ende Januar, Winter, es regnet. Nee, da will ich jetzt doch nicht europäischen Boden küssen – obwohl ich es mir extra vorgenommen hatte.

Nach zwei Jahren und fünf Monaten liegen jetzt die letzten Etappen vor mir, bis nach Berlin. Durch den Süden Spaniens, dann am Mittelmeer entlang nach Norden. Und Hudo hat endlich wieder sattes 95-Oktan-Benzin im Blut. Er scheint richtig durchzuatmen und tourt bis auf kleine Aussetzer erst mal ohne Murren über die Straßen. In Vigo bekommt er noch neue Schuhe, denn ein Satz neue Reifen war dringend nötig, vor allem in Anbetracht des abgelaufenen TÜVs. In Deutschland werde ich mit Hudo schon einen Tag nach Einreise auf den Prüfstand müssen. Ach ja, und die originalen Nummernschilder müssen dann auch wieder dran – nach zigtausend Kilometern mit den Ersatzschildern. Auf dem Weg nach Norden wird es dann immer klammer. Der halbe Himmel kommt runter! Und jetzt spüre ich es das erste Mal, wegen des verfluchten Wetters, wegen der Kälte, der langen Zeit oder wegen was auch immer: Ich habe genug!

Ich will nach Hause!

Eigentlich hatte ich mir eine hübsche Zahl überlegt: In tausend Tagen um die Welt – so sollte das Motto meiner Fahrt lauten, nachdem ich es in zwei Jahren nicht geschafft hatte. Aber das würde bedeuten: Ankunft in Berlin Ende April. Und ich merke jetzt: Nein, so lange will ich mich nicht noch in Europa herumdrücken müssen. Ich will heim – und rechne mit dem 12. März als Tag meiner Ankunft. Dabei baue ich entsprechend Puffer ein, falls Hudo mal wieder Faxen macht. Außerdem will ich mich vor meiner Einfahrt in Berlin unbedingt mit meiner Familie treffen und meine Enkelkinder sehen. Irgendwo in aller Ruhe und allein.

Hudos Windschutzscheibe ist total beschlagen, als ich nach Santiago de Compostela reinfahre, um dort die berühmte Kathedrale am Ende des Jakobswegs zu besuchen, wo alle sich selbst finden wollen. Von Pilgern ist allerdings keine Spur zu sehen, und ob ich mich hier selbst finde, weiß ich auch noch nicht genau. Die spanische Polizei eskortiert mich direkt vor die Kathedrale. Drinnen brennen Kerzen, über eine Treppe gelangt man hinter den Altar und kommt der Jakobsfigur ganz nah. Man kann die übergroße Silberbüste des Apostels sogar umarmen und küssen, und wer will, kann nebenan auch gleich die Beichte ablegen. Aber erstens bin ich nicht katholisch, und zweitens würde mir Beichtvater Martin aus Kenia sowieso nicht alles vergeben.

Aber eines weiß ich: Nach meiner Reise glaube ich mehr denn je, dass da oben etwas ist. Eine ganze Armada Engel oder irgend so eine Art Cheforganisator. Sonst wäre nicht alles gut ausgegangen auf der Reise. Sonst hätten sich nicht so viele dieser Zufälle ereignet! Aber nur so geht es weiter. Weiter und immer weiter. Und wenn es doch mal stoppt und nicht weitergeht, dann sage ich inzwischen selbst: *Tomorrow is another day.*

Hudo und ich fahren durch die schmalen Straßen von Porto, warten in Portugal auf Sonne und sehen uns die imposante Altstadt an. Die schönen Kacheln aus den letzten Jahrhunderten, die ehrwürdige Architektur. Gutes altes Europa. Ja, hier ist es doch schon ganz schön schön. Und in Berlin warten die Leute nun schon auf meine Ankunft. Auf dem Blog planen sie den Empfang und basteln Flaggen. Einen guten Monat habe ich noch, ein Tröpflein auf dem heißen Stein. Aber jetzt zieht es mich förmlich zurück. Ich will meine Familie und Freunde nicht mehr nur sprechen. Ich will sie in den Armen halten!

Neunundsiebzig Jahre bin ich nun alt. Hudo hat mich inzwischen durch mehr als vierzig Länder getragen und musste bis jetzt vierunddreißigmal zum Doktor in die Werkstatt; kleinere Reparaturen und Pannen am Wegesrand freilich gar nicht mitgerechnet.

Zurück auf dem alten Kontinent – am westlichsten Zipfel Europas lasse ich meine Reise Revue passieren. Von Cabo da Roca geht es endlich nach Hause.

Längst nenne ich meine Reise keine Weltreise mehr, sondern den internationalsten Werkstatttest, der je unternommen wurde. Seit meiner Abreise in Berlin habe ich zudem allein mit meiner Tochter Marla an die fünfhundert Mails geschrieben, von unterwegs um die dreißig Audioberichte gesprochen, und am Ende werden es über sechstausend gepostete Fotos sein, die meine Reise im Internet illustrieren. Mit anderen Worten: Das Material häuft sich langsam.

Auf dem Weg nach Lissabon fahre ich einen ziemlich langen Umweg über Sintra, um nach Cabo da Roca zu kommen, zum westlichsten Punkt Europas. Hudo steht vor gewaltigen Klippen, die fast senkrecht ins Meer kippen. Ganz oben thront der Leuchtturm, unten schäumt das Wasser. Ein imposanter und symbolischer Ort. Denn die Enden der Welt haben einen ganz besonderen Reiz. Man spürt irgendwie so ein Zwischending aus Fernweh und Heimweh, wenn man dort steht – und nichts als Ozean die Kontinente mehr verbindet.

Im Ibis Hotel in Setúbal bei Lissabon bleibe ich eine Nacht. Als ich durch die Lobby gehe, kommt der Manager auf mich zu und sagt: »Sie hier? Ich habe Sie vor zwei Jahren im Fernsehen gesehen.« Am Armaturenbrett befestige ich am nächsten Tag neue Bilder von meinen Enkeln, die Marla und Dylan gemailt haben. Meine Güte, sie sind während meiner Reise so viel größer geworden. Die lieben Enkelchen, denke ich. Und tausche nur einen Buchstaben aus: Engelchen.

Hudo und ich fahren weiter durch Südportugal, als ich an einer Mautstation plötzlich die Höchstsumme von fünfundvierzig Euro bezahlen soll, weil ich ohne Prepaid-Karte fahre. Das ist ein dicker Hund! Spinnen die? Ich weigere mich, fahre einfach, ohne zu bezahlen, weiter. Und werde nun wahrscheinlich in Portugal gesucht.

Also schnell über Faro hinweg und bei Huelva hinein nach Spanien. Sevilla, Cádiz und Marbella lauten die nächsten Ziele, und bei Gibraltar kann ich noch einmal Afrika sehen. So schmal ist die berühmte Meeresenge hier unten, dass auf der anderen Seite die hellbraunen Berge Marokkos aus dem Dunst auftauchen. Irgendwie lässt mich Afrika nicht los. Werde ich noch mal dorthin kommen? Vielleicht sogar mit einem Auto? Am liebsten würde ich sofort rüberschwimmen!

Hudo zaudert derweil beim Starten und will einfach nicht anspringen. Oh, wie leid bin ich es, ihn im europäischen Regen immer wieder anschieben zu müssen! Da hilft es auch nichts, dass ich bald viele Freunde treffe, die in Marbella wohnen. Dort umsorgt mich meine Freundin Ingrid Miersch fünf Tage lang, und mit Angelika Amthor besuche ich Klaus Hofsäß, den ehemaligen Trainer von Boris Becker. Hudo aber murrt weiter. Ingrid ruft den spanischen ADAC an, der mich anschiebt, aber letztlich löst nur eine stärkere Batterie das Problem. Also weiter die Küste hoch – inzwischen am Mittelmeer. Ich komme nach Almería und erschrecke: Alles völlig verbaut hier, Häuser über Häuser. Die Spanier ertrinken in ihrem eigenen Ferienrummel. Nein, hier möchte ich heute nicht übernachten. Es ist zwar schon fast fünf Uhr Nachmittag, und ich bin schon gute sieben Stunden gefahren, aber will unbedingt noch weiter bis Murcia. Doch dann macht Hudo wieder »Peng!« Er hat keine Zündung mehr, rollt einfach aus. Zum wiederholten Mal muss ich in Spanien nun schon den ADAC bemühen.

Aber anzunehmen, dass Hudo die letzten Meilen durch Europa anstandslos durchmachen würde, wäre auch naiv gewesen. Nur frage ich mich diesmal: Was, wenn er auf den letzten Metern kurz vor Berlin oder gar auf der Avus seinen Geist aufgibt – wenn es quasi kurz vor zwölf ist? Mich zum finalen Ziel, zum Brandenburger Tor, schleppen lassen? Kommt gar nicht infrage! Ich werde diesen letzten Reiseabschnitt gut takten müssen und achte ab sofort noch penibler auf jedes kleinste Geräusch, das er von sich gibt. Hudo, der Unerschrockene. Hudo, der Unberechenbare. Viermal hat er den ADAC und die Bosch-Werkstatt an der Nase herumgeführt. Und schließlich merke ich es selbst: Es muss ein Wackelkontakt sein. In einer zweiten Bosch-Werkstatt überrede ich einen Mechaniker noch nach Feierabend, das Hauptstromkabel unten am Bodenbrett besser zu befestigen. Das war's. Nach der Reparatur fahre ich zügig weiter, vierhundert Kilometer durch die Nacht, bis Valencia. Anschließend direkt nach Barcelona.

Ich sehe mir die Sagrada Família an, marschiere über die Ramblas und mache noch den Schlenker in das fantastische Picasso-Museum nördlich der Stadt. Und das ist es wert. Das alles ist schön und gut, aber etwas anderes macht mich wirklich sprachlos. Denn ich erfahre, dass ich die Familie Zapp hier in Barcelona nur um einen Tag verpasst habe! Zu dumm! Ich hätte sonst was dafür gegeben, sie zu treffen – und nun rauschen wir um Haaresbreite aneinander vorbei! Ich sehe es als Zeichen: Unsere Wege nähern sich an, bis sie sich eines Tages kreuzen werden.

Ich überschlage meine Reststrecke. Nur noch drei Länder bis Deutschland. Frankreich, Belgien, Holland. In Salon de Provence bleibe ich drei Tage auf dem Sommersitz der Familie von Kai Gesinger, mit der ich befreundet bin. Und nun sagt mir meine Buchführung: Dies ist der neunhundertvierzigste Sonnenaufgang seit meinem Start. Und ich rechne zusammen: Wie viel Zeit haben mich Hudos Reparaturen am Ende gekostet? Und wie schnell wäre ich ohne die großen Pausen um die Erde gekommen? Ohne die langen Aufenthalte in Buchara, Taschkent, Laos, Melbourne, Viña del Mar und Kapstadt, wo Hudo überall nicht vom Hof kam? Sechs längere Unterbrechungen mussten wir einlegen, weshalb aus zwei Jahren am Ende zwei Jahre und sieben Monate wurden.

Nur sieben Monate länger als geplant also. Ich finde, das ist gar nicht so schlecht für zwei zusammengerechnet hundertsechsundsechzig Jahre alte Kisten, die einmal auf vier Reifen um die Welt wollten. Und: Wen hätte ich alles *nicht* getroffen ohne Hudos Pannen? Und: Was für großartige Ecken, Orte und Werkstätten hätte ich *nicht* gesehen ohne seine Mätzchen? Und: Hätte ich *ohne* Hudos defekte Lichtmaschine den lieben Gott auf Erden kennengelernt – Iris sein Name?

Und überhaupt: Wer sagt, dass das Leben einfach ist?

Ich blicke in den Himmel über Frankreich. Spinne ich, oder sehe ich da eine Wolke, die aussieht wie der Opel-Blitz?

Gut dreihundert Kilometer waren es heute bis nach Mâcon, und morgen früh trifft mein achtzehnter Beifahrer ein. Mein Trauzeuge Fritz Herminghaus. Er hat sich in Paris in den Schnellzug gesetzt und kommt mir entgegen, um mich zurück nach Paris zu begleiten. Hurra! Und dann gleich wieder: Oh nein! Hudo will mal wieder nicht. Und das ist jetzt doch wieder eine größere Sache. Aber freundlich, wie er ist, hat er genau in einer Nothaltebucht das Handtuch geworfen. Weil die Autobahn in Frankreich privat organisiert ist, müssen wir den Abschleppdienst anrufen – denn erst, wenn man von der Autobahn runter ist, kann man sich an den ADAC wenden. Noch mal muss Hudo aufgeladen werden. Es tut mir so leid für Fritz: Er hatte sich so auf die Fahrt mit Hudo gefreut – aber der alte Herr hat uns gleich wieder einen Strich durch die Rechnung gemacht. Immerhin, ein Segen, Fritz spricht Französisch. Wir landen bald in Rully. Aber dort finden wir erst nach einer Weile eine Renault-Werkstatt, wo man leider keine Ahnung von Oldtimern und auch keine Zeit hat. Verdutzt schaut sich der Chef den alten Hudson an. Als er hört, dass ich damit um die Welt gefahren bin, runzelt er die Stirn. Als ob er sagen wollte: Ach wirklich? Und was für Märchen hast du noch parat? Der ADAC schlägt dann – nach erfolglosen Beratungen – vor, mich bis nach Berlin zu schleppen.

Der schlechteste Witz, den ich je gehört habe.

Remi Frossard von der Renault-Werkstatt in Rully ist vom alten Schlag. Am Ende gibt er sich doch alle Mühe und hat auch genug drauf, um den Schaden zu beheben. Es ist nur ein Splint herausgefallen – aber um ihn wieder einzusetzen, müssen wir viele Teile ausbauen. Wir müssen hinter den Kühler kommen. Und das dauert anderthalb Tage. Wir helfen alle mit. Vor allem Fritz, der mit seinen französischen und technischen Kenntnissen unbezahlbar ist. Was für ein Glück, dass er die Idee hatte, mal einen Tag mitzufahren. Auch wenn zum Schluss drei daraus geworden sind. Remi gibt alles, verzichtet sogar auf seine Mittagspause – und um siebzehn Uhr fahren wir ab nach Paris. Wir halten durch bis Mitternacht, dann parkt Hudo in einer Garage in der französischen Hauptstadt.

Allein mache ich eine Stadtrundfahrt, sehe Sacre Coeur, Notre-Dame, den Eiffelturm, den Louvre, und natürlich gehe ich ins Musée d'Orsay. Und dann laust mich der Affe, als ich in einem Schaufenster meine Haare sehe: Unter all den schicken Parisern komme ich mir doch etwas reichlich leger vor. Ich renne in den nächsten Friseursalon, auch um für die Ankunft zu Hause ordentlich auszusehen.

Ende Februar naht, und ich muss den Wiedereintritt in die Berliner Atmosphäre planen – denn dort wissen inzwischen alle Bescheid, dass ich nun wirklich am 12. März um Highnoon am Brandenburger Tor vorfahren will. Der Termin steht – obwohl ich mit Hudo eigentlich nie wieder Termine machen wollte.

Ich bin mit meinem alten Freund Klaus Pavel in Belgien verabredet. Er wird kurzfristig der neunzehnte und letzte Beifahrer sein, und wir wollen zusammen über die Grenze nach Deutschland einreisen.

Es ist der 27. Februar 2017, Rosenmontag, als wir die Presse informieren, dass wir vorhaben, uns mit Hudo in einen Faschingszug einzureihen und unter Trara Einzug zu halten. Aber die Narren wollen nicht. Tja, dann passieren wir die Grenze eben so.

Am 28. Februar kommt in Holland das Schild an der E314 in Sicht: Bondsrepubliek Duitsland.

Nun also ist Hudo wirklich zurück auf heimischem Boden, und bei der Fahrt durch Deutschland geht mir doch so einiges durch den Kopf. Und was hat Clärenore wohl gedacht, als sie nach ihrer Fahrt um die Erde zurückkam?

Am 8. Juli 1929 gab es ein Festessen zu ihren Ehren im mondänen Hotel Frankfurter Hof. Schildkrötensuppe wurde serviert, gefolgt von Helgoländer Steinbutt, Kalbsmedaillons, Nusskartoffeln und einem moskowiter Eisauflauf mit Feingebäck. Und auch ihr Adler wird empfangen wie ein König auf Rädern. Die Zeitschrift

Motor und Sport titelte damals auf dem opulent aufgemachten Cover: »Für den Adler-Standard gibt es kein Hindernis!« Stinnes' Fahrt war ein grandioser Siegeszug fürs Automobil schlechthin – und für das noch junge Fortbewegungsmittel mehr wert als jede Werbekampagne.

Nach Frankfurt wurde ihr auch in Berlin der rote Teppich ausgerollt zu einem großen Empfang. Sechzig Gäste waren geladen, darunter Politiker, Staatssekretäre, der russische Botschafter und viele Mitglieder der gehobenen Gesellschaft. Stinnes schrieb später dazu: »Noch einmal trug uns die Welle der Wiedersehensfreude hoch empor. Wir waren beim Königlichen Automobilclub als Abschluss unserer internationalen Fahrt eingeladen. Der Vizepräsident überreichte jedem von uns eine silberne Plakette, und unser treuer Wagen erhielt als letzte Ehrenbezeigung das Klubabzeichen.«

Aber Clärenore machte hier in Berlin nicht Schluss – sie war wirklich nicht kleinzukriegen. Sie bestand darauf, noch nach Schweden zu fahren, um auch ihren Weggefährten Carl-Axel Söderström nach Hause zu bringen und ihm so ihren Dank auszudrücken. Und beileibe, schließlich hatten sie so einiges zusammen durchgestanden. Am 24. Juli 1929 fuhren sie in Stockholm ein, der Tacho zeigte den Kilometerstand: 50 250 Kilometer. Dem konnten die beiden wohl nur noch eines obendrauf setzen. Stinnes und Carl-Axel Söderström heirateten – wenn auch erst im Dezember 1930 in Mülheim an der Ruhr. In Berlin wurde sie weiterhin hofiert, aber sie schien sich nicht viel daraus zu machen. Mit ihrem Mann zog sie sich bald aus der Öffentlichkeit zurück. Die beiden bekamen Kinder und kümmerten sich fortan um die Landwirtschaft.

Clärenore Söderstrom sollte ein erfülltes Leben leben.

Mir schießen auf der Fahrt durch die deutschen Lande nun aber noch viele Sachen durch den Kopf. Rechts und links verdichtet sich der Verkehr, rauscht über die grauen Straßen. Staus, Baustellen, Ampeln, Lastwagen und Tausende Pendler im Berufsverkehr. Man spürt die Hektik und Betriebsamkeit hierzulande förmlich, wenn man über die Straßen der Welt gefahren ist und nun wieder zurückkommt. Ja, ziemlich schnell tickt unser Land offenbar. Zu schnell? Vielleicht bin ich es nur nicht mehr gewöhnt, aber hierzulande scheint ordentlich Dampf hinter allem zu stecken. Ich mag das ja eigentlich – aber muss auch wieder an den Spruch aus Südafrika denken: *»You have a watch, I have time.«*

Was bedeutet der Satz in heutigen Zeiten? Das Rad dreht sich verdammt schnell, das habe ich in der Firma selbst hautnah erlebt. Und ich liebe ja schnell! Steckte jahrelang selbst bis zum Hals im Hamsterrad. Familie, Job, Hobby. Das ganze Karussell: zehn Sachen auf einmal machen. Hierhin flitzen, dahin flitzen. Termine, Zahlen. Nebenher noch die Waschmaschine anschmeißen, einkaufen, den anrufen und das erledigen. Dabei haben wir heute ja schon fast allen erdenklichen Luxus – Autos, Handys, Computer –, und doch bleibt uns allen immer weniger Zeit.

Muss man erst ein wenig älter werden, um sich zu fragen – was brauche ich eigentlich im Leben?

Früher war ich richtig sauer auf die Rentner. Die kamen in den Laden und flöteten einem ins Ohr: »Ach, wie schön ist es, wenn man nüscht mehr zu tun hat.« Ich hätte platzen können! Denn wenn du in diesem Rad steckst, gibt es kein Entkommen. Fast niemand kann sich da einfach so Zeit nehmen und abhauen. Wäre auch gar nicht gut – und würde auch gar nicht funktionieren. Weil dann nämlich alles zusammenbricht!

Aber dieser Satz »Du hast eine Uhr, ich habe Zeit« hat gerade heute seine Berechtigung. Ich hätte ihn mir schon längst hinter die Ohren schreiben sollen. Spätestens jetzt tue ich es. Hier und da eben doch innehalten. Und spüren: Ich lebe *jetzt!* Mit dem, was ich habe. Mit dem, was gerade ist.

Während ich so hinter Hudos Lenkrad sitze und durchs Rheinland kutschiere, schießen mir jede Menge Bilder und Szenen meiner Reise in den Sinn. Auf meiner inneren Leinwand laufen sie ab –

wie Untertitel für die deutsche Wirklichkeit. Und ich weiß jetzt, dass die Reise selbst gar nicht das große Ding war. Das Schöne lag vielmehr in jedem einzelnen Tag, denn jeder brachte etwas Neues mit sich. Ja, die Kleinigkeiten am Rande waren es am Ende, die mich bereichert haben. Die Menschen, die Berge, das Meer. Die Tiere, die Bäume. Der kleine Obststand am Straßenrand und das Schwätzchen mit einem netten Einheimischen. Das alles live. Nicht auf Bildern, nicht auf dem Smartphone oder dem Twitter-Account, dort, wo unser Leben heute so häufig stattfindet. Ich mag es lieber echt. Gehe nachts auf die Suche, um einen Kiwi zu erblicken. Und stehe in aller Frühe auf, um mir die Pinguine anzuschauen. Oder den Sonnenaufgang. Die Wolken, den Mond.

Und es muss gar nicht die große, weite Welt sein. Denn auch das weiß ich jetzt sehr genau: Das Paradies habe ich unterwegs nicht gefunden. Ja, vielleicht für den Urlaub, für eine Tour mit dem Auto. Aber nicht zum Leben. Denn nein: Das schönste Land auf der Welt – das gibt es gar nicht. Und wenn ein Ort diese Bezeichnung verdient, dann höchstens einer. Deine Heimat.

Und noch etwas habe ich mir auf der Fahrt abgewöhnt: Mich immerzu nach jenem Gras zu sehnen, das auf der anderen Seite des Zauns wächst und schöner zu sein scheint. Ich finde es heute töricht, immer das andere zu wollen. Obwohl das ein Mechanismus zu sein scheint, den man schwer aushebeln kann. Sitze ich in der heißen Sonne und schwitze wie verrückt, dann will ich Regen. Sitze ich im Regen, will ich Sonne. Nein, genau das möchte ich aber nicht! Ich will das Gras auf meiner Seite des Zauns genießen! Das ist doch, was ich gerade erlebe – und dies hoffentlich ganz bewusst. Und das gilt für so viele Lebenslagen. Wenn gerade kein Brot da ist, dann esse ich eben eine Banane. Und sage: Die ist jetzt lecker! Und wenn kein Hotel da ist, dann schlafe ich eben im Zelt. Und sage: Das ist doch eh viel toller! Und wenn gerade gar nichts mehr geht, dann lasse ich es geschehen. Frage mich lieber: Zu was könnte die Situation noch gut sein? Und füge hinzu: »*Tomorrow is another day.*«

Was habe ich noch gelernt auf meiner Reise? Ich habe es mit eigenen Ohren gehört, dass fast alle Menschen auf dieser Welt – egal welcher Hautfarbe und egal in welchem Land – über die Politik reden. Und alle sind am Schimpfen. Ist das normal? Ich kann es Ihnen nicht sagen, aber es ist nicht zu überhören. Und vielleicht sollte es uns zu denken geben. Viel wichtiger aber ist ein ganz anderer Punkt. Denn egal, wie sehr sich die Menschen auch über die große Politik allerorten beschweren, so freundlich, nett und hilfsbereit sind mir die meisten – die allermeisten! – begegnet.

Ich habe es in den Favelas von Lima erfahren, in den Parks und nahe der Townships von Kapstadt, ich habe es in Brooklyn und in den Städten Kleinasiens erfahren: Die allermeisten Menschen haben ein großes Herz. Sie helfen, sie geben, sie packen mit an. Es gibt zu viele Vorurteile. Einmal geht was schief – und gleich wird über den großen Kamm geschert. Aber wissen Sie was? Ich will das hier gar nicht an die große Glocke hängen, dass die Menschen überall so nett und freundlich sind. Denn genau dies sollte nichts Besonderes sein.

Es sollte selbstverständlich sein. Und genau das ist es da draußen in der Welt offenbar auch.

Nun robbe ich mich durch Deutschland voran. Allein von Rüsselsheim, Bad Homburg, Gießen über Menden, Tanne und Tschäpe bis nach Berlin kalkuliere ich eine Woche. Hangele mich von einem Opel-Händler zum nächsten. Die Ankunft in Berlin rückt immer näher, und ich will mit Hudo eine Punktlandung schaffen. Aber das im kalten Deutschland? Da muss ich mit allem rechnen.

Und jetzt bloß nicht noch 'ne derbe Panne auf den letzten Metern!

In Essen lege ich einen weiteren Stopp ein, einen, der mir ganz besonders wichtig ist. Ich besuche Claudio und das Ärzteteam, das mich vor gut einem Jahr vom Krebs befreit hat. Ich bekomme feuchte Augen. Wie denn auch nicht? Ohne meinen Claudio wäre ich nicht hier. Aber jetzt steht Hudo vor der Klinik, und das Ärzteteam sieht das erste Mal meinen Gefährten, zu dem ich dank ihnen damals wieder zurückfliegen konnte.

Als Nächstes erreiche ich Köln und fahre zur Domplatte. Mittags werde ich im Alten Kölner Rathaus von Bürgermeister Hans-Werner Bartsch begrüßt. Er hält sogar eine Rede, und ich bekomme einen Orden der Stadt. Nachmittags rollt Hudo beim Allgemeinen Schnauferl Club Rheinland vor, einem der ältesten Automobilklubs Deutschlands, der schon 1900 gegründet wurde. Das ist natürlich Ehrensache, und im Excelsior Hotel am Dom findet ein Essen statt. Ich bestelle Reibekuchen mit Lachs. Im Dom selbst besehe ich mir später noch die Schwarze Madonna und frage mich, ob sie in den letzten dreißig Monaten auch einige Wunder für Hudo bewirkt hat. Immerhin: Er ist jetzt hier und hat es fast geschafft!

Am nächsten Morgen, am 4. März 2017, wird er auf den Tag genau siebenundachtzig Jahre alt. Und nun düsen wir weiter nach Rüsselsheim, der Heimat von Opel. Und hier fühlt sich auch Hudo zu Hause – hinten am Dach hat er schließlich nicht nur seinen Namen stehen, sondern auch das große Opel-Zeichen. Wir sind beide Opelaner. Fritz Schmidt junior, der Oldtimer-Gott von Rüsselsheim, zeigt uns zur Feier des Tages die alte Opel-Rennstrecke. Leider ist sie nicht mehr befahrbar, nur ein Teil von ihr ist freigelegt. In Rüsselsheim gibt es wieder einen großen Presseempfang – und was passiert? Ich stolpere über eine Stufe und falle auf die Schnauze. Das bleibt nicht ohne Folgen. Mein Gesicht schwillt an, und Berlin werde ich nun im wahrsten Sinne des Wortes blauäugig erreichen. Auch in Bad Homburg gibt es noch am selben Tag einen Empfang der besonderen Art in der Zentralgarage. Viele alte Freunde mit alten Autos sind gekommen, um mich zu begrüßen. Was für ein Tag! Hudo verbringt seinen Geburtstag ausgerechnet in jener Stadt, in die er 1969 aus Norwegen nach Deutschland kam. Danke, Dieter Dressel, für diesen tollen Tag! Es ist sehr emotional, und ich habe viel zu wenig Zeit, um mir die ausgezeichnete Ausstellung anzusehen, in der berühmte Rennfahrerinnen und Fliegerinnen wie Clärenore Stinnes und Elly Beinhorn gewürdigt werden.

Bin ich ihnen durch meine Reise vielleicht einen kleinen Schritt näher gekommen?

Das Ziel ist fast schon in Sicht, und Hudo scheint nicht zu murren. Ich glaube fast, er will möglichst schnell in den Ruhestand und sich auf den letzten Metern von seiner besten Seite zeigen. Als es Richtung Harz geht, wühlt er sich abermals tapfer durch den Schnee. Und hier treffe ich nun Marla und die Kinder – und wir verbringen drei wundervolle Tage im engen Kreis der Familie. Endlich haben wir uns wieder! Alle sind heile und gesund, sogar die Oma. Und wie schön, die Enkel haben noch all die Geschenke, die ich ihnen von unterwegs zukommen ließ. Die russische Puppe aus Kasachstan mit den mongolischen Augen, die Russenmütze aus Kirgisistan, das Schachspiel aus China, die vielen Kappen aus Neuseeland, die süßen Kleider und bunten Zipfelmützen aus Peru. Die Sachen mussten immer klein und leicht sein. Ich hatte sie Touristen mitgegeben, die ich unterwegs traf. Sie nahmen sie netterweise mit nach Deutschland und schickten sie weiter zu den Kindern. Danke dafür.

Es folgt nun die letzte Wegstrecke nach Berlin, und ich steuere einen Freund in Tschäpe an, der Ballonfahrer ist und Zimmer vermietet. Von hier aus sind es noch sechzig Kilometer bis zum Brandenburger Tor. An meiner Reise bemessen gleicht die Strecke nur noch einem Millimeter.

Die ganze letzte Woche war ich abgetaucht, hatte nicht öffentlich gemacht, wo ich mich befand oder wann ich wo sein würde. Keiner, schon gar nicht die Presse sollte Wind bekommen, wann und wo meine finale Etappe verlaufen würde – denn durchaus denkbar, dass Hudo sich auch auf den letzten Metern noch ein Späßchen leisten und mal wieder sonstwo liegen bleiben würde.

Aber jetzt ist es so weit: Ab Kilometer fünfzig taucht der erste Oldtimer-Klub auf. Die Wagen bilden einen Korso, als wir ein Stück neben der Autobahn fahren. Ich sehe bekannte Gesichter, erste Freunde. Alle winken. Mir sitzt ein ganz schöner Kloß im Hals – aber innerlich bin ich seltsam ruhig. Und ich merke: Ganz anders ist es jetzt, in die Stadt hineinzufahren, als damals aus der Stadt herauszufahren. Ja, ich bin wirklich ganz ruhig. Ich genieße ihn einfach, diesen Sonntag, der wie geplant der 12. März ist.

Am ehemaligen Kontrollpunkt Dreilinden wartet der Lions Club Meilenwerk, es ist neun Uhr morgens. Auf der Fahrt hinein nach Berlin gesellen sich immer mehr Autos zum Korso. Eine Schlange, die wächst und wächst. Dann sehe ich den langen Lulatsch, den Funkturm. Zu Hause! Überall winken Menschen, und an der Nordkurve der Avus steht auch schon Torsten Volklandt mit seinem Oldtimer-Stammtisch und Scuderia Avus und einem riesigen Blumenstrauß. Ich drücke immer wieder auf Hudos Hupe, und die krächzt uns durch Berlin.

Ich bin vorab gefragt worden, ob ich einen kurzen Stopp bei der Messe einlegen könnte, denn dort findet gerade die ITB statt, die große Tourismusmesse, und dort warten tatsächlich viele Menschen. Ich gebe ein paar Autogramme, einige Interviews, aber dann will ich weiter zum Ziel. Zum Brandenburger Tor. Wie Clärenore. Auf Hudos Kotflügel wehen die Deutschlandflagge und der Stander mit dem Berliner Bären samt Krone drauf, und als es auf den Ku'damm geht, schiele ich auf den Tacho und rechne kurz.

85 000 Kilometer, 960 Tage, 46 Länder. Und nun sauge ich sie in mich hinein, diese herrliche Berliner Luft!

Dann lege ich schnell noch einen geheimen Stopp ein. Sage den anderen, die hinterher- und nebenherfahren: »Leute, ich muss nur mal schnell auf die Toilette.« Ich parke, wetze mitten auf dem Ku'damm ins Restaurant Grosz, denn dort wartet mein Friseur Thomas Kühn schon auf mich. Nein, keine Sorge, die Haare will ich mir nicht

Die Siegessäule im Rückspiegel, Brandenburger Tor voraus. Hudo und ich haben es wirklich geschafft. Hunderte Berliner nehmen uns in Empfang. Ich bin geplättet vor Glück.

noch mal eben schneiden lassen. Sie sind kurz, silbergrau-metallic, struppig – und mir gerade schnurzpiepegal. Ich will nur eben Thomas Kühn treffen, den ich seit zweiundfünfzig Jahren kenne und der mir schon meine Brautfrisur verpasste. Ein Ehrenstopp vor dem Finale, und wir haben beide nasse Augen.

Gleich schlägt es zwölf. Auch Clärenore kam um diese Zeit am Brandenburger Tor an, und ich strahle über beide Ohren, dass es nun wirklich klappt. Ich fahre an der Siegessäule entlang, die Straße des 17. Juni herunter. Von Westen kommend. Mit Hudo.

Und jetzt kann ich auch die Frage beantworten, die ich mir bei meiner Abreise stellte und die mich unterwegs immer wieder beschäftigte: Würde ich nach meiner Fahrt um die Welt die Nase voll haben vom Gasgeben? Würde ich den Virus namens »Auto« nach dieser Reise endgültig los sein? Nein. Die Macke meines Lebens bleibt mir erhalten. Ich könnte glatt weiterfahren. Die gleiche Tour noch mal rückwärts. Ja, so ist es wirklich: Selbst nach zwei Jahren und sieben Monaten ist diese Lust nicht totzukriegen. Vier Reifen unterm Hintern und los.

Und dann sehe ich es: Das Ende der Straße ist dicht – denn dort warten Hunderte von Menschen. Schon von Weitem kommen sie auf Hudo zugelaufen. Junge, Alte, Frauen, Männer. So viele sind es, dass sich hinter mir schon der Verkehr staut. Aber, und ich kann es nicht fassen und bin nun wirklich gerührt: Nicht einer drängelt. Nicht einer hupt!

Hudo nimmt ein Bad in der Menge, Mikrofone, Kameras, Handys kommen auf uns zu, und ich sehe Kutte Klein, der mir einen Pokal überreichen will. Und dann sehe ich auch das: Die Leute haben fast alle einen Hut in der Hand. In meinem Blog hatten viele, Frauen wie Männer, immer wieder geschrieben, sie würden den Hut vor mir ziehen. Und ich antwortete: Ja, dann zieht ihn doch mal wirklich, wenn ich nach Berlin komm. Und nun tun sie es.

Ist dies der große Moment, der meine Reise beschließt?

Ja, das ist er, und ich bin überglücklich. Aber trotz des ganzen Getöses und Jubels hier am Brandenburger Tor spüre ich noch immer diese seltsame Ruhe in mir. Wie schon in Südafrika, wie schon auf dem Atlantik, wie neulich auch in Köln. Ja – wie lange überhaupt schon? Und erst jetzt merke ich es so richtig: Da ist schon lange kein Herzklopfen mehr. Ganz komisch. Wo ist denn nur mein pochendes Herz geblieben? Früher war ich bei solchen Anlässen immer nervös und aufgeregt, aber das ist wie weg.

Muss man erst so eine Reise machen, muss man erst einmal ein bisschen über den Horizont tuckern, um zu spüren – es ist alles halb so wild? Und es wird immer alles gut?

Die Menschen drängeln sich um Hudo. Ich steige aus. Sehe zwischen all den Menschen Willkommensplakate und Banner, die Freunde extra gemalt haben. Berliner. Ich liebe diese Berliner. Und sage allen, so laut ich nur kann: Danke! Ich muss Hudo mal wieder aufs Dach steigen, um all die Menschen zu sehen.

Und mitten aus dem Gewühl höre ich einen Mann rufen: »Heidi, wie hast du das geschafft?« Kinder, macht doch bitte nicht so einen Affen, antworte ich. Das war doch nichts Besonderes. Das kann doch jeder! Das könnt ihr auch! Ich bin doch bloß Auto gefahren. Ich habe nur das getan, was ich kann.

Ick bin doch nur eine alte Schachtel, die sich janz langsam die Welt angeschaut hat.

Danksagung

Irgendwann an Weihnachten sagte meine Tochter Marla zu mir: »Mama, du musst ein Buch schreiben. Du hast so viel erlebt, und ich kenne diese Geschichten alle schon, aber ich kann sie mir nicht merken. Ich möchte aber, dass meine Kinder wissen, was für eine außergewöhnliche Oma sie haben.«

Ich sagte nur: »Quatsch.« Dann kam meine Weltreise, und Marla äußerte an Weihnachten 2017 erneut die Bitte: »Mama, schreib endlich ein Buch, es ist mein einziger Wunsch.«

Dann fing ich an zu schreiben. Schnell merkte ich jedoch, das schaffe ich nicht allein. Es muss ein Co-Autor her. In Marc Bielefeld fand ich einen guten Zuhörer, der meine Geschichten interessant fand und sie in Wort und Schrift brachte.

Ich schenke Marla alle Rechte an diesem Buch. Mögen die Enkel Ariane, Nestor, Roger, Coco und Mando stolz auf ihre Oma sein. Und mir verzeihen, dass ich weniger Zeit mit ihnen verbracht habe, als es möglich gewesen wäre.

Wenn mein Sohn Dylan nicht so mutig gewesen wäre, seine Erwartungen ans Leben ehrlich auszusprechen, wären sein Berufsleben und sicherlich auch mein Lebensabend anders verlaufen.

Dylan gab 2008 im Alter von siebenunddreißig seinen Beruf als Umweltingenieur auf, um mitten in der Finanzkrise unser Familienunternehmen neu zu strukturieren. Drei Jahre später stand die Firma Hetzer schuldenfrei da, und die Arbeitsplätze waren gerettet.

Aber Dylan war nicht glücklich. Er wollte nicht Chef sein, sondern im Team arbeiten. Und Dylan war auch kein Golfer wie sein Vater. Er bat mich darum, in absehbarer Zeit aus dem Familienunternehmen ausscheiden zu dürfen. Ich war damals fast fünfundsiebzig Jahre alt und verstand sofort: Das Unternehmen braucht eine neue Zukunft.

Mein Vater hatte immer gesagt: Wir sind keine Dynastie, und jeder Mensch hat nur ein Leben. Ich wollte, dass mein Sohn glücklich wird. So entschied die Familie, dass Hetzer verpachtet wird. Und das war gut so.

Dylan heiratete, und ich wurde bald zum dritten Mal Oma. Einige Zeit später beschenkte meine Tochter Marla mich an ihrem eigenen Geburtstag mit einem vierten Enkelkind. Zwei Jahre später war alles geregelt, und ich startete auf meine Weltreise. Besser hätte ich meinen Lebensabend nicht gestalten können.

Ich danke meiner Familie, besonders den Schwiegerkindern Hilmar und Judith, die alle auf viel Zeit mit ihren Ehepartnern verzichtet haben, weil Mama/Oma immer vorging. Danke, ihr habt mich zum glücklichsten Menschen der Welt gemacht.

* * *

Gerne möchte ich auch all den Menschen danken, die mir rund um die Welt ihre Gastfreundschaft geschenkt haben. Alle Freunde, deren Nachnamen ich vergessen habe, bitte ich um Entschuldigung, wie z. B. Ludjdmila vom Rotary Club aus Almaty, Sisi aus La Paz, Susanne und Frank aus Braunschweig, Asis aus Bischkek, »Max«, der Banker aus Almaty, Georg und Susanne aus Wien, Niklas und, und, und …

Ohne euch alle hätte ich es nicht geschafft:
Europa: Reinhard Hainbach, Timo Gottschalk, Heiko Glander, Paolo Masaracchia (Hotel Moa), Andreas Boehlke, Classic Re-

mise, Michael Dyne Mieth, Eberswalder Wurst, Sebastian Kühn, Dirk Artmann, Honza Klein, Alois Kotlarek (Waltersdorfer Wasserbetten), Jörg Woltmann (KPM), Valentin Schaal (MOR Oldtimer Reifen), Kurt Klein, Henry de Winter, Kempinski Berlin, Eva und Klaus Herlitz (Buddy Bär), Axel Kaiser (Denttabs), Mathias Neeb (Hamburg Süd), Silke Segal, Susanne Blume, Günter Elste, Rüdiger Stumpf, der mit viel List und Tücke einem Motoradfahrer die Zulassungsnummer B – HH 30 abgeschwatzt hat, Günther Münstermann (Spielbank Berlin), Gudrun Berg, Hagen Jensen, Klaus Pavel, Claudio Schlegtendal, Jürgen Knappmann, Sabine Klier, Christian Keilbach, Jordane Schönfelder, Wolfram Kruse, Fritz Herminghaus, Liliana Frevel, Ingrid Miersch, Angelika Amthor, Wolfgang Presinger, Reeder Claus-Peter Offen, Marion Noffke, Torsten Volklandt, Svend Jörk Sobolewski, Jan Waller, Peter Schack, Günter und Moni Goldhammer, Kai und Sandra Desinger, Marie-Therese Ott, Peter und Elke Schmidt, Margrit und Uli Althaus, Gerd und Marianne Ebert, Sepp Pointinger, Deutscher Stammtisch in Sofia, Margerita Couto (Opel Autoviasa)

Asien: Sabine und Erik von der Forst, Michael und Marie Guillot-Grau, Thierry Savidan, Hotel Kempinski Badamdar, Vintage Car Register Malaysia/Singapore, Lu Wang aus Urumchi, Michael Zinn (»Fips«) aus Vientiane, Sumeth aus Bangkok (Jesada Technik Museum)

Afrika: Nadja und Andreas Ellerholz, Fanus Blom und Jolande und Alan und Roy, Hans Matter, Leonard Schneider, Peter Weddepohl, (Early Ford Club), Crankhandle Club, Graeme Hurst und Rob, Jörg Nawrocki, Coenie und Ina Rossouw, Ulli und Manni Goldbeck (Gondwana Selection Group), Paul Joubert (Erindi Park), Etosha Safari Lodge, Manfred Goerm, Henk Banana Box, Ed und Pat Cumming, Jacques und Estrelle Kloppers, Schalk van der Merve, Ryno und Retha und Phillip Viljoen

Australien/Neuseeland: Michael und Gillian Martin, Sigrid und Björn Malessa, Merle und Norm Hanks, Brenden Loftus, Sue und Roger Fielder, Jan Hendrix, Sonia Jones und Mark Richter, Peter und Craig Latham, Hans Compter, Jason Nzade (Mt. Cook), Kai und Simone Schwörer, Christian und Claudia Vetter, Jeff Clark, Vern und Susanne Jensen, Shaun und Jo Jackson

Kanada: Svend Andersen, Nadir Olivet, Zilla Parker, Hedley und Paddy Bennett, Ani Cihan, Marianne und Lawn Marten

USA: Jeff und Bey Anderson, Elaine Broadhead, Kate und Scott Boise, Bob Fenimore, Horst Franke, Ford Club Marquettes, James Grosslight, Lilion Grosz, Heinz Kalle Huebner, Jonathan Battle (H-E-T Hudson Club), Bob und Ruth Harbrecht, David Ifft, Doug Keare, Jim und Sue Mackay, Dick und Zinda Mackay, John und Suzanne Mackay, Charly und die ganze große Familie, Betsy und Norm Riviere, Dave und Marion Norman, Jennifer und Gisela Jacoby, Brando und Joanne Pistorius, Fred und Joy Rossmeissl, Sylvia und Fergus Reid, Peter und Elke Wiedemann, Carl Weber, Rolf und Heide Sander, Iris und Michael Uhlmann

Südamerika: Susan Blume, Jorge Nicolini, Auto Club Berazategui, Christian und Javi Krüger, Harald Herrmann, Carla Laprio und Luis Pistone

Chile: Roberto Junge und Carlos Romero, jun. und sen. (Club de Automóviles Antiguos), Bernardo und Ruth Eggers, Opel Kovacz, Roxana und Mario und Maria Olga Olivares, Katharina Noffke, Niko und Margarete Pohr, Oliver Zybell

Quellen- und Bildverzeichnis

Die Clärenore-Stinnes-Zitate auf den Seiten 64, 114, 240, 241, 265, 266 und 351 stammen aus dem Text- und Bildband *Eine Frau fährt um die Welt. Die spektakuläre Reise der Clärenore Stinnes:* 1927–1929, Frederking und Thaler, München 2016: Rückseite, S. 25, 189, 195, 149, 166 und 225.

Coverbild: Picture Alliance / Schwörer Pressefoto / Kai Schwörer

Innenteilbilder / Fließtext: FOTOFINDER.COM: S. 327 (Caro / Schulz); FOTO HORDAN: S. 31 (Hildegart Hordan); Heyne Verlag: S. 9 Autoillustration (Josefine Britz); Korff, Heinz: S. 168; Picture Alliance: S. 358 (Mathias Brauner / dpa-Zentralbild); Privatarchiv Heidi Hetzer: S. 52, S. 136, S. 155, S. 203, S. 220, S. 250, S. 281, S. 307, S. 345; Stiftung Stadtmuseum Berlin: S. 43, S. 323 (Willi Huschke)

Innenteilbilder / Bildteil: Alle Fotos: Privatarchiv Heidi Hetzer, mit Ausnahme von:

Bildstelle Telegraph Bankhardt, Berlin: Abb. 7; DAVIDS: Abb. 58 (Sven Darmer);

Finken, J. W. Peter: Abb. 20; Middelhauve, Volker, Berlin: Abb. 22; Photo Rotholz: Abb. 3;

Picture Alliance: Abb. 18, Abb. 19 (Sammlung Richter / LB), Abb. 23

(Soeren Stache / dpa / ZB), Abb. 32 (dpa / Hannibal Hanschke), Abb. 34 (SuccoMedia / Ralf Succo); Scheffler, Ruth: Abb. 30; Ullstein bild: Abb. 8, Abb. 16 (Thierlein)

Ausklappbare Weltkarte: Abb. 33
© Weltkarte von: www.landkartenindex.de/datei/physical_world_2011.jpg
Urheberrechte zu den markierten Routen und Texten: Hagen Jensen, Husum

Die Rechteinhaber einiger Abbildungen konnten trotz intensiver Recherche nicht ermittelt werden. Der Verlag bittet Personen oder Institutionen, welche die Rechte an diesen Abbildungen haben, sich zwecks angemessener Vergütung zu melden.